Das Buch

Tiere »sehen« elektrische Felder, infrarotes, ultraviolettes und polarisiertes Licht. Sie »hören« Bilder, riechen kilometerweit, spüren Erdbeben voraus, schreien für uns unhörbar, navigieren nach der Sonne und den Sternen. Vieles, was Ingenieure für utopisch hielten, hat die Natur in ihrem drei Milliarden Jahre alten Experimentierlabor in Sinnesorganen und Nervenschaltungen schon verwirklicht. Wir begreifen langsam, wie die Welten beschaffen sind, die Bienen, Frösche oder Tiefseefische wahrnehmen, und merken, daß auch die natürlichen Sinne des Menschen nichts Selbstverständliches, sondern eher etwas Magisches sind. »Was Dröscher über die Sprache der Tiere und ihre Sinnesleistungen berichtet, klingt so phantastisch, daß man es nicht glauben würde, wären nicht die Namen und Forschungslaboratorien der Wissenschaftler mit allen Einzelheiten angegeben.« (Neue Zürcher Zeitung)

Der Autor

Vitus B. Dröscher, geboren 1925 in Leipzig, studierte in Hannover Zoologie und Psychologie. Seit 1954 arbeitet er als Publizist auf den Gebieten der Verhaltensforschung und Sinnesphysiologie. Dröscher ist Mitglied der Freien Akademie der Künste in Hamburg und Träger des Theodor-Wolff-Preises für hervorragende publizistische Leistungen. Seine Bücher erschienen in 17 Sprachen mit einer Gesamtauflage von mehr als fünf Millionen Exemplaren. Neuere Werke: ›Nestwärme‹ (1982), ›Wiedergeburt‹ (1984), ›Wie menschlich sind Tiere?‹, (1985) ›Geniestreiche der Schöpfung‹ (1986), ›... und der Wal schleuderte Jona an Land‹ (1987), ›Weiße Löwen müssen sterben‹ (1989).

Vitus B. Dröscher
Magie der Sinne im Tierreich

Deutscher
Taschenbuch
Verlag

dtv

Dieses Buch erschien erstmals 1966 im Paul List Verlag KG, München.

Anregend und beratend wirkten mit:
Professor Dr. Hansjochem Autrum, Dr.-Ing. Karl Cleve, Professor Dr. Eberhard Dodt, Dr. Gerti Dücker, Dr. Werner Endres, Dozent Dr. Otto v. Frisch, Professor Dr. Dr. h. c. Bernhard Grzimek, Dozent Dr. Rudolf Jander, Professor Dr. Wolfgang Kuhn, Dr. H. Laudien, Professor Dr. Walter Neuhaus, Dr. Martin Rodewald, Professor Dr. Dietrich Schneider, Dr. Burkhard Schricker, Professor Dr. J. Schwartzkopff, Dr. Dr. Dankwart Stamm.
Verlag und Autor danken ihnen für ihre Mühe.

Von Vitus B. Dröscher
sind im Deutschen Taschenbuch Verlag erschienen:
Überlebensformel (1733)
Nestwärme (10349)
Wie menschlich sind Tiere? (10442)
Wiedergeburt (10659)
Geniestreiche der Schöpfung (10936)

Ungekürzte Ausgabe
Dezember 1975
5. Auflage März 1991
© 1975 Deutscher Taschenbuch Verlag GmbH & Co. KG, München
Umschlaggestaltung: Celestino Piatti
Umschlagfoto: Maximilian Weinzierl, Regensburg
Gesamtherstellung: C. H. Beck'sche Buchdruckerei, Nördlingen
Printed in Germany · ISBN 3-423-11441-X

Inhalt

Eine Entwicklung von unabsehbarer Tragweite beginnt sich abzuzeichnen: Biologen entdecken »technische Erfindungen« der Natur, die Ingenieure bislang für utopisch gehalten haben. Deshalb lohnt es sich, in dem großen Laboratorium, in dem die Schöpfung schon seit drei Milliarden Jahren mit bestem Erfolg experimentiert, zu spionieren.

Alljährlich treffen sich in Dayton, Ohio, mehr als 2000 Biologen und Techniker aus allen Teilen der Welt, um Erfahrungen über die gemeinsame »Werkspionage« im Reich der Natur auszutauschen. Bezeichnend ist, daß hierbei ein Spezialgebiet über alle anderen dominiert: die Erforschung der Sinne bei Tieren und Menschen und die Versuche, uns derzeit noch unbegreiflich erscheinende Spitzenleistungen von Sinnesorganen künstlich nachzubilden.

Wenn es gelingt, magnetische und elektrische Sinne, Wärmeaugen, Schmetterlingsantennen, Bildhörer, Musterdetektoren, elektronische Instinkte und künstliche Intelligenz technisch in den Griff zu bekommen, wären die Folgen kaum abzusehen. Ein vollautomatischer Kraftwagen, der ohne menschliche Hilfe sicher durch dichtes Verkehrsgewühl steuert, eine künstliche Hundenase, die getauchten U-Booten durch die Weltmeere folgen oder Verbrecher entlarven kann, ein Roboter mit Sprachverständnis, der die Stenotypistin im Büro ersetzt, ein Tastgerät zum Vorhersagen von Erdbeben und viele andere Dinge würden das Gesicht der Welt verändern.

Gleichzeitig dringt die Forschung tiefer in die rätselhafte Welt der Sinne vor. Ungeahnte Dinge tun sich vor uns auf: Zum erstenmal bekommen wir einen umfassenden Begriff davon, daß unsere natürlichen Sinne gar nicht so »natürlich« sind, sondern eher etwas Magisches. Die Tatsache zum Beispiel, daß unser Gehirn aus den Nervensignalen des Auges eine bildhafte Vorstellung entwickelt, ist eine kaum faßbare und im Tierreich recht seltene Spitzenleistung. Frösche, Bienen und Tiefseefische sehen ganz andere Welten. Wie diese beschaffen sind, beginnen wir erst jetzt langsam zu begreifen.

Worauf beruht das Phänomen des Schmerzes? Wie verändern seelische Einflüsse die Sinneseindrücke? Mit welcher Technik hat die Natur »übersinnliche Sinne« bei fremdartigen Tieren realisiert? Wie navigieren weltreisende Vögel? Gab es ein »drittes Auge«? All dies sind Fragen, die Gegenstand intensiver wissenschaftlicher Forschung sind.

Von diesem großen geistigen Abenteuer an den ständig weiter

vordringenden Fronten zum Unbekannten soll im vorliegenden Buch eine große Gesamtschau skizziert werden. Da sie unsere Vorstellungen von der Natur der Dinge, unsere Welterkenntnis und Weltanschauung entscheidend beeinflußt und die Grundlage einer sich stürmisch entwickelnden technischen Zukunft ist, muß sie für jedermann Teil der auch naturwissenschaftlich orientierten Allgemeinbildung sein.

»Fehlkonstruktion« der Natur: Das Auge
Die Problematik des Sehens

Experimente haben uns mit einer provozierenden Tatsache bekannt-
gemacht: Der Mensch verdankt es lediglich seiner Einbildungskraft,
daß er »richtig« sieht. In Wirklichkeit ist das menschliche Auge,
optisch gesehen, eine Fehlkonstruktion.

Besieht man sich das Bild, das der »Fotoapparat« unseres Auges
auf die Netzhaut projiziert, könnte einem qualitätsgewohnten Opti-
ker schlecht werden: Die Randverzerrungen sind schlimmer als bei
einem Drei-Mark-Kinderfernrohr, gerade Linien erscheinen
krumm, und die Konturen verschwimmen unter regenbogenartigen
Farbrändern. Aber der Mensch, der so hohe Ansprüche an Brillen,
Fotoapparate, Fernrohre und Mikroskope stellt, bemerkt von den
Unzulänglichkeiten des eigenen optischen »Geräts« nicht das Geringste.

Nervensysteme korrigieren die Fehler so vollendet, daß uns die
Umwelt fotografisch makellos erscheint.

Zu diesem verblüffenden Ergebnis gelangte Dr. Anton Hajos am
Institut für Experimentelle Psychologie der Universität Innsbruck.
Erregende Versuchsserien lieferten weitere Beweise. Er und seine
Studenten trugen stark verzerrende Prismenbrillen viele Tage oder
Wochen. Hierüber berichtet er (1):

»Die Versuchsperson wird für die Dauer des Experiments völlig
in eine von der Prismenbrille umgestaltete Welt verdammt, in der
gerade Linien gekrümmt, Winkel verzerrt, scharfe Konturen mit
farbigen Rändern überzogen erscheinen. Gegenstände befinden sich
nicht dort, wo sie die Versuchsperson zu sehen glaubt, die Objekte
führen geisterhafte Bewegungen aus, sobald die Versuchsperson den
Kopf bewegt, schwere Gegenstände scheinen sich leichtfüßig zu
bewegen, wenn die Versuchsperson einige Schritte wagt.« Doch
schon nach wenigen Tagen normalisiert sich die groteske Welt des
Prismenträgers. Langsam werden die Verzerrungen, Farbränder
und »Geistererscheinungen« schwächer, und nach etwa sechs Tagen
hat der Experimentator wieder den Eindruck eines normalen, sta-
bilen, optisch nahezu einwandfreien Umweltbildes. Das Nervensystem hat das Täuschungsmanöver der Brille in seinen Bildverarbei-
tungsoperationen ausgeglichen.

Aber damit noch nicht genug: Wenn die Versuchsperson die
Prismenbrille absetzt, erscheint ihr die Welt wieder wie im Zerrspie-
gel eines Lachkabinetts. Nur biegen sich gerade Linien jetzt nach der

anderen Seite, und die Konturen verschwimmen in den Komplementärfarben.

Noch erstaunlichere Resultate lieferte ein weiteres Experiment, das Professor Ivo Kohler (2) ebenfalls an der Universität Innsbruck durchführte. Versuchspersonen, die sich im Stadium des Farbränder-Sehens befanden, wurden in einen nur mit Natriumlicht beleuchteten Raum gebracht. Reines Natriumlicht ist monochromatisch gelb und besitzt keine Spur anderer Farbanteile. Deshalb sieht ein Mensch normalerweise in einem solchen Raum alle Gegenstände nur gelb in gelb. Nicht so jedoch die Prismenbrillenträger, die bei gewöhnlicher Beleuchtung Farbränder sahen, oder die der Prismenbrille noch nicht Entwöhnten. Ihnen erschienen alle Gegenstände nach wie vor in voller, in Wirklichkeit gar nicht vorhandener Farbenpracht.

»Die moderne Psychophysik«, sagt Dr. Hajos, »distanziert sich von der Auffassung, das Auge – besser: der Gesichtssinn – sei ein abbildendes optisches System.« So muß man es geradezu als ein großes Wunder bezeichnen, daß unser Nervensystem aus den mangelhaften, verfälschten Umwelt-Informationen letztlich doch noch ein Bild zusammenfügt, das einer Wirklichkeit entspricht, die es gar nicht unmittelbar zu erfassen scheint. In dieses Wunder tiefer einzudringen, ist das Ziel der gegenwärtigen Forschung.

Es ist nämlich durchaus noch nicht sicher, ob das Gehirn seine Vorstellung von geraden Linien irgendwann einmal im Zusammenwirken mit einer anderen Sinneswahrnehmung erlernen muß, also vielleicht während der ersten Tastversuche des Babys, oder ob es ein angeborenes Empfinden dafür besitzt.

Letzteres ist gar nicht so unmöglich, wie es auf den ersten Blick scheint. Hühnerküken haben zum Beispiel ein rein instinktives Erkennungsvermögen für Körnchenformen. Auch wenn ihnen niemals ein erfahrenes Huhn zeigt, was freßbar ist, picken sie schon am ersten Lebenstag nach allem, was die Form von kleinen Körnern hat. In gleicher Weise besitzen ausnahmslos alle Tiere, von der Mücke bis zum Elefanten, ein angeborenes Erkennungsvermögen für zum Teil recht komplizierte Formen und Farbmuster, die Artgenossen, Ehepartner, Rivalen, Beute und Feinde in nahezu unverwechselbarer Weise charakterisieren. Näheres hierüber wird später noch gesagt.

Diese Untersuchungen reichen bis an die Wurzeln erkenntnistheoretischer Philosophie, auf die in diesem Buch nicht näher eingegangen werden kann. Sie sollen nur die naturwissenschaftliche Grundlage für weitere Überlegungen liefern. Nur so viel sei hier vorweggenommen: Eine physiologische Entscheidung für oder gegen eine der vorherrschenden Hypothesen ist gegenwärtig noch nicht gefallen. Es hat vielmehr den Anschein, als sei an mehreren Theorien etwas Wahres, und als läge der Weisheit letzter Schluß in der Synthese.

Geistererscheinungen als wissenschaftlicher Test
Experimente mit dem Augapfel

Zeigt das bisher Gesagte schon, daß der menschliche Gesichtssinn mit einem Fotoapparat praktisch nichts gemein hat, so wird diese Einsicht noch durch Untersuchungen über die Mechanik der Augenbewegungen bestärkt, die Professor Derek H. Fender (3) am Institut für Biologie und Elektrotechnik der Technischen Hochschule Kalifornien durchführte. Es ist eine den meisten Menschen kaum bewußte Tatsache, daß das Auge nur einen sehr kleinen Bildausschnitt aus dem Gesichtsfeld scharf erfassen kann. Dieser ist nicht größer als ein Daumennagel an der ausgestreckten Hand. Die Sehzellen, die Stäbchen und Zäpfchen, sind nämlich nicht gleichmäßig über die Netzhaut verteilt. In genügender Dichte (15 000 Zäpfchen auf den Quadratmillimeter) bestücken sie nur eine winzige Stelle, die *Fovea centralis.* Und diese reicht gerade eben zur Betrachtung des daumennagelgroßen Ausschnittes. Alles, was darum herumliegt, erscheint unscharf.

Nebenbei sei hier erwähnt: Auch die Sehschärfe eines Tieres, das mit Kamera-Augen ausgestattet ist, hängt von der Dichte der Sehzellen in der *Fovea centralis* ab und ist von Art zu Art sehr verschieden. Beim Löwen sind die Sehverhältnisse ähnlich wie beim Menschen. Nach Angaben von Norman Carr (4) sieht er Beutetiere noch klar auf 1500 Meter. Elefanten und Nashörner haben in der *Fovea centralis* ebenso wenig Sehzellen wie der Mensch am Rand der Netzhaut. Daher erkennen sie ihre Umwelt nur so verschwommen wie wir die Dinge am Rand unseres Blickfeldes. Selbst größere Konturen können diese Dickhäuter, wenn sie weiter als 30 Meter entfernt sind, kaum noch wahrnehmen.

Das andere Extrem ist die sprichwörtliche Scharfsichtigkeit des Falken, die der Raubvogel einer außerordentlichen Sehzellendichte verdankt. Er sieht so gut wie ein Mensch mit achtfach vergrößerndem Fernrohr. Aber auch andere Vögel sehen ausgezeichnet. Lorus und Margery Milne (5) berichten, daß Falkner früher einen Neuntöter im Käfig auf der Beizjagd mitführten. Dieser kleine Vogel fürchtete sich vor dem außerhalb der menschlichen Wahrnehmungsweite fliegenden Raubvogel und wendete seinen Kopf stets in dessen Richtung, um ihn im Auge zu behalten. So wußte der Falkner immer, wo sein Falke gerade war.

Für das Menschenauge bedeutet das Vorhandensein des nur daumennagelkleinen Scharfsichtzentrums, daß es ein größeres Bild mit blitzschnellen, kaum merklichen Augapfelbewegungen abtasten muß. Aus der Art dieser Abtastbewegungen kann man schon die ersten Erkenntnisse über die Bildanalyse gewinnen. Deshalb unternahm Professor Fender folgendes:

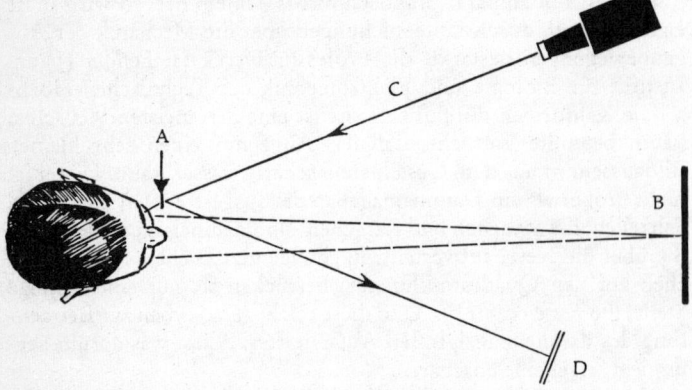

Bild 1: Die Versuchsperson trägt am linken Augapfel eine Kontaktlinse mit angeschmolzenem Spiegel (A). Während die Augen das Bild (B) abtasten, lenkt der Spiegel den Lichtstrahl (C) ab und schreibt so auf die Fotoplatte (D) eine Kurve, die in starker Vergrößerung die Augapfelbewegungen festhält.

Nach Art der Haftgläser, die manche Leute statt einer Brille tragen, befestigte er Glasschalen auf der Hornhaut von Versuchspersonen. Seitlich an der Glasschale war ein kleiner Stab mit einem Spiegel festgeschmolzen. Warf der amerikanische Physiker Licht auf den Spiegel, wurde der Strahl entsprechend den Augapfelbewegungen abgelenkt. Sein Wanderweg wurde auf einem Fotopapier registriert und zeigte selbst die minimalsten Bewegungen, die der Augapfel mit Hilfe seiner drei Muskelpaare ausführt, um eine Szenerie in sich aufzunehmen.

Merkwürdigerweise steht das Auge nie ganz ruhig, selbst nicht bei angestrengter Fixierung eines festen Punktes. Es führt unwillkürliche Flimmerbewegungen über einen Bereich aus, der in der Größenordnung zwischen einem »o« und »i«, aus normaler Leseentfernung betrachtet, liegt.

Zwei Vorteile bringt diese Zitterbewegung dem Menschen: Einmal verwischt sie das Bildraster. Zwischen den einzelnen Sehzellen in der Netzhaut liegen optisch tote Gebiete, durch die uns eigentlich das Umweltbild wie mit schwarzen Zeilen gitterartig durchzogen erscheinen müßte. Wir würden alles so sehen, als säßen wir zu dicht vor einem Fernsehschirm, der neben den waagerechten auch noch senkrechte Striche hat.

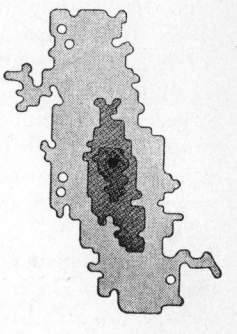

Bild 2: Diese Figur entsteht auf der Fotoplatte von Bild 1, wenn das Auge einen festen Punkt fixiert. Anstatt auf dem kleinen schwarzen Kreis in der Mitte zu verharren, flimmert das Auge über einen großen Bereich.

Den zweiten Vorteil kann man eindrucksvoll demonstrieren, wenn man das Haftglas arretiert und den Augapfel auf diese Weise am Zittern hindert. Nun fällt jeder Punkt des Gesichtsfeldes zwangsläufig immer auf dieselbe Sehzelle. Die Wirkung ist höchst seltsam: Nach ein paar Sekunden verblaßt das Bild und verschwindet langsam vollständig. Es bleibt ein verschwommenes, völlig struktur- und farbloses graues Lichtfeld. Später verdunkelt sich auch dies, und mit dem Verlust der Lichtempfindung wird das Feld tiefschwarz.

Wie ist das zu erklären? Ähnlich wie die Hand, die einen Gegenstand starr umfaßt, schnell den körperlichen Eindruck vom berührten Objekt verliert, gewöhnen sich auch die Lichtsinneszellen an den konstanten Reiz und senden keine Signale mehr zum Hirn.

Ohne das Augapfelzittern ginge es uns wie den Fröschen. Das Auge des Frosches führt keine unwillkürlichen Vibrationen aus. Sein Gesichtsfeld gleicht einer leergewischten Wandtafel. Aber alles, was sich bewegt, tritt sofort klar wie ein Scherenschnitt hervor – für den Frosch eine hervorragende Methode, um Beute und Feinde trotz Tarnung zu erkennen, für den Menschen eine unvorstellbare Behinderung.

Aber damit ist noch längst nicht das ganze Phänomen beschrieben. Wenn die Versuchsperson durch Ausschalten des Augapfelzitterns den Gesichtssinn verloren hat und nur eine tiefschwarze Wand sieht, geschieht etwas Eigenartiges: Wie eine Geistererscheinung wird plötzlich das anfangs wahrgenommene Bild wieder sichtbar, jedoch nur zum Teil. Dann verschwindet es wieder, und ein anderer Bildausschnitt tritt aus der Dunkelheit hervor. Sein Fading alterniert wieder mit einem dritten Fragment, und so herrscht ein fortwährendes Kommen und Gehen, das sogar gewissen Regeln folgt. Der Psychophysiologe Dr. Roy Pritchard (6) hat diese an der McGill-Universität in Montreal entdeckt.

Das Zerfallen des Bildes in Fragmente hängt vom Charakter und Inhalt des Bildes ab. Wird zum Beispiel das Profil eines Frauenkopfes gezeigt, erscheint einmal nur das Gesicht, dann das Haar und der Hinterkopf oder die Halspartie mit dem Unterkiefer. Jede Konfiguration ist ein sinnvoller Teil des Ganzen. Ähnlich ist es mit Worten. So wird aus BEER wechselweise PEER, PEEP, BEE oder BE.

Dieses Ergebnis bestätigt die Ganzheitstheorie, die besagt, daß der Mensch nur sinnvolle Ganzheiten in sich aufnimmt. Es läßt sich aber auch das Gegenteil beweisen: Bietet man dem Auge der Versuchsperson ein schachbrettartiges Muster von Quadraten, so treten nacheinander einzelne waagerechte, senkrechte oder diagonale Quadratreihen auf, also abstrakte, »sinnlose« Details, mathematische Arrangements, für die der Mensch offenbar auch einen Sinn hat.

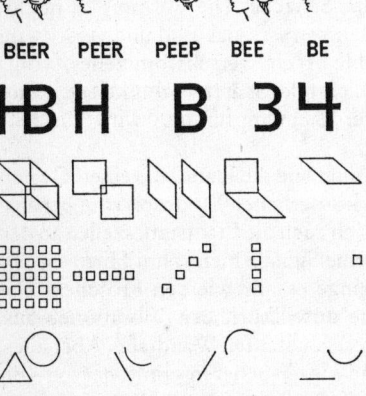

Bild 3: Diese »Geistererscheinungen« entstehen während des geschilderten Experiments im menschlichen Auge. Aus dem vollständigen Bild (links in jeder Reihe) greift sich das Auge unbewußt sinnvolle Teile heraus. Es scheint aber auch einen »Sinn« für abstrakte mathematische Arrangements zu haben, wie die beiden unteren Reihen zeigen.

Die Suche nach den Nervenverkettungen, in denen das Geheimnis der Aufnahmebereitschaft für Eindrücke aus der Umwelt verborgen liegt, beginnt bereits in der Netzhaut des Auges.

Hier gewann Professor Fender die ersten Einblicke, als er die beschriebene Versuchsanordnung dazu benutzte, mit dem vom Haftglasspiegel abgelenkten Lichtstrahl die freien Augapfelbewegungen beim Betrachten von Gegenständen zu registrieren. Die erste Frage: Wie arbeitet die Entfernungseinstellung des Auges?

Zunächst neigt man zu der Annahme, es sei wie bei einem Fotoapparat mit automatischem Entfernungsmesser: Der Winkelunterschied beider auf einen Punkt gerichteter Sehachsen ist ein Maß für die Entfernung und wird an die Muskeln übermittelt, die die Brennweite der Linse einstellen. Das trifft zwar zu, aber bei Einäugigen funktioniert die Linseneinstellung auch ohne vorherige Entfernungsmessung. Die Scharfeinstellung kann also auch unabhängig arbeiten. Die Brennweite verkürzt und verlängert sich ständig. Die Linse ist dauernd auf »Jagd« und teilt den Scharfpunkt auch umgekehrt der Parallaxen-Einstellung mit. Beide Systeme arbeiten separat, aber übermitteln sich gegenseitig ihre Ergebnisse.

Ein ähnlicher Informationsaustausch findet auch zwischen der Scharfeinstellung und der »Blendeneinstellung« statt: Wenn die Brennweite der Linse größer wird, muß die Pupille weiter werden, um die Bildhelligkeit konstant zu halten.

Besitzt das Auge für die Einstellung der Höhe, Seite, Entfernung, Parallaxe, Blende und Bildanalyse nur zahlreiche vorzüglich funktionierende, einander helfende Folgesysteme, Abtast- und Servomechanismen, oder handelt es sich um noch mehr? Professor Fender ließ das Auge gleichförmigen Zielbewegungen folgen, einem sich sinus-, stufen- oder rampenförmig bewegenden Lichtpunkt. Dabei zeigte sich: Das Auge erfaßt nicht nur den Auf-Ab-Rhythmus in idealer Weise, sondern eilt der Zielbewegung sogar um sechs Millisekunden voraus. Wie ein Flakkommandogerät zielt es mit Vorhalt. Das Auge muß also einen Computer zur Verfügung haben, der die Zielbewegung vorausberechnet.

Bei der Suche nach dem Sitz dieses Computers ist der Forscher wieder auf recht merkwürdige Dinge gestoßen. Im Gehirn des Menschen kann er nämlich nicht liegen. Dazu sind die Nachrichtenübermittlungszeiten zwischen Auge und Hirn viel zu lang. Das auf die

Netzhaut fallende Licht erregt die Nervenzellen bei mittlerer Helligkeit nach einer Reaktionszeit von 30 Millisekunden. Die Nervenimpulse brauchen 5 Millisekunden bis zum Hirn. Dieses benötigt wieder 100 Millisekunden, um die Information zu verarbeiten. Tatsächlich nimmt der Mensch also alles 135 Millisekunden später wahr, als es wirklich geschieht. Für die Augensteuerungsmechanik wären solche Verzögerungen untragbar, da der Mensch ein Flugzeug sonst immer unscharf sehen würde.

Deshalb liegt der Computer – eine technische Nachbildung des Gerätes würde die Größe eines Klaviers haben – offenbar im Auge selbst, und zwar in den Millionen Nervenzellen, die neben den Stäbchen und Zäpfchen in der Netzhaut liegen. Durch das Mikroskop erkennt man, daß die Netzhaut eine erstaunliche Ähnlichkeit mit der Nervenstruktur des Gehirns hat. Sie ist ja auch ein Teil des Gehirns, der sich im Lauf der Evolutionsgeschichte – und der Embryonalentwicklung – absonderte. Ein Teil der Nerven spezialisierte sich auf den Empfang von Lichtreizen um, Millionen andere aber blieben auch innerhalb der Netzhaut normale Nervenzellen und übernahmen die komplizierte Aufgabe der Steuerung des Auges.

»Sparschaltungen« führen zum Gehirn
Der Weg der Nervensignale

Das optische Bild fällt in jedem Menschenauge auf etwa 130 Millionen Sehzellen. Jede einzelne Sehzelle wandelt ihren Bildanteil je nach der auftreffenden Lichtstärke in eine Serie von elektrischen Stromstößen, sogenannten Impulsen oder Spikes, um. Je heller das Licht, desto schneller feuert die Zelle. Durch Nervenfasern laufen diese Signale zunächst zu zwei anderen Nerventypen in der Netzhaut und von dort erst weiter zum Hirn. Das dicke Nervenkabel von der Netzhaut zum Hirn umfaßt jedoch nur noch rund 1 Million Fasern. Mit Hilfe der erwähnten zwei anderen Nerventypen hat die Natur also eine »Sparschaltung« erfunden, die von 130 Leitungen 129 überflüssig macht und doch keinen Qualitätsverlust zur Folge hat.

Nach etwa vier Zentimetern hinter dem Auge treffen sich die beiden Sehnervenstränge vom rechten und linken Auge in der Sehstrangkreuzung, auch Chiasma genannt. Hier wechselt die rechte

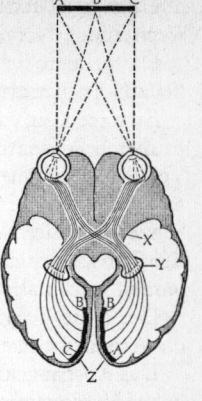

Bild 4: Von einem Panorama (A–B–C) registriert die Sehrinde (Z) der rechten Hirnhemisphäre nur die linke Hälfte, während sich die linke Hirnhemisphäre nur mit dem rechten Bildausschnitt befaßt. Die Erklärung dafür gibt der Verlauf der Sehnerven vom Auge über die Sehstrangkreuzung (X) und das primäre Sehzentrum (Y) zur Sehrinde (Z) des Großhirns.

Kabelhälfte des linken Auges in die rechte Hirnhemisphäre über und die linke Kabelhälfte des rechten Auges in die linke Hirnhemisphäre. Berücksichtigt man, daß die Augenlinse ein auf dem Kopf stehendes, seitenverkehrtes Bild auf die Netzhaut wirft, so ergibt sich im Endeffekt, daß die linke Hirnhemisphäre nur elektrische Signale von der rechten Bildhälfte empfängt und in der rechten Hirnhemisphäre nur die optischen Eindrücke von Dingen in der linken Bildhälfte verarbeitet werden. Kriegsversehrte, deren eines Sehzentrum durch einen Kopfschuß zerstört wurde (in seltenen Fällen blieben solche Leute am Leben!), sehen nur noch einen halbmondförmigen Bildausschnitt.

Etwa zwei Zentimeter hinter dieser Kreuzung enden die Nervenfasern im primären Sehzentrum. Und zwar scheint hier jede Sehnervenfaser ihren ganz speziellen Eingangspunkt zu haben. Das zeigt ein erregendes Experiment von Professor Jerome Y. Lettvin (7) am Massachusetts Institute of Technology. Er entfernte bei einem Frosch operativ das gesamte Nervenkabel zwischen Auge und primärem Sehzentrum. Im Gegensatz zum Menschen hat der Frosch ein beneidenswertes Regenerationsvermögen. So wuchsen, vom Auge beginnend, innerhalb weniger Tage neue Nervenfasern dem primären Sehzentrum entgegen, und jede einzelne traf geometrisch exakt am selben Ort wieder ein, wo früher die alte Verbindung bestanden hatte. Es ist demnach offenbar von großer Wichtigkeit, daß jeder optische Bildpunkt auch im Gehirn seine geometrisch sinnvoll liegende Nervenschaltstelle besitzt. Aber auf welche Weise wachsende Nerven im Körper ihren richtigen Weg finden, ist uns gegenwärtig noch ein Rätsel (8). Gewisse Anzeichen deuten darauf hin, daß es im Körper gleichsam chemische Lockstoffe gibt, die den wachsenden Nerven den Weg weisen.

Das primäre Sehzentrum ist eine Umschaltstelle. Von hier laufen neue Nervenfasern weiter zur Sehrinde des Großhirns.

Es wäre aber grundfalsch, anzunehmen, die Umschaltstellen im primären Sehzentrum und auch die in der Netzhaut wären einfache Verstärkerstationen, die empfangene Signale naturgetreu weiterleiten. Das geht schon daraus hervor, daß es zwar 130 Millionen Sehzellen in der Netzhaut gibt, aber nur 1 Million Nervenfasern. In den Umschaltstellen findet also auch eine Umformung der einlaufenden Informationen statt.

Um diese Vorgänge näher zu verstehen, sei ein kurzer Blick auf die Arbeitsweise einer Nervenzelle geworfen:

Das Ausgangskabel (Axon) einer Nervenzelle endet mit deltaähnlichen Verzweigungen in unmittelbarer Nähe einer anderen Nervenzelle. Und zwar liegen die Enden mit einem stempelartigen Wulst entweder direkt am Zentralkörper der nächsten Nervenzelle oder sie berühren eine von deren Eingangskabeln (Dendriten). Diese Berührungspunkte zwischen zwei Nerven nennt man Synapsen. Im selben Augenblick, in dem ein Stromstoß im Nervenende eintrifft, wird dort eine zur Zeit noch unbekannte chemische Substanz frei und wirkt auf die neue Nervenzelle ein.

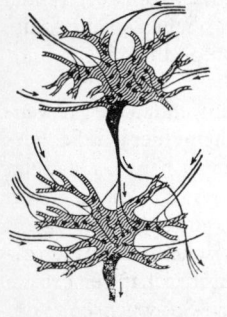

Bild 5: So sind Nervenzellen miteinander verbunden. Das Ausgangskabel (schwarz) verästelt sich und berührt mehrere nachfolgende Nervenzellen mit stempelartigen Wulsten (schwarze Punkte) an deren Zentralkörper oder Eingangskabeln (schraffiert).

Genau genommen gibt es zwei verschiedene chemische Substanzen und dementsprechend auch zwei verschiedene Wirkungen. Die eine Substanz erregt die neue Nervenzelle, das heißt, sie bringt sie einem Zustand näher, in dem auch die neue Zelle in der Lage ist, ihrerseits einen Stromstoß auszusenden. Die andere Substanz hingegen hemmt die neue Zelle in ihrer Erregbarkeit. Jedes Nervenende besitzt entweder die eine oder die andere Substanz und ist entweder nur zur Erregung oder zur Hemmung fähig.

An der neuen Nervenzelle findet also stets eine Art Wettstreit zwischen Erregungs- und Hemmungssynapsen statt. Das kann recht dramatische Formen annehmen, denn mitunter enden 50 bis 100 Nervenverzweigungen an einer Nervenzelle und rivalisieren miteinander. Das Ergebnis ist eine klare Entscheidung. Gelingt es den Erregern gegen den Widerstand der Hemmungssynapsen, die neue Nervenzelle über einen bestimmten Reizschwellenwert zu stimulieren, feuert diese einen Stromimpuls durch ihr Ausgangskabel zur nächsten Nervenzelle, wo wiederum derselbe Tanz beginnt. Andernfalls verhält sie sich ruhig (9).

Mit anderen Worten: Eine Nervenzelle kann eintreffenden Signalen die Weiterleitung versagen oder ermöglichen. Und mehr noch: Im Zustand steigender Erregung feuert sie immer schnellere Salven ab. Sie kann also addieren und subtrahieren, beziehungsweise multiplizieren und dividieren.

Andererseits ist eine vorhergehende Nervenzelle nicht allein auf die Entscheidung – das Rechenergebnis – einer einzelnen nachfolgenden Nervenzelle angewiesen. Meist laufen Verzweigungen ihres Ausgangskabels auch zu anderen Nervenzellen, deren Entscheidungen aufgrund unterschiedlicher Verkettungen ganz anders ausfallen können.

Mithören im Funkverkehr der Nerven
Die Entstehung des Bildes im Gehirn

Wenn man bedenkt, daß sich diese Vorgänge gleichzeitig in Millionen Nervenzellen abspielen und daß dies alles irgendwie mit- und gegeneinander wirkt, sich beeinflußt, verändert und ständig in mehreren Etappen umgeformt wird, hat man ein ungefähres und schier verwirrendes Bild von dem, was Sekunde für Sekunde in unserem Sehnervensystem geschieht, während wir etwas betrachten.

Dennoch ist es amerikanischen Forschern gelungen, den Weg einzelner Signale von der Netzhaut bis zur Sehrinde zu verfolgen und die Art ihrer Umformung zu registrieren. Ihre Experimente können ohne Übertreibung als atemraubend bezeichnet werden.

Es ist natürlich völlig unmöglich, den Verlauf einzelner Nervenfasern optisch, also mit Hilfe von Mikroskop und Elektronenmikroskop, aufzudecken. Zudem kann man auch rein äußerlich eine Erregungssynapse nicht von einer Hemmungssynapse unterscheiden. Ferner befindet sich jede Nervenzelle jede Zehntelsekunde in einem anderen Erregungszustand, so daß mit statischer Betrachtung so gut wie nichts gewonnen ist. Deshalb muß man eine andere Methode wählen.

Sie besteht im elektrischen Anzapfen einzelner Nervenfasern bei gleichzeitiger punktförmiger Belichtung der zugehörigen Sinneszellen in der Netzhaut. Ehe man mit dem mikroskopisch kleinen Lichtpunkt die richtige Stelle in der Netzhaut getroffen hat, vergehen oft Stunden. Der Treffer macht sich durch plötzliches Salvenfeuer in der angezapften Faser bemerkbar. Natürlich wurden diese Versuche nicht an Menschen, sondern an lebenden und narkotisierten Katzen durchgeführt.

Noch ein Wort über die Technik des Anzapfens: Als Elektroden haben sich Glasröhrchen mit einer den elektrischen Strom leitenden Flüssigkeit bewährt. Sie sind so dünn, daß tausend von ihnen gerade eben die Spitze einer Stecknadel ausfüllen würden. Mit dem bloßen Auge sind sie kaum noch wahrnehmbar. Deshalb muß man sie unter der Kontrolle eines Stereomikroskops mit Hilfe eines Mikromanipulators in die Nervenzelle einstechen oder in die unmittelbare Nähe einer Nervenfaser vorschieben. Dann leitet man die elektrischen Nervenimpulse über einen Verstärker und macht sie auf einer Art Fernsehschirm, einem sogenannten Kathodenstrahloszillographen, sichtbar oder registriert sie mit einem Schreibgerät.

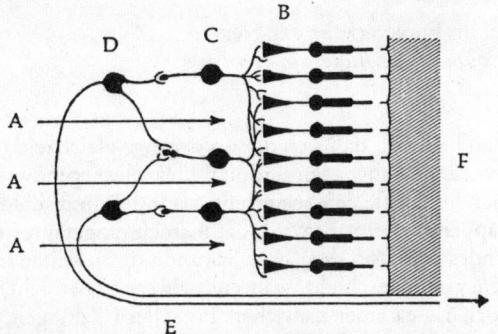

Bild 6: Die ersten beiden Verrechnungsstationen im optischen Nervensystem. Die Lichtstrahlen (A) kommen von links und erregen die Sehzellen (B). Deren Signalimpulse werden zunächst von den Bipolarzellen (C) und danach von den Retinalneuronen (D) gesammelt und sortiert. Von hier laufen die Sehnerven (E) ohne weitere Unterbrechung durch die hintere Wand (F) des Augapfels zum Gehirn.

Das ist der Verlauf der Bildinformationen: Von zahlreichen Sehnervenzellen führen Fasern zur ersten Verrechnungsstation, den Bipolarzellen, die ebenfalls in der Netzhaut eingebettet sind. Umgekehrt ist jede Sehnervenzelle mit mehreren Bipolarzellen verbunden. In analoger Weise sind die Bipolarzellen mit der zweiten Station verbunden, mit Nervenzellen, die man Retinalneuronen nennt und die auch innerhalb der Netzhaut liegen.

Um zu sehen, was in diesen ersten beiden Stationen geschieht, zapfte Professor Stephen W. Kuffler (10) am Johns Hopkins Hospital in Baltimore diese Retinalneuronen an, und zwar Stück für Stück. Es stellte sich dabei folgendes heraus: Jedes Retinalneuron wird von allen Sehnervenzellen innerhalb einer scharf umrissenen, kreisförmigen Netzhautregion beeinflußt. Jeder Lichtreiz, der in den Bereich dieses Kreises fällt, erregt das Neuron. Rings um dieses relativ kleine Erregungszentrum liegt eine etwas größere ringförmige Region. Trifft hier ein Lichtreiz ein, wirkt er auf dasselbe Neuron hemmend. Ein Lichtpunkt auf dem Erregungszentrum und ein gleichstarker auf dem hemmenden Ring heben sich annähernd auf. Solch eine Region bezeichnet man als Erregungszentrumsfeld.

Daneben gibt es in der Netzhaut nur noch einen zweiten, konträren Nervenzellentyp: das Hemmungszentrumsneuron. Jeder Licht-

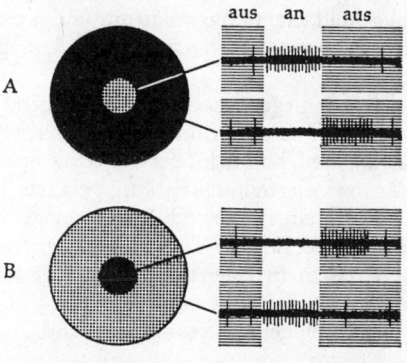

Bild 7: So werden die Signale gesammelt und sortiert. Alle Sehzellen, die innerhalb der kreisförmigen Flächen auf der Netzhaut liegen, wirken auf ein einziges Retinalneuron ein. Liegt eine Sehzelle im gepunkteten Bereich, regt sie bei Belichtung das Retinalneuron zum Aussenden von Impulsen, sogenannten Spikes, an. Liegt sie im schwarzen Bereich, unterdrückt sie die »Funktätigkeit« des Retinalneurons so lange, bis das Licht ausgeht. Es gibt nur zwei Typen von Kreisfeldern: das Erregungszentrumsfeld (A) und das Hemmungszentrumsfeld (B).

reiz, der in das Kreiszentrum fällt, hemmt die Feuergeschwindigkeit der Nervenzelle, und jeder Lichtreiz, der das umgebende Ringfeld trifft, steigert sie.

Das gesamte Bild, das wir sehen, wird in Millionen derartiger Reaktionsfelder zerlegt. Ein Vergleich mit einem Mosaik wäre falsch, denn die einzelnen Regionen überlagern sich. Ein Lichtreiz, der ein Neuron erregt, kann gleichzeitig andere hemmen. Die Größe der sogenannten rezeptorischen Felder schwankt je nach der Lage auf der Netzhaut stark.

Die Bedeutung dieser Bildzerlegung ist rein anschaulich nicht zu verstehen. Man kann sich lediglich vorstellen, daß sie geeignet ist, in der Fovea die Kontraste zu erhöhen und am Netzhautrand die Wirkung schwachen Dämmerlichts zu erhöhen. Mit einer elektrischen Bildübertragung aber, wie wir sie in der Fernsehtechnik kennen, hat dies alles herzlich wenig zu tun.

Ganz ähnlich ist die Situation im primären Sehzentrum, die der Neurophysiologe Professor David H. Hubel (11) an der Harvard Medical School ebenfalls an narkotisierten Katzen erforschte. Auch hier laufen viele, von den Retinalneuronen kommende Fasern in jeder Nervenzelle zusammen, und umgekehrt ist jedes Retinalneuron mit mehreren Nervenzellen im primären Sehzentrum verbunden. Auch hier hat jede Nervenzelle auf der Netzhaut ein kreisförmiges Erregungs- und Hemmungszentrum und eine konträr wirkende Ringfläche darum herum. Lediglich das Arrangement ist ein wenig verändert.

Das ändert sich grundlegend, sobald die neuen Nervenfasern vom primären Sehzentrum in die Sehrinde des Großhirns gelangen.

Zuvor sei ein kurzer Überblick über die Struktur des Großhirns gegeben. Würde man die walnußkernartig gefaltete Hirnrinde des Menschen glätten, erhielte man eine Fläche von zwei Quadratmeter Größe. In 0 bis 2,5 Millimeter Tiefe liegen nicht weniger als 14 Milliarden Nervenzellen, in denen sich das Wunder der Sinneswahrnehmung, der Gefühle, Gedanken und schöpferischen Kräfte vollzieht und in denen Intelligenz, Persönlichkeit und Charakter verankert sind.

Genau genommen sind sieben verschiedene Typen von Nervenzellen in sieben Schichten angeordnet. Die Dicke der einzelnen Schichten ändert sich sprunghaft an jeder Funktionsgrenze, zum Beispiel zwischen Sehsphäre und Hörsphäre.

Die Millionen Nervenfasern, die vom primären Sehzentrum kommen, verbinden sich in der Sehrinde mit den Nervenzellen in der 4. Schicht von oben. Von hier aus verbreiten sich Querverbindungen fast nur senkrecht zur Hirnoberfläche in alle übrigen Schichten. Von dort, insbesondere von der 3. und 5. Schicht, laufen Axone in tiefer gelegene, zur Zeit noch unbekannte Hirnregionen.

Einige Hunderte dieser Nervenzellen zapfte Hubel einzeln an und fand zu jeder völlig veränderte Reizfelder auf der Netzhaut. Keine Spur mehr von winzigen Zentren mit konzentrischen Ringen. Jetzt ist es ein etwa quadratmillimetergroßes Netzhautgebiet, das auf eine einzige Sehrinden-Nervenzelle einwirkt. Das ist verblüffend, denn auf solch eine große Netzhautregion wird ein Bildausschnitt projiziert, der dreißig Vollmondscheiben entspricht. In dieser Netzhautregion sind zehn bis zwanzig Erregungspunkte und etwa ebensoviele Hemmungspunkte mit teilweise recht großen Zwischenräumen so angeordnet, daß schnurgerade Grenzen beide Typen voneinander trennen. Unter anderem gibt es sogenannte Schlitzregionen. In ihnen sind die Erregungspunkte wie an einer Schnur in der Mitte aufgefädelt und werden zu beiden Seiten von Hemmungspunkten umgeben.

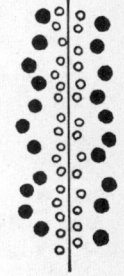

Bild 8: Entdeckerfeld für senkrechte, gerade, helle Linien. Dieser Ausschnitt aus der Netzhaut unseres Auges ist in Wirklichkeit etwa 1 Millimeter lang. Alle Sehnerven, die in den weißen Feldern liegen, erregen eine einzige Eingangsnervenzelle in der Sehrinde des Gehirns. Alle Sehnerven in den schwarzen Feldern wirken bei Belichtung hemmend auf dieselbe Hirnzelle. Der Strich bezeichnet die Richtung des Erregungsmaximums.

Fällt ein 1 Millimeter langer Lichtstreifen genau auf alle Erregungspunkte, feuert die Nervenzelle in der Sehrinde am schnellsten. Verkantet man den Lichtstreifen aber propellerartig um wenige Grad, läßt die Salvengeschwindigkeit sofort rapide nach und ist bei 90 Grad gleich Null. Das bedeutet: Diese Nervenzelle ist ein Entdecker für helle gerade Linien, die aber nur in einer ganz bestimmten Richtung verlaufen.

Daneben gibt es zahllose Nervenzellen von prinzipiell dem gleichen Erregungstyp. Nur liegt bei ihnen die Richtung der »Schlitze« um jeden beliebigen Winkel von 0 bis 180 Grad verkantet. Auf diese Weise nimmt das Gehirn gerade, helle Linien jeder nur denkbaren Richtung wahr.

Diese Tatsache läßt auf einen angeborenen Sinn für gerade Linien schließen. Erinnert man sich der Experimente mit verzerrenden Prismenbrillen, die am Anfang des Buches beschrieben wurden, so steht man allerdings wieder vor einem »erkenntnispraktischen« Problem: Was geschieht im Nervensystem, wenn der Versuchsperson die krummen Linien nach und nach wieder gerade erscheinen? Ändern sich die »Kontakte« (Synapsen) im gesamten optischen Nervensystem? Wir wissen es nicht. Auf jeden Fall aber wirkt Angeborenes mit Erlerntem eng zusammen.

Neben dem erwähnten Nervenzellentyp in der Sehrinde gibt es andere zum Wahrnehmen von geraden, dunklen Linien und wieder andere zum Entdecken von Kanten (links einer geraden Grenzlinie Erregung, rechts davon Hemmung oder umgekehrt). Ein weiterer Typ reagiert nicht auf feststehende, sondern auf bewegte Linien, wobei jede Nervenzelle nur für eine ganz spezielle Bewegungsrichtung zuständig ist.

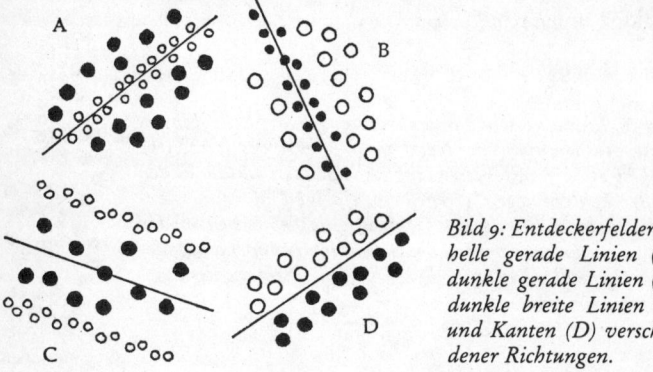

Bild 9: Entdeckerfelder für helle gerade Linien (A), dunkle gerade Linien (B), dunkle breite Linien (C) und Kanten (D) verschiedener Richtungen.

Diese Bildzerlegung in Myriaden kleiner Kanten, heller und dunkler Striche macht die Riesenzahl von Nervenzellen in der Sehrinde des Großhirns begreiflich. Für jeden Netzhautabschnitt, jeden Linientyp (Schlitz, Strich, Kante), jede Lage der Linie und jede Bewegungsrichtung gibt es einen Satz von Nervenzellen, der dann jeweils anspricht und Signale weiterleitet. Allein wenn das Auge nur einen rotierenden Propeller vor weißem Hintergrund sieht, ist die Zahl der dabei erregten Hirnzellen unvorstellbar groß.

Nach dem eben Gesagten sollte man ein verwirrendes Durcheinander all dieser vielen Nervenzellen im Hirn erwarten. Um so erstaunlicher ist die Entdeckung Professor Hubels, daß hier eine exakte Ordnung herrscht, eine Ordnung, die allerdings nicht am Ausse-

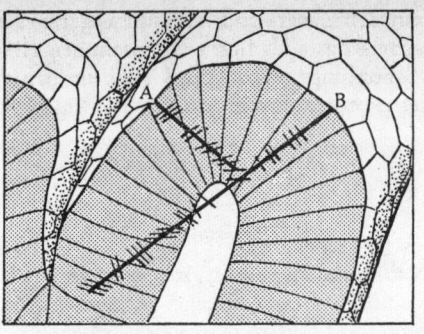

Bild 10: Die »Bienenwabe« der Sehrinde. Jede Nervenkolumne verarbeitet aus einem kleinen Bildausschnitt der Netzhaut nur Linien einer Richtung. Die Nachbarkolumnen befassen sich mit Linien anderer Richtungen. Festgestellt wurde dies durch sukzessives Vorschieben zweier Mikroelektroden (A und B), mit denen die Signaltätigkeit der Nerven abgehört wurde, während die Netzhaut mit einem langsam rotierenden Lichtstreifen beleuchtet wurde.

hen mit dem Mikroskop zu erkennen ist, sondern nur am elektrischen Verhalten.

Danach ist die Sehrinde des Großhirns wie eine Bienenwabe in zahllose säulenförmige Abschnitte unterteilt. Jede Kolumne hat einen Durchmesser von etwa einem halben Millimeter und besteht aus Tausenden von Nervenzellen. Das Gemeinsame, das alle diese Nervenzellen miteinander verbindet, ist die Richtung ihrer schlitz-, strich- und kantenförmigen Reizfelder auf der Netzhaut. Alle Bildlinien in einem Netzhautabschnitt, die in einem Winkel von 30 Grad verlaufen, werden in dieser einen Kolumne registriert. Die Nachbarkolumnen verarbeiten hingegen nur Linien und Kanten mit einer Orientierung von 15, 31, 33 und 55 Grad und deren Nachbarn wieder andere. Eine geometrisch ebenbildliche Zuordnung der Erregungsflächen auf der Netzhaut zu den von ihnen erregten Nervenzellen innerhalb einer Kolumne ist nicht vorhanden.

So interessant diese Forschungsergebnisse im einzelnen auch sind, der Vorgang des Sehens wird dadurch nur noch rätselhafter als bisher. Das Auflösen des schwarzweißen Bildes in zahllose Linien, das Durcheinanderwürfeln der räumlichen Zusammenhänge, der gleichzeitige »Morsesignalverkehr« in Millionen Leitungen, das Finden der richtigen Kontaktstellen durch wachsende Nervenfasern, die für einen Menschen unbegreifliche und doch höchst sinnvolle Vielgestaltigkeit der Nervenschaltungen, die Beeinflußbarkeit derselben durch Lernvorgänge, die Koordinierung der empfangenen

Sinnesreize mit den Zitter- und Abtastbewegungen des Augapfels und vieles mehr – das alles fügt sich zusammen zu jenem großen Wunder der Schöpfung, dessen volle Größe uns naturwissenschaftlicher Forschergeist jetzt erst ahnen läßt.

Das elektronische Froschauge
Technische Nachbildungen von Nervensystemen

In Amerika, dem Land des Zukunftsbeginns, ist seit 1963 nicht mehr die Rede von ferngesteuerten Kraftwagen, deren Lenkrad, Gaspedal und Bremse von einem Unterpflaster-Hochfrequenzkabel dirigiert werden soll. Das Projekt, das die künftigen Automobile zu einer Art Kleinstraßenbahn degradieren würde, wurde bereits zum alten Eisen geworfen, noch bevor es realisiert werden konnte. Im Zeitalter einer rasenden technischen Entwicklung trat ein noch weit erstaunlicheres Projekt an seine Stelle: das elektronische Froschauge.

Vom Auge eines ganz gewöhnlichen Frosches haben die amerikanischen Forscher Lettvin, Maturana, McCulloch und Pitts (12, 13) ein optisches und mathematisches Prinzip abgeguckt, nach dem ein Vollautomat entwickelt werden soll, der als »elektronischer Chauffeur« in der Lage ist, einen Kraftwagen sicher durch den dichtesten Straßenverkehr zu lenken.

Das erscheint auf den ersten Blick utopisch. Es ist aber trotzdem möglich, wie die Natur am Beispiel des Frosches beweist. Man muß sich nur klarmachen, daß hier ganz andersartige Nervenschaltungen das optisch empfangene Bild zu Eindrücken verarbeiten, die mit unserem Weltbild kaum noch etwas gemeinsam haben, die aber für

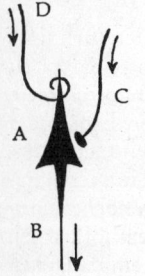

Bild 11: Eine »künstliche Nervenzelle« im schematischen Schaltbild. Die Zelle (A) schickt nur dann einen Stromstoß durch das Ausgangskabel (B), wenn sie von der Erregungsleitung (C) stimuliert wird. Trifft gleichzeitig auch ein Signal aus der Hemmungsleitung (D) ein, unterbleibt die Reaktion der künstlichen Nervenzelle.

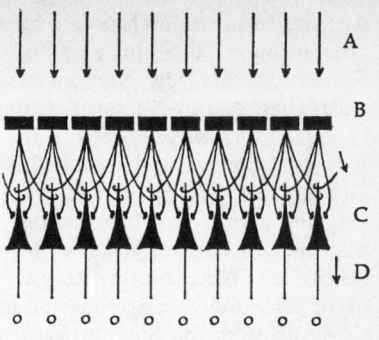

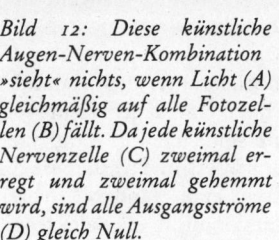

Bild 12: Diese künstliche Augen-Nerven-Kombination »sieht« nichts, wenn Licht (A) gleichmäßig auf alle Fotozellen (B) fällt. Da jede künstliche Nervenzelle (C) zweimal erregt und zweimal gehemmt wird, sind alle Ausgangsströme (D) gleich Null.

das Tier sehr zweckmäßig sind. Wie der Mensch am leichtesten in diese fremdartige Vorstellungswelt des Frosches und vieler anderer Tiere eindringen kann, erläutert Professor Heinz von Foerster (14), der gegenwärtig an der Universität Illinois lehrt:

Es ist elektrotechnisch ein Kinderspiel, »künstliche Nervenzellen« zu schaffen, grobe Vereinfachungen der auf Seite 20 geschilderten natürlichen Gebilde. Bereits hiermit lassen sich verblüffende Schaltkombinationen herstellen. Beginnen wir ganz simpel: Aus einer Reihe von Fotozellen ist jede mit »ihrer« künstlichen Nervenzelle durch zwei Erregungsleitungen und mit den beiden benachbar-

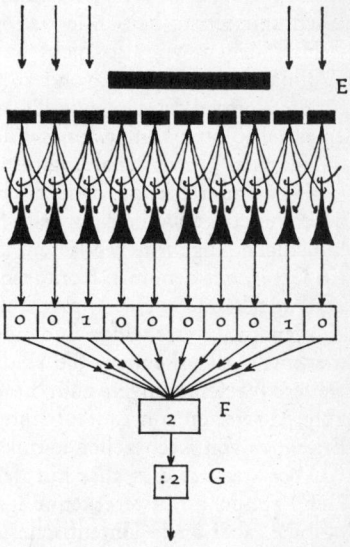

Bild 13: Sobald Gegenstände (E) Fotozellen beschatten, senden die künstlichen Nervenzellen am Rand einen Stromstoß, da sie nun zweimal erregt und nur einmal gehemmt werden. Eine Schaltung (F) im Gerät zieht die Summe, eine andere (G) teilt sie durch 2. So erfaßt die Zählmaschine blitzschnell die Anzahl der zu zählenden Gegenstände.

ten Nervenzellen durch je eine Hemmungsleitung verbunden. Bei gleichmäßiger Belichtung aller Fotozellen senden die Nerven keine Signalströme, da jeder Nerv zweimal erregt und zweimal gehemmt wird. Diese Augen-Nerven-Kombination »sieht« also nichts.

Sobald aber ein Gegenstand ins Blickfeld kommt, werden die Umrisse sofort entdeckt, da die Nervenzellen unter dem Rand des Gegenstandes zweimal erregt, aber nur noch einmal gehemmt werden und somit einen Signalstrom weitersenden. Nun kann man folgendes Experiment machen: Man vergrößert und verfeinert die Fotozellen-»Netzhaut« beliebig und streut eine Handvoll Erbsen davor. Praktisch verzögerungsfrei meldet daraufhin eine elektronische Anlage, die die Summe der eingehenden Meldungen zieht und durch zwei dividiert, die Zahl der Erbsen.

Diese sehr einfache Zählmaschine hat somit eine Eigenschaft, die das menschliche Nervensystem nicht besitzt: Sie zählt nicht wie wir in fortlaufender Zahlenfolge, sondern alles auf einen Blick. Sie sieht Mengen, wie wir gewisse elektromagnetische Schwingungen sehen: als autonomen Begriff. Wenn zum Beispiel 385 Billionen Lichtschwingungen in der Sekunde auf die Sehzellen der Netzhaut fallen, brauchen wir nicht erst nachzuzählen, um herauszubekommen, daß es sich um rotes Licht handelt. Das hat bereits eine Nervenschaltung für uns erledigt. Sie teilt unserem Bewußtsein nur das Resultat mit: Rot! In völlig analoger Weise nimmt der Apparat eine »Sieben-heit«, »Achtundsechzig-heit« oder »27 695-heit« sofort wahr.

Hier haben wir also nicht nur einen Prototyp für technische Zählmaschinen vor uns, sondern auch ein eindrucksvolles Beispiel für die Konstruktion eines völlig neuen, uns unvorstellbaren Sinnes, eines »absoluten Zahlensinnes«, der allein auf der Basis einer ungewöhnlichen Nervenschaltung beruht.

Es ist eine erregende Sache, das beschriebene, recht simple Prinzip zu erweitern, etwa in die zweite Dimension. Ferner kann man das künstliche Auge rotieren lassen. Damit wird aus der Zählmaschine ein Gerät, mit dem man Konturen abtasten und Formen maschinell erkennen kann. Solche Apparate sind in der Lage, gerade Linien von Kurven zu unterscheiden und Löcher, Ecken und andere Gestaltmerkmale zu erkennen. Sie sind gegenwärtig die Grundlage für weitere Verfeinerungen zum Lesen von Zahlen und Buchstaben, zum Auswerten von Luftaufnahmen und Röntgenbildern und zum Erkennen von Krebszellen in mikroskopischen Präparaten.

Aber was hat dies alles mit dem Froschauge zu tun? Sehr viel. Denn ähnliche Mustererkennungsschaltungen besitzen diese Amphibien, aber auch Tintenfische und Insekten. Man muß sich nur von der unhaltbaren Vorstellung lösen, das Ziel aller Tieraugen sei es, naturgetreue »photographische« Bilder zu vermitteln.

Es war schon gesagt worden (Seite 15): Das Bild, das ein Froschauge liefert, ähnelt einer abgewischten Wandtafel, auf der nur Bewegtes, also Gefährliches oder Begehrtes, erscheint. Aber selbst diese Dinge werden nicht in ihrer natürlichen Gestalt wahrgenommen. Als Professor Lettvin das Sehnervensystem des Frosches in der gleichen Weise mit Mikroelektroden erforschte wie Professor Hubel das der Katze, fand er recht merkwürdige Dinge.

Die Grundelemente, in die das optische Bild vom Nervensystem des Frosches aufgelöst wird, sind im wesentlichen anderer Art und längst nicht so universal. Das Froschhirn bekommt nur über vier Dinge Mitteilungen: über gerade Kanten, sich bewegende konvexe Formen, Kontrastwechsel und schnelles Dunkelwerden.

Dabei werden keineswegs wie beim Menschen alle Bewegungsrichtungen erfaßt. Kommt eine Fliege in Richtung des Frosches, so daß sie geschnappt werden kann, registriert sie das Froschhirn. Entfernt sie sich aber oder fliegt sie so, daß sie außerhalb der Reichweite bleibt, hat der Lurch einfach keinen »Sinn« dafür. Was ihn nicht direkt betrifft, sieht er nicht – ein frappierend zweckmäßiges Prinzip der Beschränkung auf das unbedingt Notwendige!

Ebenso kann man sich vorstellen, daß der Frosch auch keine Grashalme wahrnimmt, die sich im Winde wiegen, weil es am Kontrast fehlt. Naht sich aber ein Storch, genügen offenbar Salvenfolgen nur von den Nervenzellen, die auf sich bewegende konvexe Formen und auf Kontrastwechsel reagieren, um den Teichbewohner mit einem Satz ins Wasser springen zu lassen. Es ist nicht vorstellbar, aber in einer so abstrakten Welt lebt ein Frosch.

In ähnlicher Weise kann man, so sagen die amerikanischen Biotechniker M. B. Herscher und T. P. Kelley (15), das Bild unserer verkehrsreichen Straßen abstrahieren und aufgliedern in charakteristische Merkmale, die eine Straßenbegrenzung anzeigen oder Gegenstände und Personen, denen auszuweichen ist. Verkehrszeichen wären in dieses Schema mit einzubeziehen und auch ein Lenkprogramm, das vom Besitzer des Kraftwagens vor Antritt der Fahrt in die elektronische Anlage eingegeben wird. All das andere unwichtige Gekribbel im Straßenbild würde vom automatischen Chauffeur gar nicht zur Kenntnis genommen.

Aber bis dieses Ziel erreicht ist, muß vor allem noch eines vollbracht werden: In Sachen Zuverlässigkeit muß der Mensch die Natur um ein Beträchtliches übertrumpfen, damit der »elektronische Frosch« nicht doch eines Tages vom Storch gefressen wird.

»Als wir mit unserer Tiefseekugel 204 Meter erreichten, zuckten die ersten tierischen Blitze auf. Es war wie das Erscheinen der ersten Sterne an einem warmen, klaren Sommerabend.« So schildert der amerikanische Tiefseeforscher William Beebe (16) das Erlebnis des ersten Tauchabstiegs in größere Meerestiefen im Jahre 1930 bei den Bermuda-Inseln.

»Ich schaute hinaus in eine bisher noch ungeahnte Welt, wo Sternbilder sich immerzu neu zusammensetzten und vergingen. Bei 610 Meter stellte ich eine sorgfältige Zählung an und fand, daß nie weniger als zehn Lichter, blaßgelbe und blaßblaue, vor dem kleinen Rundfenster sichtbar wurden. 15 Meter tiefer sah ich wieder ein Netzwerk von Feuerfunken, das diesmal, vorsichtig geschätzt, eine Fläche von 60 mal 90 Zentimeter einnahm. Masche um Masche konnte ich im Dunkel verfolgen, doch nicht die leiseste Vermutung über die Ursache wagen. Es muß sich wohl um ein wirbelloses Lebewesen von solcher Zartheit und Vergänglichkeit handeln, daß es völlig verloren geht, wenn man es je mit dem Netz an die Oberfläche zöge. Dreißig Meter weiter sah mein Begleiter Barton zwei Lichter abwechselnd aufblitzen und verlöschen. Offenbar waren sie von der Willkür eines Fisches abhängig.

Zwischen Tiefen von 625 und 655 Meter sah ich verhältnismäßig wenige Tiere mit Leuchtorganen. Doch bei 670 Meter wurde die Lichterfülle sinnverwirrend. Das Pechschwarz des Wassers wurde durch Funken und Blitze und stetig glühende Lampen von beträchtlicher Größe erfüllt. In unendlicher Mannigfaltigkeit tauchten die verschiedensten Farben in immer neuen zusammengesetzten Mustern auf. Ständig boten sich ungeahnte Bilder dem Blick, bis unser Wortschatz erschöpft und unser Geist betäubt war.

Immer, wenn ich inmitten des märchenhaften Lichtergefunkels, unerklärter Leuchtentladungen und allzu früh abreißender flüchtiger Blicke auf merkwürdige Lebewesen eines genauer beobachten wollte, wurde ich abgelenkt durch einen plötzlich auftauchenden Tierkometen oder ein ganz in der Nähe aufblitzendes lebendes Sternbild.

Das ist die Welt, in der zweierlei seltsame Geschöpfe existieren: Die einen mit Augen, die für das Steuern durchs Leben auf das Aufglühen der Lampen anderer Tiere angewiesen sind, die anderen vom Tage der Geburt an bis zum Tode blind, im Kampf um

Nahrung und Ehepartner und gegen Feindestücke nur auf tastende und riechende Sinnesorgane angewiesen.«

Umrisse und Körperformen leuchtender Tiefseefische kann man nach Angaben von William Beebe zwar aus nächster Nähe im schwachen Schein des Eigenlichts dieser Wesen erkennen, aber im Abstand von ein paar Metern ist praktisch nur noch das »Sternbild« wahrnehmbar. Wie ein Kapitän nachts auf hoher See nur an der Lichterführung der Schiffe sehen kann, ob ihm ein großer Frachter, ein kleines Motorschiff, ein Bergungsdampfer oder ein Lotsenboot begegnet, so erkennen Tiefseefische Freund und Feind auch nur am Licht- und Farbmuster der Laternen, die jedes leuchtende Tier in ganz charakteristischer Weise zur Schau stellt. Nur ist dieser Erkennungsdienst bei den Fischen wesentlich komplizierter als bei der Marine.

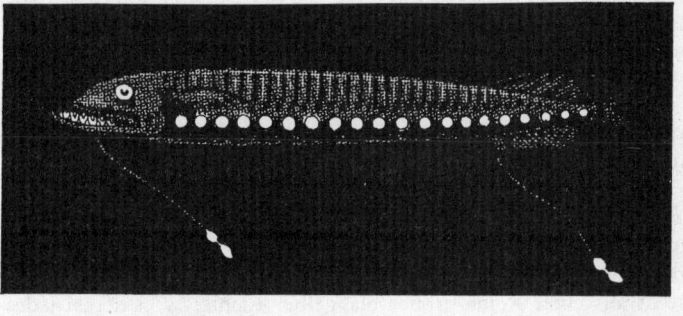

Bild 14: Der Seedrache

Einige Seedrachen *(Melanostomiatiden)* sehen zum Beispiel so ähnlich aus wie erleuchtete Passagierdampfer. Bei *Bathysphaera intacta* läuft längs der Seitenlinien eine Reihe von 20 blaßblauen »Bullaugen« entlang. Vom »Bug« und vom »Heck« hängen zwei etwa einen Meter lange Angelschnüre herab, an deren unteren Enden je zwei leuchtende Köder nachgeschleppt werden: der obere rötlich, der untere blau. Dieses friedlich anmutende Lichterbild gehört einem der gefräßigsten Tiefseeräuber. Die von innen illuminierten Fangzähne reißen jedes Wesen, das sich den Angelködern arglos nähert.

Genau umgekehrt ist es bei den Tiefseebeilfischen der Gattung *Argyropelecus.* Ihre phosphoreszierenden Leuchtplaketten bilden ein gespenstisches Muster, das an das Gebiß eines Totenschädels erinnert. Dabei sind diese Tiere harmlose Planktonfresser. Ob sie

Bild 15: Tiefseebeilfische im Lichtkegel eines Scheinwerfers. In der Finsternis sind nicht ihre Körperformen, sondern nur die Leuchtorgane zu sehen, die an das Gebiß eines Totenschädels erinnern.

durch ihr martialisches Aussehen Feinde abschrecken, konnte noch nicht bewiesen werden.

Der Aristokrat der Tiefsee ist der Fünfstreifige Sternbildfisch *Bathysidus pentagrammus*. »Die Körperseiten entlang laufen fünf unwirklich schöne Lichtstreifen, einer davon quer durch die Mitte, dazu zwei geschweifte darüber und zwei darunter. Jeder Streif besteht aus einer Reihe großer blaßgelber Lichter, von denen jedes zackensternartig von kleinen, aber lebhaft purpurn glühenden

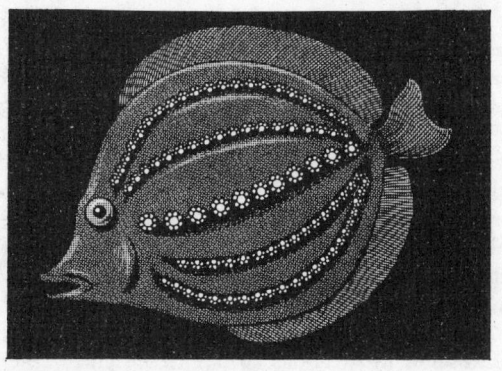

Bild 16: Der Fünfstreifige Sternbildfisch

›Edelsteinen‹ umgeben ist. In meinem Gedächtnis wird er als eine der prächtigsten Erscheinungen weiterleben, die mir je zu schauen beschieden war.«

Die Zahl der »Lichtuniformen« ist ungeheuer. Allein in der Familie der Laternenfische unterscheidet man etwa 150 verschiedene Arten an der Zahl und dem Anordnungsmuster der Leuchtorgane (17). Zum Beispiel unterscheiden sich zwei Gattungen lediglich durch Variationen der »Lichterführung« im Körpergebiet kurz vor der Schwanzflosse. Besitzen die Tiere hier zwei Leuchtorgane, dann gehören sie zur Gattung *Myctophum,* zeigen sie aber drei bis sechs Lichter, handelt es sich um Angehörige der Gattung *Lampanyctus.* Die Unterschiede zwischen den einzelnen Arten sind noch geringfügiger. Aber von den Fischen werden sie exakt erkannt.

Sogar Männchen und Weibchen unterscheiden sich am Lichterglanz in ähnlicher Weise wie männliche und weibliche Vögel am Federschmuck. Ein im Atlantischen Ozean und Mittelmeer häufiger Laternenfisch ist *Myctophum punctatum.* Seine Körperseiten erstrahlen im Schein heller »Bullaugen«. Außerdem tragen die Weibchen drei bis fünf leuchtende Plaketten auf der Unterseite und die Männchen ein bis drei Lichtpunkte auf der Oberseite des Schwanzstieles.

Mit anderen Worten: Das Sehen der in ewiger Finsternis lebenden Tiefseebewohner beschränkt sich ausschließlich auf das Wahrnehmen und »Verstehen« abstrakter, aber genau kennzeichnender Lichtmuster. Während beim Frosch das Sehnervensystem erst auf komplizierte Weise aus dem Umweltbild typische Merkmale für Futter und Gefahr abstrahiert, besteht das sichtbare Reich in den Tiefen der Meere praktisch nur aus abstrakter, funkelnder, blitzender und farbenprächtiger »Lichtreklame«.

Es gibt allerdings auch gefräßige Raubfische, die mit ihrer Lampe »Mißbrauch« treiben, um Beutetiere anzulocken. Bei Tiefseeanglerfischen hat sich der erste Strahl der Rückenflosse zu einer mehr oder weniger langen Angelrute entwickelt, an deren äußerstem Ende ein kleiner leuchtender Ballon hängt. Dieser Köder sieht aus wie ein leuchtender mariner Wurm und wird nach vorn vor das weit aufgerissene und mit nadelspitzen Riesenzähnen bewehrte Maul gehalten und hin und her geschwenkt.

Bei *Gigantactis macronema* (18) ist die Angel viermal so lang wie der ganze Fisch. Mit Hilfe des sehr druckempfindlichen Seitenlinienorgans kann er jedes sich nähernde Tier orten. Im rechten Augenblick zieht er dann die Angel zurück und schnappt den Neugierigen im plötzlichen Vorstoß. Andere Arten mit kürzerer

Angel haben es einfacher: Sie saugen den dicht vor ihrem geöffneten Maul umherschwimmenden Beutefisch ein.

Noch grotesker sind die Verhältnisse bei den Tiefseebartelfischen *(Stomiatoiden)*. Statt der Angel haben sie Kinnbärte, an deren Ende ein Leuchtorgan hängt, das sich auch als Köder eignet. Die Fische einer Art sind 23 Zentimeter lang und tragen Barthaare von einem Meter Länge. Nerven im Barthaar zeigen die Annäherung der Beute an. William Beebe berichtet von seinen Aquariumsexperimenten mit diesen Laternenträgern: »Selbst geringfügigste Bewegung des Wassers in der Nähe des Bartes erregte den Fisch auf das äußerste. Er wurde wild, schnappte zu und versuchte dabei, die Quelle der Störung zu erreichen und zu beißen.«

Bild 17: Ein Tiefseefisch, der andere Fische mit einer Laterne »angelt«.

Diese Beuteortung durch Druckwellen hat *Chauliodus*, eine Art aus der Familie der Viperfische, die ebenfalls Bewohner der Tiefsee zwischen 450 und 2200 Meter sind, nicht nötig. Dieser Täuschungskünstler illuminiert das Innere seines Maules geradezu prunkvoll mit 350 Lichtpünktchen. Ein stets einladend geöffneter Berg Sesam! Kleine Fische und Krebstiere schwimmen unbekümmert mitten in die tödliche Pracht, so daß der Viperfisch – offenbar des Schlaraffenlandes teilhaftig – nur von Zeit zu Zeit zu kauen braucht.

Grelle Blitzlichter dienen wiederum einem ganz anderen Zweck. Einige Mitglieder der Familie der Laternenfische *(Myctophidae)* haben sie als Abwehrwaffe »entwickelt«. Im Augenblick der Gefahr blenden sie damit einen Angreifer so stark, daß er von ihnen abläßt. Als William Beebe einem Laternenfisch *(Myctophum affine)* unvermittelt das leuchtende Zifferblatt seiner Armbanduhr vor den Kopf hielt, antwortete der Erschrockene sofort mit einer Serie von Blitzen.

In seiner Tiefseekugel erlebte der weltberühmte Forscher folgendes: »Ich schaute zu, wie ein prächtiges pfenniggroßes Licht unverwandt auf mich zukam, bis es auf einmal ohne die leiseste Warnung zu explodieren schien, so daß ich mit dem Kopf vom Fenster wegzuckte. Ein unerkanntes Wesen war gegen das Glas gestoßen und erglühte nun wie ein Feuerwerkskörper in hundert leuchtenden Punkten, anstatt nur in einem. Aber anders als beim Feuerwerk leuchteten alle Sternchen kräftig weiter, als das Tier sich jetzt krümmte und nach links davonstob, immer noch glühend, und dann verschwand, ohne daß ich den Urheber dieser seltsamen Erscheinung zu Gesicht bekommen hätte.«

Wie sich später herausstellte, handelte es sich um eine leuchtende Tiefseegarnele der Gattung *Acanthephyra*. Sie hatte im Augenblick höchster Erregung einen wahren Funkenregen aus einem »Munitionsmagazin« ausgestoßen und ihren Gegner in ein blendendes, verwirrendes Lichtermeer gehüllt.

So wirkungsvoll das Blitzlicht als Feindabwehr ist, für den Besitzer birgt es ein schwieriges Problem: Wie kann verhindert werden, daß sich der Blender selbst blendet? Die Lösung, die die Natur dafür gefunden hat, ist verblüffend: Bei Tiefseebeilfischen, Tiefseebartelfischen und anderen hat sie einen kleinen Scheinwerfer in Augennähe so angeordnet, daß das Licht von außen direkt ins eigene Auge fällt. Auf diese Weise werden die Augen an die später folgende Lichtfülle gewöhnt.

Aber damit sind die Nutzanwendungen tierischen Leuchtens in der Tiefsee noch keineswegs erschöpft. Im Jahre 1959 konnte der englische Meeresbiologe Lissmann die Vermutung aussprechen, daß das Blinken der körpereigenen Lampen ein Verständigungsmittel für die Fische der finsteren Tiefen ist. Vielleicht kommt hier zur charakteristischen Anordnung und Farbe der Lichtmuster ein ebenso kennzeichnender Signalcode, wie wir ihn auch von Leuchttürmen her kennen. Vielleicht stellt dieses Phänomen sogar eine Art Morsesprache dar, mit der die Geschöpfe der ewigen Nacht Ehepartner herbeirufen, Rivalen warnen und sich vielleicht auch über andere Dinge »unterhalten«. Im einzelnen muß dieses interessante Gebiet noch erforscht werden.

Ähnlich scheinen die Dinge bei der leuchtenden Garnele *Sergestes prehensilis* (19) zu liegen. Der japanische Biologe Terao stellte fest, daß der Körper dieses Krebstieres mit mehr als 150 Lichtpunkten übersät ist, die alle blitzartig an- und wieder abgeschaltet werden können. Wie eine Lauflichtreklame in der nächtlichen Großstadt, so huschen innerhalb von ein bis zwei Sekunden grüngelbe Lichtmuster in schneller Folge vom Kopf bis zum Schwanz.

Lebende Scheinwerfer in 1000 Meter Meerestiefe
Leuchtende Tintenfische

Am unheimlichsten sind die leuchtenden Tintenfische. Ein Teil dieser überraschend intelligenten, oft in schnell schwimmenden Schwärmen jagenden Tiere besitzt hochentwickelte Leuchtorgane mit Linsen, Hohlspiegeln, Blenden und Verschlüssen. Bei *Desmoteuthis* (20) kann man sogar ohne Übertreibung von Scheinwerfern sprechen. Von Muskeln werden diese hin- und herbewegt und strahlen weit nach hinten und unten, also in Fahrtrichtung des torpedoschlanken Körpers. Sie beleuchten den Weg, spüren Beute auf und blenden Feinde.

Es ist eigenartig, daß es in dieser Tierklasse zwei grundverschiedene Bauprinzipien für Scheinwerfer gibt: die offenen und die geschlossenen Leuchtorgane.

Die Besitzer offener Leuchtorgane, meist Bewohner flacherer Meeresgebiete, können das Licht nicht selber erzeugen. Sie sind auf die Hilfe leuchtender Bakterien angewiesen. In kleinen Säcken unter der Haut oder in einem Knäuel winziger Schläuche sammeln sie ihre Lichtspender, die sie aus dem Meerwasser herauszufischen wissen. Um ihr »Licht im Beutel« zu behalten, bieten sie den Mikroben einen begehrten Nährboden. Beim Gemeinen Tintenfisch *(Sepia officinalis)* (21) zählte man fünf verschiedene Leuchtbakterienarten, die alle streng getrennt nach ihrer Artzugehörigkeit in separaten Leuchtorganen angesiedelt waren. Offenbar entscheidet die Zusammensetzung des Nährbodens über das Verbleiben oder Wiederaus-

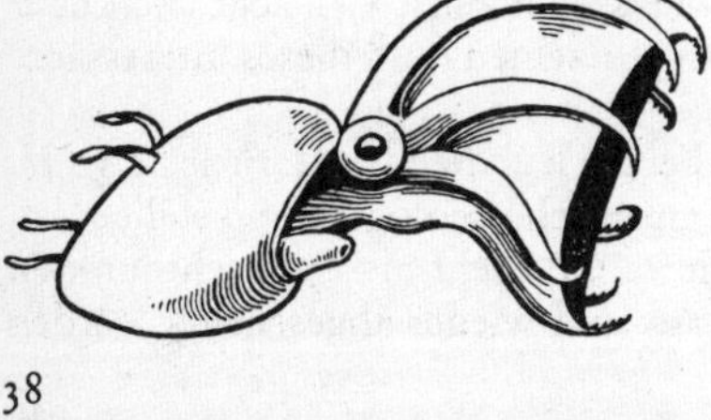

Bild 18: Der Höllische Vampirtintenfisch

wandern der Bakterien. Der Ein- und Ausgang steht den Gästen durch einen dünnen Schlauch jederzeit offen.

Bei Gefahr können die Bakterien allerdings auch unfreiwilligerweise vom Tintenfisch nach draußen befördert werden. In der Dunkelheit der Tiefen wäre es für Tintenfische sinnlos, Tinte auszustoßen, um sich der Feindsicht zu entziehen. Deshalb geben unter anderem *Sepiola ligulata, Rondeletiola minor* und *Heteroteuthis* durch Druck auf die »Lichttuben« Leuchtwolken von sich, die den Gegner drei bis fünf Minuten lang blenden und verwirren.

Ganz anders verhält es sich bei den Besitzern geschlossener Leuchtorgane, die meist Bewohner der Tiefsee sind. Sie brauchen sich das Licht nicht erst zu »stehlen«. In Drüsen erzeugen sie eine leuchtende Flüssigkeit. Außerdem zaubern sie die verschiedensten Farben auf ähnliche Weise wie ein Theaterscheinwerfer. »Durch verschiedenartige Vorrichtungen wie Farbfilter (Pigmenthäute) und Flitterspiegel«, schreibt Dr. Hans-Eckhard Gruner (22), »können an einem einzelnen Tier alle möglichen Farbtöne auftreten. Es kann rotes, blaues, grünes und weißes Licht entstehen. In diesen Farben erglänzen dann die Leuchtorgane, wenn sie tätig sind, wie prächtige Edelsteine.«

Die Formenfülle und Farbenpracht ist unerschöpflich. Der Höllische Vampirtintenfisch *(Vampyroteuthis infernalis)* (23), der seine Arme durch Spannhäute regenschirmartig zu einem Fangtrichter verbunden hat, trägt am Körperende zwei »Rückstrahler« an drei Zentimeter langen Stielen. Sollen sie verlöschen, zieht er sie in Taschen zurück und verschließt sie mit einem Lid. Da Tintenfische im Gegensatz zu Glühwürmchen ihre Lampen nicht »ausschalten« können, müssen sie mit Verdunklungsvorhängen arbeiten. Hiervon gibt es mehrere Ausführungen: Zum Beispiel einen Zipfel des Tintenbeutels oder eine Art Jalousie. Beides wird zwischen die Lichtquelle und die Linse geschoben.

Am schönsten strahlt ein Wesen mit dem Namen »Wunderlampe« *(Lycoteuthis diadema)* in den Tiefen des Südatlantiks. Sein Entdecker, Professor Carl Chun (24), Leiter der berühmten deutschen »Valdivia«-Expedition, schildert es so: »Die Wunderlampe ist mit 24 Leuchtorganen ausgestattet, die eine eigentümliche Gruppierung aufweisen. Jeder der beiden großen Fangarme besitzt deren zwei. Der Unterrand der Augen ist von je fünf Lichtern umsäumt, und der Rest tritt in bestimmter Anordnung auf der Körperwand auf: Die beiden oberen Bauchlichter umsäumen den After, während von den fünf mittleren die äußersten an der Basis der Kiemen sitzen, der Rest am Hinterende. Unter allem, was uns die Tiefseetiere an wundervol-

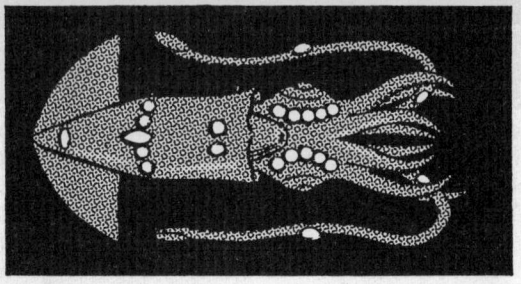

Bild 19: Die Wunderlampe

ler Färbung darbieten, läßt sich nichts auch nur annähernd mit dem Kolorit dieser Lichter vergleichen. Man glaubte, daß der Körper mit einem Diadem bunter Edelsteine besetzt sei: Das mittelste der Augenlichter glänzte ultramarinblau, und die seitlichen wiesen Perlmutterglanz auf. Von den Lichtern auf der Bauchseite erstrahlten die vorderen in rubinrotem Glanz, während die hinteren schneeweiß waren mit Ausnahme des mittelsten, das einen himmelblauen Ton aufwies. Das war eine Pracht!«

Die leuchtenden Riesenräder tropischer Meere
Leuchtende Einzeller

Wie Seemannslatein hört sich der Bericht an, den der Tankerkapitän W. Rutherford (25, 26) über ein gespenstisches Erlebnis gab, das er am 27. September 1959 hatte, als er mit seinem Schiff die Javasee zwischen den Inseln Java und Borneo befuhr:

»23 Uhr 50, leicht bewegte See, klare, sehr dunkle Nacht. Das erste Anzeichen von etwas Ungewöhnlichem war das Erscheinen weißer Kuppen hier und dort auf der See. Ich dachte zunächst, der Wind habe aufgefrischt, aber dann fühlte ich, daß es fast windstill war. Plötzlich geisterten aufblitzende Streifen über das Wasser. Der Wachoffizier meinte, in der Nähe befindliche Fischerboote müßten mit mächtigen Blinklaternen signalisieren. Diese Lichtstrahlen wurden stärker und erschienen vollkommen parallel, etwa zwei Meter breit. In Abständen von etwa einer halben Sekunde huschten sie, genau von vorn kommend, unter dem Schiff hindurch. Jedesmal meinte ich, ein Zischen zu hören, entschied aber, daß dies Einbildung sei. Es war, als passierten die überdimensionalen Zebrastreifen eines Fußgängerüberwegs unter uns hindurch.

Als dieser Teil des Phänomens auf seinem Höhepunkt war, sah es aus, als schlügen gewaltige Wogen gegen das Schiff, und die Meeresoberfläche schien zu kochen. Aber in Wirklichkeit war alles ziemlich ruhig. Der Charakter der Leuchterscheinungen änderte sich dann und nahm die Form von Strahlen eines Leuchtturms an, der etwa zwei Meilen Steuerbord-voraus lag, oder auch von Speichen eines riesigen Rades. Als die Strahlen an Steuerbord schwächer wurden, erschien dasselbe Muster an Backbord in der gleichen Entfernung und Regelmäßigkeit, nur diesmal nicht gegen, sondern mit dem Uhrzeiger. Dann änderte sich das Bild wieder: Die Strahlen liefen wie eine achterliche See von hinten kommend unter uns hindurch und jagten das Schiff.

Bald darauf hörten alle Lichtstreifen allmählich auf, und die Oberfläche der See war wieder zu sehen. Um diese Zeit erschienen, soweit das Auge reichte, für ungefähr zwei Minuten Lichtringe von etwa einem halben Meter Durchmesser und zwei Meter Abstand voneinander, die rhythmisch aufleuchteten und verblaßten. Das Aufleuchten erinnerte mich an einen Schwarm von Glühwürmchen. Um 0 Uhr 10, nach insgesamt zwanzig Minuten, war alles wieder so dunkel wie zuvor.«

Siebzig ähnliche Kapitänsberichte wertete 1960 Professor Kurt Kalle (27), seinerzeit Meereschemiker am Deutschen Hydrographischen Institut in Hamburg, aus. 51 Berichte stimmen im wesentlichen überein. Die restlichen 19 entwickeln das Bild von einem Leuchtballbombardement aus der Tiefe. Kleine, etwa metergroße leuchtende Kugeln tauchen aus der Tiefe empor und zerplatzen an der Oberfläche lautlos zu grellen Lichtscheiben von etwa hundert Meter Durchmesser und verlöschen dann schnell.

Wie ist diese unheimliche Geistererscheinung in tropischen Meeresgebieten zu erklären? Lichterzeuger sind zweifellos jene kleinen,

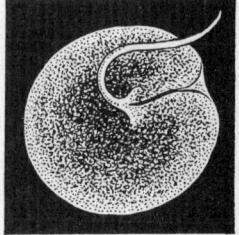

Bild 20: Die »Funkensprühende Nachtleuchte«, die Veranstalterin des Meeresleuchtens

einzelligen Leuchtmikroben, die zu Myriaden die Ozeane bevölkern und das Meeresleuchten erzeugen.

»Funkensprühende Nachtleuchte« heißt auf deutsch dieser Dino-flagellat *Noctiluca scintillans*. Das Tierchen ist einen halben bis zwei Millimeter groß und hat die Form eines Pfirsichs mit einer kleinen Geißel. Sobald es zu bestimmten Jahreszeiten unter bestimmten Wetterbedingungen zusätzlich durch Druckwellen erregt wird, blitzen im Inneren seines durchsichtigen Körpers Hunderte von winzigen Lichtpünktchen auf und erzeugen einen phosphoreszierenden Schimmer.

Die Druckwellen zum Auslösen des Leuchtens können von Schiffen oder Delphinen ausgehen, die dann leuchtende Streifen in der Dunkelheit hinter sich herziehen. Auch die Brandung an der Küste kann einem feurigen Wall gleichen. Bei aufgewühlter See oder bei einem Platzregen aber leuchtet das ganze Meer, soweit das Auge reicht.

Die lichtauslösenden Druckwellen können aber auch von Seebeben stammen. Diesen Schluß zieht Kurt Kalle aus der Tatsache, daß die leuchtenden Riesenräder bisher nur in vulkanisch und tektonisch aktiven Meeresgebieten beobachtet wurden. Demnach wären die von Kapitän Rutherford geschilderten Erscheinungen sichtbar gewordene Seebebenwellen.

Im einzelnen erläutert der Gelehrte das so: Über der Tiefsee erzeugen Stoßwellen von einer praktisch punktförmigen Quelle aus das Bild emporschießender Leuchtbälle. Das horizontale Auseinanderplatzen an der Meeresoberfläche würde der radialen Ausbreitung der Elastizitätswellen entsprechen. Über der flachen Schelfsee hingegen wird der nach unten reflektierte Anteil der Stoßwelle vom Meeresboden zurückgeworfen und erreicht erneut die Oberfläche fast ungeschwächt. Primäre und sekundäre Bebenwelle überlagern sich zu Interferenzerscheinungen. Durch die Leuchtmikroben wird dann sichtbar gemacht, wo die Gebiete gleicher Phase (und damit Verstärkung) liegen, während die dazwischen liegenden dunklen Abschnitte das Zusammentreffen entgegengesetzter Phasen und Aufhebung des Druckreizes kennzeichnen.

Diese These konnte Kurt Kalle durch Interferenzmodelle untermauern.

Nachts ist in den Blauen Bergen auf der Insel Jamaika eine seltsame Naturerscheinung zu beobachten. Wie von Geisterhand in der menschenleeren Öde entzündet, leuchten plötzlich hier und da und dort »Weihnachtsbäume« durch die Dunkelheit (28).

Geht man näher heran, erkennt man zu seiner Überraschung Palmen, deren Blütenstände wie brodelnde Flammen flackern: Hunderte und Tausende von kleinen Leuchtkäfern haben sich dort zur Volksversammlung eingefunden. Doch im Unterschied zu den Glühwürmchen in Europa leuchten diese Tiere nicht ständig. Sie blitzen vielmehr zweimal in jeder Sekunde wild durcheinander. So entsteht für den Betrachter in den Nächten als Gesamteffekt der Eindruck gespenstischer Irrlichter.

Über diese leuchtende Pracht kann ein tropischer Regenguß herniederprasseln, oder ein Sturm kann die Bäume peitschen, trotzdem leuchten die Tierchen *(Photinus pallens)* (29) mit unverminderter Helligkeit weiter – allerdings nicht zu ihrem Vergnügen. Denn das von ihnen veranstaltete Lampionfest ist ein großer Heiratsmarkt. In Europa muß jedes einzelne Glühwürmchen selber zusehen, daß es mit seiner Laterne ein Männchen zu sich heranlockt. Auf Jamaika arbeiten Braut und Bräutigam zu Tausenden im Liebeskollektiv. Die von ihnen illuminierten Lichterbäume strahlen bis zu einem Kilometer weit und locken ständig weitere leuchtende Interessenten an. Wenn man abends eine helle Taschenlampe dort in eine Palme hängt, kann man sicher sein, daß sich auch bald die ersten Leuchtkäfer einfinden und der Baum nach einer Stunde ein Flammenmeer ist, in dem die Tierchen Hochzeit halten.

Wesentlich schwieriger ist das »Überreden« mit der Taschenlampe bei dem eng verwandten Schwarzen Leuchtkäfer *Photinus pyralis*, der im Süden der USA lebt. Im Suchflug sendet das Männchen alle 5,7 Sekunden einen Blitz von 0,06 Sekunden Dauer aus (30). Währenddessen sitzen die Weibchen völlig abgedunkelt im Gras. Sobald aber ein blitzendes Männchen bis auf drei oder vier Meter herangekommen ist, antwortet das Weibchen exakt 2,1 Sekunden nach jedem Blitz mit einem eigenen Lichtzeichen. Daraufhin nimmt der Freier sofort Kurs auf dieses, und nach fünf-, höchstens zehnmaligem Signalaustausch hat er das Ziel erreicht.

Der Entdecker dieser Erscheinung, Professor Buck, konnte das Weibchen auch durch eine Taschenlampe nachahmen. Allerdings mußte er höllisch aufpassen und genau 2,1 Sekunden nach dem Blitz eines sich zufällig nähernden Männchens auf den Knopf drücken. Blinkte er Sekundenbruchteile zu früh oder zu spät, beachtete ihn der Käfer gar nicht und flog unbekümmert weiter. Nur wenn er die »Parole« kannte und exakt im vorgeschriebenen Intervall antwortete, landete der kleine Laternenträger auf seiner Hand. Eine eindrucksvolle Demonstration des außerordentlich fein ausgebildeten Signalcodes, der bei der Brautschau verhindert, daß der Käfer in der Dunkelheit artfremde Leuchttiere ansteuert.

Diese Lichtreklame haben südostasiatische Leuchtkäfer der Gattung *Colophotia* zu unübertroffener Virtuosität entwickelt. Tagsüber sitzen diese Insekten im burmesischen Dschungel. Jedoch abends fliegen die Männchen auf ganz bestimmte Mangrovenbäume an den Flußufern, die sie aus unerklärlichen Gründen zu Stammplätzen erkoren haben. Dort beginnen sie nun ebenso wie ihre Verwandten auf Jamaika zweimal in jeder Sekunde zu blitzen. Aber im Unterschied zu diesen blitzen die hinterindischen Lichtertierchen alle genau gleichzeitig »im Chor«. Man muß sich das einmal vorstellen: Auf fast jedem Blatt sitzt ein Leuchtkäfer. Tausende sind in einem einzigen Baum versammelt – und doch blitzen sie alle ausnahmslos so exakt, als wären sie mit einem Knopfdruck eingeschaltet worden. Und mehr noch: Wenn eine ganze Reihe solcher Bäume am Ufer eines Flusses steht, so blitzen auch diese alle genau im selben Takt und völlig synchron von Horizont zu Horizont – ein geradezu phantastischer Anblick in der warmen Tropennacht.

Dies ist wohl das gigantischste Reklame-Feuerwerk, das die belebte Natur zu bieten hat. Aus vielen Kilometern Entfernung lockt es sämtliche Weibchen an, die ihr Ziel bei dieser grandiosen Lichterfülle überhaupt nicht verfehlen können.

Hier ist es etwas anders als auf Jamaika: Zunächst blinken nur die Männchen im gleichen Takt, als hingen sie alle am selben Lichtschalter. Dann kommen die Weibchen hinzu. Aber sie denken gar nicht daran, im Takt der Männchen mitzublinken. Indem sie gegen den Rhythmus leuchten und obendrein nur ganz trübe, weisen sie sich als Weibchen aus und werden dann von den Männchen entsprechend liebevoll behandelt.

Zur Effektsteigerung und um »peinliche« Verwechslungen im nächtlich leuchtenden Heiratsmarkt zu vermeiden, haben zahlreiche tropische Feuerfliegen wie Tiefseefische ihre ganz speziellen Licht- und Farbenmuster.

Das hellste Leuchtinsekt der Welt ist der mexikanische Schnellkäfer *Pyrophorus noctilucus*. Oben auf dem Halsschild trägt er zwei ovale Scheinwerferchen. Über ihn schreibt Dr. Taschenberg (31): »Sehr sinnreich ist die Verwendung, die Damen davon machen, um ihre Reize zu erhöhen. Sie stecken des Abends die Käfer in ein Säckchen von feinem Tüll, deren mehrere in Rosenform an dem Kleide befestigt werden. Am schönsten aber ist dieser Schmuck, wenn er mit künstlichen, aus Kolibrifedern gefertigten Blumen und einzelnen Brillanten als Kranz im Haar getragen wird.«

Ein anderer mittelamerikanischer Schnellkäfer hat vorn auf den »Kotflügeln« zwei hellweiße Lampen und am Hinterende ein rotes Schlußlicht. Daher nennt man ihn »Ford-Wanze«. Noch raffinierter leuchtet die brasilianische Käferlarve *Phrixothrix*. Sie besitzt vorn zwei orangerote Lichter, die wie Zigaretten glimmen. Sobald sie sich ängstigt, schaltet sie links und rechts je eine Reihe von elf grün leuchtenden »Fenstern« an, so daß sie wie ein Eisenbahnzug im Dunkeln daherkommt.

Die Illumination unserer einheimischen Glühwürmchen ist ebenfalls eine Art Landefeuer für heiratslustige Männchen. In der Dämmerung warmer Sommerabende besteigen die Weibchen der in Deutschland recht häufig vorkommenden Art *Phausis splendidula* hohe Grashalme und lassen die Leuchtorgane an der Unterseite ihres Hinterleibes erstrahlen. Damit das Licht als Ansteuerungsleuchtturm möglichst weit zu sehen ist, krümmen sie den Hinterleib so hoch über den Kopf, daß die »Leuchtplakette« der Unterseite nach oben zeigt (32).

Bild 21: Ein weibliches Glühwürmchen hat seinen Hinterleib hoch erhoben und sendet fluoreszierendes Licht aus, um damit ein Männchen anzulocken.

Etwa eine halbe Stunde später starten die Männchen zu langsamem Suchflug in ein bis zwei Meter Höhe. Hat eines die »Liebeslampe« eines Weibchens am Boden entdeckt, steuert es geradenwegs darauf zu, schwebt über dem Ziel im Hubflug nahezu auf der Stelle, verbessert seine Position noch ein wenig und läßt sich dann einfach wie ein Stein fallen.

Um die Treffgenauigkeit zu testen, hat Professor Friedrich Schaller (33), Direktor des Zoologischen Institutes der Technischen

Hochschule Braunschweig, regelrechte Zielübungen mit diesen Leuchtkäfern veranstaltet. Das Ziel war stets ein leuchtendes Weibchen auf dem Boden eines oben offenen Glasgefäßes, das 15 Zentimeter hoch war und nur drei Zentimeter Durchmesser hatte. Das Ergebnis übertraf alle Erwartungen: Nicht weniger als 65 von 100 anfliegenden Männchen erzielten Volltreffer. Die übrigen fielen nie weiter als zwanzig Zentimeter daneben und versuchten sogleich, das Weibchen zu Fuß zu erreichen.

Hat ein Männchen ein Weibchen im wahrsten Sinne des Wortes getroffen, so erlischt bei beiden noch vor der Hochzeit das Licht. Der Begattungsakt wird dann mit Hilfe von Geruchs- und Berührungsreizen vollzogen. Die Macht dieser Instinktauslöser ist jedoch geringer als die des Lichts. Es geschieht nämlich häufig, daß der Bräutigam während des Beisammenseins plötzlich in der Nähe ein anderes Weibchen leuchten sieht und dann schnell seine bereits verdunkelte Liebe sitzenläßt.

Wie genau nehmen es unsere einheimischen Leuchtkäfer mit dem Lichtsignal-Code? Um das herauszufinden, unternahm Friedrich Schaller (34) eine Reihe interessanter Attrappenversuche. Bei der anderen der beiden in Deutschland häufigen Leuchtkäferarten, bei *Lampyris noctiluca,* verläuft alles wie erwartet: Das Männchen wird am stärksten von einem künstlichen Licht angezogen, das dem natürlichen Licht seines Weibchen in allen Details gleicht: in der Helligkeit, Farbe, Größe und Form der »Leuchtplakette«. Je stärker die Abweichung von diesem Ideal ist, desto geringer wird die Anziehungskraft. Es besteht also kaum die Gefahr, daß das Tier ein Weibchen der fremden Leuchtkäferart oder gar eine Straßenlaterne anfliegt.

Merkwürdigerweise verhalten sich *Phausis*-Männchen ganz anders. Sie bevorzugen blaues Licht, das im Spektrum des Lichts ihrer Weibchen überhaupt nicht enthalten ist. Wenn sie die Wahl zwischen einer blau leuchtenden Attrappe und einem lebenden Weibchen ihrer Art haben, entscheiden sie sich ohne Zögern für den Blechkasten.

Im übrigen lieben sie auch das Leuchtmuster ihrer Weibchen nicht sonderlich. Attrappen mit größerem und hellerem Licht und mit übernormal vielen leuchtenden Punkten haben es ihnen mehr angetan. Kurz: Die mit »potentieller Untreue« veranlagten Tiere fliegen jede beliebige Lichtquelle an, sofern sie nicht allzu groß und allzu hell ist. Zu viel des Guten bewirkt das Gegenteil und löst Fluchtreaktionen aus. Friedrich Schaller beobachtete mehrfach, wie *Phausis*-Männchen bei *Lampyris*-Weibchen gelandet waren und sich stundenlang vergeblich abmühten, diese zu begatten. Die Natur bemüht sich allerdings, diese »Fehlleistung« an anderer Stelle wieder auszugleichen. *Phausis* besitzt fünfmal soviel Männchen wie Weibchen, während das Verhältnis der Geschlechter bei *Lampyris* 1:1 beträgt.

Aufgrund dieser Entdeckung wagt der Braunschweiger Zoologe eine Prophezeiung: Falls in Zukunft eine mutative Veränderung der Erbanlagen bei einem *Phausis*-Weibchen das gelbe Licht in blaues verwandeln sollte, würde dieses Weibchen von den arteigenen Männchen sofort allen anderen weiblichen Konkurrentinnen vorgezogen werden. Der Erfolg: In wenigen Jahren würde es nur noch blau leuchtende *Phausis*-Weibchen geben. Evolutionstheoretiker sagen: Das Tier besitzt eine Prädisposition für diese Entwicklung, eine »vorgeplante« Veranlagung künftiger Möglichkeiten. In diesem Falle basiert sie sogar »nur« auf der Art der Verarbeitung optischer Eindrücke im Nervensystem des Tieres.

Die »Lichtmaschine« der Glühwürmchen
Die Biochemie der Leuchtstoffe

Voller Neid betrachten Beleuchtungsingenieure und Energiewirtschaftler die »Lichtmaschine« leuchtender Tiere. Das große Rätsel liegt in dem Phänomen des kalten Lichts, das bisher noch kein Mensch zu erzeugen vermochte. Während eine vom Menschen produzierte Glühlampe nur 3 bis 4 Prozent und eine Leuchtstoffröhre 10 Prozent der zugeführten Energie in Licht verwandelt, also mehr Ofen als Lichtstrahler ist, arbeiten die kleinen Leuchtkäfer mit einem idealen Wirkungsgrad von 100 Prozent.

Bis vor kurzem hielt man noch die absolut reibungs- und wärmefreie Entstehung von Licht für eine Utopie und schätzte daher den Wirkungsgrad der Leuchtinsekten auf etwa 90 Prozent. 1961 konnte aber bewiesen werden, daß es sich beim tierischen Leuchten tatsächlich um völlig kaltes Licht handelt und jedes zugeführte Energiequant in Licht umgewandelt wird. Deshalb versuchen jetzt Biochemiker, von der Natur die Technik einer ideal rationellen Lichtgewinnung abzugucken.

In groben Zügen skizziert, weiß man bis jetzt folgendes: In dicht beieinander liegenden Drüsen produzieren die Leuchtkäfer zwei chemische »Brennstoffe«: Luciferin und Luciferase. Von selbst leuchtet das Gemisch jedoch noch nicht. Es müssen noch andere Dinge hinzukommen. Einmal wie bei jedem Verbrennungsprozeß Sauerstoff. Deshalb sorgt ein dichtes Tracheensystem, das wie Atemröhren die leuchtenden Körperteile durchzieht, für gute Durchlüftung. Außerdem müssen Magnesiumionen zugegen sein.

Die Hauptsache aber ist die Energie. Wie mit kleinen Tanklastwagen wird sie auf den »Straßen« unzähliger mikroskopisch winziger Kapillaräderchen herbeigeschafft. Die »Tanklastwagen« sind Energiemoleküle, die im Blutstrom schwimmen. Ihre chemische Bezeichnung ist Adenosintriphosphat und wird mit ATP abgekürzt.

Ein entscheidender Schritt zum Verständnis dieser Vorgänge gelang 1961 den amerikanischen Biochemikern Professor William D. McElroy und Dr. Howard H. Seliger (35, 36, 37) an der Johns Hopkins Universität in Baltimore. Sie konnten die chemische Strukturformel des Luciferins ergründen und diesen Stoff synthetisch herstellen.

Wesentlich größere Schwierigkeiten bereitet allerdings die Analyse des zweiten Stoffes: der Luciferase. Dieses ist ein Wirkstoff, ein Enzym, also ein kompliziert aufgebautes Eiweißmakromolekül.

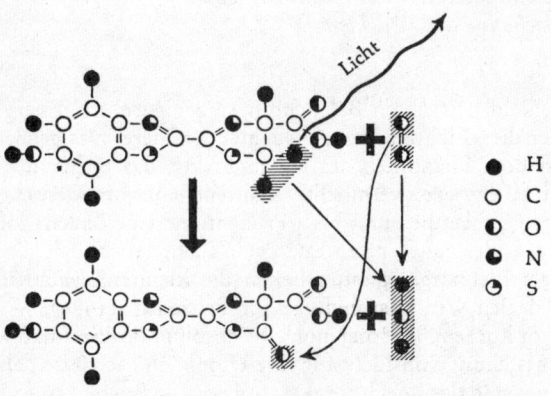

Bild 22: So erzeugen Glühwürmchen Licht: In der oberen Bildhälfte ist ein Luciferinmolekül zu sehen, daß aus Kohlenstoff- (C), Wasserstoff- (H), Sauerstoff- (O), Stickstoff- (N) und Schwefelatomen (S) zusammengesetzt ist. Wirken Luciferase als Katalysator und Energiemoleküle (beide nicht eingezeichnet) gemeinsam mit Sauerstoff auf das Luciferinmolekül ein, spalten sich zwei Wasserstoffatome ab. Dabei wird Energie in Form eines davonstrahlenden Lichtquants frei. Es entsteht ein dehydriertes Luciferinmolekül (untere Bildhälfte) und Wasser.

Biochemische Untersuchungen zeigen, daß es aus etwa tausend Aminosäureeinheiten aufgebaut ist. Diese Proteinketten hat die Biochemie bislang noch nicht auseinandernehmen, registrieren und wieder zusammensetzen können. Eines Tages wird es aber sicher auch gelingen. Bis dahin müssen wir uns mit der Erzeugung kalten Lichts noch gedulden.

Der Grundvorgang ist jedoch klar: Durch ATP-Energie-Moleküle gestärkt, ist die Luciferase in der Lage, als Katalysator aus dem Luciferinmolekül zwei Wasserstoffatome herauszureißen und durch ein Sauerstoffatom zu ersetzen (s. Zeichnung). Dehydrierung nennt der Chemiker diesen Prozeß. Bei der Weitergabe des Wasserstoffs kommt es dann zur Ausstrahlung von Licht aus den Elektronenhüllen der Atome. Dabei konnten die amerikanischen Biochemiker das Erstaunliche beweisen: Die Anzahl der abgestrahlten Lichtquanten ist der Anzahl der oxydierten Luciferinmoleküle genau gleich. Das heißt also: Der Wirkungsgrad beträgt genau 100 Prozent!

Über den »Lichtschalter« der Glühwürmchen sind unsere Vorstellungen zur Zeit noch hypothetisch. Um den geschilderten Lichterzeugungsprozeß in Gang zu setzen, bedarf es offenbar einer »Zündung«. Wahrscheinlich geht der Anstoß dazu von elektrischen Nervensignalen aus, die vom Hirn zum Leuchtorgan gesendet werden. Zapft man diese Nervenleitung mit einer Mikroelektrode an und gibt einen künstlichen Stromstoß, leuchtet augenblicklich die »Lampe« des Käfers auf.

Die »Zündung« besorgt offenbar der Nervenerregungsstoff Acetylcholin, der am Ende der Nervenleitung immer dann entsteht, sobald ein Signalstromstoß dort eintrifft. Im einzelnen sind die folgenden Prozesse sehr verwickelt und müssen noch eingehend erforscht werden.

Ein Auge aus tausend Augen
Das Facettenauge

Unheimlich und fremdartig muten uns die wie geschliffene Brillanten glitzernden Facettenaugen der Insekten und Krebse an: Tausende von Augen sind in einem Komplexauge vereint. Starr schaut jedes Teilauge, um einige Grad verkantet, in eine etwas andere Richtung als die Nachbaraugen. Seit Jahrzehnten schon ist es der Wunsch vieler Forscher, herauszubekommen, »wie das Bild aussieht«, das dieses tausendfältige Auge dem Tier von der Umwelt vermittelt.

Ein aufsehenerregendes Experiment führte Professor S. Exner (38) bereits um die Jahrhundertwende durch. Er entfernte das kaum einen Millimeter große Facettenauge vom Kopf eines Leuchtkäfers, montierte anstelle der Netzhaut einen Film und benutzte diese Vorrichtung als Miniaturfotoapparat. Unter anderem erhielt er folgendes Bild:

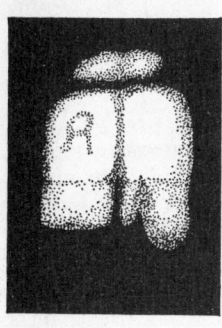

Bild 23: Ist dies das Weltbild der Insekten?

Es zeigt, vom Inneren eines Zimmers aus gesehen, den Blick durch ein Bogenfenster auf eine Kirche. Auf einer Fensterscheibe wurde der Buchstabe R aufgeklebt.

So interessant diese Vorstellung eines grob gerasterten Umweltbildes ist, so kritisch muß man fragen, ob Insekten auch tatsächlich das sehen, was dieses Foto zu offenbaren scheint. Die Antwort ist ein klares Nein. Denn bei Insekten entsteht der optische Eindruck ebenso wie beim Menschen nicht auf der Netzhaut, sondern im Hirn. Und genauso wie beim Frosch (siehe Seite 31) müssen wir uns auch bei Insekten von der gewohnten Auffassung lösen, das Auge sei zum Vermitteln eines mehr oder weniger scharfen »fotografischen Bildes« da.

Das Bienenauge rastert zum Beispiel den Himmel in »Planquadrate« auf. Jedes der 5000 Teilaugen, auch Ommatidien genannt, beobachtet nur »Seinen«, dem Öffnungswinkel von zwei bis drei Grad ungefähr entsprechenden Bildausschnitt (39, 40). In jedem Moment sieht nur ein einziges Teilauge die Sonne. Damit besitzt das Tier eine geradezu ideale Vorrichtung, um Kurswinkel relativ zur Sonne zu messen und damit nach dem Sonnenstand zu steuern.

In gleicher Weise rastern die Augen einer fliegenden Biene die »Landkarte« unter sich auf. Aber hieraus entsteht im Bienenhirn

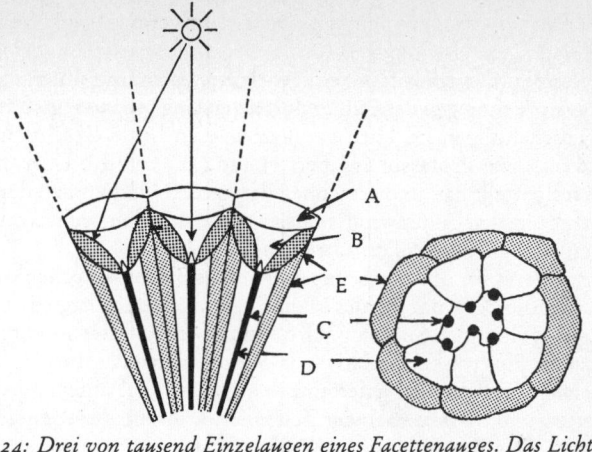

Bild 24: Drei von tausend Einzelaugen eines Facettenauges. Das Licht fällt durch die Linse (A) und den Kristallkegel (B) auf die Sehstäbe (C), die es wie eine Glasfaseroptik nach unten in den Schacht und gleichzeitig seitlich in die Sehzellen (D) leiten. Jedes Einzelauge ist durch Pigmentzellen (E) lichtdicht gegen die Nachbarn abgeschirmt. Rechts ein Querschnitt durch ein Einzelauge, in dem sich also mehrere Sehzellen befinden.

etwas ganz anderes, nämlich ein Navigationsinstrument, das der menschlichen Luftfahrt noch vor wenigen Jahren unbekannt war: Ein Gerät zum Messen der Fluggeschwindigkeit *über dem Erdboden* (41).

Dabei ist das Prinzip denkbar einfach. Das Insekt braucht dazu gar nicht jeden Stein, Grashalm und Busch klar zu erkennen. Das wäre viel zu kompliziert. Gestaltwahrnehmung ist völlig unwichtig (42)! Es genügt, wenn ein einziges Teilauge beim Überfliegen des Untergrundes einen Hell-Dunkel-Wechsel registriert und wenn derselbe Hell-Dunkel-Wechsel kurze Zeit später von einem benachbarten oder »übernächsten« Teilauge empfangen wird. Aus dem Zeitunterschied berechnet das Bienenhirn die Fluggeschwindigkeit über Grund. Ingenieure haben inzwischen diese »Erfindung der Natur« nachgebaut.

Eine wenigstens einigermaßen fotografisch getreue Gestaltwahrnehmung wie beim Menschen ist eine ganz außergewöhnliche Hirnleistung, die viel zu viel Nervensubstanz erfordert, als daß sich ein kleines Insekt diesen »Luxus« erlauben könnte. Das kaum linsengroße Bienenhirn hat weit wichtigere Aufgaben zu lösen.

Hierfür zwei Beispiele. Neben der eben erwähnten Fähigkeit zum

Messen der Fluggeschwindigkeit *über Grund* vermag die Biene auch noch die Fluggeschwindigkeit *durch die Luft* festzustellen. Ihr Nervensystem mißt sie mit Hilfe einiger Sinneszellen im Fühlergelenk, die das Zurückbiegen der Fühler durch den Gegenwind registrieren. Nervenschaltungen im Hirn vergleichen nun beide Geschwindigkeitswerte, wie Professor Herbert Heran (41) von der Universität Graz festgestellt hat, und errechnen daraus den Flugwinkel, den die Biene gegen den Seitenwind steuern muß, um sich nicht von der Luftlinie Stock-Futterplatz abtreiben zu lassen.

Ein anderes für uns Menschen unfaßbares Bienen-»Rechenkunststück« ist die Bestimmung des Heimflugwinkels nach langem kreuz und quer führenden Suchflug. Grob umrissen geht das so vor sich: Aus allen Flugwinkeln relativ zur Sonne bildet das Insekt einen Mittelwert. Dabei wird jeder einzelne Kurswinkel unterschiedlich bewertet, und zwar je nach der Zeitdauer, während der er eingehalten wird. Das Ergebnis ist der Winkel der Resultierenden, also der direkten Luftlinie vom Stock zur derzeit letzten Position der Biene. Dieser Winkel braucht dann nur um 180 Grad gedreht zu werden, um den Weg zu weisen, der am schnellsten nach Hause führt.

In Wirklichkeit ist dieser Sachverhalt komplizierter, als er eben des leichteren Verständnisses wegen dargestellt wurde. Die Biene fliegt ja kaum im Zickzack, sondern in Kurven. Dadurch vermehrt sich die Zahl der einzelnen Kurswinkel ins Unendliche, und ein Mensch muß hier schon die Integralrechnung anwenden, um den Heimflugwinkel bestimmen zu können. Ein Mathematiker hat bereits eine entsprechende Bienen-Navigationsformel mit Integralzeichen aufgestellt.

Nun wäre es allerdings ein absurder Gedanke, der Biene zu unterstellen, sie kenne sich in höherer Mathematik aus. Auch das Menschenhirn vollbringt mathematische Leistungen, ohne daß es »in der Schule aufgepaßt« haben muß. Wir erwähnten es schon einmal (Seite 30): Wenn zum Beispiel 385 Billionen Lichtschwingungen in der Sekunde auf die Sehzellen der Netzhaut fallen, brauchen wir nicht erst nachzuzählen, um herauszubekommen, daß es sich um rotes Licht handelt. Das hat bereits eine Nervenschaltung für uns erledigt. Sie teilt unserem Bewußtsein nur das Resultat mit: Rot!

Ähnlich ist es auch im Bienenhirn. Dort befinden sich – ähnlich wie in einer elektronischen Rechenanlage – Schaltungen, die die Rechenoperationen ohne Nachdenken, gleichsam automatisch und in kürzester Frist ausführen und im Endergebnis dem Insekt das entsprechende Aktionsprogramm aufstellen. Dies führt dann dazu, daß die fliegende Biene die Sonne »am liebsten« nur durch ein ganz bestimmtes Teilauge eines Facettenauges sehen »will«, nämlich in der unbewußt errechneten Richtung.

Können Insekten also tatsächlich nichts weiter sehen als verschwommene Hell-Dunkel-Wechsel und allenfalls noch die Sonne als gleißenden Lichtpunkt? Bei einigen primitiven Insekten mag das der Fall sein, zum Beispiel bei Springschwänzen und anderen nur millimeterkleinen Ur-Insekten, die statt des Facettenauges nur eine himbeerförmige Ansammlung weniger Punktaugen besitzen. Die höher entwickelten Insekten sind bereits einen entscheidenden Schritt zum Formensehen weiter.

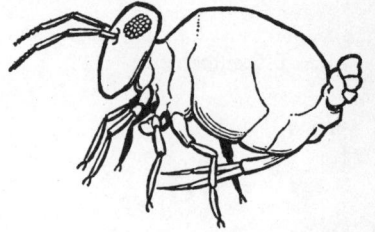

Bild 25: Springschwanz

Ameisen können zum Beispiel andere Ameisen in einer Entfernung bis maximal zwei Zentimeter erkennen. Bienen vermögen aus etwas größerem Abstand Blätter von Blüten zu unterscheiden, nachdem sie der Duft in diese unmittelbare Nähe geführt hat. Wegwespen prägen sich Gestaltsmerkmale von Bäumen und Büschen ein, die nahe der von ihnen gegrabenen Erdhöhlen stehen, um sich beim Heimflug nach ihnen zu orientieren. Aus dem gleichen Grund errichtet die Reiterkrabbe im Watt dicht neben dem Eingang zu ihrer Wohnhöhle einen 15 Zentimeter hohen Ansteuerungsturm aus Schlick.

Dennoch lassen zahlreiche Experimente vermuten, daß die genannten Tiere nicht eine Ameise, eine Blüte, einen Baum oder einen Schlickturm so sehen wie wir, sondern vielmehr nur in einer Abstraktion kennzeichnender Merkmale und Muster, für die ihr Hirn einen ganz speziellen »Empfangsapparat« besitzt – ähnlich wie es bereits für den Frosch (Seite 31) beschrieben wurde. Der berühmte Münchener Bienenforscher Professor Karl v. Frisch (43) stellte zum Beispiel fest, daß Bienen die folgenden Figuren nicht voneinander unterscheiden können:

Bild 26

Desgleichen sehen für die Nektarsammlerin offenbar auch folgende Figuren alle gleich aus:

Bild 27

Seltsamerweise bereitet den Bienen aber die Unterscheidung dieser beiden Blütenformen

Bild 28

nicht die geringste Schwierigkeit, obgleich man vermuten sollte, daß diese Aufgabe schwerer sei als das Auseinanderhalten von Kreis und Dreieck. Mit dem groben Bildraster allein läßt sich dieser Widerspruch nicht erklären.

Einen ersten Lichtschein in diesen Fragenkomplex warfen 1963 Untersuchungen von Dr. Rudolf Jander und Dr. Christiane Voss (40) am Zoologischen Institut der Universität Freiburg. Hier erst einmal die Tatsachen:

Wenn eine Rote Waldameise die freie Wahl hat, entweder zu einem schwarzen Punkt oder zu einer blütenförmig gegliederten Figur hinzueilen, entscheidet sie sich für den Punkt. Das ist recht sinnvoll, denn mit Blüten hat dieses Insekt nichts zu schaffen. Als dunklen Punkt aber sieht die Ameise den nahen Nesteingang, den sie ansteuern muß. Genau umgekehrt ist es bei einer Biene, die sich auf dem Sammelflug befindet. Sie bevorzugt Blütenformen vor dunklen Punkten. In Heimkehrstimmung während des Rückfluges »schaltet« sie ihr optisches Nervensystem aber um. Dann sucht sie nur nach einem dunklen Punkt, nämlich dem heimischen Flugloch, und keine Blüte vermag sie dann mehr in ihren Bann zu ziehen.

In gleicher Weise wird die Raupe der Nonne am intensivsten von senkrechten dunklen Balken angezogen, also von Baumstämmen, die sie besteigen muß, wenn sie herabgefallen ist. Die Schlammfliege *Eristalis tenax* bevorzugt senkrechte vor waagerechten Linien, also

Pflanzenstengel, an denen sie hochklettern muß, um einen guten Startplatz zu gewinnen. Hingegen »liebt« der Wasserkäfer *Stenus bipunctatus* waagerechte Linien mehr als senkrechte, weil es für ihn lebenswichtig ist, bei Gefahr die Uferlinie zu erkennen und dort Schutz vor angreifenden Fischen zu suchen. Diese Liste kann man beliebig fortsetzen und für jede Insektenart ein spezielles Spektrum all der Formen aufstellen, für die sie einen besonders ausgeprägten Empfangsapparat besitzt. Alles andere nehmen sie entweder überhaupt nicht wahr oder nur amorph. Wie Experimente zeigen, ist den Insekten dieses Erkennungsvermögen angeboren. Junge, unerfahrene Tiere reagieren instinktiv genauso wie alle anderen Artgenossen.

Dieser sich aus der Tätigkeit des Nervensystems ergebende innere Zwang, dieses völlig unbewußte Etwas-tun-Müssen und Nicht-anders-Können, ist im Prinzip das Geheimnis aller rein instinktiven Verhaltensweisen beim Tier und auch beim Menschen. Es liegt etwas Großartiges in diesem Phänomen der Schöpfung. Und wer vermag zu sagen, was mehr zu bewundern ist: Einsicht, Verstand und Klugheit oder jene eben geschilderten »Lebensregeln«, die der Herr aller Kreatur dieser in der Erbsubstanz der Chromosomen mit auf den Lebensweg gegeben hat, damit sie sich auf dieser Welt zurechtfindet?

An diese Feststellungen knüpft Dr. Rudolf Jander (44) eine bedeutsame Hypothese. Er hält es für möglich, daß sich im Insektenauge und -hirn ähnliche Nervenschaltungen befinden wie im Nervensystem von Katzen (siehe Seite 26) bereits nachgewiesen wurden. Diese vorerst nur vermuteten Entdeckerzentren schalten die Sehzellen des Facettenauges so, daß dunkle oder helle Punkte, gerade helle oder dunkle Striche, gerade Kanten und bestimmte Bewegungsrichtungen mit ihrer Hilfe registriert und weitergeleitet werden.

Im Gegensatz zum Katzenhirn (und wahrscheinlich auch zum Menschenhirn) verfügen Insekten aber über eine viel kleinere Anzahl solcher Entdeckerzentren. In ihrem kleinen Kopf ist nur Platz für Nervenverkettungen, die – sagen wir – ausschließlich senkrechte Linien erfassen. Für die meisten anders ausgerichteten Linien sind einfach keine Verarbeitungsmöglichkeiten vorhanden.

Aus all dem folgt die Erkenntnis: Die Tatsache, daß der Mensch seine Umwelt in vielen Einzelheiten bildlich in sich aufnimmt, ist keinesfalls eine Selbstverständlichkeit. Vielmehr ist unser Sehvermögen eines der größten »Kunstprodukte der Natur«, eine nur mit dem Aufwand von Hundertmillionen Nervenzellen in gegenwärtig noch unergründeten komplizierten Schaltungen erreichte Spitzenleistung der Schöpfung.

»Dennoch kann nicht deutlich genug darauf hingewiesen werden, daß selbst das menschliche Sehen gegenüber dem ›fotografischen Sehen‹ voller Fehler ist, wie die unzähligen optischen Täuschungen beweisen«, schreibt Dr. Jander. »Auch wir sehen wie das Tier nur einen Teil der Welt, wenn auch einen wesentlich größeren Teil. Fotografisch vollkommen ist unser Sehen aber noch lange nicht. Dafür müßte unser Gehirn vielleicht dreimal so groß sein oder gar noch größer. Wenn wir Menschen uns als die vollkommensten Geschöpfe dieser Erde ansehen dürfen, so sollten wir doch so bescheiden sein und immer offen zugeben, daß auch wir vom Ideal der Vollkommenheit noch unermeßlich weit entfernt sind. Das gilt für unsere Sehleistungen genauso wie für alle unsere anderen Leistungen auch.«

»Augen« als Lichtmesser
Das Punktauge

Neben den beiden Facettenaugen besitzt die Biene noch drei winzige Punktaugen, auch Stirnaugen oder Ocellen genannt. Sie sind so klein, daß man sie ohne Lupe im Haar-»Pelz« zwischen den beiden Facettenaugen gar nicht erkennen kann. Ihre Bedeutung war lange Zeit völlig rätselhaft. 1963 konnte aber der Frankfurter Zoologe Dr. Burghard Schricker (45), ein Schüler Professor Martin Lindauers, zeigen, daß es sich hierbei um eine Art Lichtmesser handelt.

Die Biene benutzt dieses Sinnesorgan zum gleichen Zweck, zu dem ein Fotograf den Lichtmesser benötigt: zum Feststellen der absoluten Tageshelligkeit. Der Mensch kommt – außer beim Fotografieren und Filmen – sehr gut ohne diese Fähigkeit aus. Wozu also muß die Biene exakte Angaben über die Lichtstärke haben?

Zum Bestimmen des ersten Starttermins am frühen Morgen und der letztmöglichen Ausflugzeit am Abend! Fliegt sie nämlich morgens zu früh aus, kann sie im Dämmerlicht nicht einmal auf nächste Entfernung die begehrten Blüten erkennen. Fliegt sie andererseits zu spät aus, geht wertvolle Sammelzeit verloren. Abends ist der absolute Lichtsinn noch wichtiger, denn wenn das Insekt zu lange draußen bleibt, kann es beim Heimflug seinen Stock nicht mehr erkennen. Es müßte dann die Nacht im Freien verbringen und wäre tödlichen Gefahren ausgesetzt.

Deshalb meldet der »Lichtmesser« der Biene den Dämmerungsgrad. Wenn es dunkler ist als zehnfache Vollmondhelligkeit, bleibt die Nektarsammlerin zu Hause. Exakte Messungen ergaben aber noch feinere Nuancierungen: Zum Beispiel erfolgt der letzte Abendausflug bei einer etwas größeren Helligkeit als der morgendliche Start, weil die Bienen die Helligkeitsabnahme während des letzten Fluges im voraus einkalkulieren. Noch genauer gesagt: Der Helligkeitsvorhalt ist um so größer, je weiter der Futterplatz entfernt ist, zu dem die Sammlerin zu fliegen beabsichtigt. »Fernfahrer« haben im Bienenstaat also früher Feierabend als Kurzstreckenarbeiter. Eine erstaunliche, wenngleich instinktive Vorausberechnung künftigen Geschehens durch das kleine Bienenhirn.

Diese Punktaugen, die eine Biene sozusagen nur als Zusatz besitzt, stellen bei anderen Tieren die einzigen Lichtempfangsorgane dar: bei Ur-Insekten wie dem bereits beschriebenen Springschwanz (Seite 53), bei Raupen, Spinnen und Würmern.

Alles, was diese Tiere durch ein Punktauge von der Umwelt »sehen« können, ist weiter nichts als ein Mehr oder Weniger an Helligkeit. Allerdings hat ein Punktauge auch eine gewisse Richtcharakteristik, und ihrer mehrere vermögen durchaus schon als primitives Facettenauge zu wirken.

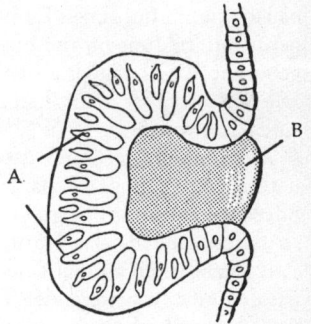

Bild 29: Durch Einstülpen der Haut, in der sich lichtempfindliche Zellen (A) befinden, entstand das Punktauge. Die gallertige Masse in der winzigen Höhle stellt bereits eine Art Primitivlinse (B) dar.

Gab es ein »drittes Auge«?
Das Stirnauge

Eine der grausigsten Schreckgestalten des griechischen Altertums ist der Riese Polyphem, dessen einziges Auge aus der Mitte der Stirn hervorglotzte. Das Unheimliche dieses sogenannten Stirnauges, das auch die Brüder Grimm in die Welt ihrer Märchen übernahmen, erregt sogar noch den modernen Menschen mit der bangen Frage: Gibt es wirklich Menschen mit derartigen Stirnaugen oder hat es sie vielleicht früher einmal gegeben? Professor Eberhard Dodt (46) vom William-G.-Kerckhoff-Herzforschungsinstitut der Max-Planck-Gesellschaft in Bad Nauheim befaßte sich näher mit diesem Problem:

Eines ist sicher: Die stirnäugigen Sagen- und Märchengestalten sind keineswegs Produkte der reinen Phantasie. Ärzte und Zoologen wissen, daß hin und wieder Menschenkinder, Kühe, Hunde und andere Tiere geboren werden, die statt zweier normaler Augen nur ein relativ großes, meist grotesk geformtes Auge in der Mitte der Stirn besitzen. Diese Mißbildung ist unter dem Namen Cyclopie bekannt und wird dadurch hervorgerufen, daß Radioaktivität oder Gifte eine Änderung im Erbgut verursachen.

Aber dieselbe Erbgutveränderung bewirkt im menschlichen genauso wie im tierischen Embryo noch mehrere andere Mißbildungen – Mißbildungen, die bisher in keinem einzigen Fall das eben geborene Wesen länger als einige wenige Stunden am Leben ließen. Die Wissenschaft kennt keinen Stirnäugigen, der auch nur älter als einen Tag wurde.

Aber immerhin ist die Tatsache sehr merkwürdig, daß die Veränderung einer einzigen Erbanlage ein so seltsames Phänomen wie das Stirnauge zustande bringt. Die Vermutung liegt nahe, hier ein »Konstruktionsmodell« der Natur zu suchen, das in erdgeschichtlicher Zeit irgendwann einmal einen gewissen Zweck erfüllt hat und nur bei den heute existierenden Formen des Lebens sinnlos geworden und damit überholt ist. In der Tat muß man die Ahnenreihe der Tierwelt schon sehr weit zurückverfolgen, wenn man auf reelle Anhaltspunkte stoßen will – nämlich bis zu den Amphibien, Fischen und Reptilien.

Ein eindrucksvolles Beispiel ist die neuseeländische Brückenechse *Tuatera*. Das ist in vieler Hinsicht ein recht merkwürdiges Tier, denn eigentlich müßte es schon längst ausgestorben sein. Es lebte bereits vor 170 Millionen Jahren auf unserer Erde und gilt als Vorfahr der Dinosaurier oder zumindest als naher Verwandter dieser

Vorfahren. Aber während die Dinosaurier mit ihrer bizarren Fülle riesenhafter gepanzerter Ungeheuer schon längst wieder von der Bildfläche verschwunden sind, existiert ihr Urahn heute noch als sogenanntes lebendes Fossil in der Abgeschiedenheit Neuseelands.

Dieses Reptil also besitzt heute noch neben den zwei normalen Augen ein reguläres Zyklopenauge. Bei jüngeren Brückenechsen kann man es deutlich an einer Art Glasziegel, also an einer durchsichtigen Hornschuppe erkennen. Unmittelbar darunter hat auch der Schädelknochen ein Fenster. Ja, dieses eigenartige Organ zeigt sogar Spuren einer Linse und einer Netzhaut. Auch Lichtsinneszellen und Nervenzellen sind hier gefunden worden.

Mit zunehmendem Alter verdickt sich die über dem Scheitelauge der Echse gelegene Haut mehr und mehr. Schließlich wird sie so dick und trübe, daß sie sicherlich kaum noch Licht durchläßt.

Aber auch die meisten echten Echsen besitzen solch ein Stirnauge. Der Zweck ist verblüffend: Je nach der Farbe des Lichts, das durch dieses Auge auf die Hirndrüse fällt, produziert die Drüse mehr oder weniger Hormone. Und diese wieder bewirken einen Farbwechsel in der Haut des Reptils, und zwar so, daß schon nach wenigen Minuten die Hautfarbe der Lichtfarbe ähnelt und damit eine ideale Tarnung erreicht wird.

Einen anderen Sinn hat diese Naturerfindung bei der Blindschleiche. Dank ihres Scheitelauges ist diese Echse (die Blindschleiche ist keine Schlange!) doch nicht ganz so blind, wie ihr Name uns glauben machen will.

Aufschlußreiche Experimente mit dem »dritten Auge« der Fische unternahm die deutsche Zoologin Dr. Ingrid de la Motte (47) bei Forellen und Hechten. Sie verklebte die regulären Augen der Tiere lichtdicht und tat sie bei absoluter Dunkelheit in ein großes Bassin. Dann ließ sie eine Lampe aufleuchten und gab den Fischen gleichzeitig in einer Bassinecke Futter. Nach einigen Wiederholungen kamen die Tiere bereits unmittelbar nach dem Aufleuchten des Lichts in die Futterecke geschwommen.

Dieser Dressurakt beweist, daß die Fische auch mit verbundenen Augen Licht wahrnehmen können, und zwar mit Hilfe des Stirnauges, wie Dr. de la Motte sagt. Selbst wenn die Signallampe immer dunkler gemacht wird und schließlich ein Mensch kaum noch ihren Schimmer spürt, reagieren die Fische immer noch prompt. Das zeigt, daß dieser Lichtsinn wesentlich empfindlicher ist, als ein Mensch meinen möchte, der sich dieses Wahrnehmungsvermögen vorzustellen versucht, indem er mit geschlossenen Augenlidern in einem Zimmer nach dem taghellen Fenster sucht.

Eine seltsame Meldung geisterte Ende 1962 durch die Illustrierten, die Tagespresse und sogar auch durch wissenschaftliche Fachzeitschriften (48): Die junge Russin Kuleschowa sollte fähig sein, mit den Fingern zu sehen. Mitglieder einer »Prüfungskommission« verbanden ihr die Augen. Trotzdem konnte sie angeblich mit den Spitzen des Mittel- und Ringfingers der rechten Hand Schrift lesen und Zeichnungen und Farben erkennen.

Um es gleich zu sagen: Die Russin und ihre »Prüfungskommission« sind inzwischen als Betrüger entlarvt worden (49). Die Wunderdame hatte durch die Augenbinde »geschielt«. Soweit ist alles ganz klar. Aber wie ist es zu erklären, daß ernstzunehmende Nervenphysiologen in aller Welt zwei volle Jahre lang über dieses vermeintliche Phänomen debattiert haben? Die Wissenschaftler huldigten keineswegs einem Mystizismus. Vielmehr wußten sie, daß es im Tierreich viele Beispiele eines Hautlichtsinnes, eines Lichtwahrnehmungsvermögens ohne Augen gibt.

Wie beim Menschen temperaturempfindliche Sinneszellen über die ganze Körperoberfläche verteilt sind, so besitzen Fische, Würmer und Muscheln lichtempfindliche Sinneszellen in der Haut. Das sind sozusagen Sehzellen, ähnlich denen in der Netzhaut unserer Augen, jedoch ohne jeglichen optischen »Vorbau«, ohne Linsen, ohne Irisblende und ohne Richtcharakteristik. Es sind einfach nur Lichtempfangsorgane, die den Helligkeitsgrad zum Hirn melden.

Aale und Lungenfische besitzen zahlreiche solcher Lichtmelder groteskerweise am Schwanz. Aber das hat natürlich auch einen biologischen Sinn. Diese Fische verstecken sich tagsüber gern in einer Röhre oder einer Höhle. Dann können sie aber mit ihren normalen Augen nicht erkennen, ob der Schwanz vielleicht noch ein Stück aus der Höhle herausschaut – als lockender Leckerbissen für Räuber. So kann ihnen nur der Hautlichtsinn der Schwanzpartie darüber Auskunft geben. Auch augenlose Höhlenfische besitzen solch einen Lichtsinn (50). Er warnt sie, aus dem Bereich ewiger Finsternis in die lichtdurchflutete Region des Höhleneinganges zu schwimmen, wo sie leicht das Opfer augenbewehrter Feinde werden könnten.

Bei augenlosen Muscheln (51) ist dieser Lichtsinn an der Oberfläche der Weichteile so stark ausgeprägt, daß die Tiere damit sogar Bewegungen wahrnehmen, Gefahren erkennen und sich durch schnelles Schließen der Schalen, Eingraben oder Davonschwimmen schützen können. Man muß sich das etwa so vorstellen: In ähnlicher Weise, wie wir die Bewegung eines Fingers spüren, der über unsere Haut streicht, so empfindet auch die Muschel den über ihre Weichteilhaut hinweggleitenden Lichtreiz. Außerdem: Je zahlreicher und dichter die lichtempfindlichen Zellen in der Haut beieinanderliegen, desto feinere Licht-Schatten-Grenzen und Muster wird das Weichtier wahrnehmen können.

Besäße die Russin Rosa Kuleschowa Fisch- oder Muschelhaut mit extrem vielen lichtempfindlichen Zellen, wäre sie sicherlich in der Lage, Schrift mit den Fingerspitzen zu lesen. Es ist nur die Frage, wie ein Mensch unvermittelt zu solch hervorragenden tierischen Eigenschaften gelangen soll. Man zog die Möglichkeit einer Mutation in Betracht. Doch der Bluff zeigte, daß es sich nur um etwas Allzumenschliches handelte.

Immerhin läßt sich der Hautlichtsinn sehr leicht durch die Gegenwart von lichtempfindlichen Sinneszellen in der Haut erklären. Nun gibt es aber auch Tiere, die über keinerlei noch so schwache Andeutung von Lichtsinneszellen verfügen und dennoch Licht wahrnehmen können – eine Tatsache, die lange Zeit die Wissenschaft verblüfft hat.

Haupturheber der biologischen Aufregung war der Süßwasserpolyp *Hydra pirardi* (52). Dieses zarte kleine Wesen hat eine ausgesprochene Vorliebe für Licht und versucht nach Leibeskräften, sonnenbeschienene Teichregionen zu erreichen, obwohl es weder Augen noch Lichtsinneszellen besitzt. Das geht auf ganz und gar ungewöhnliche Weise vor sich: Sobald einer seiner Fangarme von einem Schatten getroffen wird, zieht ihn das Tierchen ruckartig ein. Dabei ist es völlig gleichgültig, ob der Schatten von einem Feind geworfen wird, der gern ein wenig am Polypen knabbern will, oder vom eigenen Körper. Meist stammt der Schatten vom eigenen Körper, nämlich von einem Fangarm auf der sonnenzugewandten Seite. Die Arme der lichtabgewandten Seite sind dann wie gelähmt, und so findet die Fortbewegung nur in einer Richtung statt: zum Licht.

Ebenso rätselhaft ist es uns, wie die zu den Hohltieren gehörenden schönen Seerosen *(Actiniaria)*, die mit ihrer Tentakelkrone dem Bogen der Sonne folgen, Licht wahrnehmen können. Auch Seedahlien *(Tealia)* müssen über einen geheimnisvollen Lichtsinn verfügen, denn sie entfalten ihre Krone nur in der Dunkelheit. Seefedern *(Pennatularien)*, die sich in der Finsternis mit gespenstisch grünem Licht selbst illuminieren, bemerken auch, wenn es im Meer Tag wird, und »schalten« dann ihre Eigenbeleuchtung aus.

Es gibt sogar einzellige Lebewesen, die über einen Lichtsinn verfügen, zum Beispiel das im Schlamm aller stehenden Gewässer lebende Wechseltierchen *Amoeba proteus*. Sobald es Schatten spürt, kriecht es mit seinen Scheinfüßchen schneller dahin als zuvor. Wird es plötzlich grell beleuchtet, erstarrt die Körnchenströmung im Zellkörper sofort, und die Amöbe verharrt regungslos. Aber damit noch nicht genug: Diese 0,5 bis 2 Millimeter großen Wesen können sogar zwei Farben unterscheiden: Rot und Grünblau. Hierbei verhalten sie sich umgekehrt wie ein Mensch vor der Verkehrsampel. Bei Rot erhöhen sie ihre Geschwindigkeit und bei Grün werden sie langsamer.

Noch raffinierter ist es bei einigen Geißeltierchen, einzelligen Flagellaten. Sie besitzen lichtschluckende Farbkörnchen, sogenannte Pigmente. Mitunter sind diese sogar in punktförmigen Ansammlungen vereinigt, so daß sie wie Miniaturaugen aussehen. Manche Geißeltierchen tragen über den Pigmentflecken sogar kleine Zellwandkuppeln, also Lichtstrahlen sammelnde Linsen. Streng genommen sind solche Einzeller also nicht als augenlos zu bezeichnen. Allerdings gibt es auch viele Geißeltierchenarten, die wunderschöne »Augen«-Flecken besitzen, aber überhaupt nicht auf Licht reagieren und offenbar absolut blind sind.

Den Gipfelpunkt optischer Fähigkeiten unter den Einzellern stellt wohl das Augentierchen dar, der Flagellat *Euglena* (53). Auf der einen Seite seiner durchsichtigen Körperzelle liegt ein Augenfleck aus lichtschluckenden Pigmenten und an der anderen ein lichtundurchlässiger Punkt, eine Art Blende. Sobald das Augentierchen eine bestimmte Lage zur Sonne einnimmt, beschattet die Blende das »Auge«. Auf diese Weise kann das winzige Wesen eine Lichtquelle »orten« und in seiner Umwelt den Platz der größten Helligkeit ansteuern.

Wie ist es möglich, daß so winzige einzellige Tierchen überhaupt »sehen« können? Dr. Rudolf Braun (52) vom Zoologischen Institut der Universität Mainz versucht eine Deutung auf der Basis chemischer Zellvorgänge. Wir kennen bereits mehrere Prozesse, die in einer Zelle ablaufen, sobald Licht darauf fällt: Der Flüssigkeitsgrad, die Viskosität des Protoplasmas steigt, die Durchlässigkeit (Permeabilität) der Zellwand erhöht sich, Fette werden verseift, Fermente werden inaktiviert (vielleicht auch aktiviert), Hormonabsonderungen werden beeinflußt und anderes mehr.

Wahrscheinlich können lichtschluckende Pigmente diese chemischen Reaktionen verstärken und als Energiewandler wirken. Was dann aus dieser Energie gemacht wird, hängt ganz von der Konstruktion der Wirkkette all der vielen »chemischen Fabriken« in der Zelle ab und ist von Art zu Art verschieden.

Die Tatsache aber, daß sich zahlreiche Zellvorgänge durch Licht beeinflussen lassen, erweckt den Eindruck, als gehöre ein gewisser »Sinn« für Licht zu den Grundmöglichkeiten des Protoplasmas und damit des Lebens überhaupt. Vom Augentierchen bis zum Augenwesen Mensch hätten wir es dann im Prinzip nur mit einer ständigen Verfeinerung dieser elementaren Eigenschaft zu tun.

Unter dem Glanz des Regenbogens
Das Farbensehen

Wohl alle Menschen, die auf grüner Weide von einem wutschnaubenden Stier verfolgt wurden, schreiben diesen Anschlag auf ihr Leben dem roten Kleid, dem roten Schal oder irgendeinem roten Gegenstand zu, der den Bullen angeblich gereizt hätte. Selbst spanische Stierkämpfer sind der festen Überzeugung, das sprichwörtlich gewordene Rot ihres Tuches bringe den gehörnten Gegner zur Raserei. Doch Tierpsychologen müssen sie leider enttäuschen: Anerkannte Experten sind sich bis heute noch nicht darüber im klaren, ob der Stier überhaupt Farben erkennen kann oder nicht!

Das Schicksal, die Welt nur als schwarz-weißes »Foto« zu sehen, teilen sie mit vielen anderen Tieren (54), zum Beispiel mit manchen Halbaffen, Waschbären, Goldhamstern, Waldmäusen und Beutelratten. Über die Frage, ob Hunde, Katzen (55), Kaninchen, Hausmäuse und Ratten farbenblind sind oder nicht, streiten sich noch die Gelehrten. Auf jeden Fall ist ihr Farbenerkennungsvermögen so schwach, daß es an der Grenze der Nachweisbarkeit liegt.

Gibt man einem Alligator (56) nur dann etwas zu fressen, wenn er von zwei Pappscheiben die farbige, nicht aber die gleichhell graue wählt, so wird die südamerikanische Panzerechse im höchsten Grade unsicher. Das innerlich hin und her gerissene Tier bekommt nach mehrfacher Wiederholung sogar eine Experimentierneurose. Das äußert sich darin, daß das Tier von Pappscheiben, den offenbar nur schwer wahrnehmbaren oder bedeutungsleeren Farben, von Futter und Belohnung gar nichts mehr wissen will, sich in einen dunklen Schlupfwinkel verkriecht und dort einige Tage in völliger Starre verharrt.

Für den Igel gibt es in der Welt offenbar nur eine einzige Farbe: Gelb. Die Rötelmaus hat Sinne nur für Gelb und Rot, die Kleine Zibetkatze nur für Rot und Grün. Alle anderen Farben des Regenbogens existieren für diese Tiere ebensowenig wie für uns das Ultraviolett.

Immerhin scheinen selbst diese wenigen Farben eine wichtige Rolle im Leben dieser Tiere zu spielen. Vom Wasserfrosch (57) weiß man, daß er bei Gefahr wahllos nur ins Blaue springt, ganz gleich ob es sich um das Wasser eines Teiches oder um den Bogen blauen Papiers des Experimentators handelt. Von grüner Farbe fühlt sich der Frosch in Augenblicken ängstlicher Erregung abgestoßen. Offenbar ist es dem Lurch nicht bewußt, daß ein Sprung ins Grüne, also ins Gras, die Gefahr des Gefressenwerdens vergrößern würde. Aber die Natur hat als Vernunftersatz die Sinne und Instinkte des Frosches so aufeinander abgestimmt, daß er unwillkürlich das Richtige tut.

Ähnlich ist es auch bei einigen Blattlausarten (58). Bei schönem Wetter treten die geflügelten Schädlinge in des Wortes ureigenster Bedeutung eine Reise ins Blaue an. Sie steigen einfach himmelan und lassen sich einige Stunden lang vom Wind treiben. Dann »schaltet« ihr Auge von Blau auf Gelb um, also auf die gelbe Farbkomponente junger Triebe. Dadurch verringern sie die Gefahr einer Fehllandung. Rosenzüchter nutzen diese Farbenansteuerung im gegenteiligen Sinne aus. Sie bestreichen den Boden von Wasserschalen mit einem speziellen Gelb und stellen sie als Blattlausfallen in ihren Pflanzungen auf.

Einen größeren Ausschnitt aus dem Farbenspektrum können zum Beispiel Pferde, Rothirsche, Schafe, Giraffen, Eichhörnchen, Meerschweinchen und Iltisse erfassen. »Am besten ist der Farbensinn wohl bei den Affen entwickelt«, schreibt Dr. Gerti Dücker (54) vom Zoologischen Institut der Universität Münster. »Eine volle Farbentüchtigkeit, wie der Mensch sie hat, ließ sich für Schmalnasenaffen wie Rhesusaffe, Schweinsaffe, Pavian, Javaaffe und Meerkatze, aber auch für das Pinseläffchen (Breitnase) nachweisen. Bei den anderen untersuchten Breitnasen wie Kapuzineraffe, Spinnenaffe und Totenkopfäffchen zeigte sich eine Verkürzung des sichtbaren Spektrums am roten Ende, so daß man ihr Farbensehen mit dem eines rotblinden Menschen vergleichen kann. Beim Schimpansen ist die Farbunterschiedsempfindlichkeit zumindest gleich gut wie beim Menschen.«

Der Mensch vermag 250 reine Farbtöne vom Rot über Orange, Gelb, Grün, Blau und Indigo bis zum Violett und etwa 17000

Mischfarben zu unterscheiden. Hinzu kommen noch rund 300 Grauabstufungen von Weiß bis Schwarz. (Das Sehvermögen der Biene umfaßt nur 12 Schattierungsstufen und das der Fruchtfliege *Drosophila* gar nur deren drei!) Unser optischer Sinn kann also insgesamt 5 Millionen Farbnuancen und -schattierungen aufnehmen – wahrhaft eine Spitzenleistung der Natur!

Aus dem Vergleich mit der Tierwelt wird klar: Ebenso wie das Bildsehen ist auch das Farbensehen des Menschen keineswegs »etwas ganz Selbstverständliches«, denn es erfordert ein Sinnes- und Nervensystem, das ans Wunderbare grenzt.

Wie sieht das Auge Farben?
Die Physiologie des Farbensinnes

Es klingt kaum glaubhaft, aber bis 1962 konnte noch kein Wissenschaftler sagen, mit welcher »Technik« Auge und Hirn Farben erkennen. Zwar gab es zahlreiche Theorien. Sie forderten alle die Existenz von mindestens drei verschiedenartigen Farbsehzellen, also Zapfen. Aber trotz intensiver Suche konnten Sinnesphysiologen nur einen einzigen Farbenempfängertyp und nur eine einzige Art von Sehpurpur nachweisen – jeglicher Hypothese zum Hohn. Heute wissen wir, daß diese negativen Untersuchungsergebnisse nur eine Ursache hatten: unzulängliche Meßinstrumente.

Denn 1963 geschah etwas in der Wissenschaftsgeschichte nicht gerade sehr Seltenes: Dieselbe Entdeckung, die »in der Luft lag«, wurde nahezu gleichzeitig von mehreren Forschern gemacht. In diesem Fall waren es sogar vier Arbeitsgruppen, die unabhängig voneinander zu den gleichen Ergebnissen kamen. Die Priorität gehört Professor Hansjochem Autrum (59), dem Vorstand des Zoologischen Instituts der Universität München. Er teilt sich den Ruhm mit zwei amerikanischen Gruppen und einem englischen Physiologen. Das Ergebnis: Im Auge vollfarbentüchtiger Lebewesen gibt es doch drei verschiedene Typen von Farbensehzellen. Jede Art besitzt eine andere Sorte Sehpigment. Infolgedessen empfängt jeder Zapfentyp einen anderen Ausschnitt aus dem Farbenspektrum. Beim Menschen fand der Biophysikprofessor Edward F. MacNichol (60) von der Johns Hopkins Universität in Baltimore folgende Empfindlichkeitsmaxima der drei Farbempfänger:

Zapfentyp A: tiefes Blauviolett = 450 Milliardstel Meter Wellenlänge,

Zapfentyp B: sattes Grün = 525 Milliardstel Meter Wellenlänge,

Zapfentyp C: sattes Gelb = 555 Milliardstel Meter Wellenlänge.

Die Wahl dieser Grundfarben durch die Natur ist überraschend, denn in den Hypothesen hatte man bisher angenommen, alle Farbnuancen würden im Auge genauso wie beim farbigen Buchdruck oder beim Farbfernsehen aus den Grundfarben Rot, Gelb und Blau gemischt. Das ist also nicht der Fall. Dennoch lassen sich auch aus den Farben, für die sich die Natur beim Menschenauge nun einmal entschieden hat, sämtliche anderen Farben gewinnen, sofern eine Sehzellenart auch für Rot empfindlich ist. Wie aus Bild 30 zu ersehen ist, sprechen die Zapfen mit dem Empfindlichkeitsmaximum im gelben Bereich außerdem auf blaugrünes, grünes und rotes Licht an. Wenn nur sie allein und nicht auch zugleich die anderen Zapfentypen erregt werden, ist dies für das Hirn das eindeutig Signal für die Empfindung »rot«.

Das heißt aber noch lange nicht, daß die Farbbereiche der Sehzellentypen bei allen farbentüchtigen Tieren genauso über das Spektrum verteilt sind wie beim Menschen. Sehzellen sind keine einheitlichen universalen »Bauelemente« der Natur. Zum Beispiel sind bei Rhesusaffen und Goldfischen die drei Empfindlichkeitscharakteristiken etwas und bei den Bienen stark »verschoben«.

Die Nektarsammlerin sieht also mit den Grundfarben Grün, Blau und dem für uns nicht wahrnehmbaren Ultraviolett. Andererseits ist für sie Rot keine Farbe, sondern genauso wie für einen rotblinden Menschen ein unwirksamer Spektralbereich, also Schwarz.

Forschungen bringen auch schon Licht in die Frage nach den Ursachen der Farbenblindheit. Wie sich 1974 herausgestellt hat, gibt es zwei ganz verschiedene Ursachen dafür: einmal das Fehlen von einem, zweien oder gar dreien dieser Farbempfängertypen (bzw. das Fehlen der betreffenden Sehpigment-Körnchen in ihnen) und zum anderen einen Fehler in demjenigen Nervensystem, das die Farbeindrücke des Auges verarbeitet.

Ein in der Netzhaut des Auges liegender Zapfen hat ja keine »private« Nervenleitung zum Hirn(s. Seite 18). Die Sinneseindrücke werden unterwegs in den Bipolarzellen und Retinalneuronen nach verschiedenen Gesichtspunkten sortiert und gesammelt.

Erste Einblicke in diesen »Zaubergarten des inneren Farbenspiels« konnten schon mehrere Nervenphysiologen (61) gewinnen. Analog zu den schon auf Seite 23 beschriebenen Erregungsfeldern randen sie Retinalneuronen, die durch eine Gruppe gelbempfindli-

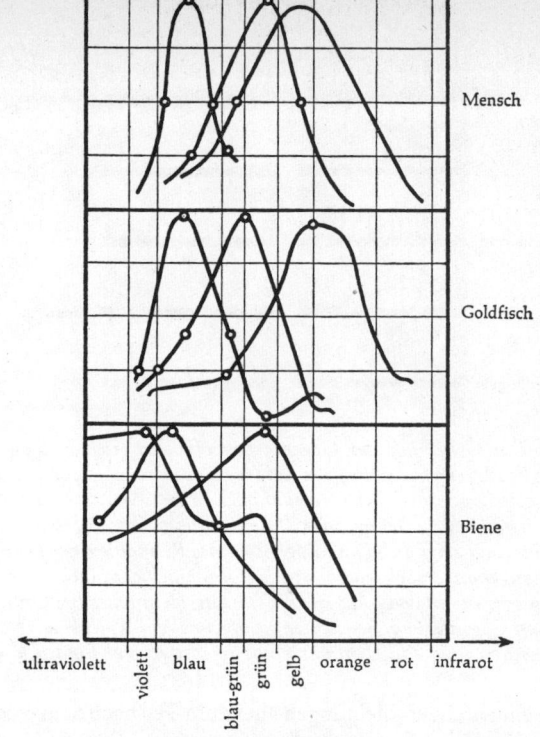

ultraviolett | violett | blau | blau-grün | grün | gelb | orange | rot | infrarot

Bild 30: So verschieden sehen Mensch, Goldfisch und Biene das Spektrum der Farben. Jede Kurve zeigt die Lichtempfindlichkeit eines der drei Zapfentypen bei verschiedenfarbiger Beleuchtung.

cher Sehzellen erregt und durch eine Gruppe grünempfindlicher Sehzellen gehemmt werden. Andere Retinalneuronen reagieren umgekehrt. Durch gelbes Licht in ihrem Reizbereich wird die Salvenfolge elektrischer Stromstöße, die sie zum Hirn schicken, langsamer und durch grünes Licht schneller. Andere Neuronen leiten hingegen nur Reize aus einem bestimmten engen Bereich des Spektrums weiter, und wieder andere Neuronen zeigen keinerlei Abhängigkeit von Farben. Sie registrieren nur hell und dunkel (s. Seite 23).

So ist das Farbensehen nach unserer derzeitigen Kenntnis zumindest ein Zwei-Stufen-Prozeß. Die Sehzellen arbeiten nach dem Drei-Farben-Prinzip. Die nachfolgenden Nervenverkettungen verschlüs-

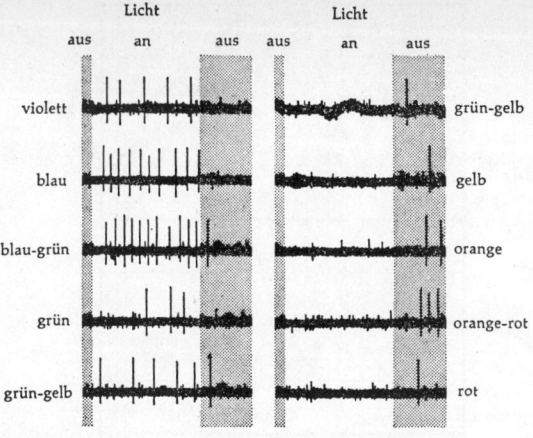

Bild 31: Das Geheimnis der Gegenfarben offenbart sich in diesem Bild. Gegenfarben erzeugen im Hirn den Eindruck (grau) weiß, wenn sie, auf einer Scheibe schnell rotierend, sich scheinbar ineinander verwischen, während das Mischen derselben Farben auf der Malerpalette andere Ergebnisse hervorbringt. Das Bild zeigt die »Funktätigkeit« eines Retinalneurons bei Beleuchtung der zugehörigen Sehzellen mit verschiedenfarbigem Licht. Die stärkste Erregung tritt bei Blau-Grün auf, die stärkste Hemmung bei Orange-Rot. Beides sind Gegenfarben. Beleuchten sie in schnellem Wechsel die Netzhaut, heben sich Erregung und Hemmung auf. So entsteht der Eindruck »weiß«.

seln die einlaufenden Meldungen aber zum Teil nach dem Gegenfarbenprinzip: Diese Farbnervenleitungen zum Hirn sind auf zwei Farben polarisiert, von denen die eine erregend und die andere hemmend wirkt. Den dabei entstehenden Signalcode für die verschiedenen Farbempfindungen zeigt Bild 31.

Außerdem aber wirken die »Einfarbenmelder« am Aufbau des farbigen Gesamteindrucks im Hirn mit. In diesen Nervenschaltungen können natürlich auch Defekte auftreten. Je nach der Art der Fehlerquelle entsteht der eine oder andere Typ von Farbenblindheit.

Darüber hinaus bleiben gegenwärtig noch wichtige Fragen offen: Auf welche Weise erregt das Licht die Sehzellen? Wie macht sich das Hirn aus den eingehenden Meldungen ein farbiges Bild? Wie entsteht der Eindruck von Mischfarben? Noch wissen wir es nicht.

»Wer etwa meint, die ganze Blumenpracht der Erde sei dem Menschen zur Augenweide geschaffen, der möge den Farbensinn der geflügelten Blütengäste und die Beschaffenheit der Blumenfarben studieren, und er wird ganz bescheiden werden«, schreibt Professor Karl v. Frisch (62) und weiß uns auf eindrucksvolle Weise Zugang zur völlig veränderten Farbwelt der Bienen zu verschaffen.

Es ist eine Welt, in der kein Rot existiert, in der die uns weiß erscheinenden Sterne der Gänseblümchen blaugrün schimmern, in der weiße Apfelblüten, weiße Glockenblumen, weiße Winden und weiße Rosen in den verschiedensten Farben leuchten.

»Verdanken hier die Blumenblätter ihr buntes Kleid dem Fehlen von ultraviolettem Licht«, schreibt Karl v. Frisch weiter, »so wird in anderen Fällen sein Hinzutreten zum Anlaß eines Farbenzaubers, der uns verborgen bleibt. So sind zum Beispiel die gelben Blüten des Schotendotters, des Rapses und des Ackersenfs für uns nach Farbe und Gestalt kaum unterscheidbar. Die Bienen könnten uns auslachen! Für sie ist nur der Schotendotter gelb. Die Rapsblüten werfen auch ein wenig Ultraviolett zurück und erhalten dadurch eine leichte Purpurtönung. Der Ackersenf, dessen Blumenblätter viel Ultraviolett reflektieren, gewinnt dadurch ein tiefes Purpurrot für das Bienenauge, dem die Unterscheidung aller drei Arten nachweislich ein leichtes ist.

Wer die Welt durch die Augen der Biene betrachten könnte, wäre überrascht, mehr als doppelt soviele Blütensorten mit bisher nicht wahrnehmbaren Verzierungen zu entdecken, als unser ultraviolettblindes Auge gewahr wird.«

Eine andere Frage ist: Weshalb verschwendet die Natur so viel Rot zur Blütendekoration, obwohl Bienen kein Rot erkennen können? Darauf gibt es mehrere Antworten. Mohn leuchtet zum Beispiel für uns in reinem Rot. Untersucht man die Blume genauer, stellt man fest, daß sie außerdem auch noch Ultraviolett reflektiert. Daher ist sie für die Biene von rein ultravioletter Farbe. Ähnlich ist es auch beim Heidekraut, beim roten Klee und bei Alpenrosen. Ihr Rot ist nicht rein, sondern ein mit Blau vermengtes Purpurrot. Der Biene erscheinen diese Blüten also blau.

In den Tropen gibt es allerdings Blumen von rein roter Farbe, die auch kein Ultraviolett zurückstrahlen. Aber gerade in ihnen bestätigt sich unsere Vorstellung vom Farbensehen am besten, denn alle diese Blumen werden von Bienen glatt verleugnet. So ist dieses Rot auch gar nicht an Bienen adressiert, sondern an Kolibris, jene kleinen Vöglein, die, wie Hubschrauber in der Luft auf der Stelle schwirrend, aus den Blütenkelchen Nektar saugen. Kolibris aber sind nicht rotblind.

Auch in Europa gibt es rein rote Blumen ohne Ultraviolettanteil: Steinnelken, Lichtnelken und Leimkraut. Und auch sie wenden sich mit ihrer roten Plakatfarbe nicht an Bienen, sondern an Tagsschmetterlinge, die für Rot einen sehr guten Empfänger haben. Mehr kann man wirklich nicht verlangen! Es ist geradezu, als könne man aus der Farbzusammensetzung der Blüten auf die Rotblindheit oder Rotsichtigkeit ihrer Besucher schließen.

Einen »Verwandlungstrick« ganz besonderer Art spielt uns der Mondspinner *(Actias luna)* (63) vor. Für unser Auge sind Männchen und Weibchen dieses Schmetterlings beide hellgrün und nicht voneinander zu unterscheiden. Für ihre Feinde heben sie sich außerdem kaum vom Grün der Blätter ab. Ein ganz anderes Bild entsteht jedoch im ultraviolettsichtigen Auge der Schmetterlinge. Hier erscheint »sie« blond und »er« brünett. Und mehr noch: Für sie selbst ist ihr Grün keine Tarnfarbe, denn sie sehen einander vor grau-grün-trübem Laub als leuchtend helle Farbpunkte.

Neben den bisher beschriebenen Augen, die sowohl Farben des für uns sichtbaren Spektrums als auch Ultraviolett sehen können, gibt es in der Tierwelt noch eine andere, recht seltsame Erscheinung. Der in amerikanischen Küstengewässern lebende Pfeilschwanz *(Limulus polyphemus)* (64) besitzt oben auf seinem »Stahlhelm« zwischen den beiden Facettenaugen, wie sein lateinischer Name schon andeutet, noch ein drittes Auge.

Dieses dritte Auge besteht bei näherem Hinsehen aus zwei dicht beieinander liegenden Augen. Das Merkwürdige ist nun, daß diese nicht ebenfalls Facettenaugen sind, wie es sich für einen Gliederfüßler gehört, und auch keine Punktaugen wie bei der Biene, sondern Kameraaugen – zwar nur sehr winzige von je einem halben Millimeter Durchmesser und mit nur je 50 bis 80 Sehzellen in der Netzhaut, aber immerhin sind es Kameraaugen.

Zoologen fragten sich lange Zeit, wozu der 30 Zentimeter große, hart gepanzerte Pfeilschwanz, dieses »lebende Fossil«, das schon vor 160 Millionen Jahren zur Jurazeit die Erde bevölkerte und vermutlich ein naher Verwandter des gemeinsamen Vorfahren aller Krebse und Spinnen ist – wozu also dieses Wesen die »Früherfindung« der beiden Kameraaugen gebraucht. Professor George Wald von der Harvard-Universität hat 1964 zeigen können: Das »dritte Auge«

dieses Tieres ist ein Empfänger für ultraviolettes Licht. Der Pfeilschwanz sieht also mit einem Augenpaar den ultravioletten Teil des Farbenspektrums und mit dem zweiten Augenpaar einen anderen Ausschnitt desselben – eine recht verblüffende Arbeitsteilung!

Mit dieser Feststellung sind wir allerdings erst einen kleinen Schritt weitergekommen, denn auf die Frage, wozu der Pfeilschwanz einen besonderen Ultraviolettempfänger braucht, wissen wir immer noch keine Antwort. Benötigt er ihn vielleicht, um die Sonne auch noch durch Wolken hindurch zu erkennen, wie die Biene?

Bienen (65) können sich nämlich, auch wenn der gesamte Himmel lückenlos mit einer Wolkendecke verhangen ist, nach dem Sonnenstand orientieren. Wie ist das möglich? Professor Karl v. Frisch machte schon vor dem Zweiten Weltkrieg Experimente mit Lichtfiltern und kam zu der Ansicht, die Bienen müßten die Ultraviolett-

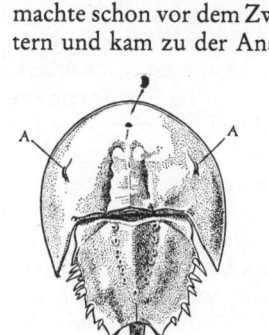

Bild 32: Der 30 Zentimeter große, hart gepanzerte Pfeilschwanzkrebs. Die Draufsicht (oben) und Vorderansicht (unten) zeigen die Lage der Facettenaugen (A) und Kameraaugen (B).

strahlung der Sonne durch die Wolken hindurch erkennen können. Aber die Physiker sagten: »Ausgeschlossen! Mit fotografischen Tests haben wir einwandfrei festgestellt: Ultraviolettes Licht wird von der Wolkendecke vollständig verschluckt.«

So blieb das Orientierungsvermögen der Bienen bei geschlossener Wolkendecke lange Zeit ein Rätsel, bis im Jahre 1959 neue, hochempfindliche Fotoplatten auf den Markt kamen. Wieder richtete sich eine Kamera auf die Stelle, an der die Sonne hinter den Wolken stehen mußte. Aufnahmen wurden gemacht, und nun konnte auch der Mensch zum erstenmal eine ultraviolette Aufhellung des Sonnenortes fotografieren. Das, was die Bienen dem Biologen schon vor langer Zeit kundgetan hatten, fand damit eine glänzende, wenn auch recht späte physikalische Bestätigung. Allerdings: Wenn die Wolkendecke so dick ist, daß überhaupt keine Ultraviolettstrahlung durch sie hindurchdringen kann, wissen sich auch die Bienen nicht mehr zu helfen und legen notgedrungen eine Erholungspause ein.

Das »dritte Auge« der Klapperschlange
Sehen infraroten Lichts

Im Jahre 1952 entschloß sich Professor T. H. Bullock an der Universität von Kalifornien zu einem erregenden Experiment (66). Er sperrte eine Klapperschlange und eine Maus zusammen in ein kleineres Terrarium, verklebte dem Reptil mit Leukoplast beide Augen absolut lichtdicht und spritzte ihm eine chemische Flüssigkeit zur Blockierung der Geruchsnerven ins Maul. Die Frage war: Kann die Schlange auch noch ohne diese Sinne ihr Opfer finden oder nicht?

Voller Spannung wartete der Sinnesphysiologe, was nun geschehen würde. Schon die ersten Minuten zeigten, daß die Klapperschlange gar nicht daran dachte, mit der Maus »Blinde Kuh« zu spielen. Es war, als wüßte sie jederzeit ganz genau, wohin ihr Opfer lief. Zielstrebig folgte sie ihm, spannte sich wie eine Stahlfeder, schnellte nach vorn, erzielte sofort einen Volltreffer – und zehn Minuten später war die Maus schon halb im weit gedehnten Maul verschwunden.

Das Reptil hatte seine Beute nicht sehen, nicht riechen, nicht hören und auch nicht ertasten können, und trotzdem hatte es das Nagetier mit nachtwandlerischer Sicherheit gefaßt. Waren hier unbekannte Strahlen oder ein geheimnisvoller, uns Menschen nicht zugänglicher Sinn am Werke?

Als der amerikanische Wissenschaftler daraufhin den Körper der

Bild 33: Der Kopf einer Klapper-schlange von vorn gesehen. Zwischen dem Auge (B) und dem Nasenloch (D) liegt das Wärmestrahlenauge (C). A stellt die Zunge dar.

Klapperschlange näher untersuchte, wurde er auf zwei kleine muldenartige Vertiefungen aufmerksam, die wie Autoscheinwerfer beidseitig am Kopf des Reptils zwischen Nasenloch und Auge liegen. War hier die Lösung des Rätsels zu suchen? Was würde beispielsweise geschehen, wenn man diese Grübchen mit Leukoplast überklebte? Wieder setzte Professor Bullock die Schlange ins Terrarium, schaltete das Licht aus und tat ein gutes Dutzend Mäuse zu ihr hinein. Noch nach Tagen hatte sie nicht eine einzige Maus erwischt! Durch das Abdecken der beiden Grübchen erst war das Tier wirklich »blind« geworden.

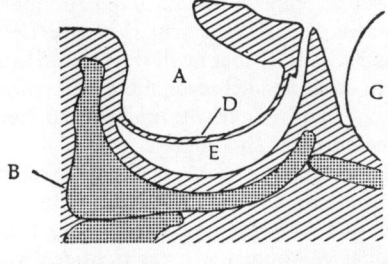

Bild 34: Das Wärmestrahlenauge der Klapperschlange liegt in einer tiefen Grube (A) mit einem Eingang von etwa drei Millimeter Durchmesser. Es ist eingebettet zwischen Unterkieferknochen (B) und dem regulären Auge (C). In der parabolspiegelförmigen Membran (D) liegen 150000 wärmeempfindliche Nervenzellen. Der Innenraum (E) steht durch einen schmalen Kanal mit der Außenwelt in Verbindung.

Was für ein seltsames Sinnesorgan mag sich in diesen Grübchen verbergen? In der dünnen Haut, die diese Vertiefungen überzieht, fand der Gelehrte Sinnesnervenzellen, die ihm gar nicht so unbekannt vorkamen, wie er vermutet hatte. In ganz ähnlicher Art sind sie nämlich auch in der menschlichen Haut vorhanden und befähigen uns, Wärme zu empfinden. Aber während der Mensch auf einen Quadratzentimeter Haut nur etwa drei dieser »Warmpunkte« hat, drängen sich auf der gleichen Fläche des Klapperschlangen-Grubenorgans nicht weniger als 150000 wärmeempfindliche Sinnesnervenzellen dicht an dicht – fünfmal mehr, als der Mensch im ganzen besitzt.

Diese Massenzusammenballung wärmeempfindlicher Zellen steigert den Temperatursinn der Klapperschlange ins Gigantische. Sie kann damit Wärmestrahlen »sehen«, und zwar nicht nur einen knallheißen Ofen, sondern auch die Strahlen der Körperwärme einer Maus und anderer Tiere oder Gegenstände, sobald sie sich nur um einige Zehntel Grad von ihrer Umgebung abheben. Besäßen wir Menschen solche Infrarotaugen, eine nächtliche Volksversammlung würde uns wie ein Schwarm überdimensionaler Glühwürmchen erscheinen.

Außerdem sind die Grubenorgane wie Scheinwerferspiegel geformt. Die Klapperschlange kann also Wärmestrahlen nur aus zwei scharf begrenzten kegelförmigen Bereichen empfangen. Wiegt sie dabei den Kopf hin und her, kann sie nicht nur die Gegenwart eines warmen »Etwas« feststellen, sondern auch noch dessen ungefähre Größe und Gestalt abtasten. Vermutlich ist sie in der Lage, eine Ratte von einem schlangenfressenden Mungo zu unterscheiden.

Wenn man allerdings der Klapperschlange in der Dunkelheit statt der Maus eine ausgeschaltete, aber noch warme und in Stoff gehüllte Glühbirne vorhält, stößt sie auch nach dieser. Das Wärmestrahlenbild, das sie von ihrer Umwelt erhält, muß also so ähnlich sein wie der Blick durch beschlagene Brillengläser.

Das »dritte Auge« kommt der Schlange übrigens auch bei der Jagd am Tage sehr zustatten. Es gibt eine Reihe von Eidechsen und Salamandern, die sich in Form und Farbe ihrer Umgebung täuschend ähnlich anpassen können. Mit den richtigen Augen kann die Schlange solche Beutetiere nicht erkennen. Das Wärmestrahlenauge aber entdeckt sie sofort.

Dieses Beispiel zeigt, daß zunächst mysteriös erscheinende Sinne auf ganz normalen und allgemein bekannten physiologischen Tatsachen beruhen können. Keine »Über«-Physik, sondern nur eine Massierung und sinnentsprechende Anordnung altvertrauter Dinge führten zur Entstehung des so außergewöhnlichen Auges, mit dem man Wärmestrahlen sehen kann.

Zwei Zoologen vertreten die Ansicht, daß die Klapperschlangen und andere Grubenottern nicht im alleinigen Besitz des Wärmestrahlenauges seien. Lorus Milne (67) glaubt, daß Mücken nicht nur vom Geruch warmer Menschen und Tiere angelockt werden, sondern daß sie auch nach deren Wärmestrahlen peilen. Und Dr. Phillip S. Callahan (68) weiß von Infrarot-Sinnesorganen bei Nachtschmetterlingen zu berichten. Mit Hilfe dieses »Ultrasinnes« sollen in dunklen, mondlosen Nächten die Männchen den Weg zu den Weibchen finden, »notfalls gegen den Wind und den Geruch«.

Wanzen sind empfindsamer als Menschen
Der Sinn für Wärme und Kälte

»Das beste Thermometer ist immer noch die Hand«, sagte einst der für seinen praktischen Sinn bekannte Autokonstrukteur Professor Ferdinand Porsche vor Studenten – und verbrannte sich gleich darauf am Auspuffrohr. Damit ist eindrucksvoll demonstriert, daß die Temperatursinnesorgane des Menschen in Wirklichkeit alles andere als Präzisionsarbeit leisten. Hingegen wäre einer Bettwanze dieses Mißgeschick nie passiert.

Es gibt nämlich Tiere, deren Empfindungsvermögen für Wärme und Kälte dem unseren haushoch überlegen ist. Kein Mensch kann beim Blinde-Kuh-Spiel mit verbundenen Augen meterweit entfernte Personen am Wärmegefälle der Luft erkennen. Für die Bettwanze aber gehört dieses Kunststück zur alltäglichen Lebensnotwendigkeit, wenn sie des Nachts die Schlafzimmerdecke ersteigt, mit ihren Antennen die Wärmequelle des Schlafenden anpeilt, jeder Wälzbewegung ihres Opfers folgt und sich dann wie eine Bombe zielsicher auf eine nackte Körperstelle fallen läßt.

Auch eine Kleiderlaus, der man die Augen lichtdicht verklebt hat, läuft in wenigen Zentimetern Abstand ständig hinter einem menschlichen Finger oder anderen warmen Gegenständen her. Für die Stechmücke ermittelte der Berliner Sinnesphysiologe Professor Konrad Herter (69) den geringsten Temperaturunterschied, den dieser lästige Blutsauger gerade noch wahrnehmen kann: 5 Hundertstel Grad Celsius auf 1 Zentimeter Abstand im Luftraum! Damit vermag das Insekt in der Dunkelheit der Nacht die minimalen Temperaturunterschiede zwischen der normalen Luft und jenem feinen, etwas wärmeren (und feuchteren) Hauch zu entdecken, wie er vom Körper des von ihm begehrten Wirtstieres oder Menschen abströmt.

Aber nicht nur blutdürstiges Ungeziefer verfügt über einen so erstaunlichen Wärmesinn. Fische haben ein mindestens ebenso feines Temperaturempfinden. Berührt ihr Kopf Wasser, das nur 3 Hundertstel Grad wärmer ist als das Wasser, das den übrigen Körper umgibt, bemerken dies Fische sofort. Wir Menschen sind nahezu unempfindliche Dickhäuter dagegen. Für Fische ist die Fähigkeit, minimalste Temperaturschwankungen feststellen zu können, pure Lebensnotwendigkeit. Sie bewahrt sie davor, sich in kalte Meeresströmungen oder Tiefengewässer zu verirren.

Ja, mehr noch: Der so überaus fein entwickelte Temperatursinn ermöglicht Fischen vermutlich eine reguläre Unterwassernavigation. Zum Lebenszyklus der Schollen gehört es beispielsweise, daß die auf hoher See frisch geschlüpften Tiere Ende März – Anfang April flache Küstengewässer aufsuchen und Anfang Juni wieder in größere weichsandige Tiefen abwandern. Aber woher »wissen« diese Plattfische auf dem Grunde des Meeres, welche Richtung sie uferwärts und welche sie meerwärts führt?

Ein deutscher Zoologe, Dr. Manfred Zahn (70), hält es nach langjährigen Experimenten an der Biologischen Station Helgoland für sehr wahrscheinlich, daß sich die Schollen dabei nach ihrem Temperatursinn orientieren. In Versuchen mit verschieden erwärmten Aquarien fand er folgendes heraus: Ende März – Anfang April sind diese Fische so eingestellt, daß sie sich am liebsten in einer Wassertemperatur um 20 Grad aufhalten. Diese finden sie aber nur in den von der Frühjahrssonne schnell erwärmten Küstengewässern. Die Schollen brauchen also nur mit einer Strömung kälteren Wassers zu schwimmen, um »gewiß« zu sein, daß dies die Flut ist, die sie zu wärmeren Gefilden bringt. Sobald sie die wärmere Ebbströmung spüren, graben sie sich im Sand ein und warten auf die nächste Flut.

Anfang Juni geht in den Schollen eine seltsame Umstimmung vor sich. Plötzlich »gefällt« ihnen warmes Wasser nicht mehr. Sie bekommen »Sehnsucht« nach einer kälteren Wassertemperatur um 14 Grad. Wiederum vermögen sie es, warme Ebb- von kalten Flutströmungen zu unterscheiden. Nur lassen sie sich jetzt umgekehrt von der Ebbe wieder in größere Tiefen entführen. Allerdings: Über die Anhaltspunkte, an denen die Schollen die Jahreszeiten so genau erkennen und nach denen sie ihren Fahrplan richten, ist uns gegenwärtig noch nichts bekannt.

Zudem besitzen viele Tiere eine Fähigkeit, die bei uns Menschen ebenfalls längst nicht so präzise ausgebildet ist: den absoluten Temperatursinn. Man stelle sich vor, ein Mensch ginge durch eine Art Museum mit vielen Zimmern. Alle Zimmer hätten eine etwas unterschiedliche Wärme: 16, 17, 18, 19, 20 und 21 Grad, und zwar in bunt durcheinandergewürfelter Reihenfolge. Wenn der Mensch beim Durchschreiten nur nach dem Gefühl sagen sollte, in welchem Zimmer 19 Grad herrschen, würde er glatt versagen. Vielen Tieren mit absolutem Temperatursinn macht diese Wahl aber nicht die geringste Schwierigkeit. Wie ein Musiker mit absolutem Gehör einen Ton sofort beispielsweise als cis erkennt, so erkennen auch Nagetiere, Bienen (71) und Fische (72) eine Temperatur von 19 Grad, wenn sie zuvor darauf dressiert wurden – und zwar auf 1 Grad genau und ganz gleich, ob sie aus warmer oder kalter Umgebung in den Testraum kommen.

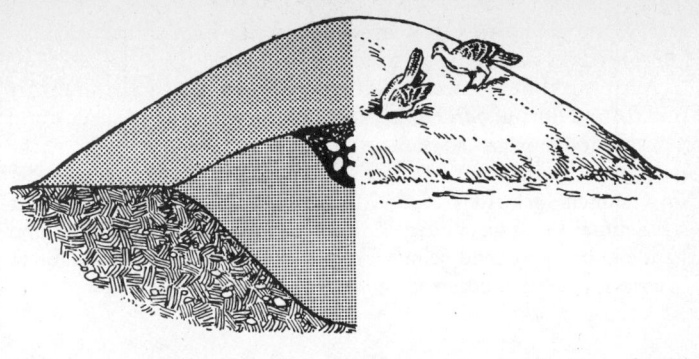

Bild 35: Ansicht und Querschnitt des beheizten Bruthügels. Unter der Eikammer der gärende Kompost, darüber die meterdicke Sandschicht als Wärmeisolation.

Einen Höhepunkt an Präzision stellt die Zunge eines Vogels dar, der in Australien lebt und seine Eier in einem selbst errichteten »Brutkasten« von der Verwesungswärme zusammengescharrter Blätter und Gräser ausbrüten läßt. Es handelt sich um das Großfuß- oder Tallegalla-Huhn *Leipoa ocellata,* auch Brutkastenvogel genannt.

In der Eikammer des meterhohen Bruthügels muß stets eine Temperatur von 33 Grad aufrechterhalten werden. Das ist leicht gesagt. Aber für den Vogel bedeutet es während eines halben Jahres tagtäglich eine so ungeheure Anstrengung, daß man sie keinem Menschen zumuten möchte. Je nachdem, ob es in der australischen Steppe heiß oder nur warm, ob es Tag oder Nacht ist, ob die Sonne scheint oder sich hinter Wolken verbirgt, ob der Heizvorrat Hitze im Überschuß liefert oder fast verbraucht ist, müssen Lüftungsschächte gegraben oder verschlossen, die wärmeisolierende Sanddecke ab- oder aufgetragen, verdickt oder verjüngt, im Schatten gekühlter oder an der Sonne erhitzter Sand in die »Klimakammer« in der Nähe der Eier eingetragen oder ausgeräumt werden.

Der australische Zoologe Dr. H. J. Frith (73) erschwerte dem Vogel das Leben noch mehr: Er baute drei elektrische Heizöfen, die von einem hundert Meter entfernten Dieselaggregat gespeist wurden, in den Bruthügel ein und schaltete sie nach Belieben ein und aus. Der Brutkastenvogel geriet in helle Aufregung, als könne er sich das dauernde Heiß- und wieder Kaltwerden nicht erklären. Aber immer unternahm er durch gezielte Maßnahmen genau das Richtige, um die Eikammer auf 33 Grad zu halten. Es war Dr. Frith nicht möglich, mit seinen Heizöfen die Wärmeverhältnisse im Bau schneller zu verändern, als der Vogel sie wieder korrigierte.

Alle paar Minuten steckte der Brutkastenvogel den Schnabel hier und da und dort in den Hügel, zog ihn mit Sand gefüllt zurück und ließ die Bodenprobe langsam zu beiden Seiten herausrieseln, nachdem er die Temperatur mit dem »Thermometer« in der Zunge oder im Gaumen »gekostet« hatte. Mit größtem Feingefühl erspürte er auf zehntel Grad genau den Wärmefluß im Inneren des Baues und handelte entsprechend seinen Feststellungen so exakt, als habe er Thermodynamik studiert.

Hitze, die man für Kälte hält
Die Erregung der Nerven durch Temperaturen

Einen ersten Einblick in die seltsame Welt der Temperatursinne bekommt man durch ein Experiment mit der Elektrisiermaschine, dem Hauptbelustigungsgerät für Physikschüler. Läßt man die Funken auf immer andere Stellen der Haut überspringen, so spürt man einmal Wärme, ein andermal Kälte, Schmerz oder Tastempfindung, je nachdem welcher Sinnesnerventyp von den Funken getroffen wird.

Das zeigt bereits das Wesentliche. Es gibt nämlich zwei grundsätzlich verschiedene Arten von Temperaturempfängern in unserer Haut: Wärmemelder und Kältemelder.

Sinnesphysiologen haben sie näher erforscht, indem sie einzelne Nervenfasern in gleicher Weise anzapften, wie es schon für das Mithören im »Funkverkehr« der Sehnerven beschrieben wurde (siehe Seite 22). Welche Signale senden die Temperatursinnesorgane zum Hirn? Wie Professor H. Hensel (74) bei der Katze festgestellt hat, funken Kältemelder bei konstanter Hauttemperatur ziemlich regelmäßig »Morsepunkte«. Sobald die Haut wärmer wird, hören sie spontan auf zu feuern. Sinkt die Temperatur aber, so »morsen« sie um so schneller, je stärker die Abkühlung ist. Die Wärmemelder verhalten sich genau umgekehrt.

Und nun kommt das Merkwürdige. Als Mithörer im Funkverkehr der Nerven können wir sofort etwas erkennen, was unser Hirn nicht erkennen kann: die absolute Temperatur der Haut. Bei 25 Grad feuert ein Wärmemelder stets einmal und ein Kältemelder

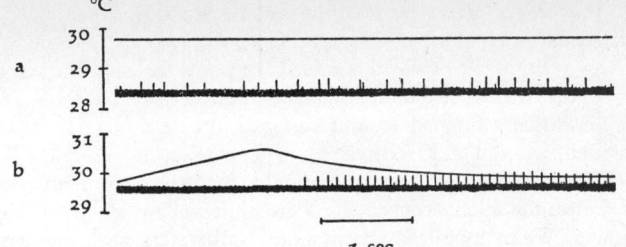

°C

a

b

1 sec

Bild 36: So arbeitet eine kälteempfindliche Sinneszelle: Bei konstanter Temperatur (obere dünne Linie in Zeichnung a) sendet sie in langsamer Folge »Pausenzeichen« (untere dicke Linie mit Impulszacken). Steigt die Temperatur (aufsteigender Teil der dünnen Linie in Zeichnung b), stellt sie die Sendung ein. Auf sinkende Temperaturen aber reagiert sie mit schneller Salvengeschwindigkeit.

zehnmal in der Sekunde. Wenn der Kältemelder Sendepause hat und der Wärmemelder dreieinhalbmal in der Sekunde morst, kann man mit Sicherheit sagen, daß die Haut eine Temperatur von 36 Grad angenommen hat.

Unser Hirn bekommt also stets eine exakte Mitteilung über die absolute Temperatur der Haut. Weshalb wir trotzdem kein absolutes Temperaturgefühl haben, ist noch nicht erforscht. Liegt es daran, daß unserem Hirn eine »innere Stoppuhr« fehlt, die die Geschwindigkeit der eingehenden Signale mißt? Oder liegt es daran, daß die Signale auf dem Weg zum Hirn mit anderen Nervensignalen verarbeitet werden? Noch wissen wir es nicht. Aber es wird doch deut-

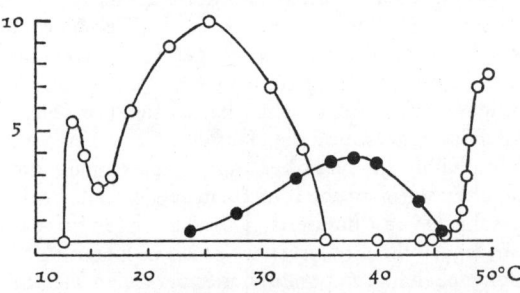

Bild 37: Mit diesen Salvengeschwindigkeiten reagieren Kältefasern (weiße Meßpunkte) und Wärmefasern (schwarze Meßpunkte) auf verschiedene Temperaturen. Die senkrechte Skala zeigt an, wieviel Stromimpulse in der Sekunde gesendet werden.

lich, in welcher Weise der absolute Temperatursinn vieler Tiere zu erklären ist.

Drei weitere Merkwürdigkeiten fallen uns auf, wenn wir die Morsegeschwindigkeiten der Wärme- und Kältemelder bei allen Temperaturen zwischen 10 und 50 Grad in einem Diagramm aufzeichnen, wie es Dr. Y. Zotterman (75) getan hat.

»Wie sich die Bilder gleichen!« möchte man sagen, wenn man sich der Empfindlichkeitskurven der Farbsinneszellen (siehe Seite 67) erinnert. Wenn möglich, arbeitet die Natur stets nach ähnlichen Prinzipien. War die Feuergeschwindigkeit der Nervenzellen im einen Fall von der Wellenlänge des Lichts abhängig, so ist sie es hier von der Temperatur. Gab es bei der Farbempfindung drei verschiedene Sinneszellentypen, so gibt es hier zwei.

Ferner: Die Kältemelder stellen, wie aus Bild 37 zu ersehen ist, oberhalb einer Hauttemperatur von 35 Grad ihre Sendung vollkommen ein und überlassen dann den Wärmemeldern allein das »Wort«. Oberhalb von 45 Grad schweigen diese dann auch. Dafür beginnen seltsamerweise die Kältemelder wieder mit einem Programm. Das ist die Ursache, weshalb wir bei starken Verbrennungen statt Hitze Kälte spüren. Man nennt das »paradoxe Kälteempfindung«. Warum die Nervenzellen so widersinnig reagieren, wissen wir allerdings noch nicht. Überhaupt kennen wir gegenwärtig noch so gut wie nichts von dem Mechanismus und der Biochemie, die Wärme, also Bewegungsenergie von Molekülen, in elektrische Nervensignale umwandeln.

Bei jeder Tierart sind die Temperaturkurven der Wärme- und Kältemelder – ähnlich den Charakteristiken der Farbsinneszellen – mehr oder weniger stark variiert. Während die Kälteempfänger des Menschen im Höchstfall 60 Impulse in der Sekunde zum Hirn senden können, sind die Kälteempfänger von Tieren mit besonders gutem Temperaturfeingefühl zu wesentlich höherer Salvengeschwindigkeit fähig. Bei Rochen feuern sie zum Beispiel bis zu 50mal in der Sekunde, sofern die Hauttemperatur längere Zeit konstant bleibt. Kühlt sie sich aber rapide ab, schnellt die Morsegeschwindigkeit sogar auf 200 Impulse in der Sekunde hoch. Temperaturunterschiede von 5 hundertstel Grad zeichnen sich dabei schon deutlich im Signalbild ab. Das ist das ganze Geheimnis des so überaus hochentwickelten Temperatursinnes bei vielen Tieren.

Die fürchterlichste Folterkammer der Welt existierte nicht im Mittelalter, sondern in einem zoologischen Labor. Trotzdem hat sie der Delinquent bei guter Gesundheit überstanden. Opfer der Schinderei war ein Bärtierchen. Das ist ein knapp millimetergroßes Gliedertier, das wie die achtbeinige surrealistische Karikatur eines dickbäuchigen Bären aussieht.

Es gilt als »Clown in der Arena des Mikroskops« und lebt im Moos, wo es extreme Klimaschwankungen als »Tönnchen« verpackt unbeschadet überdauern kann. Um einmal zu sehen, wie extrem die Temperaturen sein können, wurde das Folterkammerexperiment durchgeführt. Ralph Buchsbaum und Lorus Milne (76) schildern es so:

»Eine Stunde lang hat man Bärtierchen einem Heißluftstrom von 92 Grad Celsius ausgesetzt – als sie danach bei Zimmertemperatur befeuchtet wurden, waren sie nach einer halben Stunde wieder munter! Man hat sie in Gläser eingeschmolzen, denen jeder Sauerstoff fehlte, hat sie monatelang in reinem Wasserstoffgas, in reinem Stickstoff, in reinem Helium, in Kohlensäure, in Schwefelwasserstoff, in Leuchtgas aufbewahrt – es hat ihnen nichts geschadet. Jedesmal erwachten die eingeschrumpften Mumien wieder, wenn sie nur ihr Lebenselement, Wasser, bekamen. Zwanzig Monate lang ruhten die Tönnchen in flüssiger Luft bei rund minus 200 Grad, danach $8^{1}/_{2}$ Stunden in flüssigem Helium bei der Weltraumtemperatur von minus 271 Grad. Trotzdem tauten sie wieder auf und waren munter wie zuvor.«

Das ist das Äußerste, was ein Lebewesen auf dieser Welt ertragen kann. Daneben gibt es allerdings eine Anzahl von Tieren, die sich bei Temperaturen, die uns Menschen umbringen, nicht nur behaupten, sondern sogar recht wohl fühlen. Ihre Skala reicht von den Fischen des Hebron-Fjords in Nordlabrador, die das ganze Jahr über in unterkühltem Wasser von minus 1,7 Grad existieren müssen, und den Gletscherflöhen bis zu Wüstenskorpionen, die erst bei plus 45 Grad richtig aufleben.

Dem Menschen geht es am besten, wenn seine Haut 33 Grad Wärme hat. Das ist bei Lufttemperaturen zwischen 16 und 22 Grad der Fall. Diese empfinden wir weder als kalt noch als warm. Dafür erwacht in uns das Gefühl der Behaglichkeit. Es ist eigenartig, wir sagen: »Es ist schön warm«, wenn wir in Wirklichkeit gar keine

Wärme verspüren. Im Grunde genommen ist also die Wahrnehmung von »kalt« oder »warm« ein Warnungssignal. Wir sollen etwas unternehmen, um den Behaglichkeitszustand wiederherzustellen: den Ofen anfeuern oder einen Pullover anziehen. Tieren bleibt indessen nichts anderes übrig, als nach einem Ort zu suchen, der ihrer »Lieblingstemperatur« besser entspricht.

Die Lieblings- oder Vorzugstemperatur (im Diagramm des Bildes 37 liegt sie im Schnittpunkt der Warm- und Kaltkurve!) sorgt dafür, daß sich die Tiere dort aufhalten, wo die Temperatur ihre Lebensgeister am besten in Schwung bringt. In der Temperaturorgel, einem schmalen, langgestreckten Raum mit Temperaturgefälle von einem Ende zum anderen, kann man die Lieblingstemperatur für jede Tierart bestimmen. Ob Schlange, Ratte, Goldfisch oder Papagei, sie alle suchen sich in der Temperaturorgel sofort den Platz, an dem sie es behaglich finden.

So verschieden sind hier die Geschmäcker (77): Die an den Tiroler Gletschern lebenden Schneefliegen finden es bei 4 Grad am schönsten, Frostspanner bei 6 Grad, Regenbogenforellen als Bewohner kühler Gebirgsbäche bei 10,4 Grad, Karpfen bei 21,3 Grad, sich gern sonnende Süßwasserkrabben in den Mittelmeerländern bei 30 Grad und die Ameisenlöwen im heißen Sand der libyschen Wüste bei 49,1 Grad.

Afrikanische Medizinmänner benutzen diesen Effekt als Fieberthermometer. Die Läuse in den Kopfhaaren ihrer Patienten sind bezüglich ihrer Lieblingswärme nämlich außerordentlich feinfühlig. Sobald der Patient Über- oder Untertemperatur bekommt, verlassen ihn die Blutsauger und siedeln auf gesunde Menschen über. Folglich müssen Menschen ohne Läuse krank sein. Die Sache hat aber auch noch eine fatale Seite: Genauso wie kranke Menschen verlassen Läuse und Flöhe kranke Tiere, zum Beispiel pestkranke Ratten. Dadurch verbreiten sie die Seuche mit jener explosionsartigen Geschwindigkeit, die in früheren Jahrhunderten die Welt in Schrecken versetzte.

Daß sich die Lieblingstemperatur bei einem Tier im Wandel der Jahreszeiten ändern kann, zeigte schon das Beispiel der Schollen. Beim Borkenkäfer ist es ähnlich. Im Frühling und Sommer zieht es ihn in warmen Sonnenschein, der möglichst 27 bis 33 Grad betragen soll. Im Herbst geht eine Umstimmung vor sich, und das Insekt findet es auf einmal bei nur 7 Grad »mollig«. Dadurch wird der Käfer rechtzeitig dazu gebracht, vor Einsetzen der Kältestarre ein geschütztes Versteck zum Überwintern aufzusuchen. Der Feldsandläufer wechselt seine Temperaturvorliebe sogar jeden Tag zweimal. Am Morgen treibt ihn die »Sehnsucht« nach Wärme aus dem Schlafloch und abends bringt ihn der Wunsch nach Kühle dazu, ins »Bett« zu gehen.

Noch nachhaltiger greift die Temperaturempfindung in das Verhalten der gefürchteten Tsetsefliege ein. Solange die Temperatur erträglich ist, strebt das Tier instinktiv ins Helle, also aus dem Gebüsch heraus auf die freie Steppe, wo seine Opfer äsen. Sobald das Thermometer aber über die 30-Grad-Marke steigt und Kühe und Antilopen Schatten suchen, schaltet der kurzsichtige Überträger des Erregers der Schlafkrankheit um und fliegt allem entgegen, das dunkel ist. Dabei trifft die Fliege zwangsläufig wieder ihre unfreiwilligen Blutlieferanten.

Mit dieser Erkenntnis konnte Professor Herter eine tödliche Tsetsefliegenfalle konstruieren. Einen Teil des Experimentierzimmers erleuchtete er hell und erwärmte ihn auf 42 Grad. Der andere Teil blieb dunkel und wurde auf 49 Grad erhitzt. Sobald die Insekten in den hellen Teil eingelassen wurden, erweckte die Temperatur in ihnen das Bestreben, Dunkelheit anzufliegen (negative Phototaxis). Und so gehorchten sie ihrem Instinkt ohne Zögern, obgleich sie im dunklen Teil des Raumes von der Hitze langsam getötet wurden.

Der innere Zwang war trotz seiner Sinnlosigkeit in dieser Situation stärker als jeder Fluchttrieb vor der sengenden Glut. So seltsam sind mitunter die Bahnen, auf denen Sinneseindrücke, im Wirkungsgefüge der Instinkte verarbeitet, die Verhaltensweisen der Kreatur steuern!

Der Thermostat im Menschen
Die Regulierung der Körpertemperatur in Gleichwarmen

Keine elektronisch gesteuerte Klimaanlage der Welt hält ihr Gebäude so exakt auf gleichmäßiger Temperatur wie die natürliche »Zentralheizung« den menschlichen Körper. Ohne diese Regulierung könnten wir gar nicht Sommer wie Winter, am Nordpol und in sonnendurchglühter Sahara stets eine gleichbleibende Wärme um 37 Grad in uns aufrechterhalten. Vielmehr würden wir schon an kühlen Abenden oder bei Regenwetter, steif und kalt wie ein Frosch, kaum noch zu einer Bewegung und zu einem Gedanken fähig sein und müßten bei Eis und Schnee erstarrt wie ein Stück Gefrierfleisch einen mehrmonatigen Winterschlaf halten.

Die »Erfindung« der in einem weiten Bereich regulierbaren »Zentralheizung« ist eine der großartigsten Errungenschaften in der Evolution der Wirbeltiere. Gegenüber den wechselwarmen Tieren (den »Kaltblütern«, wie man früher unzutreffend sagte), deren Körpertemperatur ein Spielball der Umgebungstemperatur ist, hält sie die Lebenskräfte stets auf optimaler Betriebswärme. Wie bringt sie das fertig?

Zu einer Zentralheizung – im Haus wie im menschlichen Körper – gehört dreierlei: eine Feuerung, ein Thermostat und sogenannte Effektoren, die so auf die Wärmeerzeugung, -verteilung oder Kühlung einwirken, daß die vom Thermostaten vorgeschriebene Temperatur aufrechterhalten wird.

Die Feuerung des Körpers besteht aus den Trillionen winziger »Öfen«, die die Zellen mit der Verbrennungswärme ihres Stoffwechsels darstellen. Die Effektoren sind auch leicht zu finden: Stimulierung oder Hemmen des Stoffwechsels, Intensivieren oder Vermindern der Atemtätigkeit, Regulieren der Durchblutung, also der Wärmeverteilung, Auslösen des Kältezitterns, das zusätzliche Wärme durch Muskelbewegung erzeugt, Auslösen der Schweißabsonderung, durch die überschüssige Wärme auf dem Wege der Verdunstung abgeführt wird, und andere »Maßnahmen« mehr.

Das große Problem stellte bis 1960 der Thermostat dar. Zu diesem Steuergerät gehören ein oder mehrere Thermometer und ein Kontrollzentrum, das die Solltemperatur mit den tatsächlich gemessenen Werten vergleicht und jeder Abweichung entsprechend Befehle an die Effektoren gibt. Dieses Kontrollzentrum ist der Wissenschaft auch schon seit einiger Zeit bekannt. Es besteht aus einer Nervenkombination im Hypothalamus. Das ist eine Hirnregion, von der auch zahlreiche andere Vorgänge im Körper reguliert werden, die weder dem Bewußtsein noch dem Willen zugänglich sind. Das Wärmekontrollzentrum befindet sich somit in unmittelbarer Nachbarschaft all jener Kommandostellen, die von ihm Anweisungen bekommen, in welcher Weise sie die Blutventile in den Adern und all die anderen Vorgänge regulieren sollen.

Allein über den Sitz der Thermometer des Thermostaten herrschte bislang Unklarheit. Schuld daran trug eine grundfalsche Ansicht über das Wesen der Sinneswahrnehmung. Man folgerte nämlich etwa so: Diese Thermometer können nur temperaturempfindliche Sinneszellen sein. Da wir aber nur in der Haut Wärme und Kälte verspüren, nicht aber im Inneren des Körpers, gibt es Temperatursinne nur an der Körperoberfläche. Folglich muß sich das Wärmekontrollzentrum irgendwie nach der Hauttemperatur richten. Das klingt unwahrscheinlich, wurde aber jahrzehntelang geglaubt und ist völlig verkehrt.

Wo liegt der Fehler? In der irrigen Auffassung, von Sinneszellen empfangene Reize müßten uns in jedem Fall auch bewußt werden! Denn wäre es nicht denkbar, daß es im Inneren des Körpers Temperatursinne gibt, die ihre Meßergebnisse direkt zum Wärmeregulationszentrum schicken, ohne daß unser Bewußtsein etwas davon erfährt? Gibt es überhaupt Sinneseindrücke, die wir gar nicht gewahr werden, die aber dennoch von vitaler Bedeutung für unser Dasein sind?

Die klärenden Experimente unternahm der deutsche Arzt Dr. T. H. Benzinger (78) als Direktor des amerikanischen Marineforschungsinstituts Bethesda im Jahre 1960. Der Forscher ließ sich selbst als Versuchsperson in einen isolierten Blechraum einschließen, in dem etwa tausend Instrumente die Wärmestrahlung, den Wärmefluß und die Schweißabsonderung an allen Stellen der Haut registrierten. Seinen Körper spickte er geradezu mit elektrischen Thermometern: im Mund, als Radiosonde im Magen, im Mastdarm, im Ohrkanal unter leichtem Druck gegen das Trommelfell. Ja, zwei Thermometer wurden sogar bei örtlicher Betäubung operativ in die Stirnhöhle dicht unter das Hirn und tief in den Nasenrachenraum eingeführt.

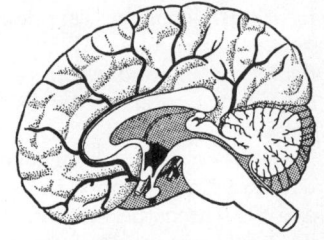

Bild 38: Das Wärmekontrollzentrum des Menschen liegt im vorderen Teil des Hypothalamus (schwarze Fläche). Wärmeempfindliche Nervenzellen messen hier die Temperatur der in unmittelbarer Nähe vorbeiführenden Hauptschlagadern des Kopfes.

In Hunderten von lebensgefährlichen Selbstversuchen fand der Arzt eine Stelle, deren Temperaturzustand dirigierend auf die Wärmereaktionen aller anderen Körperstellen einwirkte. Das mußte das so lange vergebens gesuchte Thermometer des Thermostaten sein! Es liegt unmittelbar neben dem Wärmekontrollzentrum ebenfalls im Hypothalamus, etwa in der Mitte des Kopfes zwischen beiden Ohren. Hier wird das Thermometer von den beiden Hauptschlagadern, die das gesamte Hirn mit Blut versorgen, eng umschlungen.

Das Thermometer meldet also die Temperatur des Hautblutstromes unverzüglich an das benachbarte Kontrollzentrum. Hier werden die eingehenden Werte mit dem Sollwert verglichen, der im täglichen Rhythmus ein wenig um 37 Grad schwankt. Liegt die Bluttemperatur auch nur ein hundertstel Grad über dem Sollwert, gibt das Kontrollzentrum sofort Befehle über Nervenbahnen und Hormonketten, um durch Erweiterung der Hautäderchen – daher das rote Gesicht des Erhitzten! – und Aktivieren der Schweißdrüsen mehr Hitze aus dem Körper nach außen abzuführen.

Ist das Blut ein hundertstel Grad zu kühl, werden die Kraftwerke des Körpers insbesondere in den Muskelzellen stärker »angeheizt«, um mehr innere Wärme zu erzeugen. Bei immer unerträglicher werdenden Hitze- oder Kältegraden gibt es jedoch eine Grenze. Wird sie überschritten, versagt die Regelung der menschlichen Heizung. Der Mensch erfriert oder stirbt am Hitzschlag.

Kurioserweise kann man seinem inneren Thermostaten ein Schnippchen schlagen, zum Beispiel wenn man an einem heißen Sommertag ein eiskaltes Getränk zu sich nimmt. Da das Thermometer auch sehr nahe an der Rachenhöhle liegt, mißt es dann eine tiefere Temperatur als die des Blutes. Der Thermostat deutet dies natürlich falsch und heizt den gesamten Körper mächtig auf. So kommt es, daß man nach dem flüchtigen Erfrischungseffekt des Getränks noch stärker schwitzt als zuvor.

Wenn wir den Menschen vorhin wegen seines nur sehr groben Temperaturempfindens schlecht gemacht haben, so müssen wir uns jetzt korrigieren: Im Thermometer seines Thermostaten besitzt er doch einen absoluten Temperatursinn, und zwar von so außerordentlicher Empfindlichkeit und Präzision, daß er sich durchaus mit den ultrafeinen Sinnen der Fische und blutsaugenden Insekten messen kann.

Das Thermometer besteht im wesentlichen aus einer dichtgepackten Ansammlung von Wärme- und Kältemeldern. Das stellten 1964 drei Wissenschaftler des John B. Pierce Foundation Laboratoriums in New Haven (79) bei Hunden fest. Sie zapften einzelne Sinneszellen mit Mikroelektroden zum Mithören an und erwärmten das Hirngebiet des Hypothalamus gleichzeitig durch eingeführte Miniatur-»Bierwärmer«. 80 Prozent der Zellen antworteten auf Erwärmung mit schnellerer Salvenfolge und auf Abkühlung mit langsamerer Morsegeschwindigkeit. 20 Prozent der Zellen reagierten umgekehrt.

Indessen ist das Thermometer an den Hauptschlagadern des Gehirns keineswegs der einzige Temperaturmelder des Wärmekontrollzentrums. Es wäre ja auch zu unwahrscheinlich, wenn sich die menschliche Zentralheizung mit der Meldung aus einem einzigen

»Zimmer« begnügen sollte. Weitere Thermometer im Inneren des Körpers entdeckte 1964 Professor Rudolf Thauer (80), der Direktor des William-Kerckhoff-Herzforschungsinstituts der Max-Planck-Gesellschaft in Bad Nauheim, auf folgende Weise:

Er führte einen kalt durchspülten Gummiballon in die Speiseröhre und in den Magen narkotisierter Hunde ein. Sofort zeigten die Tiere Kältezittern und andere »Maßnahmen«, mit denen der Organismus versucht, seine Temperatur konstant zu halten. Damit war der Nachweis erbracht.

Wie einer Erkenntnis stets der Gedanke der Manipulation, des Ge- und Mißbrauchs folgt, so auch hier. Schon werden Experimente begonnen, die zum Ziel haben, den Sollwert im Thermostaten zu verändern. So könnte der Körper eines Patienten dazu gebracht werden, sich von selbst zu unterkühlen. Auf diese Weise würden schwierige chirurgische Eingriffe vorgenommen werden können.

Seltsames widerfährt der Sinneswelt des Menschen, wenn er vor einer Operation unterkühlt werden muß (81). Bei 34,5 Grad schwinden Hören und Sehen. Unter 29,5 Grad versagt das Wärmekontrollzentrum seinen Dienst. Die Pupillen öffnen sich weit. Schmerz und alle anderen Sinnesempfindungen weichen von uns. Der Puls verlangsamt sich auf 40 Schläge in der Minute, und der Blutdruck sinkt rapide. Bei 27 Grad hören die Atembewegungen auf. Es herrscht ein dem Winterschlaf ähnlicher Zustand.

Den Menschen in einen künstlichen Winterschlaf zu versetzen ist tatsächlich das erklärte Ziel von Dr. Benzinger im amerikanischen Marineforschungsinstitut. Die bemannte Weltraumfahrt zu fernen Planeten wird es nach Meinung seiner Auftraggeber notwendig machen, die Astronauten während des jahrelangen, »uninteressanten« Fluges zeitweise wie einen technischen Apparat »auszuschalten«, um Gewicht für Lebensmittel zu sparen.

Sehr lebendig an der Grenze des Lebendigen
Die Anpassung der wechselwarmen Tiere an die Umwelt

Unsere Ameisen würden wahrscheinlich auch noch den ganzen lieben Sommer lang Winterschlaf halten, wenn sie nicht durch Frühlingsboten aufgewärmt und aus dem Dornröschendasein erlöst würden.

Für die kalte Jahreszeit haben sich die Insekten in etwa anderthalb Meter Tiefe, wo es garantiert frostfrei bleibt, eine große Überwinterungshöhle gegraben. Dort verfallen sie im Herbst, zu Hunderttausenden in einem Klumpen zusammengeballt, in Kältestarre. Wohl ewig würden sie dort in der »Kühltruhe« verharren, denn nur sehr zögernd dringt die Wärme zu den Gelähmten in die Tiefe. Deshalb haben die Ameisen ein wunderbares Verfahren »erfunden«, die Frühlingswärme selber zu sich hereinzutransportieren. Der französische Insektenforscher Professor Rémy Chauvin (82) beschreibt das so:

Einige Ameisen sind für niedrige Temperaturen weniger empfindlich als die große Masse. Sie bleiben munter und steigen während des ganzen Winters von Zeit zu Zeit immer wieder aus der Überwinterungskammer zur Nestkuppel empor. Sobald es draußen wärmer wird und die Sonne scheint, wärmen sie sich sogar im Freien. Wenn sie danach wieder zu ihren Artgenossinnen zurückkehren, geben sie ihnen eine »Portion« Wärme ab. Minimal zwar, aber doch immerhin ein wenig erhöht sich so die Temperatur und ermuntert andere Arbeiterinnen, ebenfalls Wärme herbeizuschaffen.

So beginnt eine Kettenreaktion, die durch die Ungleichheit der Tiere gegenüber der Kälte ermöglicht wird. Je stärker die Sonne scheint, desto mehr Wärme bringen die Frühlingsboten mit, und desto mehr Tiere »tauen auf«, um sich am Eintragen der Wärme zu beteiligen. Schließlich beginnt sich auch die große Masse des Volkes zu regen und kehrt wieder in die höheren Stockwerke zu neuer Tätigkeit zurück.

Das ist bereits der erste Ansatz zu einer Klimaanlage. Andere Insektenstaaten haben ihn zu höchster Vollendung entwickelt. Professor Karl v. Frisch (83) schreibt: »Erstaunlich ist die gleichmäßige Temperatur von fast genau 35 Grad im Brutnest des Bienenstockes. Hier sitzen die Arbeiterinnen zu Tausenden an den Waben, und die gesammelte Wärmeerzeugung macht sich fühlbar. Bei kühlem Wetter drängen sie sich auf den Brutwaben zusammen und bedecken sie mit ihren Körpern wie mit Federbettchen.

An heißen Tagen lockert sich die Gesellschaft auf, und wenn die Wärme trotzdem zunimmt, tragen sie Wasser ein – denn wie Menschen schwitzen können sie nicht –, breiten eine zarte Wasserhaut über den Wabenbau und befördern deren Verdunstung zum Erzeugen von Kälte durch Fächeln mit den Flügeln. Als kleine lebende Ventilatoren sitzen sie über die Wabe verteilt, werfen sich die überwärmte Luft zu und treiben sie zum Flugloch hinaus.« Im Winter halten die Bienen in ihrem Stock eine gleichmäßige Temperatur von plus 18 Grad aufrecht, selbst wenn draußen klirrender Frost bis minus 40 Grad herrscht.

Ohne Übertreibung kann man also sagen: Die Biene ist als Einzeltier ein wechselwarmes Wesen. In der Gemeinschaft des Staates aber hat sie sich durch wohlorganisierte Zusammenarbeit zu einem gleichwarmen »Übertier« entwickelt. Noch frappanter sind die Parallelen zwischen der Zentralheizung des Menschen und der Termiten-Klimaanlage. Der Berner Professor Martin Lüscher (84, 85) hat sie an der Elfenbeinküste bei der dort lebenden Art *Macrotermes natalensis* untersucht.

Zum Leben brauchen diese Termiten ein tropisches Treibhausklima von 30 Grad Wärme. Zur gleichmäßigen Temperierung verlassen sich die zwei Millionen Insekten, die einen mittelgroßen Staat bevölkern, keineswegs auf die natürliche Tropenhitze, denn diese ist zu starken Schwankungen unterworfen. Daher machen sich diese Termiten wärmeautark. Wie im menschlichen Körper jede der zahllosen Zellen ein kleines Quantum Wärme liefert, so gleicht hier jedes Einzeltier einem wandelnden kleinen Ofen.

Dieses »Privatklima« wird gegen die Temperaturschwankungen der Außenwelt durch halbmeterdicke betonharte Mauern abgeschirmt. Aber – die zwei Millionen Tiere müssen in der tür- und fensterlosen Festung ja auch atmen können! Am Tag verbrauchen sie 1200 Liter Frischluft. Wie wird diese herbeigeschafft?

Durch die Kunstbauten einer Ventilationsanlage! Außen am mehrere Meter hohen Termitenbau erkennt man ringsum ein knappes

Bild 39: Die Klimaanlage der Termitenfestung. Die äußerlich sichtbaren Kühlrippen werden von Lüftungsschächten durchzogen, durch die die Luft nach unten in die Kellergewölbe streicht. Von hier aus wird das gesamte Nest belüftet.

Dutzend aufwärtsführender Grate. Das sind die Kühlrippen dieser Anlage, die die Termiten schon Jahrmillionen vor dem Menschen »erfunden« haben. In diesen Graten führen dicht unter der Außenhaut etwa je zehn enge Luftschächte von oben nach unten.

Aus der Dachkammer, in der sich die heiße, verbrauchte Luft sammelt, streicht diese von oben in die Luftschächte hinein, kühlt sich dort ab und tritt gleichzeitig durch mikroskopisch kleine Poren im Mauerwerk mit der Außenluft in Verbindung, gibt Kohlendioxyd ab und nimmt frischen Sauerstoff auf. Aus diesen »Lungen des Termitenbaues« streicht die erneuerte, richtig temperierte Luft in die geräumigen Kellergewölbe, die in etwa ein Meter Tiefe unter der Erdoberfläche liegen. Von hier aus zirkuliert sie aufwärts durch alle Räume der »Mietskaserne«.

In den etwa hundert Luftschächten innerhalb der Kühlrippen sind pausenlos Termitenmonteure tätig, um Luftdurchlässe ventilartig zu verengen oder zu verbreitern, um Schächte zu schließen oder zu öffnen, je nach Tages- oder Jahreszeit, je nachdem ob die Temperatur zu kalt oder zu warm oder ob der Sauerstoff zu reichlich oder zu knapp ist.

Erstaunlicherweise regulieren die Tiere die Ventilation so, daß die optimale Temperatur für ihre Lebensbedingungen immer genau im Nestzentrum herrscht, also in der Kammer der Königin. Wer oder was unterrichtet die Monteure in jedem Augenblick über die Klimasituation im Lebenszentrum des Staates, so daß sie wissen, ob sie die Ventilation drosseln oder »aufdrehen« müssen? Was ersetzt im Termitenbau das Nervensystem?

Kommen Boten gelaufen? Die würden bei den Riesenentfernungen im Labyrinth einige Stunden unterwegs sein. Haben die Monteure selbst einen Thermostaten mit Sollwerteinstellung? Das er-

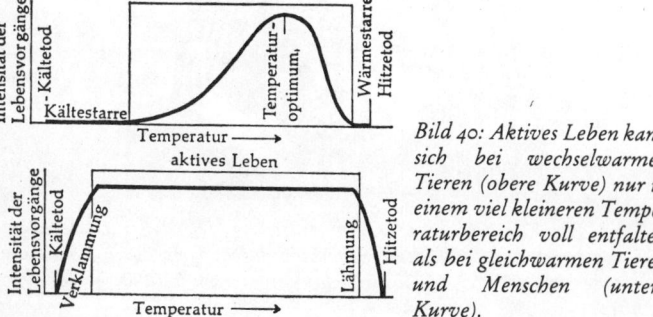

Bild 40: Aktives Leben kann sich bei wechselwarmen Tieren (obere Kurve) nur in einem viel kleineren Temperaturbereich voll entfalten als bei gleichwarmen Tieren und Menschen (untere Kurve).

scheint unglaubhaft. Signalisiert die Königin mit besonderen Duftstoffen zur Mitteilung von Temperaturgraden? Das wäre ein in der Natur einzigartiges Phänomen.

Ihre raffinierte Ventilationstechnik können die Termiten in so weiten Grenzen variieren, daß sie sich damit nicht nur allen erdenklichen Umweltbedingungen in ganz Afrika anpassen, sondern auch in mitteleuropäischen Klimaverhältnissen recht gut leben könnten. Einzig und allein einem Umstand haben wir es zu verdanken, daß wir von diesen Tieren verschont bleiben: Neue Kolonien können bei *Macrotermes natalensis* nur von schwärmenden Geschlechtstieren gegründet werden, und diese sind in der Anfangsphase, in der König und Königin ganz auf sich gestellt sind, in unseren gemäßigten Zonen nicht lebensfähig, da ihrer Gründungskammer die Klimaanlage fehlt (86).

Viel schwerer im Leben haben es alle anderen wechselwarmen Wesen: die niederen Tiere, einzeln lebende Insekten, Amphibien und Reptilien. Sie können ihre Lebenskräfte nur bei einer eng begrenzten Optimaltemperatur voll entfalten. Alle Wärmegrade darunter und darüber lähmen sie in ständig steigendem Maße bis zur Kälte- oder Wärmestarre, bis zum Kälte- oder Hitzetod.

Das Leben ist doch eine merkwürdige Sache: Im Weltall schwanken die Oberflächentemperaturen der Gestirne von minus 273 bis zu etwa plus 20000 Grad. Stellen wir uns dieses Spektrum auf einer Thermometerskala von 20 Zentimeter Länge vor, so ist der Bereich, in dem allein sich Leben entfalten kann, nicht größer als 1 Millimeter. Alles andere ist Eis, Wüste, Dampf und Glut. Die Nahfotos der Kraterlandschaft auf dem Mars haben uns in erschütternder Weise gezeigt, wie einsam wir Lebenden im Universum sind.

Den wechselwarmen Tieren gehören gar nur ein bis zwei zehntel Millimeter auf der großen Skala. Ein Temperaturabfall vom Lebensoptimum um nur 10 Grad verlangsamt alle chemischen Lebensreaktionen in ihnen auf die Hälfte, wenn nicht gar auf ein Viertel. Aber was sind das für seltsame Lebensreaktionen? Während sie bei 20 Grad einen Wüstenskorpion kälteklamm werden lassen, bringen sie einen Gletscherfloh bei derselben Temperatur vor Hitze um. Und in Arktisbewohnern laufen sie bei niedriger Temperatur mit derselben Geschwindigkeit ab wie in tropischen Tieren bei weit höheren Temperaturen.

Man hat einmal geglaubt, die untere Grenze des Lebens sei bei null Grad, beim Gefrierpunkt des Wassers, erreicht, da dann auch die Stoffwechselvorgänge in der Körperflüssigkeit zum Stillstand kommen müßten. Aber die schon erwähnten Fische im Hebron-

Fjord von Nordlabrador machen noch bei einer Körpertemperatur von minus 1,7 Grad, also etwas jenseits der »Lebensgrenze«, einen recht lebendigen Eindruck. Mit der Vermutung, diese Tiere verfügten über eine Art Frostschutzmittel in ihren Körpersäften, wird man dieser Tatsache nur unzureichend gerecht. Deshalb hat Professor Herbert Precht (87) diese Vorgänge an der Universität Kiel näher untersucht.

Danach entsteht etwa folgender Eindruck: Die chemischen »Fabriken« in den lebenden Zellen, die aus Nährstoffen das Gebäude des Körpers errichten, die »Kraftwerke«, die Energie für Bewegungen und chemische Prozesse erzeugen, die »Nachrichtenverbindungen«, die Signale senden, und die Hormon-»Brauereien« existieren auf der Welt offenbar in verschiedenen Ausführungen. Es gibt tropenfeste und kältefreundliche Typen. Für jede Tierart steht eine andere Spezialausführung zur Verfügung, die gerade bei der Betriebstemperatur am besten arbeitet, die im Lebensraum des betreffenden Tieres als Durchschnittstemperatur angetroffen wird.

Bis zu einem gewissen Grade sind alle diese chemischen Molekülverarbeitungsanlagen sogar dazu fähig, sich von selber schwankenden Temperaturen langsam anzupassen. Ein Krebs, der vom Warmen ins Kalte kommt und die erste Zeit über fast klamm daliegt, akklimatisiert sich allmählich. Die chemischen Fabriken in seinen Zellen arbeiten immer schneller, bis nach einigen Tagen die anfängliche, günstige Arbeitsgeschwindigkeit wieder erreicht ist.

Körperliche Qualen sind nur Einbildung
Die Schmerzempfindung

Einem amerikanischen Boxweltmeister – sein Name sei hier diskret verschwiegen – wurde während des Kampfes die Nase breitgeschlagen. Trotzdem kämpfte er unbehindert weiter, als wäre gar nichts geschehen. Später erklärte er, daß er die Verletzung im Ring überhaupt nicht bemerkt hätte. Erst nach dem Kampf hätten ihn unvermittelt einsetzende Schmerzen auf die stark blutende Demolierung seines Gesichts aufmerksam gemacht. Derselbe Heros aber war bei Zahnärzten dafür bekannt, daß er bereits vor Schmerzen schrie, wenn der Bohrer den Zahn noch gar nicht berührt hatte.

Seltsames über den Schmerz wissen auch Chirurgen aus Militärlazaretten und Unfallkliniken zu berichten. Während des 2. Weltkrieges wunderte sich der Anästhesist Professor Henry K. Beecher (88) von der Harvard Medical School immer wieder darüber, daß zwei von drei Schwerverwundeten bei der Einlieferung ins Feldlazarett keine oder nur geringe Schmerzen zu spüren schienen, obwohl sie genauso übel zugerichtet waren wie jene relativ wenigen, die fürchterlich schrien. Viele lehnten schmerzlindernde Medikamente ab oder behaupteten sogar, ihnen täte überhaupt nichts weh. Dabei befanden sich diese Soldaten weder im Schockzustand, noch waren sie schmerzunempfindlich geworden, denn bei jedem lächerlichen Injektionsspritzeneinstich zuckten sie zusammen.

Immer wieder zeigte sich das gleiche Bild: Allen Soldaten, die den Krieg fürchteten, die vor dem Inferno einer Vernichtungsschlacht mit Tausenden zerstampfter, zerfetzter, verbrannter Menschenleiber kreatürliche Urangst und Grauen empfanden, bedeutete eine Verwundung die Befreiung aus der Hölle. Die Erleichterung, noch einmal lebend davongekommen zu sein, erweckte in ihnen dem Schicksal gegenüber ein Gefühl der Dankbarkeit, mitunter sogar einen makaber anmutenden Heiterkeitsrausch, der die Schmerzwahrnehmung unterdrückte. Die laut Schreienden waren hingegen durchweg jene, die zuvor immer den »strammen Maxe markierten«, die sich selbst über die Realitäten hinwegtäuschten. Jäh wurde das Glashaus zertrümmert, in dem sich ihre Vorstellungswelt vor dem Ungeheuerlichen abgekapselt hatte. Und damit kam das große Heulen.

Im Straßenverkehr gibt es offenbar mehr »Helden« als auf dem Schlachtfeld. Ärzte stellen nämlich in den Unfallkliniken fest: Hier sind vier von fünf Schwerverletzten so schmerzsensibel, daß sie mit Morphium beruhigt werden müssen. Der Schluß liegt nahe, in ihnen die »strammen Maxe des Gaspedals« zu sehen. Eingekapselt in ein Gedicht aus liebevoll gepflegtem Lack und Chrom, weich gebettet in warme Polster und in den Irrtum, ein virtuoser Meister über Dutzende von Pferdestärken zu sein, finden sie sich dann plötzlich abgerissen in der Krone eines Chausseebaumes oder eingequetscht in zerbeultem Blech wieder. Dieser geistige Sturz verursacht dann wesentlich stärkere Schmerzen als der körperliche.

Es steht heute fest: Die Größe eines Schmerzes ist keineswegs unmittelbar von der Größe der Wunde abhängig. Der Schmerz ist alles andere als eine schematische Antwort auf einen uns schädigenden Reiz. Seine Empfindung wird vielmehr durch geistige Einflüsse stark modifiziert: durch unsere Erfahrungen und Erwartungen und – mehr subtil – durch Erziehung, Angewohnheiten, Sitte und Kultur.

Hierzu ein Beispiel: Im Amazonasgebiet gibt es Indianerstämme, bei denen die Frau, wenn sie ein Kind bekommt, nur für zwei bis drei Stunden die Feldarbeit unterbricht. Indessen liegt der Mann schon seit Tagen zu Hause in der Hängematte, wälzt sich umher und stöhnt, als hätte er große Schmerzen. Auch nach der Geburt bleibt der Mann zusammen mit dem Baby liegen, um sich von seiner »fürchterlichen Qual« zu erholen. Zur gleichen Zeit geht die Frau schon längst wieder ihrer harten Arbeit nach.

Das klingt lächerlich. Tatsächlich aber ist es bitterernst. Religiöse Riten, Dämonenglaube und Suggestion haben in diesen Naturvölkern Vorstellungen geweckt, die anders als die unseren sind. Die Indios halten an der Überzeugung fest, daß der Mann die Kinder kriegt – freilich in einem der Geisterwelt entlehnten »höheren« Sinne –, während die Frau »nur« das Physische besorgt – etwa wie die Henne das Eierlegen. Deshalb empfindet hier der Mann allen Ernstes richtige Schmerzen, und deshalb tut die Frau die Geburt so nebenbei ab.

Zweifellos ist unsere Auffassung von den Geburtswehen wirklichkeitsnäher. Aber so realistisch, wie viele denken, ist sie nun auch wieder nicht. Hat man schon einmal ein gebärendes Tier in freier Wildbahn gesehen, das brüllte – und damit Feinde anlockte? Und gelingt es nicht auch bei uns werdenden Müttern, sich durch autogenes Training bei der Geburt Erleichterung zu verschaffen?

Eine Reihe von Tierversuchen gestattet weitere Einblicke in das Phänomen. Wenn Schmerz in so starkem Maße von Gedanken über den Schmerz abhängt – wie verhalten sich dann Tiere, die in ihrem Leben noch nie Bekanntschaft mit schmerzhaften Empfindungen gemacht haben? Diese Frage stellte sich Professor Ronald Melzack (89) im Jahre 1955 an der McGill Universität. Der amerikanische Psychologe zog eine Anzahl Scotchterrier von Geburt an so in Samt und Seide auf, daß keiner auch nur einen einzigen Kratzer, Stoß oder Schlag zu spüren bekam. Schmerz existierte für sie einfach nicht in der Welt.

Später, im Erwachsenenalter, wurden die Hunde abrupt von einem Tag auf den anderen der rauhen Wirklichkeit ausgesetzt. Und nun zeigte sich etwas Groteskes: Wenn sie sich im Spiel bissen, schienen sie ebenso wenig Schmerz zu spüren wie der Boxer im Ring. Sie zuckten nicht einmal weg und unternahmen keine Abwehrbewegungen, obwohl allmählich blutende Wunden entstanden. Auf eine brennende Kerze reagierten sie mit Neugier und schnüffelten an der Flamme. Natürlich versengten sie sich dabei gehörig die Schnauze. Trotzdem wurden sie nicht aus Schaden klug, sondern beschnüffelten seelenruhig jedes weitere offene Feuer, das sie sahen.

Diese Erscheinung ist keinesfalls mit der sogenannten Schmerztaubheit zu verwechseln. Wie es blinde und taube Menschen gibt, so werden hin und wieder auch schmerztaube Kinder geboren. Irgendein Defekt in der Schmerzleitung des Nervensystems macht sie absolut unempfindlich. Solche Personen müssen in der Kindheit mit schweren Wunden, Quetschungen und Verbrennungen fertig werden. Oft beißen sie sich beim Essen tief in die Zunge, und sie lernen nur unter unsäglichen Schwierigkeiten, Verletzungen zu vermeiden. Nichts demonstriert eindringlicher die Bedeutung der Schmerzempfindung für unseren Körper als das Schicksal jener Bedauernswerten, denen die Wohltat der Schmerzfreiheit zur lebenslangen Plage geworden ist.

Das Nervensystem der Scotchterrier war hingegen voll intakt. Die Hunde schienen irgend etwas zu fühlen, aber sie wußten nichts damit anzufangen. Sie waren verwirrt, doch spürten sie kein Unbehagen. Wie ein Eskimo, der zum ersten Mal in das Gewühl einer Großstadt kommt und dort die Autohupen, Polizeisirenen, Straßenbahnklingeln, das Quietschen der Reifen und Schimpfen der Menschen zwar hört, aber nicht deuten kann, so war auch für die Tiere das Erlebnis des ersten Schmerzes etwas gänzlich Unbekanntes. So eigenartig es klingt, aber auch Schmerz ist etwas, das in einem gewissen Sinne gelernt sein muß. Daher die enorme Flexibilität dieses Sinnes – vom Amazonas-Indianer bis zum verwundeten Soldaten!

Es gelang sogar, Schmerzempfindungen mit Gefühlen der Freude zu verbinden. Versetzt man Hunden einen starken elektrischen Schlag auf die Pfote, so werden sie normalerweise wild, rasen wütend im Käfig umher, bellen und knurren. Der sowjetische Nobelpreisträger Iwan Pawlow bot nun aber den Tieren unmittelbar nach jedem Elektroschock schmackhaftes Futter an. Nach zahlreichen Wiederholungen wandelten sich langsam die Reaktionen der Hunde von Wut in Glück. Schließlich wedelten sie gleich nach einem derben elektrischen Schlag mit dem Schwanz und sausten zum Futtertisch. Dies freudig erregte Verhalten blieb sogar bestehen, wenn Pawlow die Stärke des Elektroschocks bis zur Grenze des Erträglichen steigerte und außerdem auch noch durch Verwunden und Brennen der Haut unterstützte.

Etwas sehr Gefährliches wird hier offenbar: die Manipulierbarkeit der Gefühlswelt bis zum Anormalen und Widersinnigen mit dem Mittel des »bedingten Reflexes«, wie Pawlow das Übertragen der Reflexauslösung von einem naturgegebenen auf einen normalerweise sinnlosen Reiz genannt hat. Seit Pawlow sind jedoch noch viel subtilere Methoden ausgearbeitet worden, mit denen man auch Menschen dazu bringen kann, Schmerz als Spaß, Unrecht als Recht, Häßliches als schön zu betrachten. Oft ohne daß es den Betroffenen zum Bewußtsein kommt, werden zum Beispiel Angehörige militärischer Spezialeinheiten nach den Gesetzen des bedingten Reflexes zu Masochisten dressiert. Wie bei den japanischen Kamikazefliegern, die sich selbstmörderisch auf feindliche Schiffe stürzten, läßt sich auf diese Weise sogar der elementare Selbsterhaltungstrieb ins Gegenteil kehren.

Eine positive Seite der Manipulierbarkeit des Schmerzes haben Chirurgen gefunden. Wenn ein Patient so sehr über Schmerzen klagt, daß er täglich Morphiumspritzen bekommen muß, verabreichen ihm viele Ärzte schließlich Injektionen, die weiter nichts enthalten als eine wäßrige Kochsalzlösung. Trotzdem lassen die Qualen dann bei 35 Prozent der Kranken genauso nach, als hätten sie weiterhin Morphium erhalten. Da Morphium, auch in großen Dosen, nur bei 75 Prozent aller Patienten starke Schmerzen lindert, kann man schließen, daß nahezu die Hälfte der Drogenwirkung nur ein Täuschungseffekt ist.

Es liegt überhaupt in der Natur der Betäubung, daß Morphium nur dann eine Wirkung zeigt, wenn das Angstniveau im Patienten hoch ist. Wurde der Schmerz jedoch nicht von seelischer Erregung in die Höhe gepeitscht, hat er tatsächlich rein physische Ursachen, so kann ihn auch keine Droge vertreiben.

Das körperliche Modell seelischer Einflüsse
Die Reizleitung von der Wunde zum Hirn und ihre Verfälschung

Gesetzt den Fall, wir haben uns den Finger geklemmt, so morsen zahlreiche Schmerznerven dieses Ereignis zum Hirn. Unterwegs aber müssen die Signale im Rückenmark und Hirnstamm mehrere »Telefonzentralen« passieren. Hier sind jedoch auch »Drähte« angeschlossen, die von der Großhirnrinde kommen, also von den Entstehungsorten höherer Gedankentätigkeit. Sie funken einen Gefühlslagebericht dazwischen und können damit die Weiterleitung der Schmerzsignale stoppen, verstärken oder variieren. Diese Vorgänge sind in Anbetracht der eben geschilderten Dinge so aufregend, daß sich ein Blick in die bisher erforschten Details lohnt.

Nehmen wir also an, die gequetschte Fingerfläche sei einen Quadratzentimeter groß, dann chiffrieren einige tausend schmerzempfindliche Nervenenden den Vorfall in einen Code elektrischer Morsesignale und senden sie wahrscheinlich über etwa 200 Leitungen weiter.

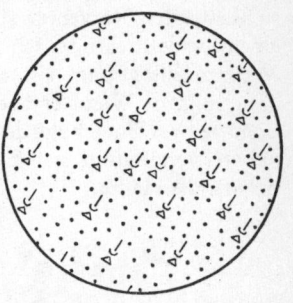

Bild 41: In einem Quadratzentimeter der Haut – hier durch die Lupe betrachtet – besitzt der Mensch etwa 200 Schmerzpunkte (schwarze Pünktchen) und nur 25 druckempfindliche Punkte (Dreiecke), etwa ebenso viel wie Härchen (Striche in Halbkreisen).

Wie diese Umwandlung vor sich geht, weiß man heute noch nicht. Vermutlich werden bei der Zerstörung von Zellgewebe Substanzen frei, die dann auf chemischem Wege ähnlich wie Duft- und Geschmackstoffe ihre Wirkung ausüben. Man schließt das aus der Tatsache, daß (im Gegensatz zum Tastsinn!) zwischen der Verletzung und der Schmerzempfindung stets eine kleine Latenzzeit liegt, in der sich die Substanzen offenbar erst entfalten. Aber mehr als eine Vermutung ist das vorerst noch nicht.

Die Schmerzmelder sind ein weit verzweigtes wurzelähnliches System, das den unteren Teil der oberen Hautschicht durchzieht.

Die alte Vorstellung, daß ein schmerzempfindliches Nervenende mit einem durch Nadelstich feststellbaren Schmerzpunkt identisch sei, hat sich nicht bewahrheitet. Offenbar ist alles viel komplizierter. Möglicherweise gibt es Schmerzempfangszonen, die man sich etwa analog den Reizfeldern der Sehnerven (siehe Seite 23) vorzustellen hat.

Vom Finger laufen die 200 Schmerznerven ohne Unterbrechung zum Rückenmark. Was dort ankommt, ist ein uns bereits völlig wirr vorkommendes Schema unterschiedlicher Funkgeschwindigkeiten. Offenbar wird mit ihnen hier noch unverfälscht berichtet, wo was wie weh tut.

Aber bereits in der ersten Schaltstelle des Rückenmarks, in einem internunzialen Neuron oder Zwischennachrichtenübermittler, werden die Tatsachen verdreht. Professor Patrick D. Wall (90) führte an der Technischen Hochschule Massachusetts Mikroelektroden in einzelne dieser Rückenmarksnervenzellen bei Katzen ein und stellte schon hier Überraschendes fest: Die »Drähte«, die hier dazwischenfunken, kommen noch nicht aus dem Hirn, sondern aus der schmerzenden Körperregion. Vermutlich sind es aber keine Schmerzsignalleiter, sondern Übermittler von Tastempfindungen.

Reizte der Nervenphysiologe eine Stelle der Katzenpfote mit einem Nadelstich oder schmerzhaften Elektroschock, so zeigte das Mithöroszillogramm aus dem Rückenmark das erwartete Erregungsmuster. Wenn er aber gleichzeitig mit dem Nadelstich die unmittelbare Umgebung desselben mit einem Massagevibrator bearbeitete, verminderte sich die Schmerznachricht im Rückenmark auf nahezu die Hälfte.

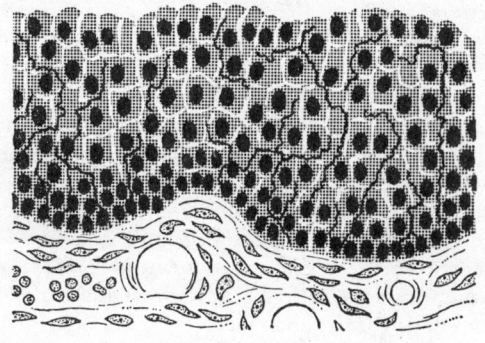

Bild 42: Der Querschnitt durch die Haut zeigt zwischen den Zellen der Außenhaut (dunkel) ein »Wurzelgeflecht« zellenloser Schmerzfasern.

Diese Entdeckung führte sogleich zu einer praktischen Nutzanwendung. Es zeigte sich nämlich, daß Nadelstiche und elektrische Schläge auch vom Menschen nicht mehr als schmerzhaft empfunden werden, wenn die Haut an der Stelle der Verletzung vibromassiert wird. In Zukunft können also Injektionsspritzen, Bluttransfusionsnadeln und andere stechende Instrumente schmerzlos in den Körper der Patienten eingeführt werden.

Im Rückenmark durchlaufen die Schmerzsignale auf dem Weg zum Hirn weitere ähnliche Schaltstellen. An diesen Punkten haben bereits das Klein- und Großhirn ein gewichtiges »Wort« mitzureden. Bild 44 zeigt, wie ein Schmerzsignal (a) von einem elektrischen Stromstoß verwischt werden kann (a + b), den der Experimentator

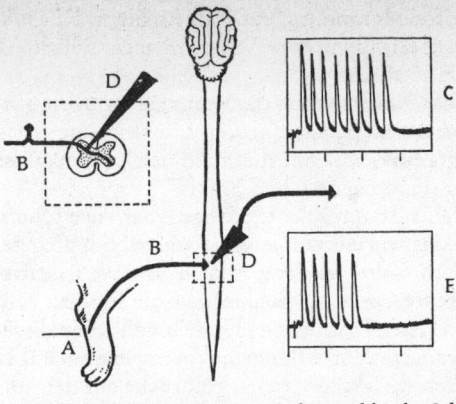

Bild 43: Einen Nadelstich (A) in die Katzenpfote meldet der Schmerznerv (B) durch acht Stromimpulse (C), wie sich durch eine Mithörelektrode (D) im Rückenmark feststellen ließ. Wird die Einstichstelle aber gleichzeitig mit einem Massagevibrator bearbeitet, sendet der Schmerznerv nur noch fünf Impulse (E). Das heißt, der Schmerz ist gelindert worden.

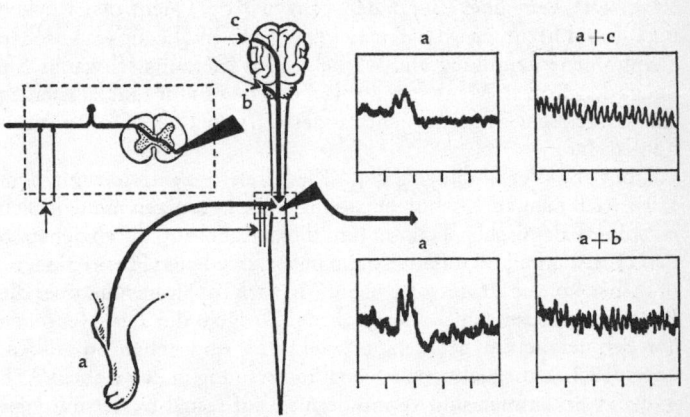

Bild 44: Schmerzsignale der Katzenpfote (a) können durch Stromimpulse vom Kleinhirn (b) und vom Großhirn (c) vollkommen verwischt werden (a + b und a + c). Die a-Kurve sieht hier anders aus als in Bild 43, weil die Mikroelektrode nicht an der Eintrittsstelle des Schmerznerven in das Rückenmark eingestochen wurde, sondern tiefer im Rückenmark, und inzwischen schon einige Nervenschaltstellen durchlaufen wurden.

durch einen Kleinhirnnerven der Katze schickt. Künstliche Stromstöße, die vom Großhirn kommen, wirken in ähnlicher Weise (a + c).

Unmittelbar vor Erreichen des Hirns gelangen die aus allen Körperteilen vereinigten Schmerznervenstränge in eine »Riesentelefonzentrale« mit Millionen und Abermillionen Umschaltstellen, in den sogenannten spinothalamischen Trakt.

Hier bestehen so unzählbar, unverfolgbar viele Querverbindungen, daß sie uns wie ein wirrer Wust von Schlingpflanzen vorkommen. Dennoch waltet in allem jenseits unseres Begriffsvermögens eine wunderbare Ordnung. Schmerzsignale strahlen von hier aus in die verschiedensten Hirnregionen hinein und regen diese zu Gefühlen, Erinnerungen, Vorstellungen, Voreingenommenheiten an. So variiert wirken die »kolorierten« Eindrücke auf den spinothalamischen Trakt zurück, modifizieren das Schmerz-»Bild«, gelangen in die Bahnen der Individualität, Gewohnheit und Sitte, bleiben in Nichtbeachtung, Dumpfheit und Apathie stecken oder schaukeln sich auf zu Schreck, Hysterie und Hypochondrie.

In diesem »Seelenbräu« ist auch die Ursache zu suchen, weshalb ein kleiner, harmloser Schmerz in einem Backenzahn das ganze menschliche Wesen bis in die äußerste Nervenfaser beherrschen kann. Die Pein überwältigt den ganzen Kopf, zieht den Rücken hinauf und herunter, so daß man in der eigenen Diagnose zwischen Stirnhöhlenentzündung und Wirbelsäulenverletzung schwankt. Sie beugt den stolzen Menschen zur lächerlichen Figur und läßt seinen ganzen großen Geist an nichts anderes denken als an eben jenen hohlen Zahn.

Über die Verbindungen der »Riesentelefonzentrale« mit dem Hirn weiß man auch schon ein wenig. Alle Leitungen bündeln sich im spinothalamischen Trakt in fünf dicke Kabel auf, durchziehen so den Hirnstamm und münden dann in verschiedenen Hirnregionen.

Bisher konnte Professor Ronald Melzack (91) folgendes über die Bedeutung dieser fünf Kabel erfahren: Drogen, die dem Menschen das Schmerzgefühl nehmen, ohne Hören und Sehen zu trüben, unterdrücken die elektrische Signalübertragung in den Kabeln A, B und C vollkommen und vermindern sie auf Kanal D, der übrigens eine wichtige Rolle bei der Erregung der Alarmaktivität im ganzen Hirn spielt. Das Kabel E bleibt hingegen von der Wirkung betäubender Drogen gänzlich unberührt.

Als der Forscher danach diese fünf Kabel mit dem Skalpell durchtrennte, geschah dieses: Eine Unterbrechung von Kabel A löschte im Tier jegliche Schmerzempfindung, ein Schnitt durch Kabel C des-

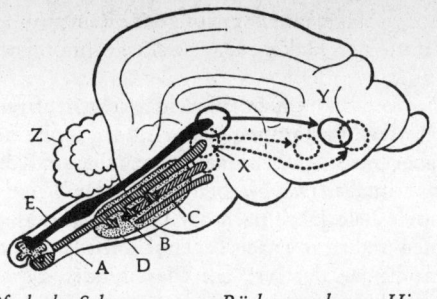

Bild 45: Die Pfade des Schmerzes vom Rückenmark zum Hirn. Die Nerven-stränge A bis E werden im Text erläutert. X ist der Thalamus, Y bezeichnet sensorische Regionen des Großhirns und Z das Kleinhirn.

gleichen. Andererseits reagierten Katzen mit zerstörtem E-Kanal nach wie vor ganz normal auf jeden Reiz, während ein Schnitt durch Kabel B genau die umgekehrte Wirkung hatte: Er machte die Tiere übersensibel. Ja, manche von ihnen zeigten sogar spontane Schmerzreaktionen, obwohl sie nirgendwo gezwickt wurden.

Diese Befunde lassen schon ungefähr ahnen, was hier im Hirn normalerweise vor sich geht. Natürlich arbeitet unser Körper nicht mit so groben Mitteln wie der Betäubung oder Unterbrechung kompletter Nervenbündel. In Wirklichkeit geht alles viel nuancier-ter und detaillierter vonstatten. Auf Seite 20 dieses Buches wurde schon gezeigt, wie in einer Nervenschaltstelle Signale aus einer Gruppe von Nervenfasern die Weiterleitung einer Nachricht hem-men, unterbinden oder forcieren können. Ähnlich muß man sich die Vorgänge wohl auch hier vorstellen.

Mit Ultraschall gegen ein Phantom
Operationen zum Beseitigen von Schmerzen

Vor Schmerzen konnte es John Mulligan in seinem Bett in der Universitätsklinik von Illinois nicht mehr aushalten. Ein fünf Zenti-meter großes Geschwür unterhalb des linken Knies brachte ihn zum Wahnsinn. Der Krampf in der Wade wollte sich seit Tagen nicht lösen, und die Zehen krümmten sich in eiserner Starre. Schließlich verlangte der 27jährige, ihm das peinigende Bein zu amputieren. Die Sache hatte nur einen Haken: Das Bein war ihm schon vor einigen Jahren amputiert worden!

Dieser Phantomschmerz ist eine leider sehr häufige Erscheinung nach der operativen Entfernung eines Armes oder Beines. Das Glied fehlt zwar, aber die Schmerznerven, die zu diesem Körperteil führten, sind noch intakt. Das Narbengewebe der Wunde am Stumpf »arbeitet« noch viele Jahre nach der Operation. Langsam zieht es sich zusammen und reizt – nach Tagen schon oder erst nach Jahren – die »blinden« Enden der Nerven. Diese senden daraufhin Signale zum Hirn. Das Hirn aber kann zwischen diesen Stromstößen und echten Schmerzsignalen, wie sie früher aus dem damals noch vorhandenen Glied kamen, nicht unterscheiden. Stromstoß ist Stromstoß. Und so entstehen mitunter die skurrilsten Empfindungen, wie sie Krämpfe, Verletzungen und Geschwüre hervorrufen, die der Patient vielleicht nie im Leben gehabt hat.

Doch das ist noch nicht die ganze Geschichte. Die Erregung der Nervenenden am Stumpf ist naturgemäß so minimal, daß sie das Hirn eigentlich nur als zarte Berührung deuten dürfte. Dennoch ruft sie Schmerzempfindungen hervor, die in 30 Prozent aller Fälle sehr unangenehm und bei 5 Prozent der Patienten sogar besorgniserregend sind. Alle Anzeichen deuten darauf hin, daß die Ursache in einer tiefgreifenden, durch das Operationstrauma ausgelösten Verwirrung nervöser Vorgänge liegt, also im Übergreifen des Seelischen in den physischen Bereich. Damit hat man endlich auch eine Erklärung dafür gefunden, weshalb Operationen, mit denen diese unausstehlichen Schmerzen beseitigt werden sollen, häufig ohne Erfolg bleiben.

Operationen zur Schmerztilgung zielten bislang darauf ab, die Schmerznerven auf dem Weg zum Hirn zu durchtrennen. Die Schwierigkeit lag darin, möglichst nur die Nerven des amputierten Gliedes zu treffen, die übrigen aber zu schonen. So tat man häufig lieber zu wenig als zu viel des Guten. Die verbliebenen Nervenfasern reichten aber aus, um das psychosomatische Geschehen um den Phantomschmerz in voller Stärke wieder in Gang zu setzen.

Deshalb suchte 1964 der Hirnchirurg Dr. R. C. Eggleton (92) an der Universitätsklinik Illinois einen anderen Weg. Er sagt: Im Thalamus (siehe Bild 45) hat jede schmerzempfindliche Stelle des Körpers ihren ganz speziellen Projektionspunkt. Wenn es gelingt, diese winzige Ansammlung von Nervenzellen inmitten all der anderen »Schmerzversammlungsstellen« der anderen Körperregionen auszuschalten, müßte der Patient von seinen Qualen zu erlösen sein.

Das Chirurgenmesser ist jedoch viel zu grob für diesen Eingriff. Ein scharf gebündelter Ultraschallstrahl arbeitet viel subtiler.

Der erste Patient, an dem das neue Verfahren ausprobiert wurde, war John Mulligan. Unter örtlicher Betäubung bohrte Dr. Eggleton ein kleines Loch in die Schädeldecke des Patienten und richtete den Ultraschallstrahl hier hindurch haargenau auf den Projektionspunkt des Phantomschmerzes im Thalamus. Der Kranke blieb dabei bei vollem Bewußtsein und machte laufend Angaben über seine Empfindungen. Nach jedem Ultraschallimpuls wurde der Phantomschmerz geringer. Nach dem siebenten Mal war er ausgelöscht.

Das operative Entfernen anderer Schmerzen, zum Beispiel solcher, die durch ein Krebsgeschwür oder eine starke Verbrennung hervorgerufen werden, ist weitaus problematischer. Die Chirurgen Frank R. Ervin und Vernon H. Mark versuchten am Massachusetts General Hospital in Boston, die Kabeldurchtrennungen am Menschen zu wiederholen, mit denen Ronald Melzack bei Katzen Schmerzen beseitigt hatte (siehe Seite 100). Tatsächlich reagiert der Mensch hierbei genauso wie eine Katze, und unheilbar Kranken konnte auf diese Weise in ihren letzten Lebenstagen Erleichterung verschafft werden.

Aber diese Art der Schmerztötung ist niemals wieder rückgängig zu machen. Sollte der Krebskranke wieder gesunden, bliebe der »ausgeschaltete« Körperteil weiterhin zeitlebens gefühllos. Deshalb versuchen amerikanische Ärzte seit 1965 zwei andere Methoden.

Professor Sean F. Mullan, Leiter der Neurochirurgischen Universitätsklinik Chikago, gelang es, die Schmerznerven in einen halbjährigen Dornröschenschlaf zu versetzen. Er führt eine Nadel durch den schmalen Spalt zwischen den oberen zwei Halswirbeln in das Rückenmark ein und läßt zunächst einen ganz schwachen elektrischen Suchstrom von 0,3 Milliampere fließen. Der Patient empfindet dann an einer ganz bestimmten Körperstelle ein prickelndes Gefühl. Sobald die Nadel um Bruchteile eines Millimeters bewegt wird, wandert das Prickeln zu anderen Körperteilen, und man braucht mit dieser Prozedur nur so lange fortzufahren, bis das Prickeln die schmerzende Stelle erreicht hat. Auf diese Weise läßt sich der verantwortliche Nerv zuverlässig lokalisieren. Dann verstärkt man den Strom auf 1 Milliampere und läßt ihn 15 Minuten lang einwirken. Danach ist der Schmerz nicht mehr spürbar. Innerhalb von sechs Monaten regenerieren die Nerven wieder. Das ist auch ungefähr dieselbe Zeit, in der die Schmerzursache, zum Beispiel eine starke Verbrennung, ausgeheilt ist. Andernfalls muß diese sogenannte elektrische Chordotomie wiederholt werden.

Die zweite Methode praktizieren die beiden Bostoner Ärzte Ervin und Mark. Sie mutet nachgerade gespenstisch an. Bei einem Kranken im letzten Stadium des Halskrebses mit schweren, durch Medikamente nicht mehr zu lindernden Schmerzen führten sie vier Silberelektroden durch den Schädelknochen in das Hirn ein, je eine in die Kabel C und D, die anderen beiden in den Thalamus. Von diesen Elektroden führten vier Drähte zu einem kleinen Transistorgerät. Sobald der Patient Schmerzen spürte, konnte er hier auf einen Knopf drücken – und schon wich die Qual von ihm. Elektrischer Strom, durch künstliche Nerven in sein eigenes Hirn geleitet, hatte die natürlichen Schmerzsignale gebannt.

Seltsam war, daß der vom Schmerz Befreite außerdem erklärte, er fühle sich wie nach zwei Martinis. Er machte auch tatsächlich einen »angeheiterten« Eindruck. Alles spricht dafür, daß der Strom auch noch andere Gefühlsreaktionen im Hirn auslöste. Sollte das der Anfang der bisher für utopisch gehaltenen künstlichen Steuerung unserer Gefühle durch »Marsmenschen-Antennen« sein? Statt Morphium ein Knopfdruck. Statt einer Flasche Schnaps ein Knopfdruck. Statt ... nein, man möchte sich so etwas einfach nicht weiter ausmalen!

Ein noch unheimlicheres Bild vom Phänomen des Schmerzes bekamen die Ärzte, als sie bei schmerztilgenden Operationen dazu übergingen, die Nervenverbindungen vom Thalamus zu den höheren Großhirnregionen bewußter Gedankentätigkeit (siehe Bild 45) zu unterbrechen. Nach solch einer Operation berichteten die Patienten, daß sie den alten Schmerz wohl noch spürten, er ihnen nun aber gar nicht mehr unangenehm sei. Ja, nach einiger Zeit hätten sie sogar völlig vergessen, daß der Schmerz noch da sei. Das bloße Verspüren eines Schmerzes und die Gefangennahme des gesamten Denkens, Fühlens und Handelns durch eben diese Schmerzempfindung sind also offenbar zweierlei. Das geht auch daraus hervor, daß dieselben Patienten nach der Operation auch gar keinen Kummer über die Unheilbarkeit ihrer Krankheit und keine Furcht vor dem Tode mehr zeigten.

Eine Münchhauseniade wurde Wirklichkeit
Haben Insekten Schmerzgefühle?

Baron Münchhausen erzählte einmal, wie sein Reitpferd vom Falltor einer Festung in zwei Teile geschnitten wurde, ohne daß er es im Kampfgetümmel bemerkt hätte. Am Marktbrunnen trank das Tier so unmäßig, als wäre sein Durst überhaupt nicht zu löschen. Schließlich wollte er ihm einen beruhigenten Klaps auf das Hinterteil geben und schlug ins Leere. Nur das Wasser, das der Gaul vorn soff und soff, floß hinten zur Rumpfschnittstelle als Bächlein einfach wieder heraus. Das war natürlich eine grobe Lüge.

Die reine Wahrheit ist jedoch, was Professor Karl v. Frisch berichtet: Eine Biene, die am Rand einer Glasschale sitzt und eifrig Honig schleckt, ist von dieser Tätigkeit so gefangengenommen, daß sie es nicht bemerkt, wenn man sich langsam mit einer Schere nähert und ihr den Hinterleib vom Vorderkörper trennt. Weiterhin saugt das Insekt schier endlos Honig in sich hinein, obgleich dieser an der durchschnittenen »Taille« sofort wieder heraustropft. So wurde eine Münchhauseniade – wenigstens im Kleinen – Wirklichkeit.

Schmerz hat die Biene sicher nicht verspürt. Lediglich zu ihrem Hirn kam keine »Ich-bin-satt«-Meldung mehr, die der endlosen Freßlust hätte Einhalt gebieten können. Daß die Biene trotzdem nur noch kurze Zeit lebte, bedarf keiner Erwähnung.

Dieses Experiment und andere Verstümmelungsbeispiele von Insekten erweckten lange Zeit die Vorstellung, Gliederfüßler wären absolut gefühllos. Doch 1965 überraschte der Tierpsychologe Professor Vincent G. Dethier von der Universität von Pennsylvania die Fachwelt mit der Behauptung: Auch Insekten spüren Schmerzen. Es kann sogar sein, daß Fliegen ein wenig lieben, hassen, leiden und sich ängstigen. Die Ansicht, sie wären nur stumpfe kleine Maschinen mit einem festen Inventar unveränderlich »programmierter« Instinkte, ist falsch!

Hierfür nennt der amerikanische Zoologe eine Reihe von Beispielen: Der Verlust eines Flügels oder eines Beines geht an Insekten keineswegs spurlos vorüber. Biochemische Untersuchungen zeigten, daß die verletzten Körper sofort Hormone und andere chemische Substanzen in die Blutbahn ausschütten. Bienen scheinen sogar eine Art Heimweh zu bekommen, wenn man sie an einer Blüte fängt und in einen Käfig sperrt. Schon nach kurzer Zeit ergießen sich chemische Stoffe ins Blut der Nektarsammlerinnen und versetzen sie in einen Zustand der Panik. Läßt man sie nicht wieder frei, sterben sie innerhalb von wenigen Stunden an nervöser Zerrüttung.

Starke Emotionen offenbarte auch eine Art Lügendetektor. Da man den chitingepanzerten »Rittern« kaum Gemütsbewegungen ansehen kann, zapfte Professor Dethier verschiedene Regionen des Insektenhirns mit Mikroelektroden an und zeichnete die Hirnströme auf, während das lebende Tier gereizt wurde. Die Ergebnisse geben einen weiteren Anhaltspunkt dafür, daß ein Insekt starke innere Reaktionen zeigt, die man ihm äußerlich nicht anmerken kann. »Wenn ich den steif gepanzerten Körper sehe, die starren Augen und die stummen Bewegungen, so reizt mich das gerade, zu erforschen, ob nicht doch irgend etwas Wesenhaftes dahinter steckt«, sagt der Wissenschaftler.

Ob es allerdings Liebe ist, wenn eine Schlupfwespe ihre Brut unter Lebensgefahr gegen Feinde verteidigt, oder ob es Haß ist, wenn Hornissen aus einem zerstocherten Nest »wütend« heraussummen, oder ob es Trauer ist, wenn eine verirrte Ameise wie gelähmt stehenbleibt – das kann man letzten Endes auch nicht mit Hilfe von Hormonmessungen und Hirnstrombildern entscheiden. Das könnte einem höchstens das einzelne Individuum sagen. Die Untersuchungen Professor Dethiers lassen aber erkennen, daß irgend etwas in den Tieren vor sich geht.

Im Grunde stehen wir hier vor derselben Erscheinung wie beim Thermostaten des Menschen. Wir spüren nichts von unseren inneren Thermometern, und doch wirken sie nachhaltig auf unseren Körper ein. Vielleicht kommen die Schmerzreaktionen dem Insekt ebensowenig zu Bewußtsein. Vielleicht nimmt es sie auch wahr, aber sie erzeugen wie beim Menschen, dem die Schmerznerven zwischen Thalamus und Großhirn durchtrennt wurden, keine Peinigung. Wozu auch? Das Insekt kann bewußt ohnehin nichts gegen den Verlust eines Körperteils unternehmen.

Außerdem: Auch beim Menschen gibt es Schmerzreaktionen, von denen wir nichts merken. Im Ganzen sind es drei Qualitäten. Einmal der unbewußte Reflex, der uns zurückzucken läßt, wenn wir uns gestochen haben. Zum zweiten das uns bewußt werdende Gefühl der Qual, das uns zwingt, etwas gegen die Schmerzursache zu unternehmen. Und drittens die Mobilisierung unserer inneren Abwehrkräfte: der »Arbeitstrupps« zur Ausbesserung ramponierter Knochen und aufgerissener Zellgewebe, der Bakterienabwehr, der speziellen Steuerung der Blutversorgung und anderer Dinge mehr. Von der außerordentlichen Nerven- und Hormonaktivität, die diese Wiederaufbautätigkeit steuern, kommt uns auch nichts zu Bewußtsein.

Dieser letzte Aspekt hat verblüffenderweise Elektroneningenieure besonders fasziniert. Er brachte Dr. William F. Hall (93) von der Northrop Corporation im kalifornischen Palos Verdes Estates auf die Idee, elektronische Rechenanlagen zu bauen, die fähig sind, jede auftauchende Störung vollautomatisch selber zu reparieren. Auf den ersten Blick mutet das utopisch an. Aber, so sagt der kalifornische Biotechniker, jedes lebendige Wesen ist doch unter anderem ein von der Natur geschaffenes »Gerät« mit der großartigen Eigenschaft, sich selbst zu reparieren.

Der Schmerz ist der Alarm beim Auftreten eines Defektes. Er löst zahlreiche Maßnahmen des Körpers zur Ausbesserung oder zum Ersatz des beschädigten Teiles durch andere Organe aus. Deshalb untersucht gegenwärtig das kalifornische Team solche natürlichen Funktionssysteme, um Vorlagen für elektronische Rechenanlagen zu erhalten, die ihre Fehler selber bemerken, finden und korrigieren. Solche von menschlichen Reparaturkolonnen unabhängigen Roboter wären auch für automatische Telefonzentralen von Vorteil, für automatische Fabriken und Weltraumstationen, in denen Versager ohne Zutun einer Menschenhand beseitigt werden müssen.

Das Nasenwunder Hund
Spitzenleistungen des Geruchssinnes

Im dichten Gehölz stieß der Schäferhund Ajax auf die Spur des »Verbrechers«. Mit tief gesenkter Nase schnüffelnd lief er etwa zwanzig Meter nach links, kehrte dann aber um, verfolgte die Fährte in der entgegengesetzten Richtung und stöberte eine halbe Stunde später den »Verbrecher« in einer Dickung auf.

»Sehen Sie, Herr Professor«, sagte der Hundezüchter, der Ajax am langen Schweißriemen gefolgt war, »das ist der beste Beweis dafür, daß der Hund die Spur nicht gerochen, sondern mit einem anderen, uns noch unbekannten Sinn wahrgenommen hat. Denn allein am Geruch kann das Tier ja nicht festgestellt haben, ob die Spur von rechts nach links oder umgekehrt verlief.«

Dieser Vorfall, der sich in den fünfziger Jahren abspielte, stellte Professor Walter Neuhaus (94, 95, 96) von der Universität Erlangen vor ein schweres Problem. Als Fachmann für Hundenasen hatte er es immer für ganz selbstverständlich gehalten, daß Hunde mit Hilfe des Geruchssinnes Fährten erkennen und verfolgen. Sollte diese Vorstellung doch nicht so selbstverständlich sein, wie allgemein angenommen wird?

Da holte der erfahrene Hundezüchter auch schon zu seinem zweiten Schlag gegen die Wissenschaft aus: »Ich kann auch meine Gummistiefel anziehen. Da geht bestimmt kein Geruch durch, und trotzdem findet der Hund meine Fährte!« Das Experiment bestätigte die Behauptung. Professor Neuhaus aber machte sich an die Arbeit, um das ganze Problem des Fährtenfindens noch einmal bis ins kleinste zu durchforschen. Um es gleich zu sagen: Er konnte doch den Hundezüchter widerlegen, und zwar mit neuen, erstaunlichen Tatsachen.

Wenn ein Mensch barfuß durch das Gelände geht, verliert er pro Schritt etwa vier milliardstel Gramm Schweißduftstoff. Das klingt nach gar nichts. Es ist aber ungeheuer viel, wenn man die Duftmoleküle zählt, die jedem Fußabdruck anhaften: viele Billionen! Lederschuhe halten einiges ab. Aber auch hier werden noch bei jedem Schritt einige Milliarden Buttersäuremoleküle hindurchgedrückt – eine Menge, die jeder Spürhund noch mit Leichtigkeit wahrnehmen kann.

Gummischuhe halten noch mehr ab, aber beileibe nicht alles. Durch 0,2 Millimeter dickes Gummi eines funkelnagelneuen Schuhs dringt der Duft des Fußes innerhalb von acht Minuten hindurch. Zwei Millimeter dickes Gummi saugt sich in 38 Stunden wie ein Schwamm mit Duftstoffen voll. Des Menschen Nase verspürt zwar nichts davon, doch ein Hund riecht es noch sehr gut. Also ist hier doch keine »Übersinnlichkeit« im Spiel, sondern nur ein ultrafein entwickelter Sinn.

Wie kommt es eigentlich, daß der Mensch mit seiner hervorstechenden großen Nase so sehr viel schlechter riecht als ein Hund? Antwort: Weil seine Nase in erster Linie ein Luftvorwärmer und ein »Kulturboden für Schnupfen« ist und nur zu einem verblüffend geringen Teil ein Riechorgann.

Bild 46 zeigt eindrucksvoll, wie abseits gelegen vom »Durchzug« und wie klein die eigentliche Riechfläche tief im Inneren der Nase ist: ganze fünf Quadratzentimeter! Die Riechfläche der Schäferhundnase beträgt hingegen 150 Quadratzentimeter. Noch krasser wird das Mißverhältnis, wenn man die Riechsinneszellen zählt:

Mensch	=	5 Millionen
Dackel	=	125 Millionen
Foxterrier	=	147 Millionen
Schäferhund	=	220 Millionen

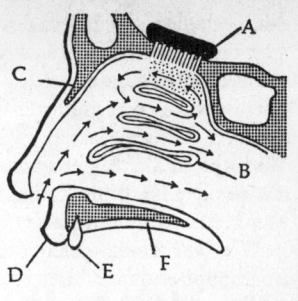

Bild 46: Nur im obersten »Stock« der Nasenhöhle ist ein kleiner Teil der Schleimhaut mit Riechzellen durchsetzt (gepunktete Fläche). Hier treten die Nervenfasern durch das knöcherne Siebbein (A). B = Nasenmuscheln, C = Nasenbein, D = Oberlippe, E = Schneidezahn im Oberkiefer (F).

Aus dem Vergleich der Zahlen könnte man schließen, daß der Schäferhund 44mal besser riecht als der Mensch. Aber das ist eine Milchmädchenrechnung. Denn Messungen mit dem Olfaktometer ergaben: Das Riechvermögen des Hundes ist in Wirklichkeit 1 Million mal besser! Folglich liegt das Geheimnis der Hundenase nicht allein in der ungeheuren Massierung dieser Sinneszellen, sondern vor allem in der Funktionsweise.

Ein fiktiver Vergleich soll das verdeutlichen. Ein Duftstoff, der von Tieren und Menschen ausgeschwitzt wird, ist Buttersäure. 1 Gramm davon enthält 7 Milliarden mal 1 Billion Moleküle – eine unvorstellbare Zahl. Läßt man sie in sämtlichen Räumen eines zehnstöckigen Bürohochhauses gleichmäßig verduften – was natürlich nur im Gedankenexperiment möglich ist –, so könnte ein Mensch diesen Geruch gerade eben noch wahrnehmen, wenn er seine Nase schnell zur Tür hineinsteckt. Ein Hund aber reagiert immer noch auf den Geruch, wenn dasselbe Duftstoffgramm im gesamten Luftraum über Hamburg bis in 100 Meter Höhe verdünnt würde.

Mit so einer Nase vermögen Hunde Außerordentliches zu leisten. Zollbeamte setzen speziell abgerichtete Tiere zum Kaffee-, Tabak- und Opiumschnüffeln ein. Die Koffer brauchen dabei nicht einmal geöffnet zu werden. Ein Atemzug des Hundes am Verschluß genügt – auch dann, wenn die Konterbande in einer Blechdose verpackt ist, denn der verräterische Duft dringt schon durch mikroskopisch kleine undichte Stellen. Berühmtheit erlangten auch die Lawinensuchhunde, die die Lage eines Verschütteten im metertiefen Schnee am Menschenduft feststellen, der durch die dicken Schichten nach außen dringt.

In Holland und Dänemark benutzt man Hunde zum Aufspüren undichter Stellen in Gasleitungen. Die Tiere sind so dressiert, daß sie bei Gasgeruch stehenbleiben und die Rohrbruchstelle, die sich in einigen Metern Tiefe unter dem unversehrten Straßenpflaster befindet, verbellen. Sie arbeiten wesentlich zuverlässiger als die modernsten und empfindlichsten Duftstoffmeßgeräte.

Eine tolle Hundeschnuppergeschichte erzählte ein Afrikareisender: Er war in einem Hotel abgestiegen und hatte das Gepäck in sein Zimmer bringen lassen, während er an der Bar fünf oder sechs Whiskys trank. Als er dann sein Zimmer aufsuchen wollte, sprang ein riesiger Neufundländer hinter der Theke hervor und begleitete den Neuankömmling dicht bei Fuß.

Wie war doch gleich die Zimmernummer? Wo ging es denn überhaupt entlang? Hier rechts? Mit einem Satz versperrte ihm der furchteinflößende Hund den Weg und fing an, grimmig zu knurren. Aha, »privat« steht ja auch auf dem Schild.

Also kehrt. Ach ja, richtig: Zimmer 122. Rechtzeitig fiel sie dem Touristen wieder ein. Kaum hatte er die Tür aufgeschlossen, drängte das Riesenvieh an ihm vorbei ins Zimmer, lief zum Gepäck, schnüffelte daran, schnüffelte am Hotelgast, schnüffelte noch einmal an den Koffern und trabte dann schwanzwedelnd ohne weitere Umstände aus dem Raum.

Was geschehen wäre, wenn Kofferduft und Menschenduft nicht übereingestimmt hätten, wagt man sich kaum vorzustellen. Nein, Hoteldiebe gebe es hier nicht, bestätigte der Empfangschef, wenigstens nicht, seit der Hund seinen Dienst versieht.

Aber woran erkennt ein Hund den Duft von Menschen so exakt, als wäre es ein Foto?

Wenn ein Laie schätzen soll, wieviel verschiedene Düfte es auf der Welt gibt, wird er auf einige Dutzend, vielleicht auf einige hundert tippen. Ein Weinkenner, der mit der Nase prüft, würde die Zahl der ihm bekannten Marken und Jahrgänge summieren und schon auf eine wesentlich höhere Zahl kommen. Ein Parfümeur rechnete aus, daß eine geübte Fachkraft mindestens 30000 Duftabstufungen unterscheiden müsse. Ein Hund aber würde sagen, wenn er reden könnte: Es gibt so viel Düfte wie Menschen, Hunde, Katzen, Kaninchen, Rehe und überhaupt so viel wie duftende Wesen auf dem ganzen Erdenrund zusammengenommen – und noch viel mehr.

Nicht zwei Wesen haben den gleichen Geruch, nicht einmal eineiige Zwillinge. Hochleistungsspürhunde können auch diese auseinanderhalten.

Das kommt daher, weil tierischer Duft eine Mixtur aus zahlreichen unterschiedlich riechenden fettsäureartigen Substanzen ist. Diese Mischung ist bei jedem Wesen nach Zusammensetzung und Konzentration der einzelnen Bestandteile verschieden. Jeder Mensch hat einen höchstpersönlichen, nur ihm allein eigenen, unverwechselbaren Duftcharakter, genauso wie er ein nur ihn kennzeichnendes Gesicht hat.

Und nun kommt das, was den Hundezüchter und Professor Neuhaus zunächst so aus der Fassung gebracht hat: Die einzelnen Duftanteile im Geruch einer Fußspur verflüchtigen sich verschieden schnell. Schon innerhalb von wenigen Sekunden verändert sich das »Duftbild« eines Fußabdruckes so sehr, daß ein Hund dies nach Ablaufen einer etwa zwanzig Meter langen Strecke wahrnehmen und daraus auf die Richtung schließen kann, die der verfolgte Mensch, Hase oder Hirsch gelaufen ist.

Mit einem Trick konnte Professor Neuhaus die Riechleistung von Hunden sogar noch über das bisher Geschilderte auf das Dreifache steigern. Er verfütterte an seine Tiere etwa je ein Gramm Fettsäure. Zwei Stunden danach verschlechterte sich das Riechvermögen der Hunde erheblich. Aber am vierten und fünften Tag konnten die Tiere alle fettsäurehaltigen Dinge dreimal so gut riechen wie zu Beginn des Experiments.

Für wildlebende Hunde und Wölfe ist diese Erscheinung von großer Bedeutung: Vier Tage, nachdem ein Wolf etwas gefressen, also auch Fettsäure zu sich genommen hat, muß er unbedingt neue Nahrung haben. Und gerade in dieser Zeit hilft ihm ein aufs Äußerste gesteigertes Riechvermögen, selbst ältere, schon fast verwischte Spuren zu erkennen und zu verfolgen.

Tiere als Detektive
Futter-Lockstoffe

Eine Serie mysteriöser Morde erschütterte Amerika in den zwanziger Jahren. Der Verbrecher pflegte seine Opfer zusammen mit schweren Steinen in einen Sack zu stecken und in einem See zu versenken. Selbst wenn die Polizei Anhaltspunkte hatte, in welchem See die Leiche beseitigt worden sein könnte, war sie machtlos. Denn wie sollte man sie auf dem zerklüfteten Boden eines trüben Gewässers je finden? Und ohne Toten gibt es nach dem Gesetz auch keinen Mörder.

Da bot ein älterer Indianer seine Dienste an, machte jedoch zur Bedingung, daß ihm niemand bei der »Beschwörung des Toten« zusehen dürfe. Jedesmal dauerte es kaum länger als ein paar Stunden, bis er die Leiche gefunden hatte. Die sonst mit allen Wassern gewaschenen Kriminalisten waren sprachlos. Sollte doch etwas Wahres an den Zauberkünsten sein, die der Indianer zu beherrschen vorgab?

Schließlich kamen die Detektive ihrer Konkurrenz auf die Schliche. Karl P. Schmidt und Robert F. Inger (97) berichten darüber: Der Indianer besaß eine große Schnappschildkröte, die er zu dem See mitnahm. Hier befestigte er eine lange Leine an dem Reptil und ließ es von einem Boot aus frei. Nun wartete er eine ganze Weile und brauchte schließlich nur noch wie Theseus dem Ariadnefaden zu folgen, um auf die Schildkröte zu treffen, die sich an dem Toten gütlich tat.

Der wahre Detektiv war also auch nicht der Indianer gewesen, sondern die Schnappschildkröte. Als »Hund der nordamerikanischen Binnenseen« hatte sie mit ihrem erstaunlich guten Geruchssinn den Kadaver im Wasser bemerkt und war offenbar in Richtung steigender Konzentration dieses Duftes geschwommen, bis sie ihr grausiges »Futter« gefunden hatte.

Unter Wasser reicht eine gute Nase viel weiter als die Augen. Das kann sich das Augenwesen Mensch nie so recht vorstellen. Wir sind allenfalls geneigt, neben dem optischen Sinn nur noch das Ohr als annähernd gleichberechtigt anzuerkennen. Alles andere erscheint uns als Beiwerk. Dennoch ist es gerade der uns besonders primitiv, ja fast überflüssig vorkommende Geruchssinn, der in der Natur eine so überragende Rolle spielt. Zahllose Tiere kämen wohl ohne Augen, nie und nimmer aber ohne Nase aus.

In erster Linie trifft das für Fische zu, deren Sicht im Wasser ohnehin stark eingeschränkt ist. Die Entwicklung der Blindfische in der ewigen Finsternis unterirdischer Grottenseen beweist das.

Der Geruchssinn der Fische ist so lebenswichtig, daß diese Wasserwesen nicht nur mit ihrer Nase, sondern darüber hinaus offenbar auch mit großen Flächen ihrer äußeren Haut riechen können. 1965 durchforschte Dr. Mary Whitear (98) von der Universität London mit dem Elektronenmikroskop die Haut der Elritze, jenes kleinen Weißfisches, dessen Schwärme oft um die Bootsanleger in unseren Binnenseen spielen. In der Haut der Kiemendeckel, der Brust und des Schwanzes entdeckte sie dabei spindelförmige Nervenzellen, mit denen das Tier wahrscheinlich riechen kann.

Besäße der Mensch dieselbe Eigenschaft, müßte er durch bloßes Befühlen eines Gegenstandes erkennen können, wer aus seinem Bekanntenkreis diesen im Laufe des letzten Tages angefaßt hat.

Einen regulären Duftkrieg führen im Korallenriff Muränen und Tintenfische. Hierüber berichtet Dr. Irenäus Eibl-Eibesfeldt (99)

Bild 47: Seestern gräbt eine Muschel aus.

vom Max-Planck-Institut für Verhaltensphysiologie in Seewiesen:
»In der Dämmerung kommen die Muränen aus ihren Schlupfwinkeln und beschleichen ihre Beute im Schutz der Dunkelheit. Dabei orientieren sie sich vor allem mit ihrem Geruchssinn. Dem ist die Verteidigungstaktik der Tintenfische angepaßt, die zu ihren Opfern gehören. Die Tintenfische stoßen auf der Flucht eine Flüssigkeit aus, nicht etwa, um sich wie am Tage damit einzunebeln, sondern um den Geruchssinn des Räubers für einige Zeit zu betäuben.«

Einen ähnlichen Effekt kann übrigens ein von Spürhunden verfolgter Mensch erzielen, wenn er auf seine Fährte Urin von Meerschweinchen schüttet.

Einige Tiere können sogar durch kompakte Erd- oder Sandschichten hindurchriechen, vermutlich auch der Seestern. 1961 beobachtete Dr. S. L. Smith (100) an der Pazifikküste des Staates Washington folgendes: Ein 25 Zentimeter großer Seestern kroch über den Sand des Meeresbodens, zuckte plötzlich ein wenig, kehrte zu einer Stelle zurück, über die er eben hinweggewandert war, und fing dort an zu graben. In mühevoller Kleinarbeit entstand eine Sandgrube von 70 Zentimeter Durchmesser, die in der Mitte 10 Zentimeter tief war.

Jeder, der schon einmal versucht hat, unter Wasser eine Sandkuhle mit Händen zu graben, wird ermessen können, welche Leistung der Seestern vollbringen mußte. Eine Fehlbohrung würde zweifellos unangenehme Folgen für den Kräftezustand des Tieres haben. Aber man kann ruhig eine Wette darauf abschließen: Genau in der Grubenmitte stößt der Seestern auf eine Muschel.

Die Füßchen der Mittelscheibe saugen sich an der Muschelschale fest. Dann stemmt sich der Seestern auf den Armspitzen hoch, zieht die Muschel wie einen Flaschenkorken aus dem Grund und verzehrt sie auf recht eigentümliche Weise. Mit der Kraft seiner Arme reißt er die beiden Schalen auseinander, stülpt seinen Magen aus dem »Bauch« heraus und über die Weichteile der Beute, um sie außerhalb seines Körpers zu verdauen.

Geradezu unglaublich klingt, was der Oxford-Professor Nikolaas Tinbergen (101) über das Riechvermögen des Rotfuchses berichtet.

In den Sanddünen Cumberlands beobachtete er, wie dieser Räuber unter brütenden Möwen so reiche Beute hielt, daß er nur einen Teil davon fressen konnte. So sorgte er für magere Zeiten vor, indem er gerissene Vögel und Eier im Sand vergrub. Nun ist das Sinnbild der Schlauheit aber offenbar nicht schlau genug, sich die Lage dieser Vorratskammern zu merken. Daher muß sich der Fuchs in späteren Notzeiten auf seine Nase verlassen. 10 Zentimeter tief vergrabene Möwen ortet er exakt, wenn er in 3 Meter Abstand daran vorbeistreicht. Ja, er kann sogar 5 Zentimeter tief vergrabene Eier wittern, wenn er zufällig bis auf 50 Zentimeter an sie herangekommen ist.

Doch an jungen Kaninchen, die ihre Mutter während der Futtersuche im Sand eingegraben hat, schnürt Meister Reineke fast immer achtlos vorbei. Weshalb? Weil es die Natur so eingerichtet hat, daß Kaninchenbabys noch geruchsärmer als Eier sind!

Bis 1961 stritten sich die Fachgelehrten um die Frage, wie die Bewohner des Erdreichs, Bodenwürmer, Drahtwürmer und Engerlinge, die Wurzeln ihrer Wirtspflanzen finden. Man stritt sich so heftig, wie man sich nur um Dinge streiten kann, von denen man noch nichts weiß. Am seriösesten galt die Behauptung, daß all die vielen Bodeninsekten und schädlichen Würmer das Erdreich blind durchwühlen und es dem Zufall überlassen, ob sie auf Nahrung treffen oder Hungers sterben müssen.

Aber die Natur hat noch nie Blindekuh gespielt. Und 1961 konnte Dr. J. Klingler (102) endlich beweisen: Auch hier vollbringt die »Nase« kleine Wunder! Zum Beispiel besitzen die an Rebwurzeln fressenden Larven des Dickmaulrüßlers Spezialriechsinne, die nur auf einen einzigen Duft ansprechen – auf Kohlendioxyd. Dieses uns sehr schwach säuerlich erscheinende Gas wird von den Pflanzenwurzeln in relativ großen Mengen ausgeschieden und wirkt durch das Erdreich hindurch auf die kleinen Geister der Unterwelt geradezu als »Duft-Leuchtturm«.

Noch schwerer zu lösen ist ein im schmerzhaften Sinne des Wortes brennendes Problem: die Anziehungskraft des Menschen auf Mücken. Es war schon gezeigt worden, daß die lästigen Insekten die Nahortung ihrer Opfer mit Hilfe des Wärmesinnes (siehe Seite 75) durchführen. Aber der Duft spielt außerdem eine entscheidende Rolle. Es ist ja bekannt, daß einige Menschen nur selten oder nie von Mücken geplagt, andere hingegen Nacht für Nacht mit Stichen »tapeziert« werden.

Am »süßen« oder »sauren« Blut, wie man scherzhaft sagt, kann es nicht liegen. Denn um dies zu probieren, müßten die Mücken stechen. Sie drehen aber schon im Fluge auf größere Distanz vor ihnen irgendwie »unsympathischen« Menschen ab. Folglich muß es irgendein Bestandteil im Duft sein, den jede Person in anderer Konzentration besitzt, der die Blutsauger entweder anlockt oder abstößt.

Wenn man herausbekäme, was den Körper für diese Plagegeister »unappetitlich« macht, könnte man die ideale Anti-Mücken-Pille herstellen. Zwar gibt es schon eine Reihe von Insektenabweisern: Tinkturen, Salben, Vitamin-B-1-Tabletten. Aber diese verlieren einen großen Teil ihrer Wirkung, sobald man ins Schwitzen kommt.

Beneidenswert ist hingegen jener Student, den Professor Howard I. Maibach (103) an der Universität von Kalifornien unter tausend Versuchspersonen herausfand. Siebzehnmal wurde dieses »Opfer« im Labor einem Schwarm von ausgehungerten, nach Blut lechzenden Mücken ausgesetzt und trotzdem insgesamt nur zweimal gestochen. Anschließend kam der von den Tieren Verschonte in ein Schwitzbad, bis er zwei Liter Schweiß produziert hatte.

Biochemiker untersuchten die Bestandteile des Schweißes und verglichen sie mit der Duftstofforgel jener Versuchspersonen, die von den Labormücken »aufgefressen« worden waren. Auf diese Weise fanden sie einen chemischen Duftstoff, der seit einigen Jahren Hautölen beigemischt wird und verhindert, daß derjenige Mensch, der sich damit einreibt, von Mücken gestochen wird – sofern seine Schweißproduktion nicht übermäßig stark ist.

Übrigens: Verschiedene Pflanzen produzieren einen Duft, mit dem sie blattfressende Insekten fernhalten können.

Die »Wünschelrute« der Schlupfwespe
Eiablage-Lockstoffe

George Orwell hat in seiner gar nicht einmal so utopischen Zukunftsvision ›1984‹ einen wichtigen Punkt vergessen: die Schnüffelnase des Großen Bruders. Nach der bisherigen Schilderung tierischer Riechkünste läßt sich bereits ahnen, was alles geschehen würde, wenn der Mensch dereinst durch »Werkspionage« im Reich der Natur Riechapparate künstlich herstellen kann, die dasselbe leisten wie Hunde, Schnappschildkröten oder Mücken. Maskierte Fernsehaugen und versteckte Mikrophone werden ein Kinderspiel gegen die dann möglichen Bespitzelungsmethoden sein. Aber auch zahlreiche nützliche Anwendungsmöglichkeiten bieten sich dann an.

So sollen alle bisherigen und noch folgenden Berichte nicht eine Aufzählung von Kuriositäten sein. Vielmehr sollen sie den Blick in Sinneswelten eröffnen, die uns gegenwärtig noch fremd sind, eines Tages aber auf höchst artifizielle Weise in unser Leben einbrechen können.

An die Künste eines Wünschelrutengängers erinnert zum Beispiel die Fähigkeit verschiedener Schlupfwespen, tief im Holz verborgene Opfer aufzuspüren. Weibliche Schlupfwespen haben die Eigenart, ihre Eier in oder auf fremde Tiere abzulegen, in Raupen, Spinnen, Ameisenköniginnen. Einige Arten sind merkwürdigerweise auf Insektenlarven spezialisiert, die zentimetertief im gesunden Holz von Baumstämmen leben. Äußerlich ist von dem unfreiwilligen »Eibrutplatz« nicht das geringste zu sehen. Und doch wissen die Wespen ihn zu finden.

Die Schlupfwespe läuft auf dem Baumstamm erregt hin und her, kreuz und quer. Plötzlich bleibt sie stehen, krabbelt etwas zurück, verbessert ihre Position noch ein wenig und stößt dann ihren Legebohrer schnell bis zu 7,4 Zentimeter tief (die nordamerikanische *Megarhyssa lunator*) hinein. Meist trifft sie die verborgene Larve haargenau.

Erstes Licht auf die bislang rätselhaften Ortungsmethoden werfen Beobachtungen des amerikanischen Insektenforschers Professor Harold Heatwole (104, 105) an der Universität von Michigan: Wenn ein Wespenweibchen einer der drei *Megarhyssa*-Arten das Larvenstadium im Inneren des Holzes vollendet hat und dabei ist, sich nach draußen durchzuarbeiten, finden sich an der voraussichtlichen Ausbruchstelle bereits heiratslustige Wespenmännchen ein, und zwar Angehörige aller drei Arten. Sie werden durch das Kaugeräusch des holzzerknirschenden Weibchens angelockt. »Nach Verstärkung im Lautsprecher klingt das etwa so, als äße ein Mensch rohe Möhren«, sagt der Wissenschaftler.

Den Männchen können dabei allerdings auch Irrtümer unterlaufen. Professor Heatwole beobachtete wartende Wespenfreier, denen dann ein aus dem Holz hervorbrechender Käfer »guten Tag sagte«. So mußten sie sich nach neuen Miniergeräuschen umhören. Erscheint jedoch ein Wespenweibchen auf der Bildfläche, müssen die Bewerber erst einmal feststellen, zu welcher der drei so nah verwandten Arten die Braut gehört. Sie betrillern und beriechen sie mit den langen Antennen, und nach ausgiebiger zoologischer Bestimmungsarbeit vollzieht nur das artzugehörige Männchen die Kopulation. Nach dieser Entdeckung ist es sehr wahrscheinlich geworden, daß auch weibliche Schlupfwespen ihr im Holz rumorendes Ziel mit

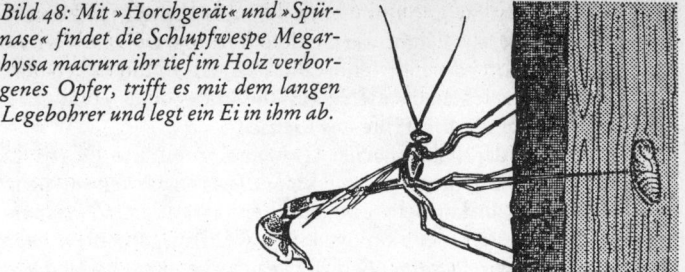

Bild 48: Mit »Horchgerät« und »Spürnase« findet die Schlupfwespe Megarhyssa macrura ihr tief im Holz verborgenes Opfer, trifft es mit dem langen Legebohrer und legt ein Ei in ihm ab.

Hilfe ihres »Horchgerätes« akustisch aufspüren. Ihre »Ohren« sitzen übrigens an allen sechs Füßen und bestehen aus vibrationsempfindlichen Sinneszellen.

Ähnliche Verwechslungen wie den Männchen dürfen den Eier legenden Weibchen aber nicht unterlaufen. Eine weibliche *Megarhyssa*-Schlupfwespe kann ihren Nachkommen nur dann das Leben sichern, wenn sie die Eier in Larven der Holzwespe (die nicht mit der holzbohrenden Schlupfwespe zu verwechseln ist!) legt. Würde das Ei irrtümlich in ein anderes holzbewohnendes Insekt, etwa in einen Buchdrucker oder in eine Bockkäferlarve geraten, würde der Schmarotzer entweder von den inneren Abwehrkräften des Wirts abgetötet oder das Umgekehrte geschehen: Der Wirt stirbt vorzeitig und damit auch der ungebetene Gast.

Da Irren bei Wespen also tödlich ist, muß vorgebaut werden – in diesem Falle wahrscheinlich mit der »Nase«. Während der Parasit auf dem Baumstamm krabbelt, riecht er die lebenden Wesen in den hölzernen »U-Bahn-Tunneln«. Vielleicht gibt dann nur ein ganz spezieller »Lock«-Duft bei ihm Alarm, wenn er sich über dem richtigen Wirtstier für seine Eier befindet. Die exakte Ortung besorgt dann das »Horchgerät«.

Gegen dieses kombinierte »Waffenleitsystem« scheinen die Larven aber ein Gegenmittel zu besitzen. Sobald die im Holz rumorenden Larven das Bohrgeräusch des Wespenstachels vernehmen, verhalten sie sich mucksmäuschenstill. Professor Heatwole konnte feststellen, daß die Treffsicherheit der Schlupfwespen dann erheblich geringer wird.

Vielen Schlupfwespen widerfährt oft das Mißgeschick, daß sie Eier in Wirtstiere legen, denen bereits von einer anderen Schlupfwespe Eier injiziert wurden. Diese im Plan der Natur nicht vorgesehene Larvenübervölkerung ist meist für alle Beteiligten tödlich. Im günstigsten Fall überlebt nach hartem Konkurrenzkampf nur eine

Larve. Deshalb hat die Evolution auch Schlupfwespenarten hervorgebracht, die diesen Fehler vermeiden. *Horogenes chrysostictos* (106), die Mehlmotten befällt, kann zum Beispiel gesunde Wirtstiere von solchen unterscheiden, die schon »besetzt« sind. Vermutlich stellt sie die Diagnose mit Hilfe des Geruchs.

Einen außerordentlich scharfen Geruchssinn konnte Dr. R. L. Doutt (107) an der Schlupfwespe *Pimpla bicolor* nachweisen, die in Puppen eines südafrikanischen Nachtfalters parasitiert. Zu seinem Experiment hatte sich der Zoologe einen Wald ausgesucht, in dem man noch nie zuvor *Pimpla*-Schlupfwespen gesehen hatte. Dort brach er einen einzigen Puppenkokon des dort ebenfalls nicht vorkommenden Nachtfalters auf. Eine Duftwolke entströmte ihm, und eine Viertelstunde später erschien ein ganzer Schwarm von *Pimpla*-Weibchen, die sich nicht nur auf den Kokon setzten, sondern auch auf die duftbesprühten Hände des Experimentators.

Daß wir heute noch unser täglich Brot essen können, verdanken wir zum großen Teil der guten »Nase« der Erzwespe *Lariophagus distinguendus*. Sie hält eine der schädlichsten Insektenarten kurz: den Kornkäfer. In den letzten Jahrzehnten hat sich der Käfer von Südeuropa über den gesamten Erdball ausgebreitet. Das drei bis vier Millimeter große Tier lebt in den Getreidelagern und bohrt zur Ablage eines Eies je ein Weizen- oder Roggenkörnchen an. Der Nachwuchs frißt seine Behausung hohl, kriecht als fertiger Käfer aus und tut sich weiterhin inmitten des Nahrungsüberflusses gütlich.

Es wäre für den Kornkäfer das reinste Schlaraffenland, wenn die Erzwespe nicht wäre. Dr. A. H. Kaschef (108) stellte die Fähigkeiten dieses Getreidepolizisten auf die Probe. Unter einen Haufen von 96 000 gesunden Weizenkörnern mischte er 118 Körner, die vom Kornkäfer befallen waren, und schickte die Wespen auf die Suche. Bis auf vier Stück wurden alle Körner gefunden, obwohl sie sich nur durch den Geruch und ein winziges Loch von den gesunden unterschieden und bis zu 32 Zentimeter tief in der Masse verborgen lagen.

Dieses Beispiel ist ein Vorbild für duftgesteuerte Sortiermaschinen aller Art.

»Aus den Tiefen des Meeres steigen die Fische auf und versammeln sich zu Schwärmen von Hunderten, Tausenden, ja Millionen«, so beschreibt Dr. Friedrich Dörbeck (109) die Lachswanderung im ostsibirischen Amurfluß. »Anfangs halten sich vereinzelte Tiere an ruhigeren Stellen, am Ufer oder in Vertiefungen des Flußbettes auf. Ihre Zahl wird immer größer. Nun wagen sie sich in die Mitte des Stromes, und plötzlich stürmen sie in großen Massen vorwärts. Das Flußbett ist jetzt überfüllt von ihren Scharen. Kein Hindernis hält sie auf. Sie überspringen meterbreite Sandbänke und im Flusse treibende Baumstämme, wälzen sich, sich krümmend und plätschernd auf der Seite liegend, über Stromschnellen hinweg. An tieferen Stellen wird kurze Rast gemacht. Diese ›Parkplätze‹ sind dann so überfüllt, daß man mehr Lachse als Wasser sieht.«

Allein im nördlichen Fernosten schätzte man um 1900 die jährliche Zahl der aus dem Meer in die Flüsse wandernden Lachse auf 400 Millionen. Seither pflegte die Konservenindustrie die Fische an den »Parkplätzen« mit Wasserrädern aus dem Fluß zu baggern. Die Verschmutzung der Flüsse durch Abwässer tat ein übriges, und so bekommt dieses gewaltige Naturschauspiel – besonders in Europa – langsam Seltenheitswert.

Woher kommen die Lachse und was suchen sie in ihrem wahnwitzigen Vorwärtsdrang?

Sieben Jahre ist es bei diesem wilden Flußaufwärts-Sturm her, daß der Lachs in einem klaren Gebirgsbach als zwei Zentimeter winziges, durchsichtiges Wesen aus dem Ei geschlüpft ist. (Bei anderen Lachsarten dauert diese Zeitspanne nur zwei, drei oder fünf Jahre!) In den ersten drei bis vier Lebensmonaten zehrt der neue Erdenbürger noch aus einem »Brotbeutel«, den ihm die Mutter mitgegeben hat: einem rötlichen Dottersack, der unter dem Bauch hängt und ihm über die karge Winterszeit hinweghelfen soll.

Ist der Vorrat aufgezehrt, muß sich der inzwischen auf fünf Zentimeter angewachsene Fingerling aus der von seiner Mutter angelegten Grube herausarbeiten und im fließenden Quellwasser mit Tausenden seiner Geschwister auf Jagd gehen. So gelangt er bald mit der Strömung ins Meer, macht sich dort von der übrigen Kinderschar selbständig und geht ganz allein auf Weltreise über Tausende von Meilen.

Erst sieben Jahre später taucht der ausgewachsene Lachs aus den

Weiten des Ozeans mit der Präzision eines planmäßigen Übersee-
frachters fast auf den Tag genau wieder an der Flußmündung auf.
Dann beginnt ein panischer Marathonlauf, ein Wettschwimmen mit
einer Armee von Rivalen und mit dem Tod.

In westkanadischen Flüssen geht die im wahrsten Sinne des Wortes zermürbende Rennstrecke bis zu 1600 Kilometern stromauf, wie
Dr. J. R. Brett (110) vom Kanadischen Fischerei-Forschungsinstitut
in Nanaimo berichtet. Mit einer Durchschnittsgeschwindigkeit von
vier und einem Spitzentempo von sieben Kilometern in der Stunde
peitschen sich die Tiere nahezu pausenlos, Tag und Nacht, ohne
Nahrung aufzunehmen, ihrem Ziel entgegen – zwei bis drei Wochen
lang.

Die ungeheure körperliche Anstrengung verbraucht 96 Prozent
des Körperfetts und 53 Prozent der Eiweißsubstanz. Die Freß- und
Verdauungsorgane bilden sich bis zum völligen Schwund zurück,
während die Fortpflanzungsorgane gewaltig wachsen. Die Lachse
verlieren ihren Silberglanz und werden erst schmutziggelb und
schließlich olivenfarbig. Beim Männchen verlängert und verbiegt
sich das Maul zu einem kneifzangenförmigen Gebilde. Im Nacken
wuchert ein häßlicher Höcker ungenießbaren Fleisches. Die Kie-
menplatten werden hart und brüchig, und das Atemvermögen
schwindet mehr und mehr.

Trotz dieser elenden Körperverfassung fechten die männlichen

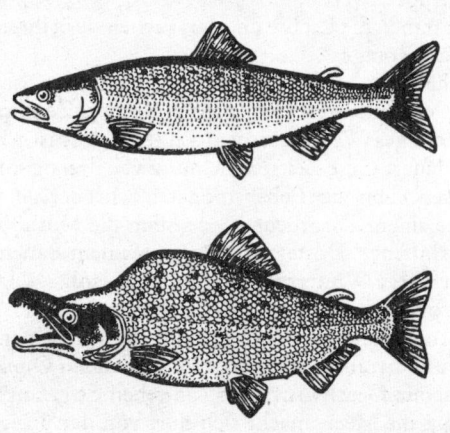

*Bild 49: Lachse verändern ihr Aussehen in erschreckender Weise, wenn sie
flußaufwärts wandern. Während der Rücken des Weibchens (oben) fast
geradlinig wird, biegt er sich beim Männchen (unten) zu einem Buckel.*

Lachse wilde Kämpfe gegeneinander aus, sobald sie die Laichplätze erreicht haben. Indessen graben die Weibchen mit federnden Bewegungen etwa 25 Zentimeter tiefe Mulden in ruhige Uferzonen des Flußbetts und legen etwa je 2000 Rogenkörner darin ab. Anschließend ist Damenwahl. Dabei haben die in den Turnierkämpfen erfolgreichsten Männchen die besten Chancen, das Gelege besamen zu dürfen. Kurze Zeit später sterben beide Eltern.

So erregend diese Tatsachen aus dem Leben der Lachse auch sind, die eigentliche Sensation kam erst im Jahre 1939, als der Kanadier Dr. W. A. Clemens (111) ein verblüffendes Experiment durchführte. Er hatte in einem Seitenfluß des Fraser-River-Systems 469326 in Richtung Pazifik ausreisende Junglachse mit Plomben markiert. Jahre später fing er 10958 Heimkehrer mit diesem Kennzeichen wieder ein. Und was das Erstaunlichste ist: In keinem anderen Seitenfluß wurde auch nur ein einziger markierter Lachs gefangen.

Die Fische waren also nicht einfach aus dem Ozean in einen beliebigen Fluß geschwommen und dort in den nächstbesten Seitenarm, um an bequemer Stelle zu laichen. Die unsägliche Anstrengung der letzten Lebenstage hatte nur einem Ziel gegolten: dem Ort der Geburt. Nicht ein Lachs hatte sich bei der Suche nach seiner Heimat verirrt.

Schon kurz danach kursierten die wildesten Spekulationen über die Technik, mit der die Lachse diese phänomenale Heimkehrleistung vollbringen. Man sprach von Erdstrahlen, Magnetismus, einem mystischen Sinn für die »Urheimat«. Erst Ende der fünfziger Jahre konnten Zoologen das Rätsel lösen.

Was hatte es zum Beispiel mit diesem »Heimatgefühl« auf sich? Um das herauszubekommen, unternahmen 1957 Dr. R. L. Donaldson und Dr. G. H. Allen (112) folgendes: Sie fischten aus dem Quellgewässer eines Flusses in den Rocky Mountains frischen Lachslaich und verfrachteten ihn mehrere hundert Kilometer weit in den Gebirgsbach eines anderen Flußsystems. Was würden die Tiere nun als ihre Heimat betrachten: den Bergfluß, in dem seit Urzeiten alle ihre Vorfahren aus dem Ei geschlüpft und gestorben waren, oder lediglich jenen Ort, den sie sich in frühester Jugend als winzige Wesen als Ausgangspunkt ihrer Reise »gemerkt« hatten?

Das Resultat war eindeutig: Nachdem sie jahrelang im Meer gelebt hatten und ausgewachsen waren, suchten die Heimkehrer ohne Ausnahme den Fluß auf, in den die Wissenschaftler ihren Laich verfrachtet hatten. Aus war es mit der Hypothese vom mystischen Heimatgefühl. Hingegen schienen sich die Lachse genau an den Weg zu erinnern, den sie als kleine Fischkinder vor Jahren in umgekehrter Richtung geschwommen waren. Ist diese Entdeckung nicht noch viel wunderbarer als die nunmehr zerstörte mystische Theorie?

Aber wie sollte man dieses Wiedererkennen des Flusses und des richtigen Seitenarmes auf rationale Weise für möglich halten? Es ist ja kaum anzunehmen, daß sich der Lachs das Bild der Landschaft über oder unter Wasser einprägt. Da stellte Arthur D. Hasler (113), Professor an der Universität von Wisconsin, mit dem Spürsinn des passionierten Zoologen gleich die richtige Arbeitshypothese auf. Er vermutete, daß sich die Lachse nach dem Geruch ihres heimatlichen Quellgewässers orientieren und einer charakteristischen Duftspur stromaufwärts in ähnlicher Weise folgen wie Hunde der Geruchsfährte.

Daß Fische riechen können, war schon am Beispiel der Elritzen und Muränen (siehe Seite 112) gezeigt worden. Welche hervorragenden Leistungen sie auf diesem Gebiet vollbringen, konnte 1957 Dr. Harald Teichmann (114) am Beispiel der Aale erfahren. Das Ergebnis seiner Experimente an der Universität Gießen grenzt ans Unwahrscheinliche: Verdünnt man so viel künstlichen Rosenduft, wie ein einziger Fingerhut fassen kann, mit der 58fachen Wassermenge des Bodensees, so ist der Aal immer noch in der Lage, diesen Geruch zu erkennen und darauf zu reagieren! Damit übertrifft er sogar noch die Riechleistung eines hochqualifizierten Spürhundes.

Aber unterscheiden sich Flüsse auch im Geruch? Professor Hasler konnte nachweisen, daß es Bestandteile der Pflanzenwelt im Einzugsgebiet des Flusses sind, die ihn in charakteristischer Weise parfümieren. Im Labor konnte er Lachse auf Wasserproben aus verschiedenen Flüssen dressieren.

Die letzte Bestätigung seiner These verschaffte sich der amerikanische Zoologe durch folgenden Versuch: In zwei Armen des Issaquah-Flusses im Staate Washington fing er 302 heimkehrende Lachse und schaffte sie wieder stromabwärts unterhalb der Flußgabelung. Dort verstopfte er der Hälfte der Fische die Nase mit Baumwollpfropfen und ließ sie wieder frei. Die Lachse mit unbehinderter Nase entschieden sich ausnahmslos wieder für denselben Seitenarm, in den sie beim erstenmal hineingeschwommen waren. Die riechunfähig gemachten Tiere waren indessen völlig desorientiert. Sie kreuzten immerzu umher und konnten sich für keinen Weg entschließen.

Dies brachte Professor Hasler auf eine Idee. Er will einen künstlichen Duftstoff entwickeln, mit dem Fischer und Züchter die Lachse in erwünschte Seitenflüsse zu ausgesuchten Laichplätzen locken können.

Bisher ist die Situation nämlich so: Ein Laichplatz, an dem durch Raubtiere, Fischer, giftige Fabrikabwässer, Stauwerkbau einmal die gesamte Lachsbrut vernichtet worden ist, wird nie mehr von Lachsen besucht – auch nicht, wenn die schädliche Ursache beseitigt worden ist. Man kann laichfähige Lachse fangen und gewaltsam an einen solchen Ort verfrachten. Es hilft nichts. Ein übermächtiger Instinkt verbietet den Tieren, in Gewässern den Vermehrungsakt zu vollziehen, in denen der Geruch ihres Geburtsortes fehlt. Sie sterben, ohne den Laich abgelegt zu haben.

Wenn man jetzt aber in Zuchtanstalten Lachsbrut auf einen geeigneten synthetischen Duftstoff prägt, müßten sich mit Hilfe dieses Pfadfindergeruchs verwaiste Gewässer erneut besiedeln lassen. Besonders für deutsche Flüsse, in denen die Lachse nahezu ausgestorben sind, dürfte dieses Verfahren von großer Bedeutung sein.

Die Diktatur der Liebesdüfte
Sexual-Lockstoffe

Man stelle sich einmal vor, man wäre ein Schmetterlingsweibchen und ganz allein auf weiter Flur. Das nächste heißersehnte Männchen wartet in einer Entfernung von elf Kilometern auf ein Zeichen. Wie kann man sich in solch scheinbar hoffnungsloser Situation überhaupt bemerkbar machen?

Durch Rufen? Unmöglich. Es gibt keinen Menschen, der elf Kilometer weit schreien kann, geschweige denn einen Schmetterling. Durch optisches Signalisieren? Unmöglich. Das Facettenauge erkennt Bilder nur auf kürzeste Distanz. Durch Aussenden eines Parfüms? Unmöglich, denn selbst ein hochqualifizierter Spürhund vermag nur einer Fährte zu folgen, nie und nimmer aber einen Gesuchten auf elf Kilometer direkt zu riechen.

Unmöglich, unmöglich, unmöglich – so denkt der Mensch immer, wenn er von sich auf andere schließt. Und doch ist es möglich, denn ein Seidenspinnermännchen findet nun einmal sein Weibchen über viele Kilometer hinweg im direkten Anflug. Dennoch gibt es schreiende Schmetterlinge, ultraschallschreiende! Von ihnen wird noch später die Rede sein. Und dennoch riechen Schmetterlinge einander. Nobelpreisträger Adolf Butenandt (115) und seine Mitarbeiter Dr. R. Beckmann, Dr. Dankwart Stamm und Dr. Erich Hekker (116) haben das bewiesen.

Es ist kaum zu glauben: Das Schmetterlingsweibchen besitzt knapp ein zehntausendstel Milligramm eines speziellen Parfüms. Davon sublimiert jeweils nur ein geringer Teil in die Luft und wird dort unvorstellbar weiter verdünnt. Und diese unfaßbar geringen Spuren lösen noch in kilometerweiter Entfernung bei den Männchen lebhafte Suchreaktionen aus, die sie zur Duftquelle führen.

Offenbar genügt es, wenn von Zeit zu Zeit nur wenige Duftmoleküle auf die Antenne des Schmetterlingsmännchens auftreffen. Dieses hochempfindliche Empfangsorgan, das wie ein Palmwedel aussieht, ist praktisch ein aus dem Kopf herausgequollener Teil des Nervensystems. Nicht weniger als 40000 Sinnesnervenzellen verschiedener Typen drängen sich hier auf engstem Raum dicht an dicht.

Diese wenigen Duftmoleküle aber bestimmen mit diktatorischer Gewalt die kurze Lebensspanne, die dem Seidenspinnermännchen beschieden ist. Sein wahrhaft ätherisches Leben beginnt, wenn der Falter aus seiner Verpuppung schlüpft. Zunächst bewegt er sich kaum, fliegt überhaupt nicht, sondern setzt sich lustlos an geschützter Stelle zur Ruhe (117).

Das hat seinen guten Grund, denn für die gesamte Dauer seines Daseins lebt das Insekt nur von Luft und Liebe. Es ist im Gegensatz zu vielen anderen Schmetterlingsarten unfähig, auch nur den kleinsten Nahrungsbrocken oder -tropfen zu sich zu nehmen. Wenn die Energieration, die es von seiner Puppe in Form von Fett mitbekommen hat, aufgebraucht ist, kommt der Tod. Will es die Aufgaben, um

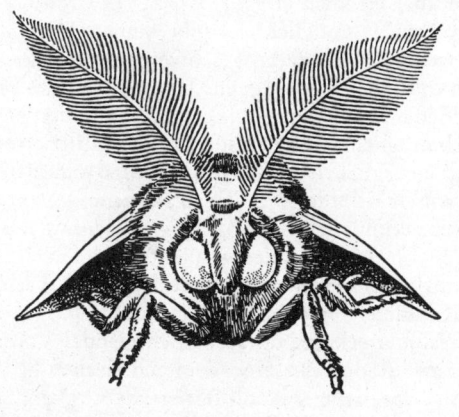

Bild 50: Nicht weniger als 40000 Sinnesnervenzellen drängen sich auf den »Palmwedeln« des Seidenspinnerschmetterlings.

derentwillen es auf der Welt ist, rechtzeitig erfüllen, muß es also mit seinen Kräften haushalten. »Blinde« Flüge, um auf gut Glück nach einem Weibchen zu suchen, wären eine unverantwortliche Kraftverschwendung.

So sitzt das Seidenspinnermännchen also geduldig in Wartestellung, bis der Wind ihm ein paar Duftmoleküle des weiblichen Sexual-Lockstoffes an die Antenne bläst. Dann aber bleibt dem Schmetterling keine andere Wahl. Wie von unsichtbaren Fäden gezogen, muß er hochfliegen und so lange unentwegt mit den Flügeln schlagen, bis er ans Ziel gelangt ist oder bis ihn die Kräfte verlassen.

Wie findet der von wenigen Duftmolekülen alarmierte Schmetterling das so weit entfernte Weibchen? Welche Technik befähigt das kleine Insekt, so viel mehr zu leisten als ein ständig an die Fährte gebundener Hund?

Es gibt zwei grundsätzlich verschiedene Methoden der Ortung von Duftquellen. Die eine ist das langsame Sich-Heranriechen in Gebiete mit ständig stärkerer Duftstoffkonzentration, also das Verfolgen eines Duftgefälles, eines sogenannten Gradienten. Elementar ausgedrückt: Wenn das Tier den Lockduft im linken Nasenloch oder an der linken Antenne stärker spürt als rechts, wendet es sich so lange nach links, bis der Geruch rechts stärker geworden ist. So kommt es dem Ziel im Wellenlinienkurs näher und näher. Bienen schlängeln sich zum Beispiel auf diese Weise an Blüten heran, deren Duft ihnen bekannt ist. Bindet man ihnen die beiden Antennen über kreuz, fliegen sie in entgegengesetzter Richtung von der gesuchten Duftquelle fort. Seidenspinnerschmetterlingen würde diese Ortungstechnik nicht viel nützen. Im Kilometerabstand vom Weibchen, wo der Sexual-Lockstoff so stark verdünnt ist, daß nur hier und da wenige Einzelmoleküle umherschweben, gibt es nur eine Zufallsverteilung, nicht aber ein Duftgefälle. Deshalb hat die Natur hier etwas anderes »erfunden«: Sie läßt die Seidenspinner durch den Duft lediglich zur Flugaktivität erregen. Gesteuert wird dann mit den beiden »Windgeschwindigkeitsmessern« in den Antennengelenken frontal gegen die Windrichtung. So kommen die Tiere auch zum Ziel.

Zur maximalen Leistungsfähigkeit dieser Technik ist noch etwas anderes unabdingbar. Nehmen wir einmal den Fall, ein Hund hebt im Wald die Nase. So gelangen sicher einige Moleküle Rehduft in das Riechorgan sowie einige Moleküle Hasen-, Rebhuhn-, Mäuse- und Menschenduft. Auf sehr große Distanz sind das aber immer nur unkenntliche Fragmente, da die charakteristischen Düfte dieser Wesen ein Gemisch aus Dutzenden oder gar Hunderten von verschiedenen Duftmolekültypen sind. So kann der Hund nicht allzu viel damit anfangen, es sei denn, er bekommt Moleküle aller zu einem Geruch gehörenden Sorten gleichzeitig in die Nase.

Um aus erheblich größerer Entfernung gut kennzeichnend zu sein, besteht der Sexual-Lockstoff des weiblichen Schmetterlings nur aus einem einzigen Molekültyp. Umgekehrt besitzt das Männchen auf seiner Antenne unter anderem Riechsinneszellen, die nur auf diesen einen Molekültyp reagieren und auf keinen anderen Duftstoff der Welt sonst. Sie stellen sozusagen eine Spezialnase für einen einzigen Duft dar. Das ist der Grund, weshalb der Schmetterling viel weiter riechen kann als der Hund, obgleich die Empfindlichkeit des Riechsinnes bei beiden Tierarten etwa gleich gut ist.

Was dem Seidenspinner recht ist, ist zahllosen anderen Insekten billig. Auch die Angehörigen der meisten anderen Insektenarten signalisieren ihre Ehepartner mit Düften herbei; andere Schmetterlingsweibchen, Hummelmännchen, die ihren Lockstoff aus Blütenölen extrahieren (118), Fruchtfliegen, auch »Fußgänger« wie Küchenschaben, Gurkenkäfer und Kornkäfer, die nur zu ganz bestimmten Nachtzeiten (eine Art von 23 bis 4 Uhr, eine andere von 2 bis 6 Uhr) duften, um sich ihren tagaktiven Feinden nicht zu verraten, ja sogar Wasserwanzen sind unter den Parfümeuren.

Professor Martin Lindauer (119) schätzt, daß es im Insektenreich etwa eine halbe Million artverschiedener Lockdüfte gibt. Viele davon können wir gar nicht wahrnehmen, einige aber riechen für unsere Nase nach Ananas, Schokolade, Zitronenöl, Moschus, Blumen. Ein Duftstoff, den eine tropische Wasserwanze von sich gibt, riecht nach Zimt. Einwohner Südostasiens quetschten diesen Tieren die Drüsen aus und verwendeten den Duftstoff zur Zubereitung ihrer Reismahlzeiten. 1957 gelang es Professor Butenandt (115) und seinem Mitarbeiter Dr. Tam, die Struktur dieses sogenannten Belostoma-Duftstoffes aufzuklären und ihn synthetisch herzustellen. Er wird jetzt als Gewürz nach Asien verkauft.

Bei – fast! – jeder Insektenart sieht das Molekül des Sexual-Lockstoffes anders aus.

Das Duftmolekül ist der Schlüssel zur Liebe artgleicher Partner. Paßt er nicht, vollziehen die Tiere keine Begattung, auch wenn sie sich im Körperbau nahezu gleichen. Somit verhindert die Molekülform Bastardisierungen zwischen verschiedenen Tierarten.

Ein Beispiel: In der Familie der *Drosophila*-Obstfliegen, jenen ebenso winzigen wie lästigen Wesen, die sich überall dort in großer Zahl einfinden, wo Früchte faulen und gären, gibt es rund 2000 verschiedene Arten. Jede verfügt offenbar über ein etwas anders

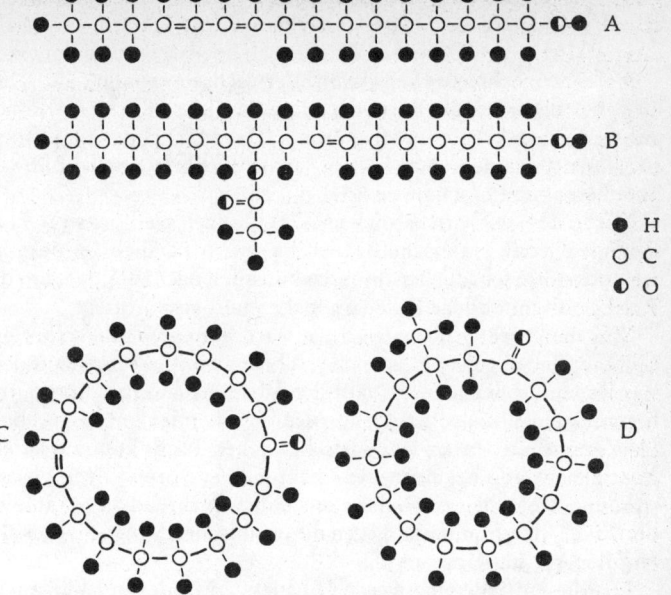

Bild 51: Erstaunlich ähnlich und doch wieder unterschiedlich ist der Aufbau des Lockstoffes beim Seidenspinner (A) und beim Schwammspinner (B), bei der Zibetkatze (C) und beim Moschustier (D). H = Wasserstoff, C = Kohlenstoff, O = Sauerstoff.

gebautes Sexual-Lockstoff-Molekül, denn Angehörige verschiedener Arten »können sich nicht riechen«. Amputiert man aber die Antennen der Weibchen, ist die artentrennende Schranke sofort verschwunden. Eben noch einander höchst unsympathische Mitglieder fremder Arten haben nichts mehr gegeneinander einzuwenden und zeugen ohne Hemmungen Bastarde.

Allerdings gibt es auch Ausnahmen von der Regel. Der Duft des weiblichen Tabakschwärmers erregt zum Beispiel nicht nur das arteigene Männchen, sondern auch das Liebesbedürfnis des Männchens der Indischen Mehlmotte. Dieses kommt auf den Geruch hin sofort herbeigeflattert und macht einen Heiratsversuch, obgleich das Bemühen schon rein anatomisch völlig unmöglich ist, denn die Motte wirkt wie ein Zwerg gegen das Riesenweib des Schwärmers. Hier hat also die Natur »aus Versehen« zweimal den gleichen Lockstoff erschaffen.

Der raffiniertesten Dufttäuschung bedient sich das südamerikanische Urwaldgewächs *Ophrys insectifera*. Diese Pflanze sendet aus ihren Blüten einen Duft, der dem Sexual-Lockstoff eines dort vorkommenden Schmetterlings zum Verwechseln ähnlich ist. Und nicht nur das, auch die Form der Blüte trägt wesentliche Merkmale des weiblichen Schmetterlingskörpers. Das Männchen fällt prompt auf diesen Trick der Natur herein, versucht lebhaft, mit der Blüte zu kopulieren, und bestäubt sie hierbei (120).

Neben dem wissenschaftlichen Wert besitzen die Lockstoff-Forschungen große praktische Bedeutung. Es ist nämlich verlockend, die Lockstoffe schädlicher Insekten künstlich nachzubilden, um die Tiere damit in tödliche Fallen zu locken und auszurotten.

Daß die Insekten der ständig anwachsenden Weltbevölkerung überhaupt noch genug pflanzliche Nahrung übriglassen, ist nur dem massierten Großeinsatz hochgiftiger Schädlingsbekämpfungsmittel zu danken. Milliardenbeträge werden für Chemikalien ausgegeben, um Zehnmilliarden an landwirtschaftlichen Produkten zu retten. Aber gleichzeitig beginnen die Insektizide auch für Vögel, Fische, Wild und Menschen zur Gefahr zu werden. Während die Schädlinge allmählich eine Immunität gegen die chemischen Stoffe entwickeln, vergiften wir uns langsam selbst.

Aus diesem Dilemma werden uns letzten Endes nur künstliche Sexual-Lockstoffe retten können. Sie sind ungiftig und richten sich scharf gezielt nur gegen eine Insektenart. Außerdem genügen relativ kleine Mengen, und die Schädlinge können keine Immunität gegen sie entwickeln.

Nur leider sind sie außerordentlich schwer in den Griff zu bekommen. Denn bevor man sie synthetisch herstellen kann, muß man ihren atomaren Aufbau kennen. Wie aber soll man die chemische Struktur eines Stoffes ergründen, von dem man nur ein paar Milligramm erhält, wenn man einer halben Million (!) von Tieren die Hinterleibsdrüsen ausquetscht?

Nach zwanzigjährigem Experimentieren, unvorstellbaren Mühen und Enttäuschungen ist das Kunststück zwei Forscherteams 1959 schließlich unter Einsatz der neuesten technischen Apparaturen gelungen: Eine Arbeitsgruppe unter Professor Adolf Butenandt (121) konnte am Max-Planck-Institut für Biochemie in München die Strukturformel des Seidenspinner-Sexual-Lockstoffs aufklären und kurze Zeit später diese Substanz synthetisch darstellen. Fast gleichzeitig vollendeten Dr. Martin Jacobson und Dr. Morton Beroza (122) am Landwirtschaftlichen Insektenforschungsinstitut in Beltsville, USA, dasselbe mit dem Sexual-Lockstoff des Schwammspinners, dessen Raupen an Obst- und Waldbäumen großen Schaden anrichten.

Überrascht hat insbesondere die Tatsache, daß die lang gesuchten Lockstoffe keineswegs überaus komplizierte Verbindungen mit geheimnisvollen chemischen Eigenschaften sind. Es handelt sich ganz schlicht um einfache Kohlenwasserstoffketten mit einigen »Anhängseln«. Wie aus Bild 51 zu ersehen ist, haben beide Stoffe auch große Ähnlichkeit miteinander. Allerdings muß bei der Synthese auch die genaue geometrische Anordnung der Atome im Kettenmolekül präzise nachgebildet werden. Durch ein sytetisches Duftmolekül gleicher chemischer Formel, aber falscher räumlicher Anordnung auch nur eines einzigen Atoms läßt sich kein Schmetterlingsmännchen verführen.

Seit 1960 hat Dr. Jacobson (123) 50000 Schwammspinnerfallen in Neu-England aufgestellt und konnte damit erreichen, daß sich der aus Europa eingeschleppte Schädling nicht weiter über die Nordoststaaten der USA ausgebreitet hat. Wenn dem Forscher bisher noch kein vollständiger Vernichtungserfolg beschieden war, so hat das seinen Grund in der betrüblichen Tatsache, daß geringe Verunreinigungen durch nicht restlos geglückte Duftmoleküle den Anlockeffekt der einwandfreien Moleküle blockieren. Es ist leider nicht zu ändern, daß die künstlichen Anlockstoffe von einer technisch nur schwer erreichbaren Reinheit sein müssen – wenigstens bei der Bekämpfung des Schwammspinners.

Es wäre ein hoffnungsloses Beginnen, wollte man bei der chemischen Duftstoffanalyse jeder einzelnen Schädlingsart genauso vorgehen wie beim Seiden- und Schwammspinner. Die Ähnlichkeit der bisher bekannten Lockstoffe brachte die Wissenschaftler jedoch auf die Idee, auch von der anderen Seite vorzugehen: Sie basteln ähnliche Molekültypen zusammen und probieren, ob die Männchen irgendeiner Insektenart mit sofortigem Herbeiflattern darauf reagieren.

Dieser Aktion war gleich auf Anhieb ein unerwartet schöner Erfolg vergönnt: Dr. Jacobson fand auf diese genial einfache Weise den Lockstoff der Mittelmeerfruchtfliege. Dieser nach Florida eingeschleppte Schädling war bereits zu einer existenzbedrohenden Gefahr für die dortigen Obstplantagen geworden. Innerhalb von zwei Jahren wurde die Fliege durch Lockstoff-Gift-Kombinationen restlos ausgerottet.

Nach Umstellen einiger Atome im Lockstoffmolekül sprach die Orientalische Fruchtfliege auf den Duft an. Sie verheerte gerade die Plantagen auf der Marianeninsel Rota im Pazifik. Heute ist dort kein Tier dieser Art mehr am Leben.

1966 begann der große Fruchtfliegenkrieg auf Hawaii. Es wurde allerdings kein Blitzsieg, wie man zu Beginn hoffte. Auf der Inselgruppe lebten zu viele verschiedene Fruchtfliegenarten. Hatte man eine davon vernichtet, wurde ihre Millionenzahl gleich von Angehörigen einer anderen Art vollzählig ersetzt. Bis 1972 gelang es dann aber doch, die meisten Schädlinge auszurotten.

Ein Kannibale mit Angst vor der eigenen Untat
Schreck- und Warnstoffe

Touristen, die vom Bootsanleger unserer Alpenseen jene possierlichen kleinen Fische füttern, mästen zumeist Kannibalen. Ausgewachsene Elritzen fressen nämlich mit Vorliebe ihre eigenen Kinder. Ihnen fehlt die den meisten Tiereltern eingegebene Freßhemmung. Statt dessen hat die Natur diesen Fischen eine andere seltsame Verhaltensweise verliehen, die verhindert, daß sich die Art selber ausrottet.

Professor Karl v. Frisch (124) beobachtete folgendes: Irgendwo im Wolfgangsee schwamm ein Schwarm kleiner Elritzenkinder. Plötzlich kam ein großes Exemplar derselben Art daher. Natürlich flüchteten die Jungen nicht, denn vor ihresgleichen haben sie keine Angst. Den Erwachsenen aber übermannte der Appetit, und er schnappte sich ein Fischlein. Und nun geschah das Frappante: All die Kleinen, die noch einmal davongekommen waren, verweilten ungerührt am Ort. Aber der Kannibale zeigte unvermittelt panisches Entsetzen und stob in wilder Flucht davon. So blieben die übrigen Kinder verschont.

Wieso das? Hatten den Übeltäter Gewissensbisse vor der eigenen Untat gepackt? Solche Vermenschlichungen tierischen Verhaltens führen stets zu falschen Schlüssen. Aber die Schöpfung hat in vielen Fällen instinktive Reaktionsweisen in das Verhaltensinventar der Tiere »einprogrammiert«, die durchaus als moralanalog angesehen werden können.

Dem geschilderten Ereignis liegen folgende Tatsachen zugrunde: In dem Augenblick, in dem der Große den Kleinen zwischen den Zähnen zerfetzte, wurde aus der Haut des Opfers ein Schreckstoff frei und vermischte sich mit dem Wasser. Sobald ein artgleicher Fisch diesen Schreckstoff riecht, zwingt es ihn mit übermächtig wirkender Gewalt zur Flucht. Allein die Elritzenkinder blieben davon unbeeindruckt, weil in ihnen der Sinn für den Schreckstoff erst im Alter von vier bis acht Wochen reift.

Das Kuriosum, daß ein Räuber sich selber in die Flucht schlägt, ist nur die Randerscheinung eines Phänomens, das unter Fischen weit verbreitet ist und eigentlich zu einem etwas anderen Zweck »erfunden« wurde. Der Schreckstoff, den viele Arten friedlicher Schwarmfische nach Forschungen von Dr. Wolfgang Pfeiffer (125) in speziellen Kolbenzellen innerhalb der Haut erzeugen, soll in erster Linie alle Mitglieder eines Schwarmes aus der Gefahrenzone verscheuchen, wenn einer der ihren von einem Raubfisch gefressen worden ist.

Der Verlust eines Tieres wird von den Schwarmgenossen nämlich oft visuell gar nicht bemerkt. Der Räuber lauert regungslos zwischen Steinen oder Wasserpflanzen versteckt, schnappt nur kurz nach einem Opfer, das unmittelbar an seinem Maul vorüberschwimmt und würde nach und nach so ziemlich alle Schwarmmitglieder verschlingen, wenn ihm nicht der Schreckstoff einen Strich durch die Rechnung machte.

Aufschlußreich ist folgendes Experiment: Man kann zum Beispiel eine Elritze fangen und ihr in einem mit Wasser gefüllten Einkochglas leicht die Haut ritzen. Sodann gießt man lediglich das Wasser ohne das verletzte Tier zurück in den See. Was sich nun unter den dort verbliebenen Schwarmgenossen ereignet, hat Dr. Erwin Kulzer (126) sehr eindrucksvoll beschrieben:

»Die Tiere beginnen sofort lebhaft zu schnappen und mit kräftigen Zügen Atemwasser durch Mund und Kiemenspalten zu saugen, wobei auch die Nasengruben stark umspült werden. Sie ›schnuppern‹ kurze Zeit, und plötzlich, als hätte ein Blitz mitten in den Schwarm geschlagen, schrecken sie zusammen. Ein wildes Umherstieben beginnt, und nach längerem Zickzackschwimmen verschwinden die Tiere in einem Versteck oder verharren dicht aneinandergedrängt am Boden. Nach einigen Minuten schießen einzelne Tiere wieder aus dem Versteck hervor und jagen kreuz und quer umher. Tagelang verschmähen sie das Futter.«

Jede Fischart wendet eine speziell für sie sinnvolle Taktik an. Schleien und Karauschen, die man im Aquarium mit arteigenem Hautbrei schreckt, schwimmen mit heftigen Flossenschlägen im »Sturz« gegen die Bodenscheibe. Im freien Gewässer würden sie dank dieses Verhaltens in einer alles verhüllenden Schlammwolke verschwinden. Gründlinge und Bartgrundeln erstarren an Ort und Stelle und rühren sich minutenlang nicht vom Fleck. Ihre Tarnfarbe macht sie dann nahezu unsichtbar. Knapp unter dem Wasserspiegel lebende Streifenbarben ballen sich an der Oberfläche zu einem dichten Schwarm zusammen, flitzen umher, schnellen sich aus dem Wasser und versuchen auf diese Weise, ihrem Feind zu entkommen.

Bemerkenswert ist, daß der Schreckstoff nur bei einer Hautverletzung frei wird. Er kann von einem geängstigten Tier nicht aktiv ausgestoßen werden wie der Warnruf eines Vogels. Mit anderen Worten: Praktisch muß der Alarmgebende erst dran glauben, um seine Schwarmgenossen auf die Gefahr aufmerksam zu machen. Mithin nützt ihm selber der Schreckstoff gar nichts, sondern nur den Artgenossen. Eine extrem altruistische Angelegenheit zur Erhaltung der Art!

Im Reich der Fische hat die Natur die »Erfindung« des Schreckstoffes seltsamerweise nur ein einziges Mal gemacht. Vor 70 Millionen Jahren im Eozän muß sich dieser Alarmduft bei einer Fischart entwickelt haben, die der gemeinsame Vorfahr aller heute lebenden Karpfenfische, Salmler und Welse war. Man schließt das aus der Tatsache, daß der Schreckstoff nur in einer einzigen Fischordnung zu finden ist, bei den Ostariophysen, zu denen 5000 Arten und zwei Drittel aller Süßwasserfische gehören.

Fische, die einer anderen Ordnung angehören und denen der Schreckstoff auch Vorteile bieten könnte, besitzen ihn nicht: Forellen, Äschen, Renken, Stichlinge, Hechte, Aale, Flußbarsche. Auch Meeresbewohner wie Heringe, Sardinen und Makrelen kennen eine Alarmierung durch Duftstoffe nicht. Das beweist, daß der Zufall bei den »Erfindungen« im Lauf der Evolution eine nicht zu unterschätzende Rolle spielt.

Andererseits ist diese »Erfindung« der Natur auch in ganz anderen Tierstämmen geglückt. Die Kaulquappen der Erdkröte reagieren zum Beispiel sehr stark auf ihren arteigenen Schreckstoff. Auch bei der südamerikanischen Wasserschnecke *Helisoma nigricans* setzt eine Massenflucht mit Eingraben in den Schlamm oder Herauskriechen aus dem Wasser ein, sobald der erste der Ihren im Maul einer Wasserschildkröte zerschnitzelt wird.

Allerdings: Der Schreckstoff der Erdkrötenkaulquappen verfehlt jegliche Wirkung auf Karpfen und andere durch Duft schreckbare Fische. Andererseits kann man mit dem Schreckstoff des Karpfens Karauschen jäh und Salmler gemächlich in die Flucht jagen und umgekehrt. Die Schreckstoffe sind also längst nicht so streng artspezifisch wie die Sexual-Lockstoffe der Insekten. Am stärksten schrecken sie Angehörige der eigenen Art. Artfremden gegenüber ist die Wirkung um so schwächer, je entfernter sie verwandt sind. Diese

Regel funktioniert so präzise, daß Dr. F. Schutz (127) mit ihrer Hilfe noch unklare Verwandtschaftsverhältnisse unter den 5000 Arten dieser Fischordnung richtigstellen konnte.

Eine Erklärung für diese Regel steht noch aus, da über die chemische Struktur der Schreckstoffe noch nichts bekannt ist.

Nicht geschreckt, aber gewarnt werden flußaufwärts wandernde Lachse durch alles, was nach Mensch, Bär, Hund, Seehund oder Seelöwe riecht. Befindet sich solch ein Lachsjäger irgendwo in seichter Strömung, empfindet der herankommende Fisch dessen Duft als Warnstoff, zieht sich ein Stück seitlich zurück und versucht den Aufstieg an anderer Stelle.

Im Gegensatz zum Schreckstoff wird der Warnstoff also vom Feind ausgeschieden. Er ist das aqualische Gegenstück zur Witterung, die Rehe und Gazellen durch die Luft vom Menschen oder Löwen bekommen, oder die umgekehrt auch der Löwe von der Gazelle spürt.

Viele Afrikaner glauben, eine Intelligenzleistung darin sehen zu müssen, daß sich Löwen stets wie menschliche Jäger gegen den Wind an ihre Beute anschleichen. Die Erklärung ist aber viel einfacher: Die sich durch das hohe Steppengras vorarbeitenden Raubkatzen orientieren sich, um nicht entdeckt zu werden, vorwiegend mit der Nase. Und wer den anderen riecht, kann gewiß sein, von diesem nicht gerochen zu werden.

Auch Tiere errichten Staatsgrenzen
Eigentumsmarkierungsstoffe

Wenn eine Expedition in den Urwäldern des Amazonas auf einen am Stock aufgespießten Totenkopf trifft, weiß jeder Teilnehmer: Dies ist ein Grenz-»Stein« zum Reich eines kriegerischen Indianerstammes. Wer die Markierung überschreitet, hat mit erbitterter Feindschaft zu rechnen.

Grenzen um persönlichen Landbesitz sind jedoch keine Erfindung des »sich von der Natur abkehrenden Menschen«, wie Jean-Jacques Rousseau meinte, dieser widernatürlichste aller Zurück-zur-Natur-Rufer. Denn bereits im Tierreich ist abgegrenzter »privater« Grundbesitz eine weitverbreitete Erscheinung, und Mißachtung der Grenzen wird auch hier streng bestraft – bei den angeblich so friedlichen Rehen genauso wie bei Bären, Flußpferden und Mäusen.

Freilich pflanzen Tiere keine Totenköpfe auf, und sie rammen auch keine Grenzsteine in die Erde, aber dafür besitzen sie ein anderes, höchst praktisches Kennzeichen: Duftmarken.

Alljährlich in der ersten Märzhälfte werden die Rehböcke, die sich während des Winters mit zahlreichen Artgenossen zu Notgemeinschaften, zu Rudeln oder »Sprüngen«, zusammengeschlossen haben, gegeneinander unduldsam. Die älteren Böcke tyrannisieren die jüngeren, bis jeder seine eigenen Wege geht und die Wintergemeinschaft vollends auseinanderbricht. Es ist eine weit verbreitete, aber irrige Vorstellung, daß Rehe auch im Sommerhalbjahr in Rudeln leben. Vielmehr sind sie dann, von der Paarungszeit abgesehen, extreme Einzelgänger, und jedes dieser grazilen Sinnbilder des Waldfriedens ist des anderen erbitterter Feind.

Im März muß also jeder Rehbock versuchen, von einem möglichst großen und günstigen Waldgebiet für sich allein Besitz zu ergreifen. Die hierzu nötigen Erkundungen hat er bereits während des gemeinsamen Umherziehens im Rudel gemacht. Besonderen Wert legt er auf das Vorhandensein einer geschlossenen Dickung, einer Schonung oder eines Jungtannendickichts, wo er Zuflucht finden und ungestört ruhen kann. Ebenso wichtig ist es, daß von dieser Dickung aus auf möglichst kurzem Weg Flächen mit reichhaltiger Äsung zu erreichen sind, also Graslichtungen und Getreidefelder.

Die Eroberung des besten Waldreviers geht nicht ohne eine Reihe seltsam »abstrakter« Auseinandersetzungen ab. Die Waffe der Böcke, das spitze Gehörn, ist nämlich im März noch nicht einsatzbereit. Es ist noch nicht vom Bast, von der stark durchbluteten Haut, freigefegt und verursacht selbst bei der zartesten Berührung empfindliche Schmerzen. Deshalb wird die Autorität, die sich jeder Bock im Winterrudel erkämpft hat, nunmehr kampflos respektiert.

Wie der Hamburger Naturwissenschaftler Rolf Hennig (128, 129) ausführt, kennen sich die Rehe eines Waldstückes alle persönlich recht gut und wissen auch, welcher Rang jedem einzelnen zukommt. Besichtigt zum Beispiel ein rangniederer Bock ein Waldstück, auf das schon ein ranghöherer ein Auge geworfen hat, so genügt es vollauf, wenn der ranghöhere seine Lauscher zurücklegt und nur mit einer Kopfdrehung zu seinem Rivalen hinüberäugt. Allein mit dieser Geste schlägt er ihn augenblicklich in die Flucht.

So werden rangniedere Böcke praktisch nur mit einer einzigen Kopfbewegung aus den bevorzugten Waldgebieten verdrängt und müssen nun eiligst zusehen, daß sie wenigstens noch ein anderes Revier abbekommen. Sobald ein Bock glaubt, in einer bestimmten Gegend bleiben zu können, beginnt er, das von ihm beanspruchte Gebiet mit einer Grenzlinie zu umziehen.

Diese Grenze ist zwar nicht zu sehen, aber an Büschen und Bäumen deutlich zu riechen. Der Rehbock besitzt zwischen und vor dem Gehörn unter dem krausen Haar der Stirnlocke eine Duftdrüse. Reibt er diese vorsichtig am Gezweig, so bleibt dort für mehrere Stunden ein intensiver Duft haften.

Da der Duft allmählich verfliegt, muß die Grenze alltäglich bis zu dreimal abpatrouilliert und nachmarkiert werden. Um sich diese ganz beträchtliche Arbeitslast zu erleichtern, legt der Rehbock die Grenze nach Möglichkeit an ruhigen Wegen, Schneisen und Lichtungen entlang. Dann braucht er nicht alle fünf Meter einen »Grenzstein« zu setzen wie im dichten Gehölz, sondern nur etwa alle dreißig Meter, und schafft bei dieser Vereinfachung eine Strecke von hundert Metern in ein bis zwei Minuten.

Je mehr Rehböcke in einem Waldstück leben müssen, je größer die Bevölkerungsdichte ist, desto häufiger trifft jeder einzelne Bock auf Rivalen, desto häufiger und sorgfältiger muß er die Grenzlinie ziehen und desto kleiner wird in der Folge davon das Revier, das er behaupten kann. Stirbt ein Bock oder wird er abgeschossen, so dehnen die Nachbarn ihr Revier nach Verduften der Grenze sofort so weit in das verwaiste Gebiet aus, bis sie aufeinandertreffen und dort neue Grenzen ziehen. So schwankt die Größe des Reiches eines Rehbocks je nach Bevölkerungsdruck, Rangordnung und Beschaffenheit des Geländes zwischen 10 und 100 Hektar.

Hätte der Mensch eine bessere Nase, könnte er im Wald noch wesentlich mehr Reviergrenzen riechen. Die weiblichen Rehe, die Ricken, sind ebenfalls Einsiedler. Ihre Grundstücksgrenzen überschneiden sich mit denen der Böcke – ohne daß daraus später in der Paarungszeit Eheansprüche abgeleitet würden. Es klingt grotesk, aber trotz der intensiven Hege durch Förster und Jagdpächter sind nähere Einzelheiten über das Revierverhalten der Ricken und die Kennzeichnung der Grenzen heute noch unbekannt.

Andere Grundstückseigentümer sind Hamster (130), die ihre Grenzen mit dem Duft der Flankendrüsen markieren, Marder und Dachse, die das Sekret der Afterdrüsen zum gleichen Zweck verwenden, Große Wühlmäuse, die ihr Sekret auf die Fußsohlen spritzen und dann mit einer Trommelbewegung der Beine entlang der Grenze Duftmarken stempeln. Von Braunbären dachte man bislang, sie litten unter der Krätze, weil sie Rücken und Schnauze ständig an

Bäumen und Felskanten reiben. Jetzt wissen wir, daß dies keine Krankheit ist, sondern das Markieren einer Reviergrenze an hervorstechenden Punkten der Landschaft: Beim Reiben hinterlassen die Bären eine stark duftende fettige Spur. Jedem anderen Bären ist es bei Lebensgefahr verboten, diese Marken zu mißachten.

An Krätze dachte man auch beim wilden Kaninchen, obgleich es hätte auffallen müssen, daß sich diese Tiere mit den Hinterbeinen fast immer nur am Kinn kratzen. Bei näherer Betrachtung stellten australische Forscher (131) fest, daß sich am Kaninchenkinn weder Milben noch Flöhe befinden, sondern Duftdrüsen, deren Sekret ebenfalls mit den Füßen beim Patrouillengang auf die Grenzlinie gestempelt wird. Wenn die Bevölkerungsdichte extrem hoch ist, reiben die Männchen sogar ihre Weibchen und ihre Jungen mit dem Duftstoff ein, um auch diese allen Nachbarkaninchen gegenüber als ihren persönlichen Besitz unmißverständlich auszuweisen.

Ein wesentlich profaneres Parfüm benutzen viele andere Tiere zum Erreichen des gleichen Zieles: Kot und Urin. Einen kleinen Begriff davon bekommt schon jeder Großstädter, wenn er mit seinem Hund Gassi geht. Die zahlreichen Baumstämme, Laternenpfähle und Hausecken werden ja weniger deshalb mit minimalen Portiönchen besprenkelt, weil der Hund so oft hintereinander »muß«, sondern weil er an diesen Punkten mit meist unsichtbaren Rivalen geradezu ritualisierte Duftduelle um den nicht mehr realisierbaren Revierbesitz ausficht.

Da kann man nur sagen: Ein Glück, daß wir nicht mit Flußpferden spazieren gehen müssen. Denn »auch sie haben ihre festen Reviere«, schreibt Professor Bernhard Grzimek (132). »Die Gren-

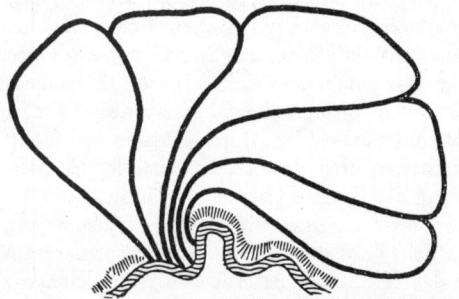

Bild 52: Die duftenden Reviergrenzen einiger Flußpferde am Ufer eines Flusses im Kongo. Da das Steilufer für die Kolosse unpassierbar ist, räumen sich die Nachbarn zum schmalen Flachufer hin einen »Korridor« mit Zugang zum Wasser ein.

zen sind ziemlich starr und dürfen nicht überschritten werden, weil das Nachbarland anderen Tieren der gleichen Art gehört. Es geht ihnen also nicht viel besser als uns Menschen mit unseren Zollgrenzen und Pässen. Flußpferde markieren ihr Gelände durch Duftmarken, indem die Bullen den Kot mit dem kurzen Schwanz wie mit einem Propeller meterweit versprühen und dazu noch den Harn, der schräg nach hinten gespritzt wird. So werden kleine Büsche oder Plätze mit dem Kot, der auch für uns gar nicht einmal so übel riecht, übersprüht, und jedes fremde Flußpferd, das etwa einwandern will, weiß sofort: Hier ist besetztes Land! Der Eindringling müßte furchtbare Kämpfe ausfechten, wenn er hier bleiben wollte.«

Die Fleckenhyäne setzt rings um die Beute kleine Kotklümpchen ab, um bei Unterbrechung der Mahlzeit allen später eintreffenden Hyänen anzuzeigen: Diesen Kadaver habe ich gefunden, folglich gehört er mir! Auch Füchse (133) markieren im Wald ihr Revier mit Harnmarken. In gleicher Weise parfümieren sie auch ihre Weibchen, um bei Nachbarfüchsen keine Mißverständnisse aufkommen zu lassen. Spitzhörnchen bereiten erst eine kleine Harnpfütze, trippeln darin herum und marschieren dann ihre Grenze so weit ab, wie die »Stempelfarbe« reicht. Dann beginnt das Spiel von vorn. Viele Halbaffen harnen erst in die Handflächen, verreiben die Flüssigkeit auf die Fußsohlen und begeben sich dann auf den Grenzmarkierungsgang.

Bei Hausmäusen (134) führt die Parfümiertätigkeit mitunter sogar zu deutlich sichtbaren Grenzsteinen. Auch diese Nager grenzen in Speicher, Speiseschrank und Keller Familienreviere gegeneinander ab. Überall dort, wo benachbarte, also feindliche Sippen aufeinandertreffen, wird zunächst mit einem Kotklümpchen ein Fundament gelegt. Wenn die Mäuse durch Ratten, Katzen und Menschen nicht sonderlich gestört werden, wächst hierauf mit der Zeit durch ständiges Urinieren ein bizarrer, wulstiger Pfeiler, der wie ein Stalagmit in einer Tropfsteinhöhle aussieht und bis zu fünf Zentimeter hoch werden kann.

Außerdem besteht die von Leyhausen und Wolf nachgewiesene, sehr interessante Möglichkeit, daß die Verteilung gleichartiger Tiere über den verfügbaren Lebensraum nicht nur durch starre Grenzen, sondern auch durch einen elastischen Zeitplan geregelt werden kann. Nach einem Zitat von Professor Konrad Lorenz (135) »haben die beiden Forscher an freilaufenden, auf offenem Lande lebenden Hauskatzen gefunden, daß mehrere Individuen dasselbe Jagdgebiet benutzen können, ohne je miteinander in Streitigkeiten zu geraten, indem sie seine Benutzung nach einem festen Stundenplan einteilen, ganz wie die Hausfrauen unseres Seewiesener Instituts die Benutzung der gemeinsamen Waschküche.

Eine zusätzliche Sicherung gegen unliebsame Begegnungen besteht in den Duftmarken, die die Katzen in regelmäßigen Abständen, wo immer sie gehen und stehen, abzusetzen pflegen. Diese wirken genau wie das Blocksignal auf der Eisenbahn, das ja in analoger Weise darauf abzielt, ein Zusammenstoßen zweier Züge zu verhindern: Die Katze, die auf ihrem Pirschgang das Signal einer anderen vorfindet, dessen Alter sie sehr wohl zu beurteilen vermag, zögert oder schlägt einen anderen Weg ein, wenn es frisch abgesetzt ist, beziehungsweise setzt ruhig ihren Weg fort, wenn es ein paar Stunden alt ist.«

Ameisen lassen Düfte sprechen
Nachrichtenstoffe

Erst seit etwa 1958 beginnen Tierpsychologen und Biochemiker ein seltsames Phänomen im Detail zu erforschen: Sozial lebende Insekten wie Ameisen, Termiten, Bienen, Wespen und Hummeln scheiden hormonähnliche Duftstoffe aus, um untereinander Nachrichten und Befehle auszutauschen. Sobald sie gerochen werden, lösen diese Substanzen entweder momentan die vom Duftaussendenden »geforderten« Verhaltensweisen bei Angehörigen ihres Staates aus, oder sie verwandeln gar deren Körperbau in schicksalhafter Weise auf Lebenszeit.

Diese hormonähnlichen Duftstoffe entfalten also ihre Wirkung nicht wie reguläre Hormone im Körperinneren des sie erzeugenden Individuums, sondern außerhalb. Sie verbinden zwei oder mehrere Einzelwesen zu einer höheren Einheit. Eugene Marais sprach von der »Seele der weißen Ameisen«, und auch andere Forscher zeigten sich immer wieder geneigt, die Staaten der Insekten mit einem aus Tausenden oder Millionen von Tieren bestehenden »Überwesen« zu vergleichen. In einem solchen spielen die Nachrichtenstoffe, von denen jetzt die Rede sein soll, tatsächlich eine ähnliche Rolle wie die Hormone im Inneren unseres Körpers. Und mehr noch: Hier, in diesen Nachrichtenstoffen, beginnen wir endlich, das große Rätsel zu lösen, das Marais nur mit dem Begriff »Massenseele« zu mystifizieren vermochte.

Alle nach außen auf andere Artgenossen wirkenden Hormone wurden zunächst »Ektohormone« genannt, seit 1959 von dem Marburger Biochemiker Professor Peter Karlson (136) und dem Berner Entomologen Professor Martin Lüscher (137) aber spezieller als »Pheromone« bezeichnet. Zu ihnen gehören auch schon die bereits erwähnten Sexual-Lockstoffe. Allerdings läßt sich mit diesen Düften noch erstaunlich viel mehr erreichen als das einfache Anlokken von Geschlechtspartnern.

Der amerikanische Zoologe Professor Edward O. Wilson (138) von der Harvard-Universität fand Anzeichen für eine reguläre Duftstoffsprache bei staatenbildenden Insekten. Er entzifferte bereits die ersten »Vokabeln« eines offenbar reichhaltigen Duftsignallexikons und vermutet sogar, Ameisen könnten eine Art Satzbau, eine Syntax haben. Nach allem, was er bisher erforscht hat, läge so etwas durchaus im Bereich des Möglichen.

Die Duftstoffsprache der Tiere ist keineswegs ein durch das Medium bedingter primitiver Ersatz der Laut- und Gebärdensprache, sondern ein überraschend vielseitiges, sinnreiches und hochdifferenziertes Verständigungsmittel. Allein bei Ameisen wurden schon zehn verschiedene Duftstoff-»Vokabeln« entziffert, die neue Einblicke in die soziale Organisation dieser Tierstaaten eröffnen.

Wenn eine amerikanische Feuerameise in einiger Entfernung vom Nest einen toten Schmetterling gefunden hat, der so schwer ist, daß sie ihn nicht allein abtransportieren kann, läuft sie schnell heimwärts, um Hilfe zu holen. Dabei kennzeichnet sie den Rückweg mit einem Pfadfinderduft. Sie schiebt ihren Stachel aus dem Hinterleib heraus, drückt auf die Duftstoffdrüse und läßt ein feines Rinnsal dieser Flüssigkeit den Stachel entlangströmen wie Tinte an der Feder eines Füllhalters.

Der Stachel schreibt jedoch keine durchgehende Linie auf den Untergrund. Einmal wäre das Verschwendung. Zum anderen könnten auf die Spur stoßende Ameisen aber auch nicht erkennen, welche der beiden Richtungen sie verfolgen sollen. Deshalb zeichnet die erfolgreiche Futterfinderin eine gestrichelte Linie. Jeder Teilstrich hat die Form einer Pfeilspitze, die in Richtung der Beute weist. Natürlich entsteht die Pfeilspitze nicht bewußt wie bei menschlichen Wegweisern, sondern durch langsame Drucksteigerung und plötzliches Hochschnellen des Stachels. Um so merkwürdiger aber ist es, daß der nicht sicht-, sondern nur riechbare Pfeil von den kleinen Tieren richtig gedeutet wird. Wie es angeborene optische Erkennungsschemata (siehe Seite 53) gibt, so offenbar auch olfaktorische.

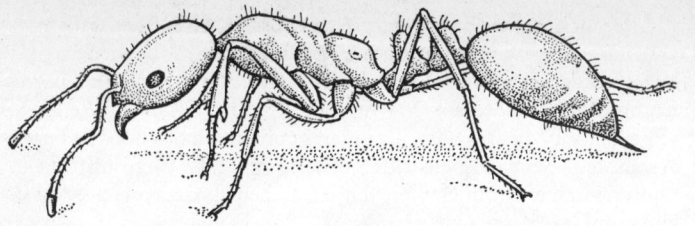

Bild 53: Eine Feuerameisen-Arbeiterin schreibt mit dem Stachel eine Duft-spur auf den Erdboden.

Der Duft, der von den haardünnen Strichelchen in die Luft ent-weicht, ist in der Lage, bei Windstille Gefährtinnen auf maximal zwei Zentimeter Entfernung von beiden Seiten anzulocken (139). Die Tiere laufen zunächst direkt auf die Spur zu und marschieren dann – in »Gänselinie«, wenn es mehrere sind – genau auf den Markierungen entlang bis zum Ziel. Allerdings: Kreuzt eine Rote Waldameise die Spur der Feuerameise, so läuft sie »blind« darüber hinweg. Jede der vielen Ameisenarten hat ihren eigenen »geheimen« Spurduft, den Angehörige fremder Arten nicht wahrnehmen können.

Der Spurduft einer Feuerameise verflüchtigt sich innerhalb von zwei Minuten. In dieser Zeit kann das Insekt höchstens 40 Zentime-ter weit krabbeln. Es zieht also gleichsam einen Duft-»Schwanz« hinter sich her, der nie länger als 40 Zentimeter werden kann. Auf den ersten Blick erscheint dies als enormes Manko der Duftstoff-technik. Doch das trügt. Die Heimkehrerin ist nämlich bemüht, ihre Spur so geradlinig wie möglich zu ziehen. Die sie verfolgenden Pfadfinder »wissen« das und lassen sich nicht beirren, wenn sie an das verduftende Ende gelangen. Sie laufen noch ein Stück geradeaus weiter und kommen auf diese Weise auch noch ans Ziel, falls es nicht unrationell weit entfernt liegt. Außerdem muß die Spur ja nicht unbedingt bis ins Nest gezogen werden. Es genügt, wenn sie eine verkehrsreiche Ameisenstraße erreicht oder eine Gegend, in der viele Nestgefährtinnen umherlaufen. Es wäre sogar sehr unzweck-mäßig, wenn die Ameisenspur eine dauerhaftere Natur besäße. Man stelle sich einmal vor, der Weg, der zu einem einzigen toten Schmet-terling führt, wäre eine Stunde lang zu riechen. Dann würde sich eine Stunde lang ein ständiger Heerwurm von Tausenden von Tieren zu einem Ort bewegen, an dem schon längst nichts mehr zu holen ist.

Untersucht man diese Dinge im Detail, stellt man fest, daß die Natur hier ein Wunder an ökonomischer Rationalisierung bei sparsamstem Duftstoffverbrauch vollbracht hat: Je weiter die Futterquelle vom Nest entfernt ist, und je kleineren Umfang sie hat, desto weniger Arbeiterinnen erhalten von ihr Kenntnis. In jedem Fall sind es exakt so viele, wie nötig oder wirtschaftlich vertretbar sind.

Zu lohnenden Objekten führen sehr schnell, von unzähligen Tieren fortwährend aufs neue markiert, so intensiv duftende Pfade, daß ein Massenansturm einsetzt. Sobald aber die Futterquelle erschöpft ist, verschwindet auch der Spurduft, da Ameisen, die leer ausgehen, keine Duftpfeile mehr hinterlassen. So verebbt der Zustrom hungriger Tiere im Nu.

Ein Ameisenstaat braucht zum Leben im täglichen Durchschnitt etwa ein Kilogramm Insekten – eine beachtliche Menge. Um sie aufzuspüren, zu jagen und zu sammeln, ohne dabei mehr Energie zu verbrauchen als zu gewinnen, bedarf es tatsächlich der ausgewogensten Taktik. Dr. D. Botsch (140) hat alle hierbei mitspielenden Faktoren einmal mathematisch miteinander in Beziehung gesetzt, um die »Klugheit der Natur« zahlenmäßig zu überprüfen. Das Ergebnis der Rechnung: Die Ameisen arbeiten so optimal wirtschaftlich, daß ihnen nicht einmal eine elektronische Rechenanlage einen besseren Arbeitsplan entwerfen könnte!

Die gefürchteten afrikanischen und südamerikanischen Treiberameisen, deren nomadisierende Armeen im Land umherziehen und alles von der Blattlaus bis zur Riesenschlange fressen, was nicht rechtzeitig vor ihnen flieht, haben offenbar ein kompliziertes Duftnachrichtennetz. Daß die erkundende Vorhut Duftspuren hinterläßt, ist gesichert. Vermutlich bekommt die Hauptarmee aber auch Duftsignale, an denen sie erkennt, ob sie verharren, vorstoßen, ein Opfer umzingeln oder andere Manöver ausführen soll.

Im Erdbau der Blattschneiderameisen führen Duftspuren zu den kunstvoll kultivierten unterirdischen Pilzgärten, der Hauptnahrungsquelle dieser Tiere. Infolge fortwährender Benutzung sind diese duftenden »Ariadnefäden« über Monate hinaus dauerhafte Einrichtungen. Sie weisen jedem hungrigen Ameisenstaatsbürger den Weg zum Speisesaal. Überhaupt scheinen Duftmarkierungen im Inneren der Tausend-Tunnel-Labyrinthe der Ameisen- und Termitenbauten diejenigen Kennzeichen zu sein, an denen die Tiere wahrnehmen, wo es zur Königin, zu den Brutkolonien und wo nach auswärts geht. Hier steht der Forschung noch ein weites Feld offen.

Alarm wird im Ameisenstaat ebenfalls durch Duftstoffe gegeben. Für den Menschen haben diese Pheromone einen milden oder angenehmen Geruch. Sie können aber große Ameisenkolonien in sofortige wütende Aktionen versetzen. Wenn jedoch nur eine einzelne

Ameise angegriffen wird, etwa von einem räuberischen Käfer, wäre es unzweckmäßig, deswegen gleich den ganzen Staat in Aufruhr zu versetzen. Deshalb funktioniert das Alarmsystem, wie Professor Wilson festgestellt hat, auf folgende Weise:

Das erregte Tier sendet einen speziellen Alarmduftstoff aus. Einige Ameisenarten lassen ihn einfach aus der Drüse quellen und an der Körperoberfläche verdunsten. Unsere mitteleuropäische Schwarze Wegameise senkt den Kopf zu Boden und richtet den Hinterleib steil nach oben. An dessen höchster Spitze tritt das Duftstofftröpfchen hervor und verbreitet seine Wirkung. Andere Ameisen (und auch Wespen!) krümmen den Hinterleib unter den Kopf nach vorn und spritzen den Alarmstoff gezielt auf den Feind, der auf diese Weise direkt gebrandmarkt wird.

Der Alarmduft breitet sich gleichmäßig nach allen Seiten aus. Zwischen drei und sechs Zentimeter Abstand vom Alarmschlagenden (oder Gezeichneten) wirkt die äußere Dufthülle durch die relativ starke Verdünnung des Pheromons nur als Achtungssignal und veranlaßt alle Ameisen in ihrem Bereich, zur Duftquelle zu laufen. Erst wenn die Tiere bis auf drei Zentimeter herangekommen sind, tauchen sie in die hochkonzentrierte Zentralregion, die in ihnen die Alarmraserei, das Aussenden eigenen Alarmstoffs und höchste Kampfeswut auslöst.

So können kleinere örtliche Störungen sehr gut auch örtlich bereinigt werden. Die Geschwindigkeit der rennenden Ameisen, die Ausbreitungsgeschwindigkeit der Duftsphären und deren Verflüchtigung sind dabei so aufeinander und auf die Reizschwellen der Tiere abgestimmt, daß – mit einem gewissen Sicherheitsfaktor – die Kampftruppen stets in etwa der Stärke mobilisiert werden, wie sie zur Beseitigung der Gefahr erforderlich ist.

Treibt der Alarmstoff die Ameisen innerhalb ihres Nestes zum Angriff, so wandelt sich seine Bedeutung außerhalb desselben ins Gegenteil: Er veranlaßt jede Ameise, die ihn riecht, zur Flucht. Andere Pheromone regen die Ameisen an, zum Futtersammeln auszuziehen, den Nestbau zu vergrößern, die Königin zu füttern, die Brut zu umsorgen, den Körper einer Nestgenossin zu säubern, einer bettelnden Gefährtin Futter abzugeben.

Sogar tote Ameisen produzieren noch ein sehr wichtiges Pheromon. Eine Arbeiterin, die gerade gestorben ist (sie kann bis zu zehn Jahre alt geworden sein!), wird von anderen Arbeiterinnen gepflegt, als wäre sie noch am Leben. Ihre Unbeweglichkeit und verkrümmte Gestalt ändern daran gar nichts, denn in der Winterstarre ergeht es allen Ameisen so. Aber nach ein bis zwei Tagen entstehen im Verwe-

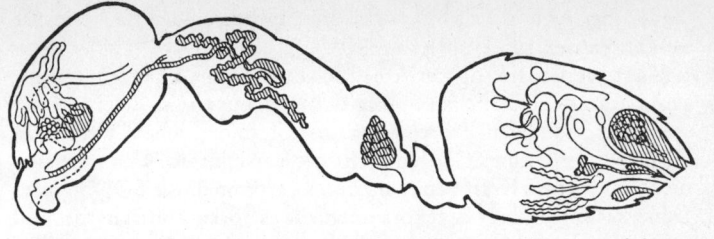

Bild 54: Der »Sprachschatz« einer Ameise liegt in mehreren Duftdrüsen (schraffiert), die verschiedenartige Pheromone produzieren. Jeder Duft besitzt einen speziellen Signalwert. Bedeutungskombinationen aus zwei oder mehr Düften hält Professor Wilson für möglich.

sungsprozeß spezielle Pheromone, die bei den lebenden Tieren die Begräbnisreaktion auslösen. Sie tragen den Kadaver auf einen Müllhaufen außerhalb des Nestes.

Als Professor Wilson lebende Arbeiterinnen mit diesem Pheromon parfümierte, wurden auch sie trotz lebhafter Gegenwehr zum Friedhof getragen. Dort rappelten sie sich wieder auf, eilten zum Nest zurück und wurden augenblicklich wieder fortgeschleppt. So ging das etwa dreißigmal hin und her, bis der Geruch des Todes von ihrem Körper abgewetzt war.

Der amerikanische Insektenforscher fand auch schon Anzeichen dafür, daß Ameisen verschiedene Duftstoffe in Mischungen miteinander kombinieren können und auf diese Weise über mehr »Vokabeln« in ihrem Signallexikon verfügen, als durch die Zahl der in ihrem Körper vorhandenen Duftdrüsen bedingt wäre. Wahrscheinlich können die Tiere Pheromone auch in unterschiedlichen Impulsfolgen aussenden, diese mit wechselnder Intensität modulieren und sich eine Art Morsealphabet schaffen. Unter diesen Umständen wäre die Existenz einer Art Satzbau zumindest denkbar.

Möglich wäre auch eine Kombination von Duftsignalen mit Lauten. Viele Ameisen erzeugen mit dem Hinterleib quietschende und knirschende Geräusche, indem sie mit einem Körpersegment auf speziellen Bauchrillen reiben wie auf einem Waschbrett. Auch knakken sie mit den Oberkiefern (Mandibeln) und klopfen mit dem Kopf rhythmisch gegen Steine. Die kalifornische Holztermite *Zootermopsis angusticollis* (141) schlägt mit ihrem Kopf gegen die Decke ihrer Nestgalerien. Bei Störungen und Angriffen von außen veranlaßt sie durch dieses Warnsignal ihre Mitbewohner, sich in tiefere Teile des Baues zurückzuziehen. Um Verwechslungen mit zufälligen Klopfgeräuschen zu vermeiden, benutzt die Termite einen

Code, bei dem stets zwei oder drei Einzelschläge als Serie mit kurzen Pausen aufeinanderfolgen.

Über die Bedeutung der Ameisenlaute wurden kürzlich interessante Einzelheiten bekannt. Blattschneiderameisen, die im meist trockenen, sandigen Erdreich der Insel Trinidad leben, werden in ihren unterirdischen Gängen recht oft verschüttet. Wenn sie sich nicht aus eigener Kraft befreien können, trommeln sie SOS-Signale. Dann kommen alle Nestgenossinnen, die es hören, sofort herbei und graben die Verschütteten aus.

Zwerge werden in Riesen verwandelt
Den Körperbau verändernde Duftstoffe

Ein von Feinden bedrohter Staat kann auf zweierlei Weise in die Katastrophe treiben. Hat er zuwenig Soldaten, fällt er gegnerischen Angriffen zum Opfer. Hat er zuviel Soldaten, bricht die Wirtschaft unter der Masse unproduktiver Mitesser zusammen.

Auch Termitenstaaten müssen sich mit Soldaten gegen räuberische Ameisen wehren. Und auch für sie ist es von entscheidender Bedeutung, daß sie ihre zum Nahrungserwerb ebenfalls unfähige Armee weder zu klein noch zu groß werden lassen. Wie fangen es die Insekten an, die Rekrutierung genau ihren wirtschaftlichen Verhältnissen anzupassen? Vernunft kann hier natürlich nicht mit im Spiel sein. Wohl aber hat die Natur einen Regulationsmechanismus geschaffen, der als vernunft-analog gelten kann.

Im Grunde genommen sind alle Termitenarbeiter »geborene Soldaten« (142, 143). Ohne »standespolitische« Maßnahmen gäbe es nur das Königspaar, Geschlechtstiere und Soldaten, die allesamt verhungern müßten. Deshalb scheiden die Soldaten ständig einen speziellen Duftstoff aus, der die körperliche Entwicklung des Nachwuchses, der sogenannten Nymphen, tiefgreifend beeinflußt. Sobald die Duftstoffkonzentration einen bestimmten Schwellenwert übersteigt, verkümmern die Wachstumsdrüsen der Nymphen, und die Tiere reifen nicht zu furchterregenden Riesen mit gewaltigen Kampfzangen heran, sondern bleiben klein und bescheiden – eben Arbeiter. Wenn aber die Termitenarmee im Kampf mit Ameisen starke Verluste erlitten hat, verwandelt der Mangel an Soldatengeruch zahlreiche Nymphenzwerge binnen kurzem in Riesen, und zwar gerade so viel, daß sie die Lücken in der Armee schließen.

Im Termitenstaat findet also laufend eine Art Volkszählung statt. Das Ergebnis summiert sich in der Konzentration des Duftstoffes im Inneren des Festungsbaues und kann zweierlei aussagen: Entweder es sind zu viel Soldaten da oder zu wenig. Dementsprechend wachsen eine kleinere oder größere Zahl neuer Soldaten heran. So pendelt die Größe der Armee ständig um einen sinnvollen Sollwert. Die »Sollwerteinstellung« hat die Natur im Lauf der Entwicklungsgeschichte auf einen ökonomisch optimalen Wert einreguliert, indem sie die Duftstoffausscheidung der Einzeltiere, die Verdünnung des Duftes in der Luft der Termitenfestung und die Empfindlichkeit der Wachstumsdrüsen auf die Dufteinwirkung entsprechend aufeinander abgestimmt hat.

Ähnlich funktioniert auch das »Arbeitsamt« bei anderen Kasten im Termitenstaat.

Zunächst glaubte man, dieser Duftstoff müsse von den Termiten mit der Nahrung gefressen werden und würde dann wie ein Hormon seine Wirkung entfalten und unter Umgehung des Nervensystems direkt die Entwicklung der Wachstumsdrüsen steuern und damit die Größe, Gestalt und Lebensaufgabe des heranreifenden Tieres. 1961 hat aber die Französin J. Pain (144) etwas ganz anderes festgestellt, wenigstens im Reich der Bienen:

Die Bienenkönigin stellt sozusagen eine Ein-Personen-Kaste innerhalb ihres Staates dar. Daher verhindert sie das Heranwachsen von Rivalinnen durch Ausscheiden der Königinnensubstanz aus ihrer Mandibeldrüse. Dieser Duft hemmt die Entwicklung der Eierstöcke bei allen ihren Arbeiterinnen und unterbindet den Bau von Weiselwiegen. Außerdem verhindert dieses Pheromon übrigens die Eierstockentwicklung bei Ameisen, Fliegen und Termiten und tötet sogar Mücken (145). Es wirkt also auch als Schädlingsbekämpfungsmittel im Bienenstock.

Es ist aber viel vorteilhafter als alle vom Menschen fabrizierten Insektizide, denn es genügt zum Unterdrücken der Eierstockentwicklung bereits vollauf, wenn die Bienenarbeiterinnen den Duft nur mit ihren Antennen riechen. Alles weitere erfolgt »automatisch« über die Tätigkeit des Nervensystems. Man stelle sich nur einmal vor, Menschen würden durch ständiges Riechen eines Parfüms zeitlebens unreif, also Kinder bleiben!

Als körperbauverwandelndes »Zauberparfüm« wirkt auch ein Pheromon der Wanderheuschrecken. Normalerweise sind die Angehörigen dieser länderverwüstenden Insektenarten harmlose kleine Grashüpfer, die hier und dort, nichts Böses ahnen lassend, umherspringen.

Aber plötzlich ist die Rieseninvasion da. Professor C. B. Williams (146) von der britischen Versuchsstation Rothamsted beobachtete in Ostafrika einen aus 10 Milliarden mistfarbenen Tieren bestehenden Schwarm. Die Flügelspannweite der Heuschrecken maß 15 Zentimeter. Bei einer Mächtigkeit von 30 Metern verfinsterte das ungeheure Geschwader auf zwei Kilometer breiter Front die Sonne. Selbst wenn es dem Forscher gelungen wäre, in jeder Minute eine Million Heuschrecken zu vernichten, so hätte er sieben Tage und sieben Nächte benötigt, um der Invasion Herr zu werden. Doch er mußte ohnmächtig zusehen, wie das Land so kahlgefressen wurde, als sei eine Feuersbrunst darüber hinweggefegt.

Wie entstehen aus kaum beachteten Grashüpfern diese verheerenden Schwärme? Durch den Duft der Gemeinsamkeit. Aber da dieses Pheromon unter freiem Himmel sehr flüchtig ist, wirkt es nur über wenige Zentimeter Distanz von Tier zu Tier. Bevor etwas geschieht, muß also erst einmal eine kritische Bevölkerungsdichte erreicht werden.

Wie es dazu kommt, ist schwer zu sagen. Einmal müssen Witterung und Nahrungsmenge eine gewisse Vermehrung der kleinen Tiere begünstigen. Dann werden sie oft von Winden davongetrieben. In den Tropen und Subtropen gibt es Gebiete, in denen nördliche und südliche Winde zusammenprallen. Hier werden die immer noch harmlosen Heuschrecken zusammengeweht wie Papier im Wirbel einer Straßenecke.

Nun kommt hinzu, daß unter den Tieren eine stillschweigende Übereinkunft zu bestehen scheint: Bäume und andere auffällige Landmarken sind unser Treffpunkt! So strömt an diesen Stellen allmählich eine Volksversammlung zusammen. Die kritische Distanz der Pheromonwirkung wird überschritten, und nun geschieht genau das Gegenteil der Selbstbeschränkung im Termitenstaat: Je mehr Heuschrecken zusammenkommen, desto fruchtbarer werden sie. Die erste hier gezeugte Generation bildet eine Übergangsform. Eine Vermehrungslawine, eine Bevölkerungsexplosion von unvorstellbaren Ausmaßen vollzieht sich in so kurzer Zeit, daß in den öden Gebieten meist kein Mensch etwas davon bemerkt. Die zweite Generation wächst dann zu großen, langflügeligen Exemplaren heran, die mit ihren Großeltern keine Ähnlichkeit mehr haben. Sie werden zu Wanderern.

Bevor sie fliegen können, formieren sich die Heuschreckenlarven zu Jugendbanden. Eine nervöse Aktivität erfaßt die Massen. Einzelne Banden vereinigen sich zu einem Heer. Sprünge kleiner Gruppen breiten sich wie eine Welle über die Gesamtheit aus und reißen andere mit. Der so entstehende Gleichtakt der Bewegung führt schließlich, wie der Kieler Professor Adolf Remane (147) sagt, zu einem Fußmarsch in fester Richtung.

Was dann passiert, hat der französische Zoologe Rémy Chauvin (148) auf der Insel Korsika beobachtet: Die nach Milliarden zählende Jugendarmee noch flugunfähiger Wanderheuschrecken marschiert wie ein archaischer Heerwurm gefräßig über das Land und behält Tag für Tag immer dieselbe Marschrichtung bei. Vor unübersteigbar steilen Felsen stauen sich die vorn Marschierenden, während der übrige Zug unaufhaltsam nachdrängt und auf diese Weise eine Rampe aus Heuschrecken errichtet, auf der alle übrigen das Hindernis überwinden können. Auf gleiche Art entstehen lebende Brücken über kleinere Gewässer. Feuerbrände, die Menschen anlegten, um der Invasion Halt zu gebieten, wurden von den verkohlten Leibern der Vorhut erstickt, so daß eine Bresche entstand, durch die alle Nachfolgenden weiter vordringen konnten. Dies alles hat nur ein zarter Duft aus diesen sonst so unscheinbaren Insekten gemacht.

Wie hier ein Duft die Bevölkerungsexplosion zündet, so vermögen soziale Duftstoffe bei anderen Tieren in umgekehrter Weise eine Überbevölkerung zu verhindern.

Wenn man in ein Aquarium zu einer Gruppe kleiner Kaulquappen (149) ein größeres Exemplar dieser Froschlarven hinzufügt, überkommt die Kleinen eine ebenso merkwürdige wie tödliche Appetitlosigkeit. Trotz überreichen Nahrungsangebots hören sie unvermittelt auf zu fressen und sterben bald. Dasselbe geschieht auch ohne unmittelbare Gegenwart des Großen, wenn man nur das Wasser, in dem einige große Kaulquappen zuvor umhergeschwommen sind, in das Becken der Kleinen gießt. Folglich muß es sich um ein Ausscheidungsprodukt handeln, mit dem die Natur eine Art Vorrecht der Erstgeborenen praktiziert.

Ähnlich wie beim Soldatenduft der Termiten sind auch hier die Hemmstoffsekretion, die Verdünnung durch Wasser und die Empfindlichkeit der Kaulquappen genau aufeinander abgestimmt, und zwar so, daß in einem Teich niemals mehr Frösche heranwachsen, als sich unter normalen Bedingungen auch ernähren können. Die »Bevölkerungsbombe« wird durch den Duftstoff entschärft. In diesem Fall kann man geradezu von einer »physiologischen Voraussicht« sprechen, da nicht der Hunger von heute die Regulation auslöst, sondern die Bedrohung durch den Hunger von morgen.

Das ist etwas ganz Unerhörtes. Denn bislang galten der Tod durch Hunger, Raubtiere, Unwetter und Krankheit als einzige Regulatoren zur Aufrechterhaltung des Gleichgewichts in der Natur.

Aber diese vier apokalyptischen Reiter sind nur von zweitrangiger Bedeutung, in vielen Fällen sogar nebensächlich oder überflüssig. Es scheint merkwürdig, daß der entscheidende Faktor erst 1962 erkannt wurde, in der Zeit der Anti-Baby-Pille und erster Überlegungen zu bevölkerungspolitischen Maßnahmen, um die erschreckende Vermehrung der Menschheit einzudämmen: eine Selbstbeschränkung ihrer Kopfzahl, mit der Tiere eine Übervölkerung verhindern.

Die Maßnahmen der Natur reichen neben Anti-Baby-Düften, Streß und Entartungserscheinungen im sozialen Verhalten von einfacher Enthaltung über einen Numerus clausus, der Überzählige vom Fortpflanzungsgeschäft ausschließt, über die Parzellierung des Lebensraumes und Hemmung im Wachstum bis zum Kannibalismus. Dies alles als weitverbreitetes Naturprinzip erkannt zu haben ist das Verdienst des schottischen Naturgeschichtlers V. C. Wynne-Edwards (150), Professor an der Universität Aberdeen.

In unserem Zusammenhang kann nur so weit darauf eingegangen werden, wie Duftstoffe an der Selbstkontrolle der Bevölkerungsdichte beteiligt sind. Sehr eindrucksvoll ist das bei Mehlkäfern zu beobachten. Diese Insekten, gefürchtete Schädlinge in den Mehlspeichern der ganzen Welt, vermehren sich rapide. Sobald die Bevölkerungsdichte zwei Käfer auf ein Gramm Mehl übersteigt, fressen die Weibchen ihre Eier auf, unmittelbar nachdem sie sie gelegt haben. Die Käfer scheiden zusammen mit dem Kot einen chemischen Duftstoff aus, der mit steigender Dosis die Fruchtbarkeit der Gesamtpopulation in einem Lagerhaus herabsetzt. Außerdem verlängert er die Entwicklungszeit von der Larve, dem bekannten Mehlwurm, bis zum Käfer und löst bei weiter ansteigender Konzentration den Ei-Kannibalismus aus.

Aufsehenerregende Experimente mit Pheromonen der Maus führten die Holländer S. van der Lee und L. M. Boot durch. Je mehr weibliche Mäuse sie in ein Gehege sperren, desto unfruchtbarer werden sie. Die Fälle von Pseudoschwangerschaft nehmen zu, bis der Menstruationszyklus der Tiere völlig blockiert ist. Dreierlei Maßnahmen können die Hemmung der Fruchtbarkeit wieder beseitigen: Operatives Entfernen der Duftdrüsen, Überführen der Mäuse in weit voneinander entfernte Einzelkäfige oder Hinzugesellen von männlichen Mäusen zur »Weibergesellschaft«.

Mit dem Duft der Mäusemännchen hat es allerdings auch so seine Komplikationen. Dr. Helen Bruce (151) vom National Institute for Medical Research in London stellte folgendes fest: Der männliche Duft beseitigt die Fruchtbarkeitshemmung des Weibchens nur dann, wenn er vom Ehepartner stammt. Setzt man zu einem schwangeren Weibchen ein ihm fremdes Männchen in den Käfig, unterbricht dessen Duft die bereits begonnene Entwicklung der Embryonen. Untreue der Eltern ist für ungeborene Mäusekinder tödlich. Untreue ist aber auch eine Entartungserscheinung, die stets in Zeiten der Übervölkerung auftritt.

Noch immer eine Utopie: Die künstliche Nase
Die Problematik der Physiologie des Riechens

Vermummt wie ein Ku-Klux-Klan-Mitglied betrat die Testperson das Labor. Keiner der Experimentatoren wußte, wer dieser Mensch war. Auf einer Trage wurde er in eine horizontal liegende, zwei Meter lange Glasflasche geschoben. Nachdem der Deckel zugeschraubt war, begann es zu surren. Ein Ventilator umfächelte die Versuchsperson mit völlig geruchsfrei gemachter Luft, während am anderen Flaschenende die nunmehr durch die Körperausdünstungen verunreinigte Luft abgesaugt und einer »künstlichen Nase« zugeführt wurde, einem Gas-Chromatographen.

Nach etwa einer halben Stunde hatte dieses Gerät den Menschenduft in 24 verschiedene Bestandteile zerlegt und von jeder dieser Substanzen den mengenmäßigen Anteil bestimmt. Diese »Duftorgel« kann nun als persönliches Kennzeichen benutzt werden, genauso wie ein Fingerabdruck oder ein Foto. Die Experimentatoren schlugen in ihrer Kartei nach, verglichen die »Duftorgel« mit Aufzeichnungen früherer Geruchsanalysen von Menschen, unter denen sich auch schon die Versuchsperson befunden hatte, und kamen alsbald zu dem Schluß: Der maschinell Beschnüffelte kann nur Mr. Peter Morgan sein!

Der Erfinder dieser Apparatur, Dr. Andrew Dravniek (152), gab sich nach den ersten Experimenten im Herbst 1965 sehr optimistisch. Sicher könne eine Weiterentwicklung bald das Labor der Technischen Hochschule von Illinois in Chikago verlassen. Die Kriminalpolizei hätte dann ein Mittel in der Hand, mit Hilfe der »Duft-Visitenkarte«, die ein Einbrecher in einem geschlossenen Raum hinterläßt, den Täter aus dem Kreis der Verdächtigen zu ermitteln. Da Blutsverwandte ähnlichen Körpergeruch haben, könnten auch Vaterschaftsnachweise mit dem Schnüffelapparat durchgeführt werden.

Noch nicht abschätzbare Folgen würde die Anwendung des Gerätes in der Medizin haben. Jede Krankheit sei von charakteristischen Körperausdünstungen begleitet, so daß eine Duftanalyse des Patienten zu einer frühzeitigen und sicheren Diagnose verhelfe.

Schließlich müsse es auch möglich sein, einen U-Bootjäger auf die Abwasser-Duftfährte eines feindlichen Atom-U-Boots zu setzen, so daß er ihm folgt wie ein männlicher Pottwal dem Duft seines Weibchens.

Aus alledem geht eigentlich nur zweierlei hervor: Einmal die phantastisch anmutende, geradezu revolutionäre Bedeutung, die eine künstliche Verbesserung des menschlichen Riechvermögens erlangen könnte, zumal jeder, der die vorangegangenen Abschnitte über den Geruchssinn gelesen hat, die praktischen Anwendungsbeispiele Dr. Dravnieks leicht um zahlreiche andere Möglichkeiten erweitern kann. Zum anderen aber die lächerliche Unbeholfenheit, mit der die menschliche Technik diesem Problem noch gegenübersteht. Denn genau das, was hier mit einem Riesenaufwand kostspieliger Apparate in einer halben Stunde zustande gebracht wird, vollbringt eine Hundenase oder die Antenne einer Mücke in Sekundenschnelle.

In der Tat hat die Funktionsweise dieser Schnüffelmaschine nicht die geringste Ähnlichkeit mit dem Vorgang des Riechens in unserer Nase. Auch andere bislang gebräuchliche »elektronische Spürhunde« arbeiten nach einem unnatürlichen Prinzip. Der automatische Gasspürer, der in Brennstofflagern, Krankenhäusern, Bergwerken und Schiffsräumen vor gefährlichen Gasen, Dämpfen und Rauchentwicklungen warnen soll, saugt die Luft zwischen eine ultraviolette Lampe und eine Fotozelle. Sobald diese eine Änderung der empfangenen Lichtstärke registriert, gibt sie Alarm.

Die Natur geht andere, bessere Wege – wir wissen nur noch nicht, welche. Professor Dietrich Schneider (153), Direktor am Max-Planck-Institut für Verhaltensphysiologie in Seewiesen, charakterisiert die gegenwärtige Situation so: »Wir kennen nur die Reizstoffe einerseits und die Sinnesempfindungen andererseits, während der dazwischenliegende Vorgang der Erregung der Sinneszellen durch die Duftstoffe noch im Dunkeln liegt.«

Theorien darüber gibt es wohl drei Dutzend. Keine davon konnte jedoch bisher mit den Tatsachen in Einklang gebracht werden – auch nicht die 1964 starkes Aufsehen erregende Hypothese der Amerikaner John E. Amoore, James W. Johnston und Martin Rubin (154).

Die drei Wissenschaftler spekulierten, die Erregung der Riechsinneszellen durch Düfte sei gar kein chemischer Prozeß. Vielmehr soll sie etwas mit der Größe und geometrischen Gestalt der Duftmoleküle zu tun haben. Die Amerikaner nehmen an, es gäbe im Empfänger verschieden gestaltete sub-elektronenmikroskopisch winzige Hohlformen. In jede Form passe ein entsprechender Molekültyp hinein wie ein Schlüssel in ein Schloß. Demnach empfänden wir

kugelförmige Moleküle als kampferartig,
scheibenförmige Moleküle als moschusartig,
scheibenförmige Moleküle mit einem »Schwanz« als blumig,
keilförmige Moleküle als pfefferminzartig und
stabförmige Moleküle als ätherartig.

Viele andere Düfte sollen Kompositionen aus diesen Elementargerüchen sein. Wie man jede beliebige Farbtönung aus drei Grundfarben mischen kann, so könnten auch viele Geruchsqualitäten aus wenigen Grunddüften zusammengesetzt werden. Allerdings passen bereits stechend und faulig riechende Stoffe überhaupt nicht in dieses Schema.

Noch krasser wird das Mißverhältnis, wenn man den Vorgang der Riechsinnesempfindung genauer untersucht. Professor Dietrich Schneider (155, 156) führt diese Arbeit an der Antenne von Schmetterlingen durch, »weil hier alles einfacher zu überschauen ist, als in den Schleimhäuten der Nase von Hunden«.

»Einfacher zu überschauen« heißt folgendes: Den nur ein viertel Millimeter dünnen Stamm einer Antenne des Seidenspinners durchziehen nicht weniger als 40 000 Nervenfasern. 35 000 davon leiten Signale von Riechsinneszellen zum Hirn, 5000 übermitteln andere Sinnesmeldungen. Nun gilt es, eine einzige Riechnervenfaser mit einer Mikroelektrode anzustechen und den »Funkverkehr« in dieser abzuhören, während die Antenne mit verschiedenen Duftstoffen gereizt wird.

Dabei zeigt sich zunächst eine erstaunliche Ähnlichkeit mit dem Signalcode der Sehzellen (siehe Seite 23): Auf ein und denselben

Bild 55: So klein ist die Welt, in der unsere Sinnesforscher arbeiten. Der im linken Bild eingerahmte Ausschnitt der Schmetterlingsantenne ist im mittleren Bild vergrößert dargestellt. Und hiervon zeigt das rechte Bild abermals eine Vergrößerung des rechteckigen Ausschnitts. Einzelne der hier erst sichtbar werdenden Sinneszellen müssen angezapft werden, damit in ihrem »Funkverkehr« mitgehört werden kann.

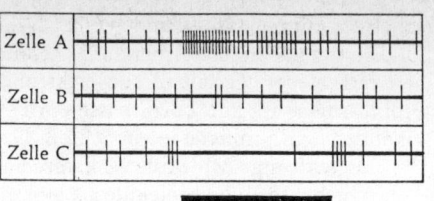

Zelle A	
Zelle B	
Zelle C	

Bild 56   Dauer des Duftreizes

Duftstoff können drei benachbarte Riechzellen völlig verschieden reagieren. Zelle A steigert die Salvenfolge der Stromimpulse, Zelle C vermindert sie, und Zelle B reagiert überhaupt nicht.

Als der deutsche Sinnesphysiologe einige hundert Riechzellen durchprüfte, stellte er fest, daß es unter ihnen extreme »Spezialisten« und »Generalisten« gibt. Diese Bezeichnung deutet schon darauf hin, daß wir von genauen Erkenntnissen noch weit entfernt sind. »Schon die klarer verstehbaren ›Spezialisten‹ machen uns Schwierigkeiten«, sagt Professor Schneider. »Der technische Aufwand zum Abgrenzen dieser Funktionen wächst laufend und beschäftigt unser ganzes Team. Um Genaueres sagen zu können, müssen wir einfach warten, was die weitere Arbeit an Einsicht bringt.« Der bisherige Stand der Dinge sei daher nur kurz skizziert.

Die Spezialisten reagieren nur auf einen einzigen Duftstoff oder nur auf eine sehr kleine Gruppe von Düften. Beim Männchen des ostasiatischen Seidenspinners *Antheraea pernyi* beantworten diese Sinneszellen den für uns geruchlosen Sexual-Lockstoff der weiblichen Schmetterlinge mit schneller Salvenfolge, während einige andere Düfte das »Pausenzeichen« der Ruheerregung dämpfen.

Einen weiteren Spezialisten fand sein Schüler Dr. Veit Lacher (157) auf der Antenne der Honigbiene. Dort gibt es Riechsinneszellen, die nur auf Kohlendioxyd ansprechen. Schon eine Änderung des Kohlendioxydgehalts der Luft von 0,5 auf 1,0 Prozent im Inneren des Stocks führt zu einer Beschleunigung der Salvenfolge auf 80 »Morsepunkte« in der Sekunde. Ein außerordentlich empfindliches »Registriergerät«, das, wie wir nur vermuten können, zum Regulieren der Frischluftzufuhr durch »Ventilator«-Bienen dient! Einen ähnlichen Kohlendioxydmesser (158) haben übrigens auch gleichwarme Tiere und der Mensch in den Adern des Hirnstammes. Er steuert das Tempo der Atmung.

Unerwartet vielseitig sind hingegen die Reaktionen der »Generalisten«. Bild 57 zeigt die Ergebnisse bei einer Anzahl von Riechsinneszellen, die ähnlich unserer Nase für vielfältige Duftreize empfänglich sind.

Es ist geradezu verwirrend: Jede Zelle hat eine andere Auswahl von Düften, auf die sie anspricht. Man kann die Reihe der gebotenen Duftstoffe beliebig erweitern – es zeigt sich kein ordnendes System. Man kann so viel Zellen überprüfen, wie man will – keine zwei mit identischen Riechspektren wurden bisher gefunden. Man stelle sich vor: Eine Schmetterlingsantenne besitzt etwa 20000 Empfänger für allgemeine Gerüche, aber wahrscheinlich hat jeder eine andere Charakteristik für das, was er mit Erregung, Hemmung oder fehlender Reaktion beantwortet. Das verdeutlichen die vertikalen Kolonnen von Bild 57.

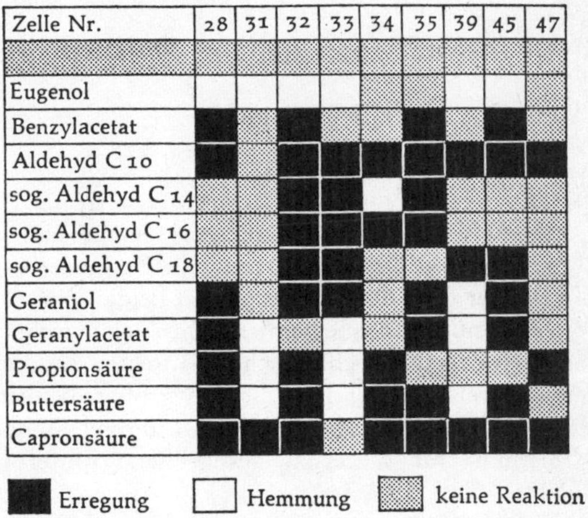

Zelle Nr.	28	31	32	33	34	35	39	45	47
Eugenol									
Benzylacetat									
Aldehyd C 10									
sog. Aldehyd C 14									
sog. Aldehyd C 16									
sog. Aldehyd C 18									
Geraniol									
Geranylacetat									
Propionsäure									
Buttersäure									
Capronsäure									

Bild 57   ■ Erregung   □ Hemmung   ▨ keine Reaktion

In den horizontalen Reihen von Bild 57 kann man ablesen, welche Meldungen von den einzelnen Zellen in Gegenwart eines bestimmten Duftstoffes zum Gehirn gesendet werden. Erweitert man das Bild auf Tausende von Riechsinneszellen, ergibt sich die Vorstellung eines schier konfusen Codes von gleichzeitig einlaufenden Erregungen und Hemmungen. Wir wissen mit Sicherheit, daß Insekten diese Düfte sehr gut erkennen, diesen Code also verstehen können. So stehen wir gegenwärtig noch völlig ratlos vor dem Problem der Entschlüsselung dieses Signalwustes durch das kleine Schmetterlings- oder Bienenhirn. Es ist verzweiflungsvoll, aber vorläufig müssen wir uns mit diesen Tatsachen abfinden.

Die Sinneszellen der Insekten entstehen aus der chitinhaltigen Körperdecke. Eine lange Faser wächst vom Antennenast zum Hirn.

Eine kurze Faser dringt in entgegengesetzter Richtung vor und nimmt Kontakt mit einem Sinneshärchen, einer Porenplatte oder einem anderen Sensillentyp auf. Sie kriecht zum Beispiel zusammen mit Fasern von zwei oder drei anderen Sinneszellen in ein Sinneshärchen hinein, fasert sich in mehrere Endungen auf und schaut mit den letzten elektronenmikroskopisch winzigen Zipfeln durch ultrafeine Poren des Härchens ins Freie.

In diesen letzten Endigungen der Sinnesnervenzelle vollzieht sich vermutlich der geheimnisvolle Vorgang der Umwandlung des physikalisch-chemischen Reizes in die biologische Erregung. Solange er noch nicht enträtselt ist, wird der Wunschtraum von der künstlichen Nase unerfüllt bleiben.

Guter Geschmack ist Nebensache
Der Geschmackssinn

Rein gefühlsmäßig sagt man sich, der Geschmackssinn müsse »etwas Ähnliches« wie der Geruchssinn sein. Bei niederen Tieren, vor allem im Wasser lebenden Mollusken, ist beides in der Tat dasselbe. Sie verfügen nur über einen einheitlichen »chemischen Sinn«. Bei allen höheren Tieren einschließlich der Insekten hat die Natur aber eine völlige Trennung durchgeführt. Ein grober »Nahsinn« soll die Nahrung im direkten Kontakt prüfen, während ein hochempfindlicher »Fernsinn« für Witterung aus größerer Entfernung empfänglich bleibt.

Um auch nur den geringsten Geschmack zu verspüren, müssen 25 000mal soviel Moleküle auf unsere Zunge einwirken, wie zum Reizen der Nase genügen. Aber auch qualitativ ist der Geschmackssinn mit seinen vier Grundempfindungen süß, salzig, sauer und bitter von erbärmlicher Armut. Alle Feinheiten, die bei einem pikanten Festmahl »unserem Gaumen so behagen«, spürt der Gaumen überhaupt nicht und die Zunge nur sehr grob. Auch hier sind es nämlich die Düfte, die aus der Mundhöhle in die Nase steigen, denen wir die lukullischen Genüsse verdanken. Beim guten Geschmack ist der Geschmack wirklich nur Nebensache!

Zudem sagt uns die Zunge nicht einmal etwas über die chemische Natur des berührten Gegenstandes. Schon ein und dieselbe Substanz kann völlig unterschiedlich schmecken, je nach ihrer Konzentration. Das Salz Kaliumbromid schmeckt beispielsweise bei einer Konzentration von 0,01 süß, bei 0,02 süß bitterlich, bei 0,04 bitter salzig und bei 0,20 salzig. Magnesiumsulfat, ein anderes Salz, das früher oft als Abführmittel gebraucht wurde, ruft auf der Zungenspitze eine salzige Empfindung hervor, während es weiter hinten auf der Zunge bitter scheint.

Allerdings sollte man den Geschmackssinn auch nicht zu sehr lästern. Es liegt offenbar an der Schaltung der Geschmacksnerven, daß sie unserem Gehirn von den Vorgängen auf der Zunge weitaus weniger melden, als sie selber bemerken. Sie steuern nämlich reflektorisch die Zusammensetzung des Speichels auf das Feinste. Je nach der Art der Speise, die in unseren Mund gelangt, verändern die Geschmacksnerven augenblicklich das Produktionsprogramm der benachbarten Speicheldrüsen so, daß die Nahrung am besten verarbeitet werden kann. In vielen Fällen ändert sich der Speichel schon, wenn wir nach unserem subjektiven Geschmacksempfinden noch keinerlei Unterschiede in der Beschaffenheit der Speise bemerken.

Neben dem uns zu Bewußtsein kommenden Geschmackssinn existiert also noch ein Reflexsystem, das für uns wichtiger und glücklicherweise auch leistungsfähiger, aber noch weitgehend unerforscht ist.

Der nächtliche Ultraschall-Krieg
Anpassungsformen akustischer Sinnesorgane

Wenn der Mensch in der Lage wäre, Ultraschall zu hören, müßte er sich nachts die Ohren mit Wachs verstopfen, weil er sonst vor Lärm nicht schlafen könnte – wenigstens nicht in ländlichen Gegenden. Sicher hätten Dichter dann auch nicht die Stille und den Frieden der Nacht besungen. Enerviert vom ständigen Kampfgeschrei, vom pausenlosen Knattern und Rattern und Peitschen müßten sie andernorts nach Oasen der Ruhe suchen – vielleicht in der Großstadt?

Urheber des für uns glücklicherweise nicht wahrnehmbaren nächtlichen Ultraschall-Krawalls sind Fledermäuse und Nachtfalter, die einen unerbittlichen Sonarkrieg gegeneinander führen – mit Waffen und Gegenwaffen und Gegen-Gegenwaffen, mit Abhören der Feindnachrichten, mit Störsendern und anderen Raffinessen. Es zeigen sich hier die erstaunlichsten Anpassungen von Sinnesorganen und Verhaltensweisen an die »technischen Erfindungen« des Gegners. Sie allein ermöglichen ein Überleben.

Vereinfacht man das Geschehen in grober Weise, kann man sagen: Es begann mit einem Zungenschlag. Das ist so zu verstehen:

Die meisten Flughunde haben die Errungenschaft der Echoortung noch nicht erworben, obgleich sie Dämmerungstiere sind. Ivan T. Sanderson (159) beschreibt das so: »Flughunde schlafen und leben oft in riesigen Gesellschaften zusammen. Pünktlich bei Sonnenuntergang ziehen sie zu ihren Futterplätzen, die bis zu 30 Kilometer entfernt liegen können. Auf dem Weg dahin kreuzen sie auch das Meer, falls ihr Weg sie zu einer Insel führt. In dichtgedrängten Schwärmen, deren Strom sich manchmal Stunde um Stunde über den Himmel zieht, geht es mit langsamem Flügelschlag zielbewußt durch den klaren Abendhimmel dahin, unbeeindruckt von allem Menschenwerk da unten. Einem solchen nach Millionen zählenden Flughundschwarm zu begegnen gehört zu den eindrucksvollsten Ereignissen einer Tropenreise. Dort, wo der Schwarm einfällt, gibt es dann ein unendliches Gezänk um den Futterplatz. Beim Fressen hängt sich der Flughund kopfabwärts in der Gestalt eines Schinkens etwa. Die Frucht, die er frißt, hält er mit einem Hinterfuß, während er sich mit dem anderen an einem Ast festklammert. Wer so seinen Platz gefunden hat, verteidigt ihn gegen die Nachfolgenden mit Hieben der kräftigen Daumenkrallen und mit Bissen. Nicht anders geht es zu, wenn gegen Morgen die ganze Schar wieder die Schlafbäume aufsucht.«

In der Abend- und Morgendämmerung orientieren sich die Flughunde mit ihren besonders großen und lichtstarken Augen. In totaler Dunkelheit sind sie aber völlig hilflos. Die Früchte an ihren Futterbäumen müssen sie ertasten und erriechen.

Einen Riesenfortschritt bedeutet demgegenüber das Zungenschnalzen der Nachthunde der Gattung *Rousettus* (160). Dadurch entstehen auch für den Menschen hörbare Ticklaute, die sich vorzüglich zur Echoortung eignen. So können die Nachthunde auch in finsterer Nacht umherfliegen und den Futterplatz wechseln.

Kann man dieses einfache Verfahren nicht auch für blinde Menschen nutzbar machen? Es ist versucht worden, Blinden Kastagnetten in die Hand zu geben – leider ohne großen Erfolg. Den Fehlschlag erläutert Professor Donald R. Griffin (161, 162) von der Harvard-Universität so: Im Mittelhirn der Fledermaus gibt es ein Hörzentrum, das Tonstöße noch als getrennte Laute erkennt, wenn eine Pause von nur einer tausendstel Sekunde zwischen ihnen liegt. Das bedeutet: Das Tier kann Tonstöße als getrennte Laute empfinden, die im Abstand von nur 33 Zentimetern durch die Luft jagen. Mithin vermag es allein am Echo zwei Gegenstände auseinanderzuhalten, die nur um ein drittel Meter voneinander entfernt sind. So fein ist das akustische »Bild«-Auflösungsvermögen.

Und mehr noch: Das Fledermausohr ist bereits eine tausendstel Sekunde nach dem Aussenden eines Suchknalls für das erste Echo empfangsbereit. Das heißt, es können auch Nahziele bis minimal 17,5 Zentimeter vor der Nase geortet werden. Für die Insektenjagd ist das besonders wichtig.

Entscheidend für die Echoortung ist also nicht allein das Vorhandensein eines Senders, sei es eine schnalzende Zunge oder eine Kastagnette, sondern vor allem eines geeigneten Empfängers. Und gerade dieser ist beim Menschen leider sehr mangelhaft – oder besser gesagt: Das menschliche Gehör hat sich auf andere Dinge spezialisiert, da die Echoortung nicht zu den Notwendigkeiten unseres Lebens zählt.

Unsere Hörnerven sind viel träger. Vor allem können wir unmittelbar nach einem lauten Schallsignal keine leisen Echos wahrnehmen. Dies zeigt ein Experiment Donald R. Griffins: »Hiervon kann man sich leicht überzeugen, wenn man eine Tonbandaufnahme abspielen läßt, die scharfe Ticklaute und das zugehörige Echo enthält. Die Aufnahme sollte in einem geschlossenen Raum gemacht worden sein. Wenn man den Schall mit physikalischen Instrumenten untersucht, kann man feststellen, daß auf jeden Ticklaut mehrere Echos folgen, die von den verschiedenen Wänden herrühren. Aber hören können wir diese nicht. Wird aber das gleiche Tonband rückwärts abgespielt, so daß die schwächeren Echos jeweils vor dem Ticklaut erscheinen, dann kann man die Echos deutlich heraushören.«

Fledermäuse haben gegenüber den Nachthunden aber auch ihren Sender stark verbessert. Sie schnalzen nicht mit der Zunge, sondern erzeugen im Kehlkopf Ultraschallschreie von unvorstellbarer Lautstärke und stoßen sie durch den geöffneten Mund aus. Die Mausohrfledermaus, die größte mitteleuropäische Art, sendet auf normalem Flug etwa zwölf Tonstöße in der Sekunde. Bei Annäherung an ein Ziel wird das Ultraknattern immer schneller und steigert sich bis zu 300 Knallauten pro Sekunde. Ein Maschinengewehr ist nichts dagegen!

Dieser Vergleich ist auch bezüglich der Lautstärke nicht übertrieben. Zehn Zentimeter vor dem Fledermausmaul maß der amerikanische Zoologe 100 Phon. Zum Vergleich: Ein Preßlufthammer macht bei Straßenarbeiten einen Krach von nur 90 Phon! Bei 130 Phon liegt bereits die Schmerzschwelle unseres Gehörs.

Weshalb schreien Fledermäuse in Tönen, die so hoch sind, daß wir sie nicht hören können? Nicht etwa, um uns Menschen in Ruhe schlafen zu lassen, sondern weil sich Ultraschall scheinwerferähnlich bündeln und richten läßt und somit wesentlich schärfere Echo-»Bilder« liefert als gewöhnlicher Schall. Der Mausohrschrei fällt von 100000 auf 50000 Schwingungen in der Sekunde ab. Das entspricht Wellenlängen von 0,3 bis 0,6 Millimetern. So ist es überhaupt erst physikalisch möglich, daß auch winzige Fliegen und Mücken ein Echo werfen. Menschenrufe, die Wellenlängen im wesentlichen um 10 Zentimeter bis 5 Meter haben, reflektieren sie gar nicht.

Ungeklärt ist noch die Frage, weshalb sich viele Fledermäuse im wüsten Durcheinanderschreien eines Schwarmes nicht gegenseitig irritieren. Ein einziger Unterschlupf, zum Beispiel die Ney-Höhle in Texas, beherbergte früher mehr als 20 Millionen Fledermäuse. Die Entdeckung dieser Höhle ist überhaupt nur der Tatsache zuzuschreiben, daß die Abend für Abend ausschwärmenden Fledermäuse von weitem wie eine ungeheure Rauchsäule aussahen und den Himmel kilometerweit verdunkelten.

Scheucht man diese Tiere tagsüber in der Höhle auf, fliegen die Millionen dicht an dicht durcheinander. Mit Infrarot hat man dieses Schauspiel der Finsternis gefilmt. Der entwickelte Film bot einen Anblick, wie man ihn sich erregender kaum vorstellen kann: Manchmal zeigte das Filmbild nichts als ein einziges Schwarz – so dicht wimmelte das Fledervolk durcheinander. Und dennoch gab es keinen einzigen Zusammenstoß.

Woher weiß hier jedes Tier im millionenfachen Knattern des Schrei-Infernos, welcher Laut das Echo seines Rufes ist? Wir wissen es nicht. Das Heraushören der eigenen Stimme, dieser sogenannte Cocktailparty-Effekt, ist um so erstaunlicher, als sich die Fledermäuse durch die relativ simplen Störsender der Nachtschmetterlinge völlig irritieren lassen. Aber davon soll gleich noch eingehender die Rede sein.

Mit diesem phänomenalen Sinn machen sich die Fledermäuse die Finsternis zum Tage. Sie beherrschen damit nahezu konkurrenzlos einen ergiebigen Lebensraum: die mit schwirrenden und summenden Insekten erfüllte Nacht. Man sollte meinen, es wäre das reinste Schlaraffenland. Aber viele Insekten haben eine Reihe von Tricks und Gegenwaffen entwickelt, die den Fledermäusen das Leben schwer machen.

Das erste Gegenmittel ist, wenn man so sagen darf, der Körper der Insekten selbst – nämlich indem er den Fledermäusen beim Gefressenwerden das schreiende Maul verstopft und damit die Orientierung lähmt.

Aber die Mausohrfledermaus weiß sich zu helfen. Während des

Kauens und Schluckens hält sie nach Möglichkeit eine »Zahnlücke« offen, durch die sie mit fast unverminderter Vehemenz zu »pfeifen« versteht. Ist die Beute aber zu fett, tritt nach Forschungen des Bamberger Professors Anton Kolb (163) ein Ersatzsender in Aktion: Das Tier stößt Peillaute durch die Nase aus. Diese sind zwar kürzer, von tieferer Tonlage und nur knapp halb so laut, aber sie verhindern wenigstens, daß ihr Besitzer »blind« mit Bäumen oder anderen Fledermäusen zusammenstößt. Noch besser funktioniert das bei Langohr- und Mopsfledermäusen. Sie können nach freier Wahl entweder durch den Mund oder durch die Nase gleich laut und gut schreien.

Die Not vollends zur Tugend zu machen blieb einer anderen Flederfamilie vorbehalten: den Hufeisennasen. Diese stoßen ihre Orientierungslaute in jedem Fall nur noch durch die Nase aus. Dazu haben sie ihr Riechorgan äußerlich zu einem Schalltrichter, einem Megaphon, umgebildet – nicht ganz kreisrund zwar, eben nur hufeisenförmig, aber von überragender Wirksamkeit. Mit diesem Parabolspiegel, der ihre Nasenlöcher mondkraterartig umgibt, bündeln sie den Schall wie ein Radargerät die elektromagnetischen Wellen und richten ihn scharf auf ein Ziel.

»Wie uns Menschen im Widerschein eines Scheinwerfers eine nächtliche Landschaft erscheint, so wird einer Fledermaus im Widerhall ihres Schallwerfers die in der Finsternis verborgene Umgebung erkennbar«, schreibt der Tübinger Professor Franz Peter Möhres (164). Und wenn wir jetzt davon sprechen, daß Hufeisennasenfledermäuse Bilder hören, so brauchen wir gewiß keine Anführungsstriche mehr. Statt der Lichtwellen vermitteln Schwallwellen den Tieren einen durchaus bildhaften Eindruck ihrer Umwelt. Das klingt nach Science fiction. Aber so etwas gibt es wirklich.

Das ist überhaupt das Großartige an der Biologie: Sie findet im Reich der Natur immer neue Dinge, die so phantastisch sind, daß die menschliche Phantasie dagegen verblaßt!

Hinzu kommt, daß die Hufeisennasen offenbar ein völlig anderes

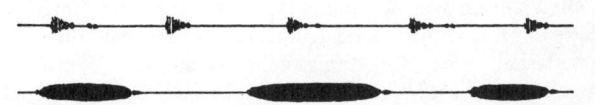

Bild 58: So verschieden sind die Orientierungslaute der Fledermäuse. Das obere Oszillogramm zeigt die nur 1 bis 2 tausendstel Sekunde kurzen Knalllaute einer Glattnasenfledermaus, das untere die langgezogenen reinen Töne einer Großen Hufeisennase, die eine zehntel Sekunde dauern.

Ortungsprinzip benutzen als die zuvor erwähnten Fledermäuse. Sie senden keine Salven von Ultraschallknallen aus, sondern Folgen von reinen und viel länger dauernden Ultratönen. Es sind wohl die reinsten, verzerrungsfreisten und gleichmäßigsten Töne, die überhaupt von Tieren erzeugt werden. Und zwar sendet die Große Hufeisennase »technisch makellos Sinusschwingungen auf Welle 85 kHz« und die Kleine Hufeisennase, eine in Deutschland weitverbreitete Art, auf 110 kHz. An geringen Unterschieden in der Wellenlänge erkennen sich diese nächtlichen Flatterer nach Ansicht von Professor Möhres sogar »persönlich«.

Dauert der Ultraschallknall der Fledermäuse mit einfacherem Ortungsmechanismus nur etwa eine tausendstel Sekunde, so erstreckt sich ein Sendeton der Hufeisennase über die dreißig- bis fünfzigfache Zeit. Auch sendet sie nicht um so schneller, je mehr sie sich für einen entdeckten Gegenstand interessiert. Vielmehr verkürzt sie die Pausen zwischen den langgestreckten Tönen aufs Äußerste. Das heißt: Sie nähert die Tonfolge ihrer Peillaute so weit wie möglich einem Dauerton. Das Einatmen kann sie freilich nicht restlos unterdrücken.

Das zurückkehrende Echo wird hier also fast immer von dem noch andauernden Signal übertönt. Folglich können die »tönenden« Fledermäuse unmöglich eine Zeitdifferenzortung durchführen wie ihre »knallenden« Verwandten – und wie all die Radar- und Sonargeräte des Menschen.

Aus diesem Vergleich geht schon hervor, wie ungeheuer fruchtbringend eine Erforschung des akustischen Bildsinnes der Hufeisennasen auch für die menschliche Technik sein kann. Bisher allerdings wissen wir noch so gut wie nichts davon und können nur ein bißchen rätselraten: Die Große Hufeisennase bewegt ihre Ohrmuscheln synchron mit den Ultrarufen. Bei jedem Ruf geht ein Ohr vor und das andere zurück – bis zu 60mal in der Sekunde. Professor Möhres schreibt: »Die Befunde sprechen dafür, daß hier nicht Zeitdifferenzen ausgewertet werden, sondern Intensitätsunterschiede des von der Umgebung zurückkehrenden Widerhalls. Dabei wirken die beweglichen Ohren wie Richtempfänger. Bei der geradlinigen Ausbreitung der Ultraschallwellen kann eine Ohrmuschel nur dann voll den Widerhall einer Umgebungsstelle auffangen, wenn ihre Öffnung genau auf diese Stelle gerichtet ist. Die Ohrbewegungen erfüllen dann den Zweck, die Umgebung Punkt für Punkt abzutasten.«

Daß sich auf diese Weise ein »fotografisches« Bild gewinnen läßt, ist nur schwer vorstellbar. Beim systematischen, vielleicht fernsehartig zeilenweisen Abtasten der Umgebung ordnet das Fledermaushirn möglicherweise jedes Echo in eine Bildvorstellung ein. Um dies zu ermöglichen, müßten die Hörnerven mit anderen Nerven, nämlich jenen, die die augenblickliche Stellung der Ohren anzeigen, unmittelbar zusammenarbeiten. Es klingt unwahrscheinlich, daß so unterschiedliche Nerven wie die von Sinnesorganen und die »Stellungsanzeiger« von Körperteilen so präzise miteinander harmonieren sollen. Jedoch ist solch eine »Zusammenschaltung« in der Natur überraschend weit verbreitet, wie jeder durch einen Versuch an sich selbst sofort feststellen kann:

Man betrachte einen beliebigen feststehenden Gegenstand. Nun rolle man mit den Augäpfeln oder schüttele den Kopf hin und her. Stets bleibt der durchaus wirklichkeitsentsprechende Eindruck bestehen, als bleibe der Gegenstand fest am Ort, obgleich er ja laufend auf andere Sehzellen der Netzhaut projiziert wird und uns daher eigentlich wie ein sich bewegender Gegenstand erscheinen müßte. Nun machen wir folgendes: Wir halten ein Auge mit einer Hand zu. Mit einem Finger der anderen Hand drücken wir sodann von der Seite leicht und rhythmisch auf den Augapfel des offenen Auges und bewegen ihn etwas hin und her. Sofort scheint der betrachtete Gegenstand wie wild umherzuspringen!

Genauso würde er auch bei jeder Kopf- und Augapfelbewegung herumtanzen, wenn unser Hirn nicht die Meldungen der Sehnerven mit den Bewegungen von Kopf und Augapfel verrechnen würde. Durch den Fingerdruck gegen den Augapfel haben wir nämlich diesen Verrechnungsmechanismus umgangen. So sind es oft gerade die uns so selbstverständlich vorkommenden Dinge, die durch einen außerordentlich komplizierten nervösen »Apparat« im Hirn erst »natürlich« werden.

In ähnlicher Weise könnten vielleicht auch im Fledermaushirn Hörnerven und Ohrstellungsanzeiger im unmittelbaren Zusammenwirken zum Entstehen eines regulären Bildes führen. Außerdem ist es gut möglich, daß im näheren Hörbereich auch ein räumlicher Eindruck entsteht, ähnlich wie der Mensch im Nahbereich bis zu 300 Metern räumlich sehen kann.

Die »Waffe des Maulverstopfens« ist von den Fledermäusen also prächtig pariert worden. Verschiedene Insekten haben sich deshalb etwas anderes »einfallen« lassen: Sie machen sich unhörbar. Das heißt, einmal dürfen sie selbst keine Geräusche von sich geben, und zum anderen haben sie sich mit einer »akustischen Tarnkappe« umgeben, mit einem so weichen und schallschluckenden »Fell«, daß sie kaum noch den Ultraschall ihrer Feinde zurückwerfen.

Um brummende, summende, surrende Fliegen und Mücken zu

fangen, brauchen Fledermäuse ihren Schallsender gar nicht. Sie hören das Fluggeräusch dieser Opfer bereits von weitem, peilen es an, und schwupp – ist es um den Selbstverräter geschehen.

Auf diese Weise orten Fledermäuse auch die Laufgeräusche raschelnder Käfer, Spinnen und anderer Fußgänger. Wie Professor Kolb (165) festgestellt hat, fressen die Nachtjäger etwa zur Hälfte eben jene Fußgänger, in fluginsektenarmen Frühjahrsnächten sogar ausschließlich diese. Zielsicher landen die Fledermäuse knapp einen Zentimeter vor einem raschelnden Insekt im Gras, Moos oder Laub und verspeisen es dort. Sie stehen sogar im Rüttelflug vor hängenden Blättern und sammeln auf ihnen herumkrabbelnde Insekten ab.

Fliegen und Mücken vermehren sich indessen so uferlos, daß Verluste durch Fledermäuse den Fortbestand der Art ebensowenig gefährden wie die Windschutzscheiben der Automobile. Wohl aber könnten Fledermäuse die Existenz der Nachtschmetterlinge ernsthaft bedrohen. Der Gefahr der völligen Ausrottung sind sie nur entgangen, weil sie den absolut geräuschlosen Flug – auch im Ultraschallbereich! – »erfunden« haben.

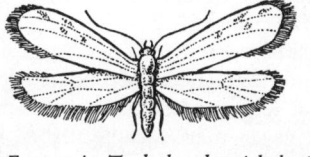

Bild 59: Feine Fransen im Turbulenzbereich des Mottenflügels verhindern die Bildung geräuscherzeugender Luftwirbel.

Flugtechnisch heißt das nach Untersuchungen des Berliner Biotechnikers Professor Heinrich Hertel (166):

Die Motte muß das Entstehen von Luftwirbeln an den Flügelkanten vermeiden. Das ist ein brennendes aerodynamisches Problem. Nachtfalter lösen es durch feine Fransen im Turbulenzbereich. Die Härchen sind etwa zwei Millimeter lang und haben einen Durchmesser von sieben tausendstel Millimeter. Das verhindert den Selbstverrat.

Einem großen Teil der Nachtschmetterlinge aber genügt die Lautlosigkeit des Fluges noch nicht. So besitzen die Eulenfalter, von denen es auf der Welt insgesamt 25 000 Arten gibt, die Spanner (15 000 Arten) und Bärenspinner (6000 Arten) spezielle Ohren zum Abhören der Feindsender. Sie kehren also den Spieß um und haben es so eingerichtet, daß sich die Fledermäuse durch ihr Ultraschallgeschrei selbst verraten.

Die Geschichte dieser großartigen Entdeckung begann an einem warmen Sommerabend des Jahres 1956, als der amerikanische Zoologe Professor Kenneth D. Roeder (167, 168) auf der Gartenterrasse seines Hauses eine Party für Freunde gab. Man entzündete Lampions, die alsbald von einer Schar Nachtfalter flatterhaften Fluges umschwirrt wurden.

Zu vorgerückter, feuchtfröhlicher Stunde tat nun einer der Anwesenden etwas, was schon viele Weintrinker vor ihm getan haben: Er ließ einen angefeuchteten Korken auf dem Rand eines Weinglases kreisen, so daß der bekannte hohe Schrillton entstand.

Im selben Augenblick geschah es: Wie vom Schlag getroffen, stürzten die Nachtfalter, die eben noch munter die Lampions umgaukelt hatten, zu Boden. Zuerst meinte der Forscher, die Insekten wären vom nervenzersägenden hohen Ton gelähmt oder getötet worden. Es gibt genug Beispiele dafür, daß Tiere durch laute Geräusche Krämpfe bekommen, die mitunter sogar tödlich sein können.

Aber nichts dergleichen! Zur großen Verwunderung aller Anwesenden waren die abgestürzten Nachtfalter quicklebendig, krabbelten noch etwas auf dem Boden umher und starteten dann zu neuem Flug. Sobald aber der hohe Glaston von neuem erklang, fielen sie wieder wie Klumpen auf die Terrasse.

Dieses seltsame Verhalten machen sich übrigens schon seit längerer Zeit Schmetterlingssammler zunutze, um die nächtlichen Verwandten der Tagfalter mit Lampe, Korken, Weinglas und Auffangdecke zu erjagen. Professor Roeder und sein Mitarbeiter Dr. Asher E. Treat beschlossen aber nach diesem Erlebnis, den Dingen genauer auf den Grund zu gehen. Was sie dabei in jahrelanger Arbeit an der Tufts Universität in Medford, Massachusetts, ans Licht der Erkenntnis förderten, übertraf selbst ihre kühnsten Erwartungen.

Ein Zoologe ist zwangsläufig ein Mensch, der zu Beginn einer Forschungsarbeit kaum eine blasse Vorstellung davon hat, wie interessant seine Tätigkeit eigentlich ist. Die Wirklichkeit offenbart immer viel großartigere Dinge, als selbst die gewagteste Arbeitshypothese vermuten läßt.

Dies ist das Resümee: Die Ultraschallohren der Nachtfalter liegen an beiden Seiten der Brust nahe der »Taille« und sind ein Paradebeispiel für das Errreichen großer Wirkungen durch einfachste Konstruktionen.

Auf den ersten Blick sieht es tatsächlich wie das primitivste Ohr der Welt aus: Wie Bild 60 zeigt, besteht es aus einem Trommelfell, einem dahinterliegenden Luftsack und einem feinen Gewebestrang, der zwei Nervenzellen enthält. Diese beiden Hörnervenzellen

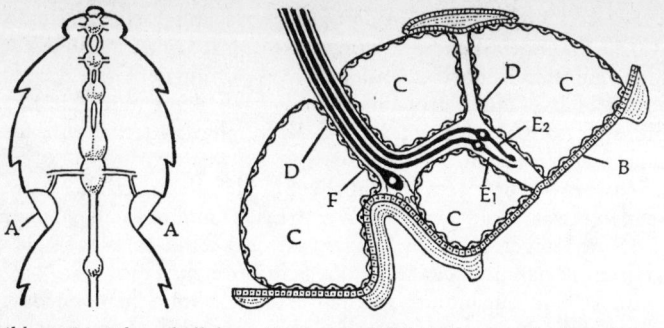

Bild 60: Die Ultraschallohren (A) des Nachtfalters liegen nahe der »Taille«. Das rechte Bild zeigt die Vergrößerung eines Ohres: das Trommelfell (B), den Luftsack (C), das Stützgewebe (D) mit den beiden Hörnerven (E 1 und E 2) und dem nichtakustischen Nerven (F).

senden je eine Leitung zum Schmetterlingshirn und je eine Empfangsfaser zum Trommelfell, so daß man an die Tonabnehmernadel eines Plattenspielers erinnert wird. Abgesehen von einem dritten, nicht auf Schall reagierenden Nerv, dessen Bedeutung wir noch nicht kennen, ist das bereits alles. Also ein Ohr mit nur zwei Nerven!

Dadurch entsteht in der Dunkelheit der Nacht folgende Situation: Sobald eine Fledermaus bis auf 30 Meter an einen fliegenden Nachtfalter herangekommen ist, nimmt der erste hochempfindliche Nerv des Feindabhörohres des Schmetterlings die Fledermausschreie wahr und sendet durch eine Serie von »Morsepunkten« Voralarm zum Hirn. Unverzüglich schwenkt der Schmetterling in einen Ausreißkurs geradenwegs von der Fledermaus fort. Befindet sich der Feind genau unter ihm, steigt der Falter sogar ein Stück senkrecht in die Höhe.

Obgleich das Insekt viel langsamer fliegt, ist dies bereits in vielen Fällen ein lebensrettendes Manöver, denn zu dieser Zeit hat das Fledermaussonar den Falter noch gar nicht geortet. Dank der schallschluckenden Polsterung der akustischen »Tarnkappe« des Schmetterlings kann der Nachtjäger sein Ziel erst dann auffassen, wenn er sich zufällig bis auf sechs Meter genähert hat.

Überall in der Luft, wohin die Fledermaus auch vorstößt, stieben die Falter bereits weit außerhalb der Echoortung nach allen Seiten auseinander. Flöge die Fledermaus einen so schlanken Kurs wie die Schwalbe, würde sie kaum jemals eine Motte erwischen. Deshalb hat sie wiederum eine Gegentaktik parat: den Taumelflug.

Er sieht so maßlos ungeschickt aus. Angesichts des Bildes einer fliegenden Fledermaus mit ihren beiden »Regenschirm«-Flügeln denkt man unwillkürlich: Otto Lilienthal beim ersten Flugversuch! Aber das täuscht. Alle uns Menschen und wahrscheinlich auch den Nachtfaltern so unberechenbar erscheinenden Kursschwankungen werden von dem Flatterer in blitzschnell abgebrochenen und andersartigen mathematischen Kurven ausgeführt, um die Opfer über den Flugweg zu täuschen.

Mit dieser List kommt der Nachtjäger oft bis auf die Sonarreichweite von sechs Metern heran. Dann empfängt er die ersten Echos von der Motte, und zwar mit einer Lautstärke von 30 Phon. Das entspricht dem Fahrgeräusch eines leisen Personenwagens. In diesem Moment geschieht zweierlei: Die Fledermaus nimmt zielgerecht die Verfolgung des Opfers auf, und im Abhörrohr des Falters beginnt die zweite Hörnervenzelle zu funken: Vollalarm!

Schlagartig legen viele Nachtfalter die Flügel an und lassen sich, wie auf dem Gartenfest Professor Roeders, einer Bombe gleich, zu Boden fallen. Da sie hierbei aber eine mathematisch exakte ballistische Kurve beschreiben, lernen Fledermäuse nach einiger Übung, der Fallkurve zu folgen. In etwa der Hälfte aller Fälle erhaschen sie das stürzende Insekt doch noch. Die Hälfte aber überlebt, und das ist für den Fortbestand der Art von großem Wert.

Weit besser sind aber jene Nachtfalter daran, die bei höchster Alarmstufe zu noch raffinierteren Ausweichmanövern fähig sind. Im nächtlichen Scheinwerferlicht hat es der amerikanische Zoologe tausendfach gefilmt: Beim Ertönen künstlich erzeugten Ultraschalls schlugen einige Falter wie Hasen scharfe Haken nach links oder rechts, andere machten Loopings, ließen sich in engen Spiralen abwärts trudeln, schossen »tollkühn« hinter der Fledermaus durch deren »Kielwasser« oder vollführten Kombinationen dieser Kunstflugfiguren, um die Nachtjäger ins Leere stoßen zu lassen.

Angesichts dieser Luftakrobatik bleibt den Fledermäusen nur noch eines: Sobald sie wenigstens in »Handreichweite« eines Falters kommen, versuchen sie, das Insekt im »Regenschirm« eines Flügels zu käschern.

Fassungslos steht der Nervenforscher vor diesem Phänomen: Zwei Primitivohren mit insgesamt nur vier Hörnerven senden Signale zum Schmetterlingshirn. Dort werden sie in einen anderen Code umgewandelt, zu den Flügelmuskeln geschickt und veranlassen diese augenblicklich dazu, das für jede spezielle Situation Sinnvolle zu unternehmen. Hier haben wir den wohl einfachsten Fall einer Verbindung zwischen der Konstruktion eines Nervensystems und dem dadurch fixierten Instinktverhalten eines Tieres vor uns.

Im Rahmen dieses Buches soll uns indessen nur interessieren, wie Nachtschmetterlinge mit so simplem Hörapparat erkennen können, ob die Fledermaus von links oder rechts, hinten oder vorn, oben oder unten kommt.

Auch beim Menschen ist das Richtungshören noch ein großes Problem. Erste Klarheit kann aber schon jeder Radiobastler gewinnen, wenn er ein Experiment des Bremer Physikers Dr. Hans Kietz (169) wiederholt: Die elektrischen Schwingungen eines Summtones führe man über zwei Leitungen zu einem Kopfhörerpaar. In eine der beiden Leitungen schalte man einen Phasenverschieber, eine Art »Wartesaal«, der die Töne einige hunderttausendstel Sekunden später zum Kopfhörer gelangen läßt. Die Zeit der Verzögerung muß sich mit einem Drehknopf verändern lassen.

Treffen die Schwingungen gleichzeitig an beiden Kopfhörern ein, gewinnt der Experimentator den Eindruck, als käme der Ton genau von vorn. Je mehr nun die rechte Seite verzögert wird, desto weiter wandert die Schallquelle in der Vorstellung der Versuchsperson nach links. Das ist etwas ganz Ungeheuerliches, denn es beweist, daß unser Hirn Zeitunterschiede der Hörempfindungen des rechten und linken Ohres auf hunderttausendstel Sekunden genau erfassen, miteinander vergleichen und daraus eine Richtungsvorstellung entwikkeln kann.

Damit ist freilich noch nichts darüber gesagt, wie die Richtungsempfindungen vorn-hinten und oben-unten zustande kommen. Wie das beim Menschen funktioniert, wissen wir noch nicht.

Wohl aber bei der Motte. Das Insekt vereinfacht das Problem erst

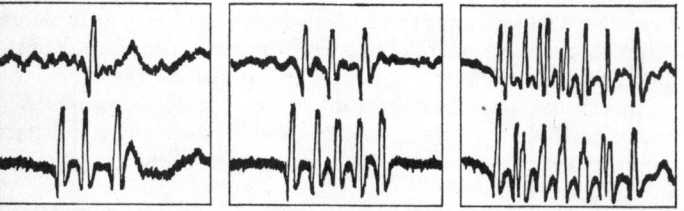

Bild 61: So orten Nachtfalterohren eine nahende Fledermaus: Der Nachtjäger befindet sich rechts vom Schmetterling in größerer Entfernung. Auf jeden Fledermausschrei reagiert der erste Hörnerv im rechten Ohr mit drei Impulsen und der erste Hörnerv im linken Ohr mit nur einer Entladung (linkes Bild). Der Feind kommt näher heran. Dadurch ändert sich das Salvenverhältnis auf 5 zu 3 (mittleres Bild). Die Fledermaus rast unmittelbar über den Falter hinweg. Also feuern die Hörnerven links und rechts gleich heftig (rechtes Bild).

einmal dadurch wesentlich, daß es tontaub ist. Das heißt, es kann verschieden hohe Töne nicht voneinander unterscheiden. Ganz gleich, ob eine Fledermaus mit 110000 Schwingungen pro Sekunde schreit oder ob ein Mensch ein Weinglas mit nur 10000 Schwingungen pro Sekunde zum Schrillen bringt – für den Falter klingt beides völlig gleich. Alles, was nachts Krach macht, ist für ihn eben Fledermaus.

Durch Anzapfen der vier Hörnerven und Mithören in ihrem Funkverkehr fanden das zwei Mitarbeiter Professor Roeders, Dr. Roger Payne und Joshua Wallman, heraus. Andererseits stellten sie fest, daß Nachtfalter ein sehr feines Empfinden für Unterschiede in der Lautstärke haben. Schreit zum Beispiel eine Fledermaus aus etwa 20 Meter Entfernung von rechts, so schickt Hörnerv 1 des rechten Ohres drei Morsepunkte zum Hirn, der Hörnerv 1 des linken Ohres aber nur einen.

Dieser Code allein könnte aber noch zu tödlichen Irrtümern führen. Der kurze, laute, also nahe Schrei einer »knallenden« Fledermaus erzeugt nämlich dieselbe Serie von Morsepunkten im Schmetterlingsnerven wie der langgezogene, leise, also weit entfernte Schrei einer »tönenden« Fledermaus. Die unterschiedlichen Ortungsmethoden verschiedener Fledermausarten berücksichtigt das Nervensystem des Nachtfalters deshalb dadurch, daß laute Töne nicht nur mehr Morsepunkte auslösen, sondern die Nervenzellen auch zu prompterer Reaktion veranlassen, wie auf Bild 61 zu sehen ist. Beide Informationen zusammen lassen kein Mißverständnis mehr zu.

Das Rechts-links-Problem ist also gelöst. Wie aber soll der Schmetterling oben von unten und vorn von hinten unterscheiden können? Dr. Payne fand des Rätsels Lösung: Unerläßliches Hörhilfsmittel sind die Flügel!

Wie Bild 62 zeigt, sitzen diese stark schallschluckenden »Deckplatten« etwas vor und etwas über dem Ohr. Somit ändert sich die

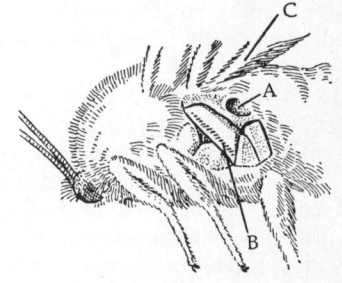

Bild 62: Der Bärenspinner kann durch den Schlag seiner Flügel (C) das Ultraschallohr (A) und den Ultraschall-Störsender (B) verdecken und freilegen.

Lautstärke des empfangenen Schalls auch ständig mit der Schlagstellung der Flügel, die in der Sekunde 30- bis 40mal auf und ab schwirren.

Grob gesagt, sieht das so aus: Lauterer Empfang bei oberer Flügelstellung heißt: Feind kommt von vorn-unten; bei unterer Flügelstellung: Gefahr droht von vorn-oben. Kein Lautstärkeunterschied in Abhängigkeit vom Flügelschlag kündet Unheil von hinten an. Kombiniert man dieses Schema mit Rechts-links-Unterschieden in beiden Ohren, so ergibt sich für jede Richtung in der Sphäre allseitig um das Tier ein ganz charakteristisches Klangbild.

Zuerst schien alles so simpel: Nur vier Hörnerven leiten alle akustischen Empfindungen zum Hirn. Nun kommen nur noch die Flügelstellungsanzeiger hinzu – und schon haben wir ein Nervensignalschema von kaum noch vorstellbarer Mannigfaltigkeit vor uns. Aber das Insektenhirn »versteht« es fehlerfrei und wandelt es in einer hundertstel Sekunde in sinnvolle Nervenkommandos zum Steuern der Flugmuskeln um. Wie kompliziert mögen erst Sinneseindrücke im Hirn anderer Tiere erscheinen, bei denen Tausende oder gar Millionen von Nerven in Tätigkeit gesetzt werden!

Ein Elektrotechniker würde sagen: Wenn solch ein hervorragendes Nachrichtensystem im Schmetterling existiert, müßte es verhältnismäßig leicht sein, noch weitere Abwehrwaffen hieran anzuschalten. In der Tat haben das viele Nachtfalter der Bärenspinnerfamilie auch getan. Bei höchster Alarmstufe setzen sie einen Ultraschall-Störsender in Aktion, genauso wie ein Bombenflugzeug im letzten Krieg, wenn es von einem feindlichen Radargerät erfaßt worden war.

Frau Dr. Dorothy C. Dunning (170), eine Mitarbeiterin Professor Roeders, hat die Einzelheiten erforscht. Sie baute sich eine Futterkanone, mit der sie Mehlwürmer hoch in die Luft katapultierte. Gezähmte Fledermäuse hatten es schnell gelernt, diese Leckerbissen im Fluge zu fangen. Wenn aber kurz vor dem Augenblick des Zuschnappens ein Mottenultraschrei vom Tonband abgespielt wurde, drehten die Fledermäuse ruckartig vom Ziel ab und ließen es unangetastet.

Das ist um so erstaunlicher, als sich die Nachtjäger durch keinerlei andersartige Ultraschallaute beirren lassen – ob man Fledermausschreie imitiert, Dauerkrach veranstaltet oder künstliche Störschwingungen erfindet. Dabei arbeitet der Schmetterlingssender denkbar einfach: Wie auf Bild 62 zu sehen ist, liegt am Ansatz des dritten Beinpaares beidseitig eine biegbare gerillte Chitinplatte über einem Resonanz-»Kasten«. Wenn das Insekt in schneller Folge die

Beinmuskeln kontrahiert und entspannt, gerät diese Platte in Ultraschwingungen, und zwar auch im Bereich der Fledermaus-Wellenlänge. Offenbar versteht der Nachtjäger diese Laute als Warnung – aber als Warnung wovor?

Die Frage erscheint zunächst unsinnig. Wovor sollte ein Nachtfalter eine Fledermaus mit solcher »Überzeugungskraft« warnen? Dennoch ist es eine Tatsache. Viele Bärenspinner sind nämlich für Fledermäuse von ekelerregendem Geschmack oder sogar giftig. Wenn der Nachtjäger sie aber immer erst fangen und dann wieder ausspucken muß, um das zu erfahren, nützt den Schmetterlingen der Vergällungs-Schutz herzlich wenig. Deshalb bedeutet der Ultraschrei der Bärenspinner so viel wie: „Vorsicht! Friß mich nicht. Ich schmecke schrecklich!" Übrigens treiben einige andere Bärenspinner mit dieser Warnung Mißbrauch. Obwohl sie gar nicht giftig und die schönsten Leckerbissen sind, warnen sie die Fledermäuse – und werden prompt verschont.

Indessen plant der an der Universität von Hawaii lehrende Professor Hubert Frings (171), in den akustischen Krieg zwischen Fledermäusen und Schmetterlingen einzugreifen. Viele mit Ultraschallsinnen begabte Nachtfalter oder deren Raupen sind nämlich gefürchtete Schädlinge. Es sei nur an Kiefernspanner, Frostspanner, Gamma-Eulen, Wurzel-, Weizen-, Kohl- und Heerwurm-Eulen erinnert sowie an Webebären und Flechtenspinner.

Statt mit Giften weite Gebiete zu verpesten, will der Forscher gefährdete Landstriche mit einem Ultraschallvorhang vor Schädlingsbefall schützen. Für den Menschen unhörbare Lautsprecher, sogenannte künstliche Fledermäuse, sollen nachts jeden schwirrenden Grenzpassanten zum Absturz bringen und nicht wieder hochkommen lassen.

Es ist gut möglich, daß Mittel, mit denen sich der Mensch den tierischen Sinnen und Verhaltensweisen anpaßt, bessere Erfolge erzielen als die inzwischen ziemlich wirkungsarm gewordenen »Ausrottungs«-Gifte.

Fische mit Löwengebrüll
Schallsignale in der Unterwasserwelt

In den frühen Abendstunden eines warmen Maitages des Jahres 1942 jaulten in den Küstenstationen der amerikanischen Marine am Atlantik die Alarmsirenen. Um gegen Überraschungsangriffe deutscher U-Boote geschützt zu sein, waren in der Chesapeake-Bucht, der Einfahrt nach Washington und Baltimore, Horchbojen ausgelegt worden, die Schraubengeräusche eindringender Feindschiffe melden sollten.

Jetzt schien der Teufel los zu sein. Von überall her kabelten die Bojen Unterwassergeräusche. Offenbar näherte sich ein ganzes U-Boot-Rudel den amerikanischen Häfen. Zerstörer und Küstenwachtschiffe liefen aus und bepflasterten die Fahrrinne mit Wasserbomben. Aber keine U-Boot-Trümmer zeigten sich, nicht einmal Ölflecke. Statt dessen trieben am anderen Morgen die zerfetzten Leiber von Millionen Fischen weißbäuchig an der Oberfläche.

Noch Schlimmeres geschah etwa gleichzeitig an der amerikanischen Pazifikküste. Vor die dortigen Häfen waren Gürtel akustischer Minen gelegt worden, die durch Schraubengeräusche zur Detonation gebracht werden. Auf diese Weise sollte ein zweites Pearl Harbour verhindert werden. Aber es kam anders. In einer einzigen Nacht flogen sämtliche akustischen Minen in die Luft, ohne daß auch nur die Spur eines japanischen Schiffes entdeckt worden wäre.

War das Sabotage? Wenn man so will: ja – aber nicht von Menschenhand, sondern von der Schwimmblasengitarre zahlloser Krächzerfische. Oder besser gesagt: Schuld an diesem Riesenreinfall war der Glaube, Fische wären stumm und die Tiefe der Seen und Meere sei eine Welt des Schweigens.

Aber nichts ist verkehrter als das. Inzwischen wissen wir: Es gibt nicht nur einzelne Krachmacher im Wasser, sondern kaum einen Fisch, der keine Laute von sich gibt. Einer der ersten, die das begriffen, war der bekannte österreichische Unterwasserforscher und Sporttauchpionier Dr. Hans Hass (172). Als er 1954 zum erstenmal in der Karibischen See ein vom Verfasser konstruiertes Unterwassermikrophon, also ein Hydrophon, mitten in das Fischgewimmel eines Korallenriffs hinunterließ, ertönte im Abhörlautsprecher an Deck seines Segelschiffs »Xarifa« ein seltsames Konzert der verschiedensten Geräusche:

Es schnarrte und pfiff, klopfte in den verschiedensten Rhythmen, rasselte wie mit schweren Ketten, dröhnte, peitschte oder bruzzelte wie heißes Fett in der Pfanne. Das waren die Hungerschreie, Alarmsignale, Liebeslieder, Lockrufe und Kriegsgesänge der Fische.

Wie kommt es, daß ein Mensch über Wasser und auch ein Taucher unter Wasser in den meisten Fällen von all dem nichts hört und die Fische daher irrigerweise für stumm hält?

Nicht etwa, weil die Fische gleich Fledermäusen und Nachtfaltern Ultraschall ausstoßen. Im Gegenteil, Fischlaute haben meist eine sehr tiefe Tonlage, die durchaus im menschlichen Hörbereich liegt. Daß wir sie trotzdem nicht wahrnehmen, hat einen anderen Grund: Unser Ohr ist allein für das Hören in der Luft eingerichtet. Im Wasser herrschen andere akustische Verhältnisse, für die wir einfach nicht den geeigneten natürlichen Empfänger besitzen. Den kann uns nur die Technik in Form des Hydrophons liefern.

Wie ist das im einzelnen zu verstehen? Das Menschenohr hat sich in den Jahrhundertmillionen der Erdgeschichte aus dem Fischohr entwickelt. So ist es nicht verwunderlich, daß das eigentliche Sinnesorgan, das Innenohr, also die mit speziellen Flüssigkeiten (173) angefüllte und völlig luftlose Schnecke (von der gleich noch eingehender berichtet wird), im Grunde genommen gar kein Luftschall-, sondern ein idealer Flüssigkeitsschall-Hörapparat ist. Ohne vorgeschalteten akustischen Umformer könnten wir als Taucher wohl die Fische hören, auf trockenem Lande aber nicht einmal die Sprache anderer Menschen.

So wie der Schall, durch die Ohrmuschel in den äußeren Gehörgang getrichtert, dort das Trommelfell in identische Schwingungen versetzt, ist er unfähig, unsere akustischen Nerven zu erregen. Deshalb verfügen wir im Mittelohr, in der sogenannten Paukenhöhle, über den unerläßlichen Luft-Flüssigkeits-Schallumformer: den mit dem Stiel am Trommelfell verwachsenen Hammer, den Amboß und den Steigbügel.

Diese drei Hörknöchelchen bilden eine die Schallschwingungen weiterleitende Kette von Hebeln. Das ist keineswegs ein überflüssiger »Klapperatismus«. Vielmehr formen sie nach dem Hebelgesetz die relativ weiten, aber schwachen Schwingungsausschläge (Amplituden) des Trommelfells und des Luftschalls in die relativ kleinen, aber energievollen Schwingungsweiten des Flüssigkeitsschalls um. Der Schalleingang, das Trommelfell, hat eine wirksame Fläche von 85 Quadratmillimetern. Der Schallausgang des Mittelohrumformers, also das wasserdichte ovale Fenster in der flüssigkeitsgefüllten Schnecke, ist jedoch nur 3,5 Quadratmillimeter groß. Mit stempelartigen Bewegungen konzentriert der Steigbügel hierauf seine ganze Kraft, um, zwanzigfach verstärkt, die Flüssigkeit in der Schnecke

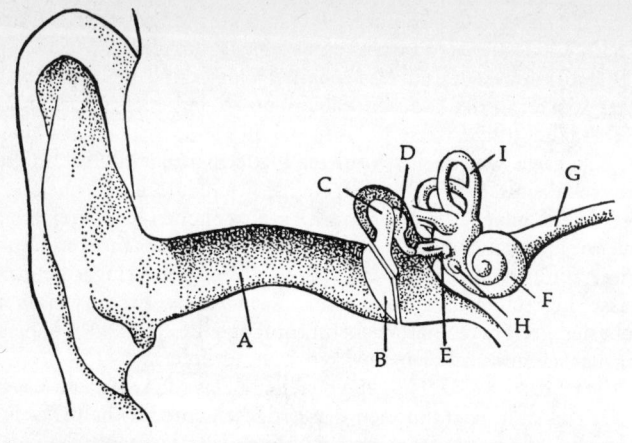

Bild 63: Der Weg der Schallschwingungen führt durch den äußeren Gehörgang (A) über das Trommelfell (B), den Hammer (C), den Amboß (D) und den Steigbügel (E) durch das ovale Fenster in die flüssigkeitsgefüllte Schnecke (F). Von hier läuft ein dickes Kabel Hörnerven (G) zum Hirn. Das runde Fenster (H) besorgt den Druckausgleich zwischen Schnecke und luftgefülltem Mittelohr. I zeigt die drei Bogengänge des Gleichgewichtsorgans.

zum Schwingen zu bringen. Das Trommelfell wäre viel zu schwach dazu.

Das umgekehrte Bild bietet sich uns beim Taucher. Die Fische erfüllen das Wasser mit ihrem Lärm. Doch die Schallschwingungen des Wassers sind trotz ihrer Intensität zu klein in der Schwingungsweite und vermögen daher das akustisch an sie nicht angepaßte Trommelfell nur unwesentlich in Gleichtakt zu bringen. Darum und nur darum erscheinen uns die Fische stumm.

Nur wenn der Schall im Wasser eine bestimmte Lautstärke überschreitet, wird er auch für uns wahrnehmbar, wenn auch nur sehr leise. Das ist bei den Rekordinhabern für Unterwasserkrawall der Fall.

Einer von diesen ist der Knurrhahn, der immer so brummig reagiert, wenn man ihn belästigt. Auch scheint er ein hervorragender »Wetterfrosch« zu sein, vielleicht mit der Schwimmblase als Barometer. Jedenfalls, wenn die Fischer des Mittelmeeres ihn knurren hören, steuern sie schnellstens ihren Hafen an. Denn für sie gibt es keinen Zweifel, daß der Knurrhahn besser als alle menschlichen Meteorologen weiß, wann ein Gewitter im Anzug ist.

Hans Hass veranlaßte einmal einen Knurrhahn, eine Stimmprobe in das Hydrophon zu brummen. Neugierig untersuchte der Fisch zunächst das Gerät und stieß dann einen Ton aus, der im Lautsprecher wie Löwengebrüll klang. Anderen Fischen mag er ebenso gewaltig erscheinen.

Einer der lautesten Brüller unter den Fischen ist der 25 Zentimeter lange Austernfisch, der an der Atlantikküste Nord- und Mittelamerikas lebt. Wie Dr. Hans Schneider (174) von der Universität Tübingen schreibt, tutet das Männchen in der Paarungszeit alle dreißig Sekunden wie ein Nebelhorn. Indianische Eingeborene hielten diese Frühlingsgeräusche früher für Geisterstimmen. Es sei Schlachtenlärm aus dem vergangenen Winter, der damals in der Luft eingefroren und jetzt wieder aufgetaut sei. Schrille Pfiffe stoßen einige nahe verwandte Arten aus, die man daher Bootsmannsfische nennt.

Noch lauter als alle Fische ist ein anderer Meeresbewohner: der fünf Zentimeter lange Pistolenkrebs. Dr. Irenäus Eibl-Eibesfeldt (175) berichtet über diese Tiere: »Mit ihrer fast körperlangen Schere betäuben sie Fische, die ihnen als Nahrung dienen. Sie halten dem Fisch ihre Schere wie eine Pistole entgegen. Ist der Krebs nahe genug an sein Opfer herangekommen, dann klappt der aufgerichtete Finger der Schere rasch zu; ein Fortsatz des Scherenfingers drückt indessen Wasser aus dem Gegenlager, das durch eine Rinne nach vorn herausspritzt. Die Erschütterung ist bisweilen so stark, daß dickwandige Akkumulatorengläser, in denen man die Krebse halten wollte, zersplitterten. Ihr Treiben erfüllt das Korallenriff mit Knistern und Knacken.«

Die Schuldigen, die 1942 die amerikanische Küstenverteidigung in der Chesapeake-Bucht zum Narren hielten, waren Krächzerfische. Der Krawall ist bei ihnen das Ergebnis ihrer ungeheuren Menge. Man schätzt, daß allein in dieser Meeresbucht 300 Millionen dieser Tiere laichen und ihr rhythmisches »Bub-bub-bub-bub« ertönen lassen: immer zehn Schläge in anderthalb Sekunden, dann eine Pause von drei bis sieben Sekunden und so weiter. Professor Wynne-Edwards (176) vertritt die Ansicht, daß hierdurch eine Art Volkszählung abgehalten wird, um ähnlich wie bei der Duftstoff-Bevölkerungsregulation (s. Seite 147) die Fortpflanzung psychologisch in Grenzen zu halten: Je lauter ein Krächzerfisch das »Bub-bub-bub« seiner Artgenossen hört, desto stärker schränkt er die Nachwuchszeugung ein.

Aber diese Stimmgewaltigen sind keineswegs die einzigen »redenden« Wasserbewohner. Fischsprachenforscher fanden in den letzten Jahren heraus, daß es so gut wie keinen Fisch gibt, der absolut stumm ist. Fast alle haben irgend etwas zu sagen.

Die Geschwätzigkeit ist jedoch von Art zu Art sehr verschieden. Meeresfische machen mehr Lärm als Süßwasserfische. Tropenbewohner haben ein reichhaltigeres »Vokabular« als diejenigen, die in nördlichen Gewässern schwimmen. Wie beim Menschen, so wird auch die Stimme der Fische mit zunehmendem Alter tiefer. Nur Forellen machen eine Ausnahme: Sie bleiben zeitlebens Soprane.

Sogar Heringe haben eine Sprache, wie Wissenschaftler im Rostocker Institut für Hochseefischerei und Fischverarbeitung nachgewiesen haben. Mit feinem Zirpen signalisieren die Schwarmfische in einer Art Morsecode. Man kennt bereits verschiedene »Wörter«, die sich durch die Zirpdauer zwischen 0,05 und 0,4 Sekunden unterscheiden. Sie bedeuten: Sammeln zum Schwarm, Stimmfühlung, Alarm Raubfische und Achtung Richtungsänderung.

Verliebte Seepferdchen klicken vor ihrem Weibchen eine kleine Serenade. Wenn es den Werbenden erhört, klickt es zart zurück. Der Bootsmannsfisch pfeift sich seine Geliebte regelrecht heran. Wie Vögel locken sich die Pärchen. Naht sich allerdings ein Rivale, geht das Pfeifen sofort in tiefes Grunzen über. Beide Gegner spreizen die Kiemendeckel weit ab, reißen das riesige Maul auf und schwimmen so aufeinander zu. Meist läßt sich einer nur durch das Grunzen einschüchtern und überläßt dem anderen das Weibchen kampflos. Gebrüll statt Blut!

Auch Anemonenfische (177) versuchen, artgleiche Rivalen, die ihnen »ihre« Seeanemone streitig machen wollen, durch martialische Drohlaute zu verscheuchen. Verfehlt dies seine Wirkung, kommt es zum Kampf mit Rammstößen, Flossenschlägen und Maulzerren. Hierbei ist folgendes interessant: Wenn dies Duell im Aquarium stattfindet und der Verlierer nicht fliehen kann, hat er trotzdem die Möglichkeit, sich vor weiteren Angriffen des Stärkeren zu schützen: Er stößt Demuts- und Befriedungslaute aus, ein lang andauerndes quarrendes Geräusch. Dann läßt ihn der Sieger in Frieden.

Nur in seltenen Fällen »sprechen« Fische mit dem Mund. Drükker-, Mond- und Soldatenfische erzeugen knirschende, quietschende und kreischende Geräusche durch Aneinanderreiben ihrer Schlundzähne. Diese sind wie eine Schallplatte gerillt und erzeugen ganz spezielle Laute. Die meisten Fische sind aber Schlagzeuger. Mit Muskeln und Sehnen trommeln sie auf ihrer Schwimmblase herum. Oder sie benutzen über den »Geigenkasten« der Schwimmblase gespannte Sehnen als Zupf- oder Streichinstrument.

Der Vorgang des Hörens mutet uns ebenso seltsam an. An der Körperoberfläche wird man vergebens nach Ohren suchen. Sie liegen tief im Fleisch eingebettet in unmittelbarer Nähe des Gehirns.

Entstanden sind sie aus einem Teil eines Sinnesorgans, das mit der normalen Schallempfindung überhaupt nichts zu tun hat und nur langsame Druckschwankungen des Wassers registriert, sozusagen für uns unhörbar tiefen Infraschall: des Seitenorgans.

Vom Hörstein zum Menschenohr
Die Arbeitsweise akustischer Sinnesorgane

Hans Hass machte einmal in der Karibischen See ein gefährliches Experiment. Er hatte sich gewundert, daß fast immer wenige Sekunden nach dem Harpunieren eines beliebigen Fisches ein bisher unsichtbarer Hai herangeschossen kam, um ihm die Beute streitig zu machen. Woher wußte der Hai, daß es hier etwas zu holen gab? Sehen konnte er nichts, weil er weit außerhalb der Sichtweite war. Blut konnte er auch noch nicht gerochen haben, da sich Duftstoffe nicht blitzartig ausbreiten. Konnte er vielleicht etwas gehört haben?

Der bekannte Unterwasserforscher unternahm folgendes: Er fing wieder einen großen Zackenbarsch, diesmal aber mit einer Schlinge. Sofort zappelte der Fisch wild herum und, wie erhofft, war Sekunden später ein Hai zur Stelle. Im selben Augenblick lockerte Dr. Hass die Schlinge wieder, so daß der Zackenbarsch sich beruhigte und weiterschwamm, als sei nichts gewesen. Daraufhin guckte der Hai nur noch etwas »dumm«, drehte ein paar Runden und verschwand wieder, ohne den Barsch behelligt zu haben.

Der Fall war klar: Der zappelnde Zackenbarsch hatte bei seinen Fluchtbewegungen einen für Menschen nicht ohne weiteres wahrnehmbaren Unterwasserkrach mit seinen peitschenden Flossen veranstaltet und den Hai als »Fisch-Gesundheitspolizisten« alarmiert. Als dieser am Tatort eintraf, verstummte das den Freßtrieb auslösende Geräusch, und der Hai hatte keine Veranlassung mehr, einzugreifen.

Nebenbei bemerkt: Ein hungriger Hai jagt anders. Aus größeren Tiefen kommt er plötzlich knapp über dem Steilhang eines Korallenriffs nach oben geschossen, schneidet den überraschten Fischen den Fluchtweg zum Versteck im Riff ab, jagt sie ins freie Wasser und schnappt sie sich dort. In fischreichen Gebieten hungern Haie nie. Daneben aber zwingen sie Zappelgeräusche und Blutgeruch unwiderstehlich zum Vertilgen Kranker und Verletzter. Deshalb fallen sie auch über badende und schiffbrüchige Menschen her. Auf einen sich ruhig verhaltenden Schwimmtaucher reagieren sie jedoch meist wie auf den aus der Schlinge freigelassenen Zackenbarsch. Das ist im Grunde das ganze Geheimnis der friedlichen Koexistenz zwischen Hass und Hai.

Damit ist zwar die Triebauslösung durch akustische Reize erklärt, nicht aber das schnelle Finden der unsichtbaren Schallquelle durch den Hai. Denn das mitten im Körper eingebettete Körperschallohr ist zum Erkennen von Richtungen denkbar ungeeignet. Deshalb führen Fische die Ortung von Erschütterungsherden im Wasser mit Hilfe eines anderen Sinnes durch: mit dem Seitenorgan.

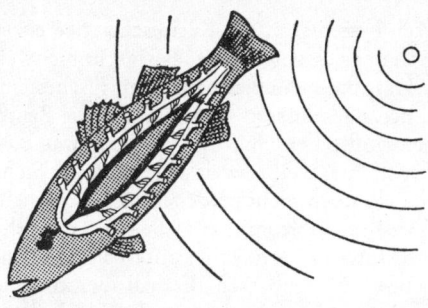

Bild 64: Das Seitenlinienorgan der Fische registriert mit unzähligen – hier sehr vergröberten – »Bullaugen« das Entlanglaufen einer Wasserdruckwelle am Körper. Nervenenden (schwarz) im Röhrensystem melden die Druckwellen zum Hirn, das aus den Zeitunterschieden die Richtung der Druckwellenquelle ermittelt.

Bei vielen Fischen ist links und rechts an den Seiten eine vom Kopf bis zum Schwanz durchgehende Linie sichtbar, an der das Schuppenkleid »zusammengenäht« ist. Es soll Fischesser geben, die meinen, diese Linie sei nur dazu da, um ihnen anzuzeigen, wo das Tier am besten zerteilt werden kann. Aber hinter dieser Äußerlichkeit verbirgt sich eine merkwürdige Konstruktion der Natur, die Professor Sven Dijkgraaf (178) von der Universität Utrecht am Hai untersucht hat (bei anderen Fischen liegen diese Dinge etwas anders!):

Unter der Seitenlinie links und rechts in die Haut eingebettet, verläuft je ein dünner Schlauch, der mit einer speziellen Flüssigkeit angefüllt ist. Beide vereinigen sich im Kopf. Von jedem aderähnlichen Schlauch führen zahlreiche Seitenkanäle als kurze »Sackgassen« nach außen und sind an ihrem Ende nur durch eine hauchdünne Membrane gegen das umgebende Wasser abgeschlossen: zahllose

Trommelfelle, angeordnet als Reihe mikroskopisch kleiner Bullaugen!

Die Erschütterungswellen des Wassers pflanzen sich daher ausschnittsweise in der Flüssigkeit des Rohrleitungssystems fort. Hier aber befinden sich überall im Inneren der Schläuche zahllose feine Sinneshärchen, die von der Wellenbewegung der Schwingungen wie Getreidehalme im Windstoß bewegt werden und diesen Reiz zum Hirn des Fisches melden. Es sind praktisch Tasthärchen, die durch den hydraulischen Apparat eine völlig neue Aufgabe erfüllen. Durch ein »Zusatzgerät« entsteht also aus dem Nah- oder Kontakttastsinn der Ferntast- oder Erschütterungssinn, der seinerseits wiederum die Vorstufe zum Hören darstellt.

Am Unterschied des Eintreffens einer Druckwelle vorn und hinten, links und rechts kann der Fisch die Richtung, aus der die Welle kommt, mit großer Genauigkeit bestimmen. Die Nutzanwendung beginnt beim Erkennen der Strömungsrichtung eines Flusses oder Baches durch Süßwasserfische oder der Gezeitenströmung durch Küstenbewohner (siehe Seite 76). Sie setzt sich fort im Wahrnehmen schwimmender Fische, die ähnlich unseren Schiffen weithin spürbare Druckwellen erzeugen. Dabei kann es sich um dicht benachbarte Schwarmgenossen handeln, aber auch um etwas weiter entfernte Beute oder Feinde. Schließlich erstreckt sich die Nutzanwendung auch noch auf den Empfang von »Echos« der eigenen, beim Schwimmen hervorgerufenen Druckwellen an Hindernissen.

Dieser Erschütterungssinn ist so fein ausgeprägt, daß er sogar die Augen ersetzen kann. Das beweisen die Blindfische, die in der ewigen Finsternis lichtloser Höhlen und unterirdischer Wasserläufe leben. Ihnen genügen Seitenorgan und Nase vollauf, obgleich diese beiden Sinne bei den blinden Fischen keineswegs leistungsfähiger sind als bei den sehenden.

Die Technik, mit der die Natur aus dem Seitenorgan Ohren entwickelt hat, ist geradezu spannend zu verfolgen (179): Zunächst erscheinen dort, wo der Hauptschlauch des Seitenorgans über den Kopf führt, Hörsteine. Sie geraten durch Schallwellen in Schwingung und reizen dadurch ein Polster unter ihnen liegender Sinnes-

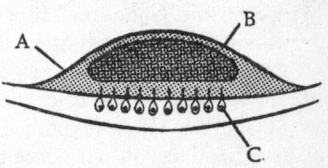

Bild 65: Eine »Frühkonstruktion« des Ohres: der Hörstein des Rochen. In einer Gallerte (A) ist ein Steinchen (B) eingelagert. Wenn es durch Schallwellen in Schwingung versetzt wird, reizt es rhythmisch die unter ihm liegenden Sinneshaare (C).

haare rhythmisch. Bei jedem Schwingungsausschlag feuert jede Sinneszelle einen Stromstoß zum Hirn. Eine »Frühkonstruktion« dieses Ohrtyps, wie wir sie bei einem der entwicklungsgeschichtlich ältesten Fische, dem Rochen, finden, reagiert infolge seiner Trägheit nur auf allertiefsten Baß. Tönen über 120 Schwingungen in der Sekunde kann dieses Gebilde nicht mehr folgen. Menschensprache ist für den Rochen bereits unhörbarer »Ultraschall«.

Wesentlich besser sind die Mitglieder der Karpfenfische, Salmler, Schmerlen, Messerfische und Welse daran. Bei ihnen ist die Schwimmblase durch eine Kette von »Gehörknöchelchen« mit dem Hörstein verbunden. Die obere Hörgrenze liegt bei der Elritze bereits zwischen 5000 und 7000 Schwingungen pro Sekunde und reicht beim Zwergwels sogar bis 13 000.

Aber – und jetzt kommt das große Aber: Tonhöhen können diese Fische nur zwischen 400 und 800 Hertz wirklich gut unterscheiden, weil ihr Gehörorgan nur aus zwei ungegliederten Polstern von Sinneszellen besteht – einem für die tieferen und einem für die höheren Töne. Die Tiere vernehmen also im gesamten unteren Spektrum nur einen einheitlichen Tiefton, darüber eine kleine »Tonleiter« und im oberen Spektrum wiederum alles nur einheitlich als Hochton.

Mit einiger Schwierigkeit können wir uns das vorstellen: Der Hörbereich des Menschen liegt ja nicht, wie allgemein angenommen wird, zwischen 16 Hertz und 20000 Hertz. Dr. Kietz und der Lübecker Hals-, Nasen- und Ohrenarzt Dr. Claus Timm (180) haben nachgewiesen, daß wir auch noch sogenannten Ultraschall sehr gut hören können, vorausgesetzt, der Sender kommt ohne Luftzwischenraum direkt mit unserem Schädelknochen in Berührung. Aber dabei empfinden wir alle Schwingungszahlen von 20 000 bis 176000 – der oberen Grenze, die Dr. Timm nachgeprüft hat – als völlig gleichhohe Töne. Obwohl dieser »Ultrabereich« gut drei Oktaven überspannt, erscheinen uns alle 36 physikalisch möglichen Töne stereotyp genauso wie der höchste Ton, den wir normalerweise noch durch Luftleitung wahrnehmen können.

Aus alledem wird deutlich, daß der Natur noch eine besonders glanzvolle Erfindung gelingen mußte, um Vögeln, Säugetieren und Menschen die Gabe des Hörens so vieler verschiedener Töne zu verleihen. Diese Erfindung ist die Basilarmembran des Innenohrs.

Was leistet das Innenohr eigentlich? Nehmen wir einmal an, wir hören das vierfach gestrichene C, dann stempelt der Steigbügel 2048mal in der Sekunde auf die Flüssigkeitssäule der Schnecke. Aber es klingt anders, ob wir denselben Ton von einer Geige oder einer

Flöte hören. Das liegt daran, daß bei jedem Instrument die Grundschwingung von 2048 Hertz von mehreren Oberwellen (4096, 8192 und 16384 Hertz) charakteristischer Stärke überlagert, also aus einem reinen Ton ein farbiger Klang wird.

Zeichnen wir einmal eine Grundschwingung mit der ersten und zweiten Oberwelle auf und verschieben dann die Phasenlage, so zeigt sich, wie aus Bild 66 zu entnehmen ist, ein völlig unterschiedlicher Verlauf der Summenkurve, also des offenbar im Endeffekt

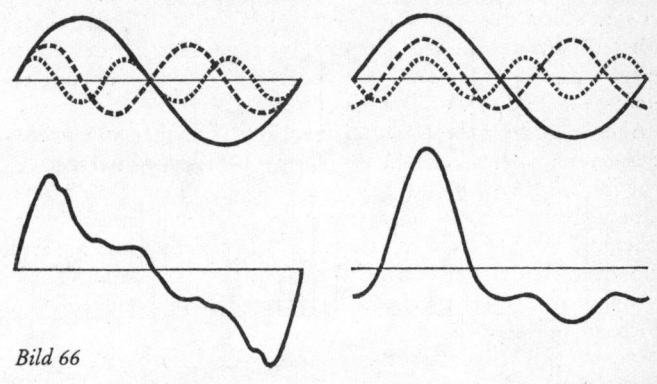

Bild 66

wirksamen Druckverlaufs. Beim Betrachten beider Kurven ist man geneigt, anzunehmen, wir müßten in beiden Fällen zwei ebenso unterschiedliche Klänge hören. Aber weit gefehlt: Unser Ohr bemerkt keinen Unterschied.

Das ist höchst sonderbar und bedeutet nicht weniger als dies: Während unser Trommelfell, die Hörknöchelchen und die Flüssigkeit in der Schnecke entsprechend dem Verlauf der Gesamtkurve schwingen (bildlich dargestellt durch die Rillen der Schallplatte), muß es irgendwo im Ohr einen Mechanismus geben, der die Gesamtkurve in Einzelteile zerlegt, und zwar in eine Serie absolut reiner Töne (Sinusschwingungen), in eine Grundschwingung und in mehrere Oberwellen. Mit anderen Worten: Dieser Klangzerlegungsmechanismus muß in beiden Fällen des Bildes 66 ungeachtet der Phasenverhältnisse zu gleichen Resultaten kommen. Er darf beide Kurven nicht wie unser Auge als etwas Verschiedenes auffassen.

Am besten können wir uns das hypothetisch so vorstellen: Irgendwo im Ohr befinden sich »Saiten« wie in einem Klavier. Treffen die Schwingungen des Bildes 66 darauf, so werden in jedem Fall die drei gleichen »Tasten angeschlagen«: der Grundton, die erste und die zweite Oberwelle.

Technisch Vorgebildete würden sagen: Das Ohr muß genauso wie ein Zungenfrequenzmesser zur harmonischen oder Fourier-Analyse befähigt sein. In der Praxis ist das Bild natürlich noch viel komplizierter, da jeder Klang zahlreiche Oberwellen enthält. Zum Beispiel zeigt Bild 67, welche Töne bei den Vokalen der menschlichen Sprache mitschwingen und in welcher Stärke. Überwältigend wird dies beim Hören eines Symphonieorchesters.

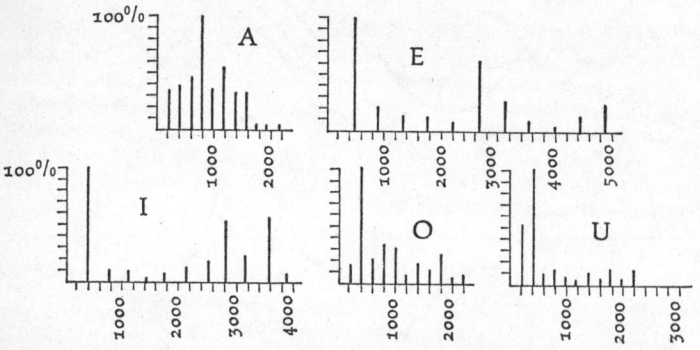

Bild 67: Die Vokale der menschlichen Sprache sind ein Gemisch aus mehreren reinen Tönen. Unser Bild zeigt ihre Zusammensetzung nach Schwingungszahl (waagerechte Skala, in Schwingungen pro Sekunde gemessen) und Lautstärke (senkrechte Skala, in Prozent des lautesten Anteils).

Schon der Physiker Hermann v. Helmholtz forderte auf Grund theoretischer Überlegungen, daß wir im Ohr so einen Klangzerlegungsapparat besitzen müßten. Nur die Frage, wo dieser zu finden sei und wie er arbeite, blieb lange Zeit Gegenstand der Spekulation. Wenn wir ihn suchen wollen, müssen wir uns die Schnecke einmal genauer ansehen.

Auf den ersten Blick sieht das knöcherne Gebilde tatsächlich einem Schneckenhaus auffallend ähnlich. Beim Menschen ist es etwa einen halben Kubikzentimeter klein und hat zweieinhalb Spiralwindungen von insgesamt 38 Millimeter Länge. Der entscheidende Unterschied liegt aber darin: Der Wendelgang ist in zwei parallele Gänge unterteilt, in die Vorhoftreppe und die Paukentreppe, die durch eine Wand ganz besonderer Art getrennt sind. An der Schneckenspitze gehen, wie Bild 68 zeigt, beide Gänge ineinander über.

Der Lauf der Dinge ist folgender: Der schwingende Steigbügel

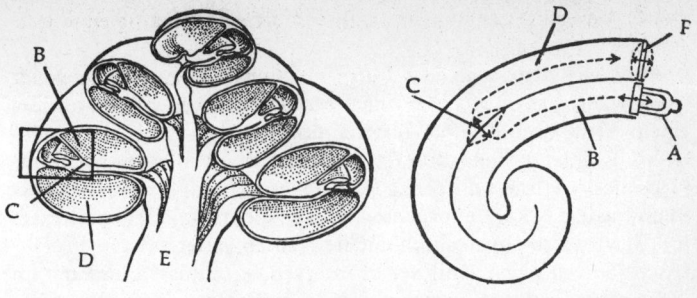

Bild 68: *Hier wird der Schall in seine Bestandteile zerlegt: Querschnitt durch die Schnecke. Der Steigbügel (A) überträgt die Schallschwingungen mit Stempelbewegungen auf die gewundene Gehörwassersäule des Vorhofs (B). Ein der Schwingungszahl entsprechendes Stück der Trennwand (C) zwischen Vorhof- und Ausgangswendel (D) gerät in Vibration. Diese Vibration wird von Nervenzellen erfaßt und über den Hörnervenstrang (E) zum Hirn gemeldet. Den Druckausgleich der schwingenden Flüssigkeitssäule zum luftgefüllten Mittelohr besorgt das runde Fenster (F).*

stempelt durch das abgedichtete ovale Fenster nur auf die Flüssigkeitssäule der Vorhoftreppe. Der Stoß wendet sich zur Schneckenspitze empor, überträgt sich dort auf die Flüssigkeitssäule der Paukentreppe, wendelt sich wieder herab und drückt gegen die Membrane des runden Fensters, die den Druckausgleich zum luftgefüllten Mittelohr herstellt.

Während dieses Vorganges geschieht etwas, für dessen Aufklärung Professor v. Bekesy den Nobelpreis erhielt. Empfängt das Ohr zum Beispiel einen ganz reinen Ton, so gerät die Trennwand zwischen Vorhof- und Paukentreppe an einer ganz bestimmten Stelle des Schneckenganges in Vibration. Je höher der Ton ist, desto näher liegt die vibrierende Stelle am Ein- und Ausgang, je tiefer er ist, desto

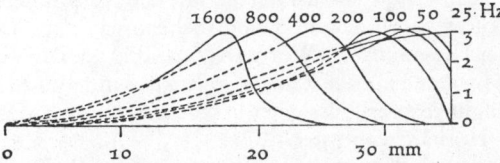

Bild 69: *Diese Kurven zeigen, welche Abschnitte der Trennwand in der Schnecke in Vibration geraten, wenn sie durch reine Töne verschiedener Tonhöhe gereizt werden. Die waagerechte Skala gibt die Entfernung in Millimetern vom Eingang, also vom ovalen Fenster, an. Die senkrechte Skala bezeichnet die Stärke des Vibrationsausschlages.*

weiter verlagert sich die mechanische Erregung zur Schnecken-spitze.

Aber wie dem auch sei: Hier in diesen Vibrationsstellen der Trennwand haben wir den Schallzerlegungsapparat vor uns. Bei einem Klang nach Bild 66 vibrieren drei verschiedene Stellen, beim Vokal A entsprechend Bild 67 elf Stellen und bei einem Symphonieorchester vibriert die ganze Skala – hier mehr, dort weniger stark; und in jedem Sekundenbruchteil wieder anders. Die schönste Harmonie wird also physikalisch nüchtern auseinandergerissen, in elektrische Salvenfolgen zahlloser Hörnerven verschlüsselt und erst im Gehirn wieder zu jenem vollendeten Sinneseindruck zusammengesetzt, den wir Sprache, Musik oder Lärm nennen.

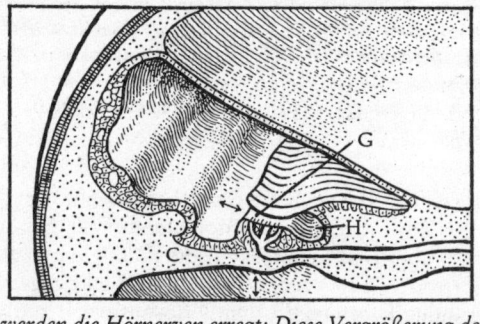

Bild 70: So werden die Hörnerven erregt: Diese Vergrößerung des in Bild 68 gegebenen Ausschnitts aus der Schnecke zeigt die entscheidenden Details. Die Trennwand (C) gerät durch die Schallschwingungen an der Stelle über dem vertikalen Doppelpfeil in stärkste Vibration. Dadurch wird Hörwasser durch einen schmalen Kanal (G) aus dem buchtartigen Raum H rhythmisch heraus- und wieder hineingepreßt. Die starke Hin- und Herströmung in dem schmalen Kanal fließt über ein Polster von Sinneshärchen und reizt sie.

In der Art, wie die Hörnerven die Vibrationen abtasten, läßt sich die Herkunft des Innenohres vom Seitenorgan der Fische nicht verleugnen. Besser als alle Worte zeigt das Bild 70. Die Vibrationen der Wand werden zunächst in einem Engpaß mit »Quetschbeutel« in Schwingungen der Flüssigkeit umgewandelt – und diese erregen dann das Hörhärchenpolster.

Dieser wunderbare Schallzerlegungsapparat der Schnecke ist wohl die einzige Möglichkeit, Vögeln, Säugetieren und Menschen das Erlebnis einer reichen Klangwelt zu erschließen.

Außerdem gibt es noch eine weitere Ähnlichkeit des Innenohres mit dem Seitenorgan der Fische: Bei jedem Auf und Ab der Schwin-

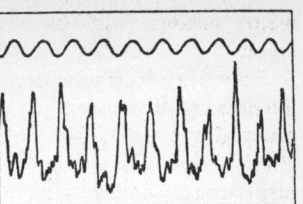

Bild 71: Dieses Erregungsmuster (untere Kurve) senden Hörnerven des Wellensittichs, wenn sie mit einem reinen Sinuston von 1015 Schwingungen in der Sekunde (obere Kurve) gereizt werden. Bei jedem Auf und Ab der Tonschwingung reagiert die Nervenzelle mit einer Entladung.

gung reagiert die Nervenzelle mit einer Entladung. Da sich jedoch die Feuergeschwindigkeit einer Nervenzelle nicht grenzenlos steigern läßt (beim fünffach gestrichenen C müßte sie 4096 Morsepunkte in der Sekunde senden!), wendet die Natur das Prinzip der Arbeitsteilung an. Aus einer eng benachbarten Gruppe von Nervenzellen reagiert immer nur eine zur Zeit, während sich die anderen »ausruhen«. Beim nächsten Schwingungsausschlag ist dann ein anderer Nerv an der Reihe und so fort.

In erster Linie eignet sich diese Nachrichtentechnik zum Mitteilen von Tonhöhen. Auskünfte über die Lautstärke kommen dabei etwas kurz, obwohl sie auch in gewissem Grade möglich sind: Je lauter der Schall, desto mehr Hörnerven beteiligen sich gleichzeitig an der Signalisierung ein und desselben Schwingungsausschlages. Wenn man aber bedenkt, daß der Mensch mehr als 350 Lautstärkestufen unterscheiden kann vom leisen Geflüster bis zum schmerzhaften Düsendonner, wird es offensichtlich, daß diese Nachrichtentechnik, mit der sich wahrscheinlich die niederen Wirbeltiere und die Vögel begnügen müssen, für Menschen und Säugetiere nicht ausreicht. In der Tat arbeitet in unserem Innenohr auch nur etwa ein Drittel aller Hörnerven in der eben beschriebenen Weise. Alle übrigen reagieren nicht reizsynchron. Sie sind hochgradig nuancierte Lautstärkemesser.

Merkwürdig erscheint bei alledem nur eines: Aus Bild 69 sollte man schließen, daß das Unterscheidungsvermögen für Tonhöhen beim Menschenohr nur sehr grob ist. Derselbe Eindruck entsteht, wenn man die Empfindlichkeitsbreite der Hörnerven untersucht. Nimmt man die Hörnerven, die an der Stelle des Schneckenganges liegen, die bei 1100 Schwingungen in der Sekunde maximal vibriert, so stellt man fest, daß diese auch auf Schwingungszahlen von 1000 oder 1200 noch fast ebenso gut ansprechen.

In Wirklichkeit hat unser Ohr aber ein wesentlich besseres Auflösungsvermögen. Wir können nämlich bereits 100,0 von 100,1 oder 3000 von 3005 Schwingungen in der Sekunde an der Tonhöhe unterscheiden. Die Erklärung dieser verblüffenden Tatsache ist im Prinzip einfach, im Detail aber ungeheuer kompliziert: Die Grobheit des akustischen Apparats in der Schnecke und die Grobheit in der Reaktionsbreite der Nerven muß durch äußerste Präzision in der statistischen Verarbeitung der Signale im Nervensystem wieder gutgemacht werden.

»Das Gehör kann als eine Art Nachrichtenempfänger mit anschließender Datenverarbeitung betrachtet werden«, sagt der Stuttgarter Professor E. Zwicker (181). Denkbar wäre eine Schaltung, die nur das Erregungsmaximum zur Kenntnis nimmt und alles Mitschwingende unterdrückt, aber eben nur so weit, als es tatsächlich nur mitschwingt, denn jede noch so zarte Erregung durch einen anderen Ton im Klanggemisch muß ja trotzdem voll zur Wirkung kommen.

So stehen wir also auch hier an der Grenze zum Unerforschten.

Dies alles ist um so großartiger, als hiermit außerdem noch die Nervenschaltung ineinandergreift, die uns das Richtungshören ermöglicht. Die Nervenverbindung vom Innenohr zum Hirn zeichnet Professor Mark R. Rosenzweig (182), Psychologe an der Universität Kalifornien, schematisch so, wie es in Bild 72 dargestellt ist.

Jahrzehntelang hat man folgendes für unmöglich gehalten: Befindet sich die Schallquelle genau 90 Grad rechts von einem, so kommt die Luftschwingung am rechten Ohr fünf zehntausendstel Sekunden eher an als am linken. Kommt der Schall nur 5 Grad von rechts, also fast von vorn, so beträgt der Zeitunterschied gar nur vier hunderttausendstel Sekunden. Aber das Nervensignal benötigt vom Ohr zum Hirn eine Laufzeit von einer hundertstel Sekunde, also 20mal beziehungsweise 250mal so lange. Und derart träge Nerven sollen so minimale Zeitunterschiede erfassen können?

Sie können! Professor Rosenzweig hat die Hörnerven bei betäubten Katzen mit einem elektronischen Spion verfolgt und festgestellt, daß der Rechts-links-Zeitvergleich nicht erst im Hirn stattfindet, sondern schon viel eher in speziellen Nervenknoten.

Bild 72 zeigt eine Reihe solcher Schaltstellen. In jeder einzelnen hemmt nach Rosenzweigs Hypothese ein früher eintreffender Reiz die Weiterleitung eines um zehntausendstel Sekunden später kommenden Reizes. Es ist eine Art Stafettenlauf, bei dem die Läufer, also die elektrischen Signale, zwar alle gleich schnell sind, aber verschieden lange Strecken zurücklegen müssen. Sie werden auf Umleitungen geschickt oder machen Abkürzungen. Sie wechseln vom rechten Nervenstrang zum linken und manchmal auch wieder zurück. Sie teilen sich und treffen mit den verschiedensten Partnern zusammen.

Im Endeffekt kommt folgendes dabei heraus: Liegt die Schall-

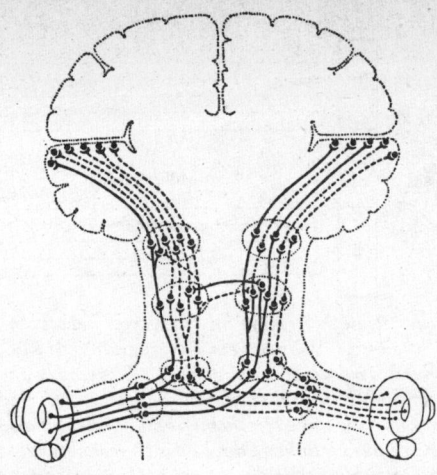

Bild 72: An das Drahtgeflecht einer elektronischen Rechenanlage erinnern die Verflechtungen der Hörnerven auf dem Wege von den Schnecken zum Hirn. Tatsächlich werden hier auch Zeitunterschiede von zehntausendstel Sekunden in Lautstärkedifferenzen umgewandelt, die wiederum als Winkelmaß für das Richtungshören gewertet werden. Das stark vereinfachte Schema zeigt den Verlauf einiger Nervenbahnen vom linken Ohr (ausgezogene Linie), vom rechten Ohr (gestrichelte Linie) und von Rechts-links-Kombinationen (Strich-Punkt-Linie).

quelle rechts, so entsteht in der Hörregion der linken Hirnhemisphäre ein wesentlich stärkerer elektrischer Reiz als in der rechten. Der minimale Zeitunterschied wird also in einen nur scheinbaren Lautstärkeunterschied übersetzt. Je lauter ein Schall in der linken und je leiser er gleichzeitig in der rechten Hirnregion empfunden wird, desto mehr kommt er von rechts.

Natürlich wirkt ein von rechts kommender Schall auf das rechte Ohr auch reell stärker als auf das im akustischen Schatten des Kopfes liegende linke Ohr. Und da die meisten Hörnerven des rechten Ohres zur linken Hirnhemisphäre hinüberwechseln (siehe Bild 72), wird diese auch ohnehin stärker gereizt. Aber dieser reelle Lautstärkeunterschied ist so geringfügig, daß er allein zur Ortung nicht ausreicht. So unterstützt er nur den aus dem Zeitunterschied transformierten scheinbaren Lautstärkeunterschied ein wenig. Das ist das Geheimnis des Richtungshörens.

Auch hier setzt es uns abermals in Erstaunen, mit welch wunderbaren Methoden unser Nervensystem arbeitet, mit welch simplen

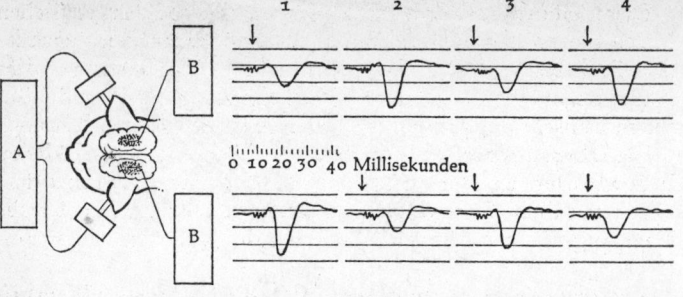

Bild 73: So reagiert die Hörregion im Hirn einer betäubten Katze auf vier verschiedene Schallreize. Während ein Tongenerator (A) Klick-Geräusche in die Ohren sendet, wird die Hirntätigkeit mit Elektroden abgehört und mit zwei Schreibgeräten (B) sichtbar gemacht. Beispiel 1: Auf einen Klick nur im rechten Ohr reagiert die linke Hirnhemisphäre stärker als die rechte. Beispiel 2: Bei einem Klick nur im linken Ohr, ist das Umgekehrte der Fall. Beispiel 3: Gibt man zwei gleichlaute Klicks auf beide Ohren, sendet dabei aber den rechten Klick 2 zehntausendstel Sekunden vor dem linken Klick, entsteht ein Hirnstrombild, das dem des Beispiel 1 (Schall nur im rechten Ohr) ähnelt. Beispiel 4: Trifft der Klick das linke Ohr 2 zehntausendstel Sekunden vor dem rechten, entsteht das umgekehrte Bild.

Prinzipien es lange Zeit für unmöglich gehaltene Dinge bewältigt und mit welch unvorstellbar komplizierter Technik es diese Prinzipien verwirklicht. Wenn man einmal überlegt, durch welche Wachstumsprozesse alle diese zahllosen Nervenverbindungen, gegen die die Verdrahtungen der Elektronengehirne ein Kinderspiel sind, zustande kommen, kann man kaum umhin, das Walten einer höheren Idee anzuerkennen. Mit den einfachen Darwinschen Formeln läßt sich hier jedenfalls kaum eine Erklärung finden.

Tiere als Erdbebenpropheten?
Der Vibrationssinn

»Gegen zehn Uhr morgens verdunkelten schreiende Schwärme von Seevögeln den Himmel über der Stadt Concepción an der chilenischen Pazifikküste. Um 11.30 Uhr flüchteten die Hunde aus den Häusern. Zehn Minuten später zerstörte ein Erdbeben die Stadt.«

Dieser Bericht aus dem Jahre 1835 stammt von dem britischen Meteorologen und Admiral Robert Fitzroy. Seither wird nach jedem Erdbeben erzählt – leider nicht vorher! –, daß bereits vor dem Naturereignis Pferde gezittert, Hunde eigenartig gebellt und Hühner in panischer Angst umhergelaufen seien. So war es selbst noch bei den Katastrophen um 1960: in Agadir, Skopje, Chile und Alaska. In den Dörfern am Hang des Ätna halten sich Bauern Katzen in dem Glauben, daß die Tiere vulkanische Beben voraussahnen. Laufen alle Tiere zugleich aus dem Haus, stürzen die Menschen eiligst hinterher.

Sind dies alles Ammenmärchen oder ist ein Körnchen Wahrheit daran? Gegenwärtig, da viele Geophysiker bemüht sind, Grundlagen für eine Erdbebenvorhersage zu erarbeiten, ist diese Frage von besonderem Interesse. Wäre er doch zumindest denkbar, daß Tiere für die physikalischen Ereignisse, die ein Erdbeben einleiten, einen Sinn besitzen.

So ist 1960 zum ersten Mal ein Wissenschaftler, der deutsche Zoologe Dr. Ernst Kilian (187), der an der Universität Valdivia in Chile lehrt, diesem seltsamen Phänomen nachgegangen. Er wollte prüfen, ob Tiere als Erdbebenpropheten verwendet werden können und welche Vorzeichen sie spüren.

Erschwerend wirkt sich die Tatsache aus, daß auch der Mensch durch die Erdstöße in panische Urangst versetzt wird, die jede Beobachtung unmöglich macht. Nach dem Hauptbeben, das die Stadt Valdivia erschütterte, konnte Dr. Kilian nicht einmal sagen, ob er sich auf den Beinen halten konnte oder mehrmals zu Boden geworfen wurde. Im Verlauf der Nachbeben (1960 folgten in den ersten drei Tagen elf schwere und über hundert leichte Erschütterungen) ließen sich aber gute Messungen durchführen.

Die Zuchtpferde im Stall der Universität begannen fünf Sekunden vor jedem Erdstoß zu wiehern und am ganzen Körper zu zittern. Ein Ringfasan kündigte durch lautes Gocken jedes Beben zehn Sekunden, bevor es Menschen spürten, an. Feinste Erschütterungen, die den Zoologen überhaupt nicht beunruhigten, empfanden Hunde so stark, daß mehrere Minuten lang winselndes Kläffen über der ganzen Stadt zu hören war. Andere Tiere wie Schafe, Hühner und drei gefangene Pumas zeigten sich hingegen ausgesprochen dickfellig.

Es ist also durchaus denkbar, daß Tiere mit extrem empfindlichem Vibrationssinn von den für Menschen kaum spürbaren Vorbeben »gewarnt« werden, die der eigentlichen Katastrophe mitunter um mehrere Tage vorausgehen.

Das ganze Geheimnis ist damit aber noch längst nicht geklärt, denn die Erde wird alljährlich von 150000 leichten Stößen erschüttert, von denen aber nur etwa zwanzig ein Beben einleiten. Auch nehmen Tiere die leichten Vibrationen der Erdkruste meist ohne die geringste Gemütsbewegung hin, wenn sie nicht kurz zuvor durch eine starke Stoßwelle schockiert wurden.

Erdbeben kündigen sich aber nicht nur durch leichte Stöße an, sondern auch durch Stürme im erdmagnetischen Feld. Auch wird das Bersten der Kruste meist durch extrem hohen Luftdruck ausgelöst. Beide Naturerscheinungen müßten Tiere mit einem magnetischen Sinn (hierüber an späterer Stelle mehr!) und einem inneren »Barometer« wahrnehmen können. Aber auch hier folgt in 100000 Fällen höchstens ein Erdbeben.

Dr. Kilian hält es jedoch für möglich, daß ein bestimmtes Erschütterungsmuster der Vorbeben oder ein charakteristisches Zusammenwirken all dieser oder noch anderer unbekannter Dinge für die Vorgeschichte eines Erdbebens kennzeichnend sein und die entsprechende Kombination dieser verschiedenen Sinneseindrücke alarmierend auf das Angstzentrum im Gehirn der Tiere wirken könnte.

Der Beweis dafür steht noch aus, und vieles erscheint uns seltsam und fragwürdig. Allein, an der Tatsache als solcher scheint nicht mehr zu rütteln zu sein. Überdies wurden in den letzten Jahren in der Sinneswelt der Tiere schon mehr Dinge entdeckt, von denen sich unsere Schulweisheit bis dahin nichts träumen ließ.

Es ist in der Tat erstaunlich, wie gut manche Tiere Erschütterungen mit ihrem Vibrationssinn zu deuten vermögen.

Vater Kampffisch *(Betta splendens)* hat zum Beispiel stets seine liebe Not mit den Kindern. Zwei bis drei Tage nach dem Schlüpfen werden diese bereits leichtsinnig und tun etwas sehr Gefährliches. Sie verlassen das Nest, um sich in der Welt ihres hinterindischen Binnensees umzuschauen. Zunächst versucht das Männchen, die Ausreißer ins Maul zu nehmen und zum Nestplatz zurückzubringen. Aber bei der zahlreichen Nachkommenschaft wird das bald schwerer, als einen Sack Flöhe zu hüten.

Deshalb unternimmt das mit der Brutpflege betraute Männchen etwas, das Dr. Wolfdietrich Kühme (188) so beschrieben hat: »Es steht in schräger Haltung mit dem Mund dicht unter dem Wasserspiegel und zittert heftig mit den Brustflossen. Die Jungfische stellen sich bis zu 40 Zentimeter Abstand auf das Erschütterungszentrum ein und schwimmen stoßweise hinzu. Je länger das Männchen ununterbrochen (bis zu fünf Minuten) vibriert, desto mehr Junge sammeln sich an seinem Kopf. Mit einigen seitlichen Kopfbewegungen saugt er sie auf, wiederholt das an verschiedenen Stellen und spuckt alle Jungfische am Nestplatz aus. Etwa fünf Tage nach dem Schlüpfen flaut die Sammeltätigkeit sehr rasch ab. Die Jungfische schwimmen tiefer als zwei Zentimeter unter der Oberfläche und nehmen die Erschütterungen des Wasserspiegels nicht mehr wahr.«

Das Kennzeichen, ob es sich bei dem, der »hier Wellen macht«, um einen ins Wasser gefallenen Gegenstand oder um das lockende Vatertier handelt, scheint offenbar nur in der Länge der Vibrationsdauer zu bestehen.

Feinere Unterscheidungen fehlen auch im Paarungsverhalten. Viele Fische berühren sich bei der Paarung nämlich nicht, wie Lorus und Margery Milne (189) schreiben. Ob es sich um die fünf Zentimeter großen Stichlinge handelt oder um meterlange Lachse, in jedem Fall genügt es, wenn das Männchen in der Nähe des Weibchens heftig zu zittern beginnt, um dieses zur Eiablage zu veranlassen.

Dieselbe Reaktion kann aber auch der Mensch auslösen, wenn er neben einem laichbereiten Lachsweibchen ein Ruder ins Wasser taucht und dieses in Vibration versetzt. Die »Vorstellungen«, die sich Tiere von ihrem Ehepartner machen, sind von denen des Menschen grundverschieden. Bei vielen Fischen bestehen sie unter anderem im Wahrnehmen zitternder Erregung, ganz gleich, woher sie kommt.

Wesentlich differenzierter ist der Vibrationssinn schon bei netzbauenden Spinnen. Ohne Übertreibung kann man sagen: Die Netzfäden dienen auch als Telegrafendrähte, über die verschiedene Nachrichten empfangen werden. Alle Netzspinnen leben in einer Tastwelt. Der Gesichtssinn ist nur schwach ausgebildet und spielt in ihrem Dasein nur eine ganz untergeordnete Rolle. Klebt man eine undurchsichtige Maske über die acht Augen, leben und lieben, fressen und fliehen sie genauso gut wie sehende Spinnen. Wie aber erkennen sie, ob Beute in ihr Netz eingefallen ist oder ein Feind, ob sich ein Bräutigam nähert oder ein Kind ausreißen will? Alle diese Fragen hat Dr. Erwin Tretzel (190) an der Universität Erlangen erforscht.

Das Kreuzspinnenmännchen »läutet« bei der Erwählten an. Es legt einen Faden an ihr Netz, an dem es in bestimmtem Rhythmus zupft. Verwandte Arten hängen sich an solchen Faden, um ihn durch Zappelbewegungen in Schwingungen zu versetzen. An der Art, wie das Weibchen reagiert, welche Schwingungen es seinerseits aussendet, erkennt das Männchen, wie groß die Gefahr ist, von der Braut gefressen zu werden, oder ob es die Paarung wagen kann.

Noch interessanter ist die Verständigung zwischen der Mutter und ihren Jungen. Bei der Trichterspinne *Coelotes terrestris,* die auf dem Boden unserer Wälder ein horizontal ausgebreitetes, großflächiges und engmaschiges Netz baut, hält sich der Nachwuchs zumeist entweder in einer U-förmigen Wohnröhre oder in einer extra für ihn gewebten »Kinderstube« auf. Hat sich ein Käfer im Netz verfangen, eilt zunächst nur die Mutter herbei. Beim Einspeicheln und Aussaugen der Beute, beim Umspinnen des abgelegten Opfers und beim Putzen versetzt sie das Netz unwillkürlich in charakteristische schwache, weiche und niederfrequente Schwingungen. Diese werden von den Jungen als Locksignale aufgefaßt. Sie kommen herbei, um am Schmaus teilzunehmen.

»Im Gegensatz zu den verschiedenartigen Locksignalen verfügt die Spinnenmutter über ein stereotypes Warnsignal«, schreibt Dr. Tretzel. »Während die Bewegungen mit Lockwirkung schwache und weiche Netzschwingungen verursachen, wird zur Warnung ein kurzer, heftiger Netzstoß durch Aufstampfen eines Hinterbeins erzeugt. Mit dieser Warnung werden vorwitzige Junge, die ihre Mutter beim Angriff auf die Beute begleiten wollen, ins sichere Versteck zurückgeschickt. Die Mutter bleibt kurz stehen, stampft ein Hinterbein auf, und es ist ergötzlich, zu sehen, wie das folgsame Junge sofort kehrtmacht und zurückeilt. Auch solange eine gefangene Beute noch stärkere Lebenszeichen gibt, werden die Jungen zurückgeschickt.

Das Verhalten der Spinnenmutter sieht demnach erstaunlich einsichtsvoll aus. Man hat den Eindruck, als ob sie die Jungen vor drohender Gefahr warne. Bei genauerem Studium dieses Verhaltens aber spricht alles dagegen, daß sich die Spinnenmutter einer Gefahr für ihre Jungen bewußt wäre. Ihre Warnung unterbleibt nämlich in anderen gefahrvollen Situationen, die sich experimentell erzielen lassen, zum Beispiel dann, wenn Mutter und Junge auf der Netzdecke an einer Beute fressen und unweit daneben eine zweite Beute lebend auf das Netz gesetzt wird.

Die Mutter greift diese an, ohne aber die Jungen vorher in die schützende Wohnröhre zurückgeschickt zu haben. In diesem Falle genügt ihr, daß die Jungen infolge der von der zweiten Beute verursachten heftigen Netzstöße stillsitzen. Erst wenn es einem Jungen einfallen sollte, sie zu begleiten, warnt sie. Alle Beobachtungen lassen darauf schließen, daß die Warnung nur dann erfolgt, wenn die Mutter durch die nacheilenden Jungen in der Ortung der Beute gestört wird.«

Auch Vögel verstehen es, bestimmte Erschütterungen richtig zu deuten. Wenn ein Rotkehlchen des Nachts im Gezweige eines Baumes sitzt und schläft, mag es der Wind rütteln und schütteln – es stört den Gefiederten nicht viel. Spürt er aber die ganz leichten typischen Vibrationen, die ein kletternder Marder verursacht, schreckt der Vogel hoch und versucht zu fliehen – oftmals mit Erfolg.

Ein reguläres Vibrationssignalsystem besitzen Bienen in ihrem Stock. In der Nähe eines Bienenkorbes hören wir es oft summen. Diesen Luftschall können die Insekten nicht wahrnehmen. Sie spüren aber mit ihren »Fußsohlen« die Schwingungen der Waben, wenn sie durch Flügelsurren zu Fuß gehender Stockgenossinnen in Vibration versetzt werden.

Dabei sind verschieden starke und verschieden hohe Körperschalltöne möglich. Das bekannte »Duett« zwischen der alten Königin und der jungen, die in der Weiselwiege kurz vor dem Schlüpfen ist, also das Tuten und Quaken, untersuchte der amerikanische Professor Adrian M. Wenner (191) näher.

Bei Gefahr gibt es einen Alarmton, der alle Bienen in Angriffsstimmung und Stechwut versetzt. Wenn am Flugloch Eindringlinge auftauchen, etwa Raubwespen, rucken die Wächter auf ihren Beinen nach vorn und wiederholen ein kurzes Schallsignal alle zwei bis drei Sekunden ungefähr zehn Minuten lang. Rüttelt man den ganzen Stock, ertönt dasselbe Signal unisono von Hunderten von Bienen, und man tut gut daran, schleunigst zu verschwinden. Sobald die Störung vorbei ist, geht mehrere Minuten lang ein Piepen durch den Stock: Entwarnung! Dann ist alles wieder ruhig. Dieses friedlich stimmende und die Bienen am aggressiven Ausflug hindernde Vibrationssignal erzeugen amerikanische Imker künstlich mit einem am Kasten festgehakten elektrischen Summer. Dann können sie unbehelligt am Stock arbeiten.

Vor dem Schwärmen erklingt ein seltsamer »Choral«, wie sich Professor Wenner ausdrückt. Das ist der »Schwarmvorbereitungston«. 1959 entwickelte ein amerikanischer Ingenieur aufgrund dieser Tatsache ein Warngerät, das im Stock eingebaut wird, auf diese Schwingungen anspricht und den Imker von dem bevorstehenden Ereignis in Kenntnis setzt, damit er den Schwarm schnell einfangen kann.

Mit Hilfe von Vibrationen können heimkehrende Sammelbienen den Daheimgebliebenen etwas über die Güte des besuchten Blumenfeldes mitteilen. Während des Schwänzeltanzes, mit dem eine erfolgreiche Heimkehrerin den Daheimgebliebenen die Richtung und Entfernung des Sammelplatzes mitteilt, strahlen die Tänzerinnen verschiedenartige Knattergeräusche von den Flügeln ab. Das entdeckte Dr. Harald Esch (192, 193) an der Universität München. Je besser, reichhaltiger und näher die Nektar- oder Pollenquelle ist, desto schneller knattern die Bienen. Eine Änderung der Qualität des gesammelten Futters wird, wenn sich die Futterstelle im Nahbereich befindet, durch Änderung der Zahl der Einzelschwingungen eines Vibrationsstoßes angezeigt, im Fernbereich aber durch Änderung der Intervalldauer. Eine Verbesserung der Zuckerlösungskonzentration von 0,5 auf 2 mol ruft zum Beispiel bei einem Futterplatz in 1000 Meter Entfernung eine Verkürzung der Intervalldauer von 50 auf 33 Millisekunden hervor.

Dabei werden von dem kleinen Insekt Entfernung und Güte des Nektars in eine sehr sinnvolle ökonomische Beziehung gesetzt. Hochwertige Futterstellen in großer Entfernung erhalten die gleiche Wertung wie weniger ergiebige, aber näher liegende. So können die arbeitslosen Bienen im Stock allein schon am Vibrieren ihrer nektaranpreisenden Genossinnen spüren, wer das Beste zu bieten hat und von welcher Tänzerin man sich tunlichst nähere Informationen über die Flugrichtung und Entfernung zum vielversprechenden Ziel holen soll.

Auch der Mensch besitzt einen Vibrationssinn. Und dieser sei besser als sein Ruf. Das glaubt jedenfalls Professor John Linvill (194). So versuchte er an der Stanford Universität in Kalifornien, für seine blinde Tochter ein Gerät zu entwickeln, das Licht so in Vibrationen umsetzt, daß man damit gewöhnliche Druckschrift ertasten kann.

Dieser Leseapparat für Blinde besteht aus einem kleinen Mosaik von Fotozellen, mit dem man über gedrucktem Text Buchstabe für Buchstabe hinweggleitet. Alle Fotozellen, die sich gerade über einer geschwärzten Stelle befinden, setzen piezoelektrische Kristalle in Vibration. Die Kristalle sind in einem identischen, vergrößerten Mosaik angeordnet und werden mit einer Fingerspitze berührt. Nach einiger Übung konnte das zwölfjährige Mädchen die Buchstaben am Vibrationsmuster erkennen und in der Minute etwa zwanzig Wörter lesen.

Beinahe wäre im Bienenstock ein Unheil geschehen. Gerade hatten die fleißigen Baumeisterinnen eine neue Wabenwand vollendet, da legte Professor R. Darchen (195) den Nistkasten schräg auf die Seite. Die älteren Waben blieben starr. Aber die neue, die noch weich war, bog sich langsam und drohte, den Zugang zu den Brutkammern der darunterliegenden Wabe zu blockieren. Das hätte den Tod der darin heranwachsenden Brut bedeutet.

Aber die Bienen waren sofort mit konstruktiven Maßnahmen zur Stelle, um die sich biegende Wand abzustützen. Im Nu bildeten sie dort, wo die Durchbiegung am stärksten war, zu Hunderten eine Kette lebender Pfeiler. Mit nach vorn und nach hinten ausgestreckten Beinen stemmten sie sich gegen den Druck und hielten die für sie ganz beträchtlichen Massen auseinander. Gleichzeitig machten sich andere Baubienen ans Werk, um Säulen aus Wachs zu errichten, die nach der Fertigstellung die Aufgabe der lebenden Stützbalken voll und ganz übernehmen konnten.

Es fällt schwer, diese Reparaturarbeiten nicht als vernunftgelenkte Handlungen aufzufassen. Professor Rémy Chauvin (196) kommentiert sie so:

»Von besonderem Interesse sind die Arbeiten Darchens deshalb, weil sie uns gezeigt haben, daß einige althergebrachte Anschauungen über die Instinktgebundenheit der Tiere den Tatsachen nicht entsprechen. So ist die Vorstellung, daß die Bienen wie ein für allemal im voraus einregulierte Maschinen funktionieren, ganz und gar falsch. In Wirklichkeit ist alles viel komplizierter. Wir haben es mit einer Sozialgruppe zu tun, die Schwierigkeiten ›erkennt‹ und die gestellten Probleme zu lösen vermag. Es handelt sich also nicht um einen instinktgebundenen, ›maschinellen‹ Vorgang, sondern um eine Tätigkeit höherer Ordnung. Von Intelligenz möchte ich in diesem Zusammenhang allerdings auch nicht sprechen, weil zu diesem Phänomen noch mehrere andere Dinge gehören.«

Fest steht aber, daß Bienen ein absolutes Gefühl für einige architektonische Maße besitzen, unter anderem für den Abstand, den zwei benachbarte Waben voneinander haben müssen. Sobald sich dieser verändert, sind sie bestrebt, den »Norm«-Zustand mit allen ihnen zu Gebot stehenden Mitteln wiederherzustellen, sogar mit dem »bergmännischen« Verfahren der Deckenabstützung.

Auch für die Größe des Sechsecks eines Wabenzellenquerschnitts haben die Bienen ein sicheres Gefühl. Für Drohnenbrut bestimmte Zellen sind größer als die, in denen Arbeiterinnen heranwachsen sollen. Die Königin mißt deshalb vor jeder Eiablage mit Tastborsten am Hinterleib nach, zu welcher Art die noch leere Zelle gehört. Ist sie klein, öffnet die Königin kurz vor dem Herausgleiten des Eies einen ventilartigen Verschluß im Hinterleib und befruchtet das Ei. Beim Wahrnehmen größerer Maße bleibt es unbefruchtet. Das heißt, es entwickelt sich eine Drohne daraus. Dieser Mechanismus arbeitet auf den Zehntelmillimeter genau.

Mit ähnlichen Längenmeßhärchen am Hinterleib von Köcherfliegenlarven hat Dr. D. Merrill (197) an der Universität von Michigan interessante Experimente angestellt. Die wurmähnlichen Wesen leben in fließenden Binnengewässern, bauen Fangnetze und eine meist sehr kunstvolle Wohnröhre, die sie wie ein Schneckenhaus mit sich herumtragen. Mit Sinneshärchen am Schwanzende als »Endlagenschalter« ertasten sie die passende Größe der Röhre. Nachdem die Zoologin den Larven diese Härchen abgeschnitten hatte, bauten und bauten sie unentwegt weiter wie eine Frau, die während eines spannenden Fernsehprogramms einen viel zu langen Pulloverärmel strickt. Erst als das seidene, mit Steinen und Blättern durchwirkte Bauwerk dreimal so lang wie nötig war, hielten die Tiere ein. Wahrscheinlich stoppte nunmehr die übergroße Last ihre Bautätigkeit.

Auch die Schlupfwespe *Pimpla contemplator* stellt von ihrem Opfer erst einmal das Außenmaß fest, bevor sie ein Ei injiziert. Aus größeren Mehlmottenpuppen kriechen stets weibliche Schlupfwespen, aus kleineren männliche.

Lange Zeit glaubten Fachleute, es könne nicht mit rechten Dingen zugehen, wie der Bienenwolf *Philanthus triangulus* stets mit unfehlbarer Sicherheit die »Achillesferse« seiner Beute findet. Der Bienenwolf ist eine räuberische Grabwespe, die Bienen im Fluge angreift, zu Boden wirft, mit einem schnellen Stich lähmt und dann per »Luftfracht« zum Nest trägt.

Das Merkwürdige dabei ist folgendes: Der Stachel des Bienenwolfes kann den Panzer der Biene gar nicht durchdringen. Nur unmittelbar hinter dem ersten Beinpaar befindet sich am Bienenbauch eine winzige weichhäutige Stelle, die kaum zu sehen ist. Diese muß der Räuber blitzschnell finden und treffen. 1962 fand Dr. W. Rathmayer (198) heraus, wie er das fertigbringt. Der Bienenwolf hat direkt an der Stachelscheide ein hochspezialisiertes Tastsinnesorgan, das nur dazu da ist, diesen ungepanzerten Punkt aufzuspüren. Sobald er geortet ist, sticht die Wespe zu.

Diese Beispiele lassen schon ein wenig ahnen, wie vielfältig die

Anwendungsmöglichkeiten für den Tastsinn sein können. Neben der wohl elementaren Aufgabe, Zusammenstöße und Berührungen zu bemerken, entwickelte sich auch ein Sinn für Längenmaße und ein Formgefühl zum Erkennen spezieller und allgemeiner Gestalten.

Offensive Zwecke verfolgen auch viele Wasserbewohner mit einem »verlängerten Tastsinn«. Die Staatsqualle mit der kriegerischen Bezeichnung »Portugiesische Galeere« macht ihrem Namen mit 30 Meter langen Angelschnüren Ehre. Kaum hat sich ein Fisch bis maximal Makrelengröße in ihnen verfangen, schießt die Staatsqualle ihre Nesselbatterien mit betäubender Wirkung ab und zieht das Opfer zu den Freßpolypen empor. Spürt sie jedoch die Quallenfische der Gattung *Nomeus* an ihren Fangfäden, unterläßt sie jede feindliche Aktion. So ist die Gegenwart einer Portugiesischen Galeere für Quallenfische die ideale Lebensversicherung.

Als »Spinnennetz aus Nervenfasern« kann man auch die riesigen Antennen der Tiefseefische bezeichnen, mit denen sie schwimmende Beute orten können. Ähnliche Ferntaster sind die Antennen der Krebse und Garnelen und die Barteln der Welse, die den Tieren im trüben Wasser eine erstaunlich gute Tastorientierung ermöglichen. Auch Katzen können mit ihren Schnurrhaaren im Finstern jeden berührten Gegenstand ebenso gut erkennen wie der Mensch durch Tasten mit den Fingerspitzen. Nur arbeitet dieser Sinn bei Katzen feinfühliger und schneller. Berühren die Schnurrhaare zum Beispiel eine Maus, reagiert der Jäger mit der Geschwindigkeit und Präzision einer Mausefalle, wie Lorus Milne (199) schreibt.

Bei der Wüstenspringmaus erfüllen die überlangen Schnurrhaare die Aufgabe eines Blindlandegeräts. Das Tier ist nachts aktiv und kann mit seinen beiden gewaltigen Hinterbeinen känguruhartig so schnell springen, daß man im Licht eines Autoscheinwerfers einen über den Erdboden fliegenden Pfeil zu sehen glaubt. Im Dunkeln könnte es leicht über Unebenheiten stolpern; wie es das vermeidet, beschreibt der Wiener Zoologe Professor Otto Koenig (200): Während des Sprungs stellt das Tier zwei fast körperlange Schnurrhaare senkrecht nach unten und bleibt so ständig im Tastkontakt mit dem Boden. Auf diese Weise kann es seine Beine auf jede Mulde, jeden Stein oder Strauch vorbereiten und notfalls mit dem auch in Erdverbindung bleibenden langen Schwanz als »Seitenruder« jähe Kursänderungen noch in der Luft vornehmen.

Mitunter entdecken Wissenschaftler bei der Erforschung des Körperbaus von Tieren Sinnesorgane, von denen sie auf Anhieb nicht sagen können, welchem Zweck sie dienen. So geschah es auch im Jahre 1957 im Zoologischen Institut der Universität Würzburg. Die beiden Nervenphysiologen Dr. Dietrich Burkhardt und Dr. Günter Schneider (201, 202) untersuchten damals ein so alltägliches Geschöpf wie die Schmeißfliege.

Es war bereits bekannt, daß bei vielen Insekten in den Gelenken, die die Antennen mit dem Kopf verbinden, ein paar Sinnesnervenzellen vorhanden sind. Man wußte nur nicht, wozu.

Um dies zu erforschen, unternahmen die beiden Wissenschaftler folgendes Experiment. Sie schnallten eine lebende Schmeißfliege mit einem »Leibriemen« fest und brachten sie wie ein Flugzeug in einen kleinen Windkanal. Zuvor hatten sie die Sinneszellen im Antennengelenk mit Mikroelektroden angezapft, um die Nervensignale, die von hier zum Fliegenhirn gesendet werden, mitzuhören.

Bei Windstärke Null herrschte auch in den Gelenknerven der Fliege absolute »Funkstille«. Sobald aber ein leichter Wind von vorn über das Insekt hinwegstrich, begannen die Sinnesnervenzellen »Morsepunkte« zu senden. Mit wachsender Windgeschwindigkeit steigerten sie ihr Tempo.

Die Schmeißfliege besitzt in ihren Antennengelenken, im sogenannten Johnstonorgan, also ein großartig funktionierendes Instrument zur Anzeige der Windgeschwindigkeit. Der Fahrtwind drückt die beiden Fühler gegen die Muskelspannung nach hinten. Diese Schrägstellung wird von den Sinnesnervenzellen im Gelenk bemerkt und in eine entsprechende Salvenfolge von Stromimpulsen umgewandelt.

Das nächste Experiment bestätigte diese Feststellung auf verblüffende Weise. Bei völliger Windstille drückten die Wissenschaftler die beiden Antennen der Fliege mit der Pinzette nach hinten. Auch hierbei telegrafierten die Sinneszellen augenblicklich genau dieselben Signale zum Fliegenhirn, als wäre die Schräglage der Antennen durch den Wind verursacht worden.

Auch die Reaktionen der Fliege waren die gleichen: Sie legte die Beine in die Fluglage – man könnte sagen, sie zog ihr »Fahrgestell« ein – und veränderte, je nachdem, wie weit man die Antennen nach hinten drückte, die Achtform, die ihre Flügelspitzen während des

Schlages beschreiben, und den Anstellwinkel der Flügel – beides Maßnahmen, die eine Fliege trifft, um die Fluggeschwindigkeit und den Auftrieb zu verändern.

Um zu sehen, wie sich dieses »Meßgerät« in der Praxis auswirkt, hefteten die beiden Würzburger Forscher die Antennen der Fliege in einer nach hinten gedrückten Lage fest und ließen das Insekt im Labor über eine »Rennstrecke« zum Fenster fliegen. Dabei machten sie die Feststellung, daß die Fliege um so langsamer flog, je weiter man ihr die Antennen nach hinten gebogen hatte. Die elektrischen Nervensignale meldeten dem Fliegenhirn also eine verfälscht ? Fluggeschwindigkeit. Das Tier »meinte«, es flöge zu schnell, und richtete daraufhin den Flügelschlag so ein, daß es langsamer flog. Dies alles bestätigte die Annahme, daß die Schmeißfliege die Einrichtung ihres Windgeschwindigkeitsmessers als »Tachometer« zum Feststellen der eigenen Fluggeschwindigkeit gebraucht – ein Schluß, der gar nicht so selbstverständlich ist, wie er nachträglich erscheint, denn es gibt im Insektenbereich noch zahlreiche andere Verwendungsmöglichkeiten für diese Nervenzellen im Antennengelenk.

Für einige Insekten ist es auch wichtig, von einer »privaten Wetterwarte« Informationen über die Windgeschwindigkeit zu bekommen. Die der Schmeißfliege verwandte Goldfliege prüft zum Beispiel vor jedem Start mit ihren Antennen, ob der Wind schneller als 2,5 Meter in der Sekunde weht. Ist das der Fall, fliegt sie gar nicht erst auf. Da sie beim Ansteuern von Duftquellen stets gegen den Wind ankämpfen muß, würde sie der Flug gegen einen Wind, der schneller ist, als sie fliegen kann, nur noch weiter vom Ziel entfernen. Ähnlich verhalten sich auch Schmetterlinge (siehe Seite 125).

Der in Zoologenkreisen durchaus gesellschaftsfähige Mistkäfer hat infolge seiner hohen Beine eine denkbar schlechte »Straßenlage« und ist ausgesprochen seitenwindempfindlich. Daher ist auch diesem Fußgänger ein Windstärke- und Windrichtungsmesser von Nutzen. Dies stellte Professor Georg Birukow (203) an der Universität Freiburg i. Br. fest.

Läßt man den Wind von vorn über den Käfer hinwegstreichen, so duckt er sich vorn nieder. Kommt der Wind von hinten, richtet er sich mit dem Vorderteil hoch auf. Bei Seitenwind neigt er sich um seine Längsachse und stemmt sich mit dem glatten Rücken gegen den Wind, als hätte er »Schlagseite«. Je stärker der Wind bläst, um so ausgeprägter und energischer sind die Haltungen, die er einnimmt, um dem Luftstrom den geringsten Widerstand entgegenzusetzen und die Bodenhaftung der Beine zu verbessern.

Nachgerade kompliziert werden diese Dinge bei der Honigbiene, wenn sie während des geradlinigen Fluges zu einem bekannten Nektarziel von Seitenwind abgetrieben zu werden droht. Wie 1964 Professor Herbert Heran (204) von der Universität Graz festgestellt hat, verfügt die Biene über zwei völlig verschiedenartige Geschwindigkeitsmesser. Im Antennengelenk mißt das Johnstonorgan die Fluggeschwindigkeit des Insekts relativ zur umgebenden Luft, während die Facettenaugen zusammen mit speziellen Nervenschaltungen durch vergleichende Bodenpeilungen die Geschwindigkeit über Grund bestimmen. Aus beiden Geschwindigkeitswerten errechnet das Insekt instinktiv den Winkel, den es gegen den Wind einhalten muß, um sich nicht davontreiben zu lassen (siehe auch Seite 52).

Aber damit noch nicht genug. Die Biene merkt sich diesen Vorhaltewinkel noch, wenn sie wieder im Stock eintrifft, und verrechnet ihn so mit ihrem Kurswinkel zur Sonne, daß ihre Richtungsermittlung nicht für die Windverhältnisse während ihres Fluges zutrifft, sondern für den Fall der Windstille. Da sich Windstärke und -richtung kurzfristig ändern können, ist es auch denkbar zweckmäßig, wenn jede bislang arbeitslose Biene von der erfolgreichen Heimkehrerin die genaue, unverfälschte Luftlinie erfährt und den Gegen-den-Wind-Winkel für sich neu errechnet – je nach den derzeitigen Windverhältnissen.

Die Tatsache, daß der Wind oft böig ist, scheint den geschilderten Vorgang sehr zu komplizieren. Doch eine Entdeckung von Volker Neese (205), einem Schüler von Professor Martin Lindauer an der Universität Frankfurt am Main, brachte 1965 eine verblüffende Lösung. Bei starker Vergrößerung sieht man aus dem Facettenauge

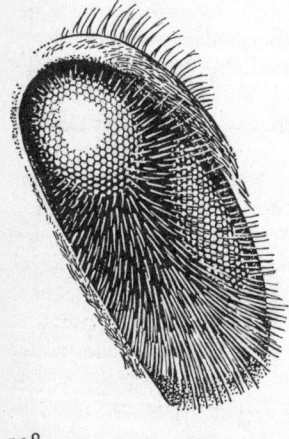

Bild 74: Das Auge der Biene hat einen Haarpelz! Zwischen den 2500 Einzelaugen des Facettenauges spießen zahllose feine Sinneshärchen in die Luft. Sie sind so angeordnet, daß sie die Sicht nicht behindern, und messen jede Windbö, so daß das Tier mit blitzschnellen Flugmanövern reagieren kann, um sich nicht vom Kurs abtreiben zu lassen. Das Sechseckmuster des Facettenauges wird hier nur an zwei Lichtreflexionsstellen sichtbar.

zahlreiche feine Härchen herausragen. Das sind Sinneshärchen, die sich vom Windstoß hebelartig abbiegen lassen. Mit ihnen kann eine Biene jeden Bö-Einfall und dessen Stärke messen, um ihn mit blitzschnellen Flugmanövern auszugleichen.

Mitläufer orientieren sich anders
Der Sinn für Schwerkraft und Gleichgewicht

Aus der Art, wie ein Mensch ein schiefhängendes Bild geraderückt, ersehen amerikanische Psychologen interessante Einzelheiten über den Charakter der Testperson. Es gibt nämlich zwei verschiedene Sinne, mit denen wir beurteilen, ob wir aufrecht stehen und ob sich andere Gegenstände in senkrechter Lage befinden oder nicht: den inneren Sinn für Schwerkraft und Gleichgewicht einerseits und den optischen Vergleich mit dem Bild der Umgebung andererseits.

Jeder Mensch bevorzugt die eine oder andere Orientierungsart in verschieden starkem Maße. Das geschieht unbewußt und spiegelt wesentliche Merkmale der Persönlichkeit wider. Wie beim optischen Sinn (siehe Seite 16) und bei der Schmerzempfindung (siehe Seite 97) haben wir die Erscheinung vor uns, daß Sinneseindrücke unter der Herrschaft der Wesensart stehen.

Dabei scheint es zunächst so, als sei das Wahrnehmen der Schwerkraft ein physikalisch exakter, durch nichts zu beeinflussender Meßvorgang.

Für den reinen »Meßapparat« hat die Natur zwei prinzipiell verschiedene Konstruktionstypen bereit. Die erste Ausführung ist in Variationen bei Menschen, Säugetieren, Vögeln und Fischen genauso zu finden wie bei Würmern und primitiven Weichtieren. Der zweite Typ ist den Insekten vorbehalten.

Geradezu genial einfach ist dieses Sinnesorgan bei Muscheln gebaut. Auch diese Weichtiere müssen beim Eingraben in den Sand und vor allem beim Wiederausgraben genau wissen, wo oben und unten ist. Die Auskunft darüber gibt ihnen eine kleine Hohlkugel, deren innere Sphäre mit feinen Tasthärchen ausgepolstert ist. Ein rundes Steinchen kugelt innen in einer Bremsflüssigkeit langsam umher. Es wird von der Schwerkraft, also der Anziehungskraft der Erde, stets zum tiefsten Punkt der Sinnesblase, der sogenannten Statozyste, gerollt und reizt die dort liegenden Tasthaare.

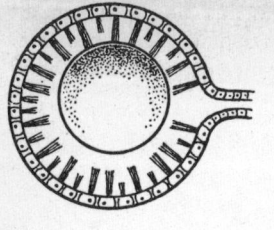

*Bild 75: Ein Apparat von genialer Ein-
fachheit ist das Gleichgewichtsorgan der
Pilgermuschel, die sogenannte Statozyste.
Berührt das runde Steinchen in der mit
Sinnesborsten ausgepolsterten Höhle bestimmte Härchen, werden deren Impulse
vom Nervensystem als Nachricht gewertet, daß der Muschelkörper sich im Gleichgewicht befindet. Impulse von allen anderen Sinneshärchen sorgen dafür, daß sich
das Tier möglichst schnell wieder in die
Soll-Lage begibt.*

Offenbar gibt es unter den Tasthaaren einige, die, wenn sie gereizt werden, dem Tier sagen: »Jetzt ist der Körper in der richtigen Raumlage. Bleibe so.« Alle anderen lösen bei einer Reizung sofort Bewegungen des Tieres aus, die es möglichst schnell wieder in die richtige Lage zurückbringen.

Bei Insekten suchten Wissenschaftler solche oder ähnliche Sinnesorgane bis zum Jahre 1958 vergeblich. Allein, es bestand kein Zweifel, daß Insekten sehr gut in der Lage sind, die Schwerkraft wahrzunehmen. Es galt also, wie Dr. Detlef Bückmann (206) noch 1956 schrieb, für eine bekannte Funktion das noch unbekannte Sinnesorgan zu finden.

Die wissenschaftliche Jagd dauerte so lange, weil man eines am Körper der Insekten zu gering geschätzt hatte: die feinen Härchen an einigen Stellen. Plötzlich änderten sich die Ansichten. 1958 stellte Dr. U. Bässler (207) an Stechmücken und Mehlkäfern dasselbe fest wie ein Jahr später Professor Martin Landauer und Dr. J. O. Nedel (208) an der Biene und 1962 Lindauers Mitarbeiter Dr. Hubert Markl (209) an der Roten Waldameise: Alle Haarpolster an den Gelenken der Körperteile bestehen aus Tasthärchen. Sie erfüllen im Prinzip denselben Zweck wie die Sinneshärchen im Inneren der Statozystenkugel, während die Rolle des diese Härchen reizenden »Senkbleis« von den Körperteilen übernommen wird.

Genaugenommen handelt es sich um Gelenkstellungsanzeiger. Mit ihrer Hilfe erfährt das Insekt in erster Linie, in welcher Lage sich Kopf, Antennen, Beine und Hinterleib befinden. Aber immer dann, wenn mehrere Gliedmaßen gegen die normale Muskelspannung gleichsinnig abgelenkt, also von der Schwerkraft nach unten gezogen werden, errechnet das Ameisenhirn daraus die Richtung der Schwerkraft. Ohne diese Information wäre dem Tier das Zurechtfinden im Labyrinth des Ameisenhaufens kaum möglich.

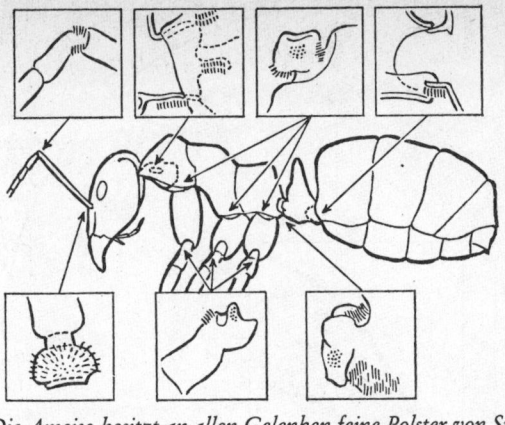

Bild 76: Die Ameise besitzt an allen Gelenken feine Polster von Sinneshär-chen, wie auf den Ausschnittvergrößerungen zu sehen ist. Je mehr ein Körper-teil aus der Normallage abgelenkt wird, desto mehr Härchen werden von ihm gereizt. Über Nervenfasern melden sie dem Hirn die Stellung jedes Gliedes.

Ein verhältnismäßig einfaches Beispiel ist in Bild 77 dargestellt. Eine Auslenkung des Hinterleibs um 20 Grad zur Seite zeigt dem Insekt an, daß seine Körperachse im Winkel von 45 Grad zur Senkrechten steht. Aber wie gesagt: Diese Meldung muß noch von anderen Gelenkstellungsanzeigern bestätigt werden. Andernfalls faßt die Ameise die Nachricht anders auf, zum Beispiel als Einfluß einer drückenden Last, die sie gerade schleppt.

Wie funktioniert dies alles nun beim Menschen? Unser Gleichgewichtsorgan ist eng mit dem Innenohr verbunden. Bild 78 zeigt schematisch alle wesentlichen Bestandteile.

In den beiden Vorhofsäcken, dem Utriculus und dem Sacculus, befindet sich je ein »Kornfeld« feiner Sinneshaare. Wie ein Getreidehalm oben eine gewichtige Ähre trägt, so tragen auch diese Sinneshaare winzige Kalkkristalle. Unter dem Einfluß der Schwerkraft biegen sie die Härchen und reizen sie, wie man annimmt, in charakteristischer Weise. Im Prinzip ist dies eine verfeinerte Ausführung der Muschelstatozyste und stellt das eigentliche Gleichgewichtsorgan dar.

Einen ganz anderen Zweck erfüllen die drei Bogengänge. Sie sind ebenfalls mit der Innenohrflüssigkeit, der Endolymphe, gefüllt. Am Eingang besitzt jeder Bogen eine Leiste von Sinneshärchen – ohne Kristallbeschwerung. Dreht oder kippt der Mensch den Kopf, so geschieht in den Bogengängen etwas, das man in jeder Kaffeetasse

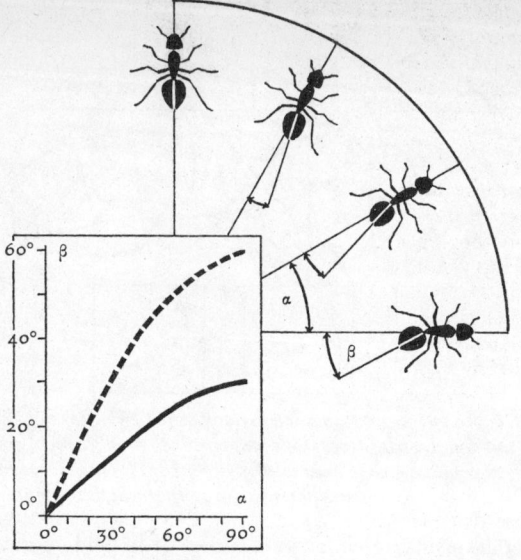

Bild 77: Die Auslenkung des Hinterleibes durch die Schwerkraft wertet das Ameisenhirn als Winkelmaß für die Schräglage des Körpers im Raum. Aus einer Hinterleibsauslenkung um den Winkel β kann das Tier stets auf einen Schräglagewinkel α (ausgezogene Kurve) schließen. Entfernt man die Sinnesborsten, wird die Auslenkung doppelt so groß (gestrichelte Kurve).

beobachten kann: Die Flüssigkeit macht die Bewegung nicht mit. Da sich aber die Bogengänge verdrehen, registrieren die Sinneshärchen einen Reiz.

Hier wird also exakte räumliche Geometrie betrieben. Alle drei Bogengänge stehen genau rechtwinklig aufeinander und zerlegen somit jede Kopfbewegung in drei Anteile: den waagerechten, den längs-senkrechten und den quer-senkrechten.

Wozu soll diese komplizierte Einrichtung gut sein? Dozent Dr. Hellmuth Decher (210), Oberarzt an der Universitätsklinik Bonn, beschreibt das sehr eindrucksvoll:

Vom Gleichgewichtsorgan und von den Bogengängen führen zahllose Nervenverbindungen zum Großhirn, Kleinhirn, Hirnstamm und Rückenmark sowie zu den Augenmuskelendkernen und wahrscheinlich auch noch zu anderen Regionen des Nervensystems. Es ist verwirrend, wie viele Sinnes- und Nervenfunktionen hier eng miteinander verflochten sind.

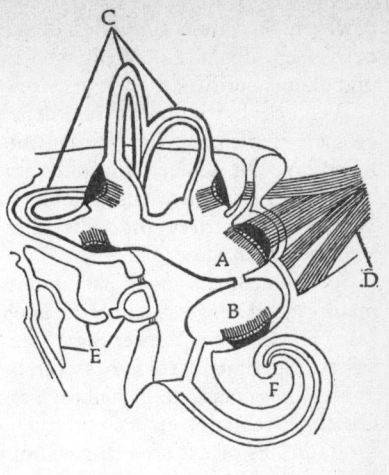

Bild 78: Das Labyrinth des Gleichgewichtssinnes. In den beiden mit Flüssigkeit gefüllten Vorhofsäckchen, dem Utriculus (A) und dem Sacculus (B), befinden sich Sinneshaarpolster als eigentlicher Gleichgewichtsapparat. Die Sinneshaarleisten am Eingang zu den drei Bogengängen (C) nehmen jede Bewegung des Kopfes war. Die Nervenstränge (D) führen direkt zum Nervensystem des Auges und zum Hirn. Bei E sind noch einmal Hammer, Amboß und Steigbügel, bei F die Schnecke des Innenohres dargestellt.

Der Erfolg: Der Sinn für oben und unten kann uns bewußt werden. Gleichzeitig aber wirkt er auch unbewußt. Sobald ein stehender Mensch aus seiner statisch gesehen labilen Lage umzufallen droht – und das ist ständig der Fall! – werden vom Gleichgewichtsorgan automatisch Muskelgruppen an Beinen, Rumpf und Armen in Tätigkeit gesetzt, um dem Fall entgegenzuwirken.

Dieses Steuersystem muß aber auch in der Lage sein, ein bloßes Kopfnicken von einer Umfallbewegung der ganzen Person zu unterscheiden. Dazu sind die Bogengänge da.

Und mehr noch: Etwas ungläubig hatten wir auf Seite 161 dieses Buches vernommen, wie trotz Kopfschüttelns der optische Eindruck eines feststehenden Bildes erhalten bleibt. Wir hatten von einem geheimnisvollen Verrechnungsmechanismus gesprochen, der die Meldungen der Sehnerven mit den Lageanzeigen des Kopfes vergleichen würde. Nun, in den Sinnesnerven der Bogengänge und in deren Zusammenwirken mit den Augennerven haben wir diesen Verrechnungsmechanismus jetzt gefunden.

Vorerst können wir nur vermuten, daß die Sinnesnerven der Bogengänge auch mit den Hörnerven in Verbindung stehen. In freier, echoloser Umgebung können wir sofort erkennen, ob ein Geräusch von rechts oder links kommt. Das Richtungshören war eingehend erläutert worden. Die Entscheidung aber, ob ein Geräusch von vorn oder hinten kommt, ist uns völlig unmöglich, sofern wir nicht den Kopf während des Hörens ein wenig hin und her bewegen. So wäre es zumindest denkbar, daß Lautstärkeänderungen bei verschiedenen Kopfstellungen miteinander verrechnet werden und daraus der Eindruck »vorn« oder »hinten« entsteht.

Wenn bei bestimmten Krankheiten die Gleichgewichts- und Bogengangsnerven gelähmt werden, überkommt uns Schwindel. Wir fallen hin. Die Bilder schwanken uns vor Augen, und wir können nicht mehr erkennen, aus welcher Richtung uns eine Stimme ruft. Nichts demonstriert eindrucksvoller den Wert eines Sinnes als das Versagen eben dieser Fähigkeit.

Soweit sieht alles noch nach exakter Physik und »Nervenmathematik« aus. Diese Ansicht teilte auch Professor Herman A. Witkin (211) an der New Yorker State University, bis ihn die Ergebnisse seiner Experimente eines Besseren belehrten.

Der amerikanische Psychologe sagte sich zu Recht: Neben dem Gleichgewichtssinn überwacht auch das Auge ständig unsere Lage im Raum. Es orientiert sich an Zimmerecken, Bäumen, gewohnten Linien, am Horizont und an allen nur möglichen Anhaltspunkten. Der Gleichgewichtssinn kommt zwar auch ohne das Auge aus, zum Beispiel wenn man die Lider schließt. Aber sobald man die Augen öffnet, unterstützen sie den inneren Sinn.

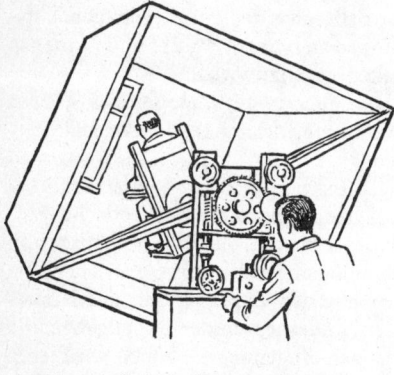

Bild 79: Versuchsapparatur zum Verwirren des menschlichen Gleichgewichtssinnes. Die Testperson ist auf einem seitlich kippbaren Stuhl festgeschnallt und befindet sich mitten in einem »Zimmer«, das unabhängig vom Stuhl ebenfalls seitlich gekippt werden kann. Viele Menschen verlieren hier das Gefühl für das Aufrechte.

Wie stark beteiligen sich beide Sinne am Gesamteindruck des Aufrechten? Um dies herauszufinden, schuf der Forscher im Labor eine höchst unnatürliche Welt, eine Welt, in der beide Sinnesarten einander nicht mehr ergänzten, sondern gegeneinander arbeiteten.

Mit der auf Bild 79 dargestellten Apparatur leitete er den Einfluß des Auges in die Irre. Die Versuchsperson wurde auf einen Stuhl geschnallt, der sich nach links und rechts beliebig weit kippen ließ. Alles, was sie dabei sehen konnte, war das Innere eines kleinen

Kulissenzimmers, das unabhängig vom Stuhl ebenfalls seitlich gekippt werden konnte. Nachdem beides im Dunkeln schief gestellt worden war, ging das Licht an, und der Experimentator verdrehte nun den Stuhl so lange, bis die Testperson meinte, ganz und gar aufrecht zu sitzen.

Nur selten war das tatsächlich der Fall. Einige Leute hingen dann um 35 Grad schief. In einem Extremfall hatte die Person sogar 52 Grad »Schlagseite«, als sie die Frage »Ist das die Lage, in der Sie beim Essen am Tisch sitzen?« selbstbewußt mit »ja« beantwortete.

In diesen Fällen hatten sich die Versuchspersonen unbewußt stärker auf ihre Augen als auf den inneren Gleichgewichtssinn verlassen. Sobald sie aber die Augen schlossen, fühlten sie sich plötzlich schief und dirigierten sich, nur noch dem Schwerkraftsinn folgend, mit großer Genauigkeit in die der Wirklichkeit entsprechende senkrechte Lage.

Eine zweite Testreihe sollte sodann Aufschluß darüber geben, wie dieselben Versuchspersonen die Geradheit fremder Gegenstände beurteilen – nach dem eigenen Schwerkraftgefühl oder nach dem Bild der Umwelt. Wieder nahmen sie in dem Kippstuhl Platz und sahen im völlig dunklen Labor nur noch zwei Dinge: einen mit Leuchtfarbe bestrichenen Rahmen und innerhalb desselben einen fluoreszierenden Stab. Dieser sollte genau senkrecht ausgerichtet werden.

Abermals zeigte es sich, daß ein Teil der Prüflinge der Umwelt, also der Rahmenstellung, und ein anderer Teil dem eigenen Schwerkraftsinn mehr oder weniger stark den Vorzug gab. Das, was Professor Witkin jedoch stutzig machte, war die Entdeckung, daß trotz dieser großen Reaktionsstreuung von Mensch zu Mensch jede Einzelperson in beiden Experimenttypen völlig gleichartige Ergebnisse lieferte, und zwar auf den Winkelgrad genau! Wer sich im ersten Test zu 32 Prozent nach dem optischen Eindruck der Umwelt und zu 68 Prozent nach dem inneren Schwerkraftsinn richtete, tat dies im gleichen Maße auch beim zweiten Test.

Es ist verblüffend, daß der Mensch die Lage des eigenen Körpers in der gleichen Weise wahrnimmt wie die Lage fremder Gegenstände, also zum Beispiel eines an der Wand hängenden Bildes. In Prozentwerten läßt sich hier sozusagen eine »Persönlichkeitskonstante« durch Messen ermitteln. Für einen Psychologen war es natürlich verlockend, hinter alledem einen psychologischen Prozeß zu vermuten, durch den wir die Eindrücke über uns selbst und unsere Umgebung formen.

An dieser Stelle können unmöglich all die psychologischen Testreihen geschildert werden, mit denen der Forscher seinen Verdacht planmäßig einkreiste. Das Ergebnis sieht so aus: Zwischen der Wahrnehmungsweise des Aufrechten und den Persönlichkeitseigenschaften des Menschen bestehen direkte Beziehungen(212).

Man kann alle Menschen in »Gesichtsfeld-Unabhängige«, in »Gesichtsfeld-Abhängige« und in ein breites Übergangsspektrum zwischen diesen beiden Extremen aufgliedern. Gesichtsfeld-Unabhängige zeichnen sich beim Lösen kniffliger Probleme aus, da sie relativ leicht aus komplizierten Zusammenhängen die wesentlichen Dinge herausfinden und mit anderen Elementen in neuer Form kombinieren können. Absolut Gesichtsfeld-Abhängige (diejenigen, die mit schwerer »Schlagseite« immer noch meinen, gerade zu sitzen!) verfügen über keine Spur dieser analytischen und schöpferischen Fähigkeit.

Überdies wurde ein sozialer Aspekt sichtbar: Gesichtsfeld-Unabhängige sind auch ziemlich unabhängig von der Umwelt und von anderen Menschen. Sie lassen sich nicht so leicht in gesellschaftliche Klischees zwingen, machen nicht jede Modeangewohnheit mit, sind aber in extremen Fällen kontaktarm, asozial oder Eigenbrötler. Mitläufertypen hingegen orientieren sich auch rein physisch stets an ihrer Umwelt. Frauen neigen im Durchschnitt mehr zur Abhängigkeit als Männer.

Kleine Kinder sind fast vollständig gesichtsfeld-abhängig. Die Entwicklung zur Unabhängigkeit beginnt etwa mit dem achten Lebensjahr, schreitet je nach Veranlagung und Erziehung schnell voran und erreicht bereits im 13. Jahr einen vorläufigen Höchstwert. Bis zum Alter von 17 Jahren wird dieses Niveau gehalten. Dann geschieht etwas Unerwartetes: Bei der Masse der Jugendlichen wird der Trend rückläufig. Der äußere Zwang zur Ein- und Unterordnung, die Gleichschaltung im Berufsleben und in der Gesellschaft wirken sich psychisch aus. Nur ein relativ kleiner Teil der Jugendlichen entwickelt weiterhin seinen Hang zur Individualität.

Und dies alles kann man allein an der Art, mit welchen Sinnen die Menschen die Aufrechte wahrnehmen, verfolgen!

Übergewichtige Menschen sitzen in der Zwickmühle zwischen zwei Qualen: Entweder essen sie offensichtlich oder heimlich unheimlich viel und werden zu fett, oder sie zahlen für eine Abmagerung den hohen Preis des ständigen unerträglichen Hungergefühls.

Gern schieben sie die Schuld an ihrem Leiden einer »Drüsenstörung« oder einem »fehlgesteuerten Stoffwechsel« in die Schuhe. Jedoch ist der Wissenschaft bis heute noch kein einziger Stoffwechselvorgang bekannt, der als Ursache der Fettsucht angesehen werden könnte – leider, denn sonst wäre diese weitverbreitete Krankheitsart heilbar. Aber das ist sie trotz zahlloser »Patentrezepte« noch nicht.

Liegt die Wurzel des Übels vielleicht gar nicht an der »Futterverarbeitungsmaschinerie« des Körpers, sondern am »Kraftstoff- und Materialbedarfsanzeiger«, an einer falschen »Sollwerteinstellung« der Sinne für satt und hungrig? Was ist das überhaupt – jenes dumpfe Hungergefühl? Wie kommt es zustande?

Vor dem ersten Weltkrieg schien diese Frage sehr leicht zu sein. Die Amerikaner Dr. W. B. Cannon und Dr. A. L. Washburn (213) praktizierten einen Ballon in den Magen eines Hundes. Dann bliesen sie den Ballon nach Belieben auf oder ließen ihn wieder zusammenschrumpfen. Stets zeigte sich das Tier mit viel Luft im Magen-Ballon völlig satt. Auch wenn es tagelang nichts gefressen hatte, rührte es in diesem Zustand keine Futterschüssel an. Sekunden später aber, sobald die Luft abgelassen war, fiel der Hund heißhungrig darüber her.

Also muß das Sättigungsgefühl mit dem Grad der Magenausdehnung zusammenhängen. Tatsächlich ist die Muskulatur der Magenwand mit Sinnesnerven durchsetzt, die auf Dehnung ansprechen und den Spannungszustand zum Gehirn melden – wie fast alle anderen Muskeln übrigens auch.

Aber das ist noch nicht alles. Der Straßburger Professor Ch. Kayser (214) beschreibt ein interessantes Experiment, bei dem einem Hund das Futter nicht durch das Maul, sondern durch eine Kunststoffröhre direkt von außen in den Magen gefüllt wurde. Das Tier brauchte fast die doppelte Menge wie sonst, ehe es sich gesättigt zeigte. Also spielt außer der Magendehnung auch das Gleiten der Nahrung durch Maul, Schlund und Speiseröhre eine Rolle beim Gefühl, satt zu sein – wie der französische Physiologe folgert.

Aber auch das ist noch nicht alles. Schließlich kann jeder bezeugen, daß Rühreier mit Speck schwerer im Magen liegen als dasselbe

Raummaß Wasser. Somit muß der Körper auch noch ein »Meßinstrument« besitzen, mit dem der Nährwert des Gegessenen bestimmt wird.

Wie mag das funktionieren? Hirnchirurgen fanden an der Unterseite des Gehirns im Hypothalamuskern eine Region, die als Sättigungszentrum bezeichnet werden kann. Dort befindet es sich in unmittelbarer Nachbarschaft jenes »Thermostaten«, der die Körpertemperatur reguliert (siehe Seite 85), und des Durstzentrums, das den Salzgehalt der Blutflüssigkeit bestimmt und danach die Wasserausscheidung und das Trinkverlangen steuert.

Wissenschaftler zerstörten dieses Sättigungszentrum bei Ratten, Mäusen, Katzen, Hunden und Affen. Stets traten die gleichen Folgen auf: Die Tiere entwickelten eine geradezu furchterregende Vielfräßigkeit. Innerhalb des ersten Monats nach der Operation verdoppelten sie ihr Körpergewicht. Die Bäume wuchsen allerdings auch hier nicht in den Himmel. Denn bei dieser gewaltigen Verfettung blieb es. Weitere Gewichtssteigerungen konnten nicht mehr verzeichnet werden. Ein schwacher Trost für dickleibige Menschen!

Hieraus ergibt sich zweierlei: Die Tatsache, daß dieses Sättigungszentrum seiner Natur nach ein Freß-Hemmungsmechanismus ist, und die Versicherung, daß der Körper noch eine »Notbremse« besitzt, falls die normale Freßhemmung einmal versagen sollte. Die »Notbremse« muß offenbar in Form weiterer Sättigungszentren existieren, die über den Fülligkeitsgrad der Fettreserven informiert sind.

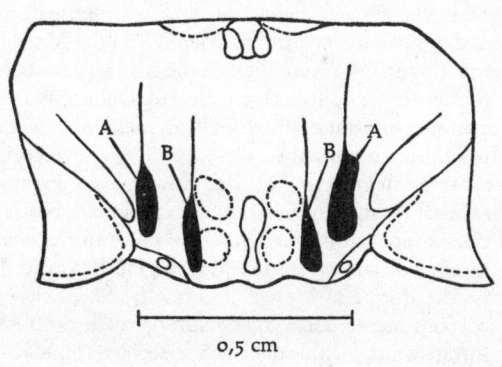

0,5 cm

Bild 80: Die Hungerzentren (A) und Sättigungszentren (B) werden im Frontalschnitt durch den mittleren Hypothalamus der Ratte sichtbar.

Gibt es außerdem ein Hungerzentrum? Ja. Es liegt ebenfalls im Hypothalamus etwa einen halben Millimeter seitlich des Sättigungszentrums. Zerstört man diesen Hungermelder, geschieht das Umgekehrte: Die Versuchstiere verweigern jegliche Nahrungsaufnahme und sterben bald darauf den Hungertod, ohne dabei Hunger zu empfinden. Ratten verlieren bereits nach neun Tagen 45 Prozent ihres ursprünglichen Gewichts. Der Verfall geht also noch schneller als die Verfettung.

Wie ist es überhaupt möglich, daß die Zentren über den Ernährungszustand des Körpers benachrichtigt werden können? Gegenwärtig spricht viel für die Theorie von Professor J. Mayer (215). Sie besagt etwa folgendes:

Jede Nervenzelle ist von Natur aus bereits eine Art Meßgerät für den Zuckergehalt des Blutes. Im Gegensatz zu Muskelzellen haben sie keine Vorratsspeicher für Zucker, brauchen ihn aber ständig, um arbeiten zu können. Somit müssen sie diesen Betriebsstoff laufend aus dem Blut beziehen. Hat das Blut Zuckermangel, verrichten die Nerven ihre Aufgaben nur noch unzureichend. Jeder Mensch, der schon einmal längere Zeit richtig gehungert hat, wird bezeugen können, daß dieser Zustand auch seine Gedanken gelähmt hat. Eine Portion Traubenzucker bringt die geistigen Kräfte aber sofort wieder in Schwung.

Besonders empfindlich reagieren in dieser Beziehung die Nerven des Sättigungszentrums, das auf diese Weise zu einem »Zuckermeßgerät« wurde. Diese Spezialnerven entwickeln einen immensen »Zuckerhunger« und entziehen dem Blutstrom erheblich mehr Zucker als die Nerven des Hungerzentrums. An lebenden Tieren hat man bereits nachgewiesen: Starker Zuckergehalt steigert die Salvenfolge der Nerven im Sättigungszentrum und hemmt die elektrische Tätigkeit im Hungerzentrum.

Genau gesagt: Durch dieses Zusammenspiel wird nicht der absolute Blutzuckergehalt gemessen – dann dürften Zuckerkranke keinen Hunger haben! –, sondern der Unterschied des Zuckerspiegels im arteriellen und im venösen Blut. So kompliziert ist das. Aber jede simplere Lösung würde unsere Existenz gefährden.

Doch das ist noch immer nicht alles. Unser Sinn für Hunger und Sattheit besitzt sogar eine »Abteilung, die in die Zukunft sehen kann«, sozusagen eine Marktvorhersage. Bei warmem Wetter benötigen Menschen und Tiere weniger Kraftstoff für die Körperheizung als bei kaltem. Das ist ganz plausibel. Aber durch die beschriebenen Meldeeinrichtungen für die Ernährungslage des Körpers würden Sättigungs- und Hungerzentrum vom veränderten Bedarf erst nach

Ablauf einer längeren Verzögerungszeit informiert werden, vielleicht erst, wenn die Temperaturlage schon wieder umgeschlagen ist.

Deshalb teilt eine direkte Nachrichtenverbindung vom eng benachbarten »Thermostaten« den Sättigungs- und Hungerzentren bereits die bevorstehende Zuckerspiegeländerung durch Temperaturmeldungen mit. Offenbar wirkt der Thermostat so auf die Eßlust-Regulierung ein, daß genau die Futtermenge, die durch einen Anstieg der Außentemperatur eingespart werden kann, im voraus unwillkürlich gespürt wird.

Bei einer Ziege haben Wissenschaftler das nachgeprüft. Sie konnten die Freßlust des Tieres im ständigen Wechsel nach Belieben steigern oder hemmen, je nachdem ob sie den Thermostaten durch ein eingeführtes Wasserrohr kühlten oder erwärmten.

Ein amerikanischer Forscher, sein Name sei hier diskret verschwiegen, zog aus dieser Erkenntnis eine diabolische Nutzanwendung. Unliebsamen Pflichtbesuch empfängt er prinzipiell in überheizten Räumen. Dann wird bei Tisch nicht so viel gegessen.

Selbst hiermit haben wir das Phänomen Hunger noch nicht voll erfaßt. In den Regulationszentren laufen nämlich auch noch Nervenleitungen aus anderen Hirnregionen zusammen. Einige kommen zum Beispiel aus den Hirngebieten, die für den Antrieb zu jenen Verhaltensweisen verantwortlich sind, die mit der Selbsterhaltung oder der Erhaltung der Art zusammenhängen. Durch diese Kombination entsteht unter anderem die weit verbreitete Erscheinung des Futterneides.

Außerdem besteht eine Verquickung von Hunger und Sattheit mit Lust- und Unlustgefühlen, die in der als Pallium bezeichneten Hirnregion beheimatet sind. So sind also auch auf diesem Gebiet die Bahnen nachgewiesen, auf denen Seelisches auf körperliche Vorgänge übergreift.

Vielen fettsüchtigen Menschen ist diese Vorstellung gar nicht angenehm, denn es ist eine bei Ärzten bekannte Tatsache, daß übergewichtige Patienten lieber aus organischen als aus psychischen Gründen dick sein wollen. Aus dem bisher Gesagten geht hervor, daß das Freßlust-Regelsystem an vielen Stellen gestört sein kann. Demnach wären zumindest theoretisch mehrere verschiedene Ursachen der Fettsucht denkbar, auch eine psychische!

Mit dem letzten Aspekt haben sich Professor Arthur Jores (216) und seine Mitarbeiter Adolf Ernst Meyer, Herbert Maisch und Dr. Freyberger an der Hamburger Universitätsklinik eingehend befaßt. Sie fanden zum Beispiel, daß Übergewichtige in ihrer Kindheit von den Eltern häufig Essen und Süßigkeiten bekommen hatten, um über Kümmernisse hinweggetröstet zu werden. Auf diese Weise wurde die Nahrungsaufnahme allmählich zu einem Mittel, Gefühle des Unbehagens zu dämpfen.

In einem Experiment ließen die Hamburger Ärzte 40 Patienten fasten, die zwischen 50 und 90 Prozent Übergewicht ihr eigen nannten. Nach kurzer Zeit klagte die Hälfte der Schwergewichtler über Depressionen und Angstgefühle, die prompt verschwanden, sobald die Dicken wieder zu essen begannen. Offenbar diente also die Nahrungsaufnahme dazu, Unlustgefühle abzuwehren – jedenfalls bei der Hälfte der Versuchspersonen.

Der Praxis nützt diese Erkenntnis vorerst leider noch nicht viel. Versuche, Dickleibigkeit auf dem Sofa des Psychotherapeuten zu kurieren, hatten nur in entmutigend wenigen Ausnahmefällen Erfolg. Das in der Kindheit eingefleischte Fehlverhalten sei zu tief verwurzelt, sagen die Hamburger. Am besten wäre es, beleibten Patienten Kummer und Sorgen zu verbieten.

Wieviele Sinne gibt es?
Etwas Systematik

Wieviele Sinne gibt es eigentlich? Der Leser kann sich ja einmal den Spaß machen und in diesem Buch nachzählen. Aber bitte: Nicht jene Sinne vergessen, die nur in einem Nebensatz gestreift wurden, wie den Durst-Sinn beim Menschen oder den Kohlendioxyd-Sinn der Biene.

Schon sehr bald wird man bei diesem Versuch in arge Schwierigkeiten geraten. Sind das Kameraauge des Menschen, das Kameraauge des Frosches, das Facettenauge der Biene und das Punktauge der Biene als ein, zwei, drei oder vier Sinne aufzufassen? Oder gar als fünf Sinne, da zum Helligkeitssehen und zum Farbensehen zwei grundverschiedene Nerventypen, Stäbchen und Zäpfchen, gehören?

Ist unsere Art zu hören nicht eine Kombination mehrerer Sinne, nämlich für Lautstärke, Richtung, Tonhöhe, Sprach- und Musikverständnis? Sind das Messen der Magendehnung, das Spüren des Nahrungsgleitens durch die Speiseröhre, das Messen des Nährwertgehalts und des Blutzuckerspiegels vier oder zwei Sinne oder gar nur einer?

Soll man bei einer Einteilung und Zählung die Erregungsweise der Sinneszelle zugrunde legen und unter der Rubrik »mechanische Sinne« das Tasten, Hören, Schwerkraft- und Schmerzempfinden oder gar auch noch das Riechen und Schmecken in einen Topf werfen? Das wäre so pauschal, daß es kaum von Wert sein dürfte. Oder soll man die »Zusatzgeräte« der Sinneszellen als Kriterium werten, also all die Härchen, Membranen, Vibrationsplatten, Poren, Flüssigkeitsröhren, Labyrinthe, Schnecken und so weiter? Ihre Konstruktionstypen in der Natur sind Legion. Oder soll man die Art der Reizverarbeitung im Hirn als das Wesentliche auffassen? Hier schwämmen wir erst recht im Uferlosen.

Außerdem müssen wir gestehen, daß wir noch längst nicht alle Sinne erwähnt haben. Unter vielem anderen fehlt der Luftfeuchtigkeitsmesser der Biene (217), der »Kreiselkompaß« der Fliege und der Blutdruckmesser in der Niere (218). Das Buch würde gut doppelt so dick, wenn es sämtliche körperinternen Sinne erläutern wollte: die Mechanismen zum Verengen und Erweitern der großen Blutgefäße und zum Schließen und Öffnen der Kapilläräderchen (219), die Regulatoren des Säftehaushalts, den Schrittmacher der Herzaktivität, den Erstickungssinn und Atemantrieb (220, 221), die Aktivierung und Hemmung zahlloser Hormonausscheidungen, die Anzeiger für den Spannungszustand der Muskeln (222), das Erkennen von Fremdkörpern und die Steuerung der Antikörper-Produktion (223) und so fort über mehrere Seiten.

Im Rahmen dieses Buches müssen wir uns beschränken. Unter den Sinnen, die Reize direkt vom interessierenden Objekt empfangen, sei deshalb nur noch einer, ein besonders ungewöhnlicher, erwähnt: der elektrische Sinn.

Über diese bisher allein behandelte »direkte« Orientierungsweise hinaus gibt es im Tierreich noch eine andere, davon grundverschiedene Art des Sich-Zurechtfindens, die sogenannte »Wegweiser-Orientierung«. Uns Menschen hat sie immer besonders neidisch gemacht. Wenn ein Storch oder eine Grasmücke von Europa nach dem fernen Afrika fliegen, können sie ihr Reiseziel weder sehen noch hören oder riechen oder fühlen oder sonstwie direkt wahrnehmen. Sie müssen ihren Kurs nach anderen Anhaltspunkten und Wegweisern ausrichten. Davon soll im Anschluß an den elektrischen Sinn die Rede sein.

Kann man Fische mit einem Magneten angeln? Gemeint sind keine Papptiere mit Blechmaul wie in dem bekannten Kinderspiel, sondern richtige, unpräparierte, lebende Fische. So grotesk es klingt, aber dem englischen Zoologen Professor H. W. Lissmann (224) ist dieses Kunststück gelungen.

Mit dem Ruderboot auf einem afrikanischen Binnengewässer treibend, hatte er einen Nilhecht ausgemacht, ein Prachtexemplar von 1,60 Meter Länge. Als er bis auf einen halben Meter herangekommen war, hielt der Cambridge-Professor einen starken Hufeisenmagneten knapp über den Wasserspiegel. Wie vom Magneten angezogen, kam der große Räuber heran und blieb mit seinem Kopf direkt unter dem Eisenstück stehen. Wie der Forscher den Magneten auch hin und her bewegte, stets zog er den Fisch langsam mit. Etwas schwächer, aber in gleicher Weise reagierte das Tier auch auf die Bewegungen eines Kautschukkammes, den Professor Lissmann durch Kämmen elektrisiert hatte.

Mit normalen Hechten kann man so etwas nicht machen, auch nicht mit den meisten anderen Fischen. Mit diesem verblüffenden Rattenfängertrick lassen sich nur die Nilhechte und Tapirfische Afrikas sowie die südamerikanischen Messerfische an der Nase herumführen. Wie ist das zu erklären?

Der Nilhecht *(Gymnarchus niloticus)* gehört zu jener kleinen Gruppe von Fischen, die schlecht sehen können, denen das Gehör nicht viel bedeutet und die sich auch nicht auf den Druckwellenempfänger ihres Seitenorgans verlassen. Sie orientieren sich auf eine ganz eigenständige Weise. Sie elektrisieren ihre Umwelt, und an der Art, wie die Umwelt die elektrischen Feldlinien vom ungestörten Verlauf ablenkt, erkennen sie, was um sie herum vor sich geht. Das ist wohl die für uns Menschen fremdartigste und unbegreiflichste Sinneswelt. Sie ist uns so ungewohnt, daß es etwas Vergleichbares nicht einmal in der Meßtechnik gibt. Mit Radar oder Sonar hat sie nicht die geringste Gemeinsamkeit, und sie ist auch etwas prinzipiell anderes als die Ultraschallwelt der Fledermäuse und Delphine. Der elektrische Fisch empfängt keine Echos und mißt keine Zeitdifferenzen.

Dafür besitzt er einen Sinn, der uns völlig fehlt. In der Schule bereitet es dem Physiklehrer immer Schwierigkeiten, den Begriff des elektrischen Feldes zu veranschaulichen. Ein magnetisches Feld kann man immerhin noch ziemlich leicht mit Eisenfeilspänen sichtbar machen. Die Demonstration des elektrischen Feldes muß aber meist unterbleiben, weil zum analogen Ausrichten kleiner Gipskristalle gefährlich hohe Spannungen von mehreren tausend Volt erforderlich sind.

So bleiben elektrische Kraftlinien für uns eine nicht ganz geheure, abstrakte Vorstellung, ein Phänomen, an dessen Existenz zwar nicht zu zweifeln ist, das man aber weder sehen noch hören, riechen, schmecken, greifen oder sonstwie spüren kann. Beim Nilhecht ist das anders. Für ihn sind elektrische Feldlinien das Hauptinformations-Medium, wie für uns das Licht.

Dabei arbeitet der Fisch gar nicht mit Hochspannung wie Physiklehrer, ja nicht einmal mit 500 bis 800 Volt wie der Zitteraal, auch nicht mit 450 Volt wie der Zitterwels und auch nicht mit 50 Volt wie der Zitterrochen. Er erzeugt in seinen »lebenden Batterien«, je nach Körpergröße, lediglich 3 bis 10 Volt zerhackte Gleichspannung. Der Pluspol befindet sich im Kopf, der Minuspol in der Schwanzspitze.

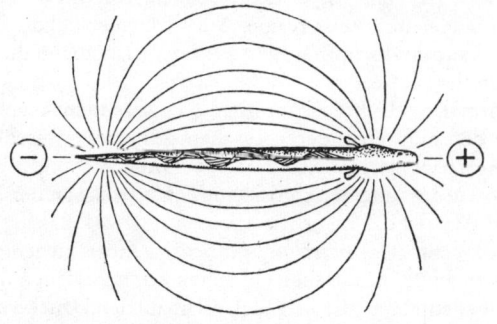

Bild 81: Ähnlich wie die Feldlinien eines Stabmagneten verlaufen auch die elektrischen Feldlinien des Nilhechts, sofern sie nicht von fremden Gegenständen abgelenkt werden.

Die Salvengeschwindigkeit ist jedoch eine ungeheure. Das elektrische Organ sendet in jeder Sekunde konstant 300 Stromstöße, und das zeitlebens (fast!) ohne Unterbrechung Tag und Nacht, beim Schlafen und im Wachzustand. Es ist wie der Schlag des Herzens, nur viel schneller.

Eine unangenehme Folge hat diese gleichmäßige Sendefolge jedoch. Wenn sich nämlich zwei Nachbarn in ihr elektrisches Gehege kommen, stören sie sich gegenseitig im Empfang genauso wie zwei Rundfunksender, die ihr Programm auf der gleichen Welle ausstrahlen. Im Gegensatz zu den Radiotechnikern wissen sich die Nilhechte aber sehr gut zu helfen, wie Professor Lissmann (225) festgestellt hat. Im ersten Moment der Störung setzen sie kurz mit Senden aus. Dann wechseln sie sprungartig das Salventempo, so daß jetzt jeder mit einer anderen Frequenz arbeitet und die fremden Stromstöße von den eigenen unterscheiden kann.

Jeder Stromstoß erzeugt sphärisch rings um den Fisch herum ein elektrisches Kraftfeld, das in Bild 81 angedeutet ist. Jeder Gegenstand im Wasser aber »verbiegt« diese Normalform der Kraftlinien: jede Pflanze, jeder Stein und jeder fremde Fisch, schließlich auch der Magnet und der elektrisierte Kamm des Forschers. Alle Dinge, die bessere elektrische Leiter als Wasser sind, ziehen die Kraftlinien an sich heran und verdichten sie, alle schlechteren Leiter drängen sie auseinander. Wie Bild 82 zeigt, verändert sich damit auch die Ein- und Austrittsdichte der elektrischen Kraftlinien am Körper des Nilhechts.

Diese Kraftliniendichte aber vermag der Fisch wahrzunehmen und aus ihr die richtigen Schlüsse auf das zu ziehen, was im Abstand bis zu ein, zwei Metern rings um ihn herum geschieht. Auf diese Weise erkennt er bereits einen Glasstab von zwei Millimetern Durchmesser und unterscheidet sogar zwei gleichgeformte Gegenstände, wenn sie aus verschiedenartigem Material bestehen.

Wie hochgradig empfindlich die elektrischen Sinne des Nilhechts sind, konnte Professor Lissmann zeigen. Das Tier reagiert noch auf ein elektrisches Spannungsgefälle von nur 0,03 millionstel Volt pro Zentimeter. Das entspricht einer Änderung der Stromdichte von nur 0,04 millionstel Ampere pro Quadratzentimeter.

Das ist so minimal, daß jeder Versuch, einen anschaulichen Vergleich zu finden, vergeblich ist. Aber so viel kann man sagen: Der elektrische Sinn hält, was die Empfindlichkeit betrifft, durchaus Schritt mit dem Auge, das schon ein einziges Lichtquant zu erregen

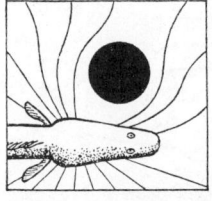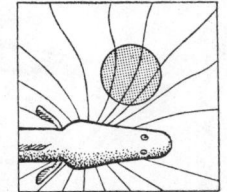

Bild 82: Der Nilhecht erkennt seine Umwelt nur am verschiedenartigen Eintritt elektrischer Kraftlinien in seine Kopfregion. Ein schlechter Leiter (schwarzer Ball im linken Bild) drängt die Feldlinien auseinander, ein guter Leiter (gepunkteter Ball im rechten Bild) zieht sie zusammen.

vermag, mit dem Ohr, das Vibrationen subatomarer Größenordnung registriert, und mit der Schmetterlingsantenne, die bereits auf ein einziges Molekül anspricht.

Das Großartige dieser Sinnesleistung liegt aber nicht allein in der Wahrnehmung elektrischer Felder, sondern auch in der richtigen Deutung der überall an der Körperhaut empfangenen Feldstärken. Man darf ja nicht vergessen: Die Muster dieser Feldstärkeunterschiede sind die einzigen Reize, mit denen die Umwelt auf das Tier einwirkt.

Man betrachte zum Beispiel die linke Zeichnung von Bild 82. Nahezu die gleiche Feldlinienverformung ließe sich statt mit dem einen schlecht leitenden Gegenstand auch mit zwei gut leitenden hervorrufen, die sich zu beiden Seiten des schlechten Leiters befinden. Zwei grundverschiedene Dinge rufen also nahezu die gleichen Reize hervor – aber nur nahezu die gleichen. Und an diesen minimalen Unterschieden muß das Tier die total veränderte Umwelt erkennen. Eine kaum faßbare Aufgabe für das Fischgehirn!

Und dennoch vollbringt das Hirn diese Leistung. Die bei weitem größte »Abteilung« des Nilhecht-Hirns befaßt sich nur mit dem Verarbeiten elektrischer Sinnesreize. Bei den Tapirfischen, ebenfalls

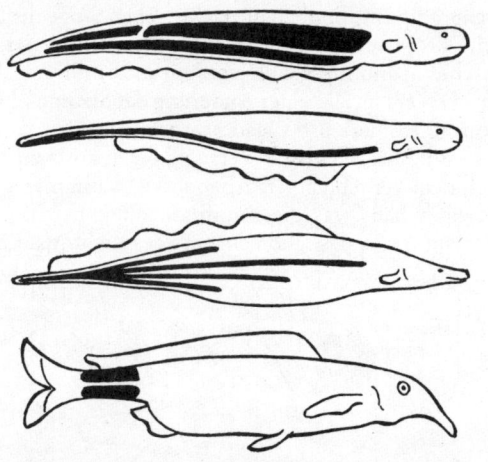

Bild 83: Die »lebenden Elektrizitätswerke« (schwarz) bei vier verschiedenen elektrischen Fischen. Von oben nach unten: der Zitteraal mit drei separaten elektrischen Organen, ein südamerikanischer Messerfisch, der von Professor Lissmann untersuchte Nilhecht und der mit dem Tapirfisch verwandte Elefantenrüsselfisch.

mit elektrischen Feldern ortenden, in afrikanischen Binnengewässern lebenden Fischen, überwuchert die »elektrische Hirnregion« sogar das gesamte übrige Gehirn in ähnlicher Weise wie das Großhirn des Menschen.

Nebenbei bemerkt: Tapirfische sind die einzigen Fische, die, den Delphinen gleich, einen ausgesprochenen Spieltrieb haben. Da zum Spielen Intelligenz gehört, scheint das Hirn der elektrischen Fische also auch zu Leistungen höheren Grades fähig zu sein.

Dennoch muß der Nilhecht, meßtechnisch gesehen, eine radikale Vereinfachung vornehmen. Würde er sich beim Schwimmen schlängeln wie alle nichtelektrischen Fische, wäre sein Hirn bei der Deutung der empfangenen Feldstärken überfordert. Deshalb schwimmen alle schwach elektrischen Fische, die Nilhechte, die Tapirfische (etwa 100 Arten) und die südamerikanischen Messerfische (auch etwa 100 Arten), als hätten sie einen Besenstiel verschluckt. Stocksteif bleibt ihr Rückgrat sogar während der Wendungen. Den Antrieb besorgen Wellenbewegungen der langen Flossen.

Die wichtigsten Fragen liegen vorerst allerdings noch im Halbdunkel: Wie erzeugen die Tiere elektrischen Strom (226), und auf welche Weise nehmen sie ihn wahr?

Bild 84: Das elektrische Sinnesorgan liegt eingebettet in die Haut des Nilhechts. Eine mikroskopisch kleine Kanüle führt von außen in eine »Höhle«. Beide sind mit einer gallertigen Masse angefüllt, die elektrische Kraftlinien linsenartig an sich heranzieht. Am Boden der »Höhle« befinden sich die Nervenzellen.

Professor Lissmann fand überall in der Fischhaut an Kopf, Bauch und Rücken feine Sinnesporen, die bei einem Abstand von etwa zwei Millimetern in ziemlich regelmäßigen Mustern angeordnet sind. Äußerlich sind sie von Geschmacksorganen, die Fische ja nicht nur in der Mundhöhle, sondern auch auf der Außenhaut haben, nicht zu unterscheiden. Aber diese Organe funken nur Signale zum Hirn, wenn sie von elektrischen Feldern gereizt werden. Im Detail sieht das geheimnisvolle elektrische Sinnesorgan so aus: Die Pore ist eine Art Eingang zu einer winzigen Röhre, die mit gallertiger Substanz gefüllt ist. Diese Gallerte leitet den elektrischen Strom besonders gut und sammelt daher die Feldlinien wie eine Linse. Nach 0,1 Millimeter mündet die Röhre in einer kugelförmigen Höhle, in der sich die elektrischen Sinneszellen befinden.

Wie hier die Umwandlung elektrischer Reize in elektrische Nervensignale vor sich geht, weiß die Wissenschaft gegenwärtig ebensowenig zu sagen, wie sie über die Reiztransformation in den Seh-, Tast-, Hör-, Riech- und sonstigen Sinneszellen Auskunft zu geben vermag.

Wozu haben sich die elektrischen Fische diesen ebenso außergewöhnlichen wie komplizierten Sinn zugelegt? Warum verwenden sie nicht Auge und Seitenorgan wie alle anderen Fische?

Das Auge dient ihnen im wesentlichen nur als Anzeiger für Tag und Nacht, da sie in extrem trüben Gewässern leben, in denen man ohnehin nicht die Hand vor den Augen sehen kann. Auch verlegen sie die Jagd und Futtersuche meist in die Nachtstunden. Aber das ist noch kein Grund für die Notwendigkeit des elektrischen Sinnes. Die Blindfische in der ewigen Finsternis unterirdischer Gewässer kommen ja sehr gut mit dem Druckwellenempfänger ihres Seitenorgans aus.

Das Entscheidende liegt in einem anderen Umstand: Fast alle schwach elektrischen Fische leben in schnell fließenden, turbulenten, ja reißenden Bächen und Flüssen. Hier muß der Druckwellensinn einfach versagen. Will sich eine Fischart diesen Lebensraum erobern, dann muß sie zwangsläufig eine völlig neue »Geheimwaffe erfinden«.

Eine ganz erstaunliche Spezialanpassung ist auf diesem Gebiet den südamerikanischen Messerfischen gelungen. Die Mitglieder dieser Familie senden nicht, wie die Nilhechte, 300 elektrische Impulse in der Sekunde. Vielmehr gibt es Arten, die nur sehr langsam funken, etwa zweimal in der Sekunde; wieder andere, die es auf 1600 Stromstöße im selben Zeitraum bringen, und zahlreiche Übergangsformen zwischen beiden Extremen. Im Flußgebiet einer Stromschnelle haben sich meist mehrere Arten angesiedelt, und zwar die Langsamsender dort, wo das Wasser noch relativ gemächlich strudelt, und die Schnellsender dort, wo es am reißendsten schäumt und tost.

Obendrein ist der elektrische Sender auch als Nachrichtenmittel zu verwenden. Einige Tapirfischarten, die gesellig leben, brauchen elektrische Signale für den Zusammenhalt im Schwarm. Die meisten Tapirfischarten sind aber streitbare Einzelgänger. So benutzen sie die Elektrizität zum Gegenteil, zum Abgrenzen der von ihnen bean-

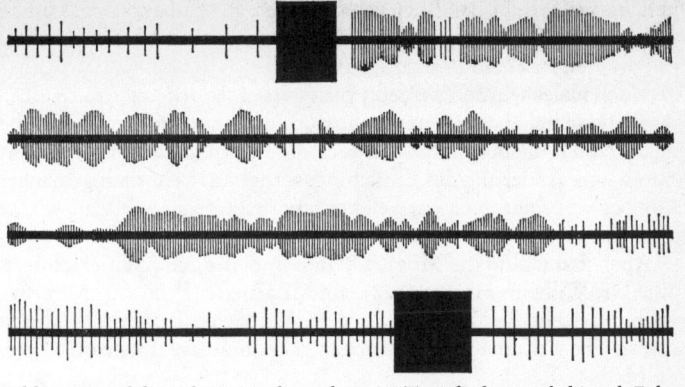

Bild 85: Der elektrische Revierkampf zweier Tapirfische wurde hier als Folge von Stromstößen oszillographisch aufgezeichnet. Nähere Erläuterungen im Text.

spruchten Reviere im Fluß. Ein dramatisches elektrisches Duell zwischen zwei Rivalen hat der Tübinger Professor Franz Peter Möhres (227) beschrieben:

»Dringt ein Artgenosse in ein besetztes Revier ein, dann nimmt er bei der Annäherung an den Revierinhaber dessen Entladungen in zunehmendem Maße wahr. Aber auch der Revierinhaber erkennt das Nahen des Eindringlings. Die Signale des Gegners werden meist von beiden Seiten mit einer erheblichen Beschleunigung und Verstärkung der eigenen Entladungen beantwortet. Es setzt ein Kampf mit Entladungen ein, der, wenn nicht einer der beiden Gegner sich zurückzieht, schnell in einen wirklichen Kampf mit Rammstößen und Bissen übergeht, der rabiate Formen annimmt.«

Meist aber genügt die durch das »Drohmuster« der Entladungen angezeigte »politische Hochspannung«, um einen der Kämpfer zum Abzug zu bringen. Solch einen nur auf die elektrische Sphäre beschränkten Revierkampf zeigt Bild 85. Zunächst ist das Entladungsmuster des Revierinhabers aufgezeichnet. Dann beginnt die Auseinandersetzung. Die Entladungen folgen bald so dicht, daß man die Einzelimpulse bei dem gegebenen Maßstab nicht mehr erkennen kann. Der Kundige aber merkt, daß das »elektrische Streitgespräch« allmählich wieder zum Monolog wird. Zuletzt sieht man den siegreichen Revierinhaber allmählich wieder ruhiger werden!

Hier bei den Tapirfischen spielen die Entladungen anscheinend dieselbe Rolle wie der sogenannte Reviergesang bei den Vögeln. So weit die Entladungen unter Wasser wahrgenommen werden können, so weit reicht das Revier des Fisches. Eine überaus praktische Methode der Revierabgrenzung für Tiere, die in der Nacht aktiv sind und in meist trübem Wasser leben!

Noch vieles würden wir jetzt gern wissen. In der Laichzeit muß ja die Ungeselligkeit der Tapirfische durchbrochen werden, wenn die Art erhalten bleiben soll. Wird auch die Fortpflanzungsbereitschaft durch eine Änderung des Entladungsverhaltens kenntlich gemacht? Gibt es vielleicht auch gar »elektrische Balzgesänge«? Man würde sich nicht wundern.

Aber damit sind die Möglichkeiten immer noch nicht erschöpft. Wie Dr. Wilhelm Harder (228), ein Mitarbeiter Professor Möhres', schreibt, steht der Zitteraal in dem Verdacht, Beutefische durch elektrische Stromstöße anzulocken, also reguläre Elektrofischerei zu betreiben.

Zum Beispiel beim Thunfischfang macht sich die Fischerei das bislang unerklärliche Verhalten der Tiere zunutze, zu einer Stromquelle hinzuschwimmen, die Gleichstromimpulse bestimmter Stärke und Salvengeschwindigkeit aussendet. So kann man sie leicht in die Nähe von Angeln oder in Netze locken.

Ob der Zitteraal diesen neuesten Schrei der Technik auch gebraucht, und zwar seit Urzeiten, ist gegenwärtig noch nicht bewiesen. Tatsache ist aber, daß er drei verschiedene Typen von elektrischen Sendern besitzt (siehe Bild 83). Mit dem Schwachstromorgan orientiert er sich in ähnlicher Weise wie die eben beschriebenen schwach elektrischen Fische. Die zweite »lebende Batterie« erzeugt Stromstöße, die in ihrer Form und Dauer verblüffend genau mit den Werten übereinstimmen, mit denen die Elektrofischer die besten Fangergebnisse erzielen.

An das dritte Organ schließlich müßte man ein Schild hängen: »Vorsicht Hochspannung, Lebensgefahr!« Es erzeugt je nach der Größe des Tieres Spannungen von 300 bis 800 Volt. Sobald ein Beutefisch dicht genug herangekommen ist, entlädt der Zitteraal ein wahres Trommelfeuer elektrischer Stöße über ihn. Da das Opfer ein wesentlich besserer Leiter als das umgebende Süßwasser ist, zieht es die elektrische Ströme seines Feindes genauso an wie ein Blitzableiter den Blitz.

Sofort fängt der Fisch zu taumeln an. Krampfartig ziehen sich seine Muskeln zusammen, beben und zittern. Betäubt und wehrlos ist er dem jagenden Angreifer ausgeliefert und wird gefressen.

Der Vogelzug

Welcher Mensch könnte es wagen, von Deutschland nach Südafrika und wieder zurück zu laufen ohne Landkarte, ohne Wegweiser, ohne je einen anderen zu fragen, ohne Reisegenossen, der den Weg schon kennt, und ohne daß ihm jemand gezeigt oder gesagt hätte, wie er ans Ziel gelangt? Auch soll die Heimat nicht nur so ungefähr wiedergefunden werden, sondern der genaue Geburtort, also etwa Hamburg-Blankenese, Elbchaussee 486, hinterer Garten, zweiter Eichenbaum links. Millionen Zugvögel bringen dieses Kunststück alljährlich fertig.

Voll Bewunderung stehen wir vor dieser Leistung der gefiederten Globetrotter. In anderen Teilen der Welt nimmt die Erscheinung des Vogelzuges aber noch viel erstaunlichere Formen an als in der europäisch-afrikanischen Luftpassage.

Während sich unser europäischer Kuckuck nach Zentralafrika begibt, folgt sein neuseeländischer Verwandter, der Glanzkuckuck, einem viel ausgefalleneren »Fahrplan«. Die Professoren E. Thomas Gilliard und Georg Steinbacher (229) berichten: Sobald das Weibchen seine Eier in die Nester fremder Kleinvögel gelegt hat, zieht es ins Winterquartier. Die von fremden Müttern großgehätschelten Jungen folgen einen Monat später ganz allein und ohne Führer nach.

Zunächst geht die Reise 2000 Kilometer weit nach Westen über die insellose Wasserwüste der Südsee nach Australien. Von hier geht es schon nach kurzer Ruhe- und Freßpause in Richtung Norden weiter, die ganze Küste entlang, über Neuguinea hinweg zum Bismarck-Archipel. Erst hier, nach insgesamt 6000 Kilometern Flugstrecke, treffen sie mit ihren Eltern zusammen, die sie noch nie gesehen haben und die sie freilich auch nicht als Familienmitglieder erkennen. Aber die »Fahrkarte« haben sie von ihnen im Ei mitbekommen.

Dem Dünnschnäbligen Sturmtaucher *(Puffinus tenuirostris)* kann das aber gar nicht imponieren. Schon Jahrtausende vor Columbus »entdeckte« dieser Vogel, daß die Erde rund ist, denn alljährlich unternimmt er einen Rundflug um den halben Pazifik.

Tatsachen über diesen Vogel, die sich wie Seemannslatein anhören, berichteten schon Kapitän Flinders und sein Schiffsarzt Bass, als sie 1798 zum erstenmal die Meerenge zwischen Australien und Tasmanien, die jetzt Bass-Straße heißt, durchquerten: »Die Vögel überflogen uns in einem dichten Strom, der wohl 300 Meter breit war, 90 Minuten lang pausenlos. Wir schätzten ihre Zahl auf 151

Millionen Stück.« Die heutigen Schätzungen liegen immer noch in der gleichen Größenordnung, obwohl diese Tiere seit einigen Jahrzehnten als »Hammelfleischvögel« vom Menschen in Konservendosen gesteckt werden.

Woher kommt und wohin fliegt dieses gewaltige Sturmtauchergeschwader? Um dieses zu erforschen, beringten die australischen Zoologen John Warham und Dr. D. L. Serventy (230) Anfang der sechziger Jahre 32000 Vögel. Sie verfolgten ihren Wanderweg und stellten folgenden weltweiten Flugplan fest:

Eintreffen auf den Brutinseln zwischen Australien und Tasmanien in den Nächten des 26. und 27. September. Nach den Tagen der Balz und der Hochzeit verschwinden alle Vögel wieder in die Weiten des Ozeans. Am 19. November sind die Millionenmassen aber plötzlich wieder da, um die Eier in Erdhöhlen zu legen. Zuerst brütet das Männchen 14 Tage lang, während das Weibchen über tausend Meilen weit auf hoher See fischt. Dann lösen sich die Partner im Turnus von 11 bis 14 Tagen auf dem Nest ab. Mitte Januar schlüpfen die Jungen und werden bis zum großen Aufbruch Mitte April gefüttert.

Dann beginnt die große Reise. Der Millionenschwarm fliegt zunächst 10000 Kilometer nordwärts über das Korallenmeer, über Melanesien und Mikronesien durch die Koreastraße in die Japansee. Land wird nur überflogen, nie berührt. Die Weltreisenden schlafen von Zeit zu Zeit entweder auf dem Meer schwimmend oder, wenn die See vom Sturm zu sehr aufgewühlt ist, in großen Höhen segelnd.

Im Juni erscheint das Geschwader im Beringmeer zwischen Sibirien und Alaska und zieht im August an der Pazifikküste Kanadas nach Süden. Etwa auf der Breite der Grenze zwischen Kanada und den USA schwenken die Sturmtaucher auf Kurs Südwest und überqueren den gesamten Zentralpazifik über Hawaii und Fidschi, um nach einer Gesamtflugstrecke von 35000 Kilometern an den Küsten Tasmaniens am 26. und 27. September wieder auf den Tag genau einzutreffen.

Bisher nahm man an, daß Tiere und insbesondere Zugvögel die Tageslänge als Anhaltspunkt für den »inneren Jahreskalender« benutzen. Beim Sturmtaucher aber, der innerhalb von wenigen Tagen Gebiete mit extrem unterschiedlichen Tageslängen durchmißt, scheint dieser Zeitmaßstab unbrauchbar zu sein. So bleibt es vorerst noch ein Rätsel, welchen »Kalender« dieser Vogel benutzt, um seinen Weltflugplan so exakt einhalten zu können.

Der »westliche« Verwandte dieses Vogels, der Große Sturmtaucher *(Puffinus gravis)* schafft im Jahr »nur« 24000 Kilometer. Er vollbringt aber auch ein unbegreifliches Navigationswunder, wenn er, von Skandinavien, Island, Grönland und Neufundland startend und fast nur über See fliegend, mitten im Südatlantik die winzige, einsame Inselgruppe von Tristan da Cunha ansteuert und mit 4 Millionen Artgenossen dort nistet. Dabei scheint er sich seines rechten Weges wohl bewußt zu sein, denn er beginnt bereits auf hoher See mit der Balz, mit Imponier- und Schauflügen und mit Streitereien.

Ein ewiger Sommer und immerwährender Sonnenschein sind die Sehnsucht der Küstenseeschwalbe *(Sterna macrura)*. Sie ist ein ruheloser Wanderer von Pol zu Pol, von der Arktis zur Antarktis und wieder zurück. Kaum sinkt die Mitternachtssonne an den Gestaden Westgrönlands und der nordkanadischen Inseln unter den Horizont, startet sie in Richtung auf die Südspitze Grönlands und fliegt dann weiter zur Küste der englischen Grafschaft Cornwall, wo sie mit Geschwadern isländischer Artgenossen zusammentrifft.

Gemeinsam geht die Reise weiter zur westafrikanischen Küste. Auf der Breite von Dakar trennen sich die Wege. Ein Teil der Seeschwalben zieht weiter bis Kapstadt und setzt dann zum antarktischen Kontinent über, in dem inzwischen auch schon der Sommer eingekehrt ist. Der Rest der Vögel kreuzt den Atlantik auf der Route der Lufthansa zur brasilianischen Küste und strebt hier erst südwärts über Feuerland oder die Falklandinseln zur Graham-Halbinsel Antarktikas, wo er mit Artgenossen zusammentrifft, die in Alaska gestartet und die panamerikanische Pazifikküste entlanggeflogen sind. Der Mensch müßte schon Millionär sein, um sich alljährlich solche Reisen leisten zu können wie die 120 Gramm leichte Küstenseeschwalbe.

Das Überqueren der Weltmeere kann man sich bei Seevögeln immerhin noch als relativ gefahrlos vorstellen. Um so erstaunlicher sind die weiten Überseereisen schwimmunfähiger »Landratten«. Den 2000-Kilometer-Flug des Glanzkuckucks haben wir schon erwähnt. Noch bei weitem übertroffen wird er von den amerikanischen Goldregenpfeifern, dem Kiebitz verwandten, knapp taubengroßen Vögeln. Sie starten in Alaska zum 4000-Kilometer-Nonstop-Flug nach Hawaii. Ein Teil überwintert hier, andere aber fliegen noch einmal so weit bis zu den Marquesas-Inseln in der Südsee.

Der Mongolen-Regenpfeifer fliegt alljährlich von Sibirien über Malaia und die indonesischen Inseln nach Australien oder aber über Indien und dann 4500 Kilometer weit über den Indischen Ozean nach Südafrika – eine Route, die übrigens auch der in China brütende Kleine Kuckuck benutzt.

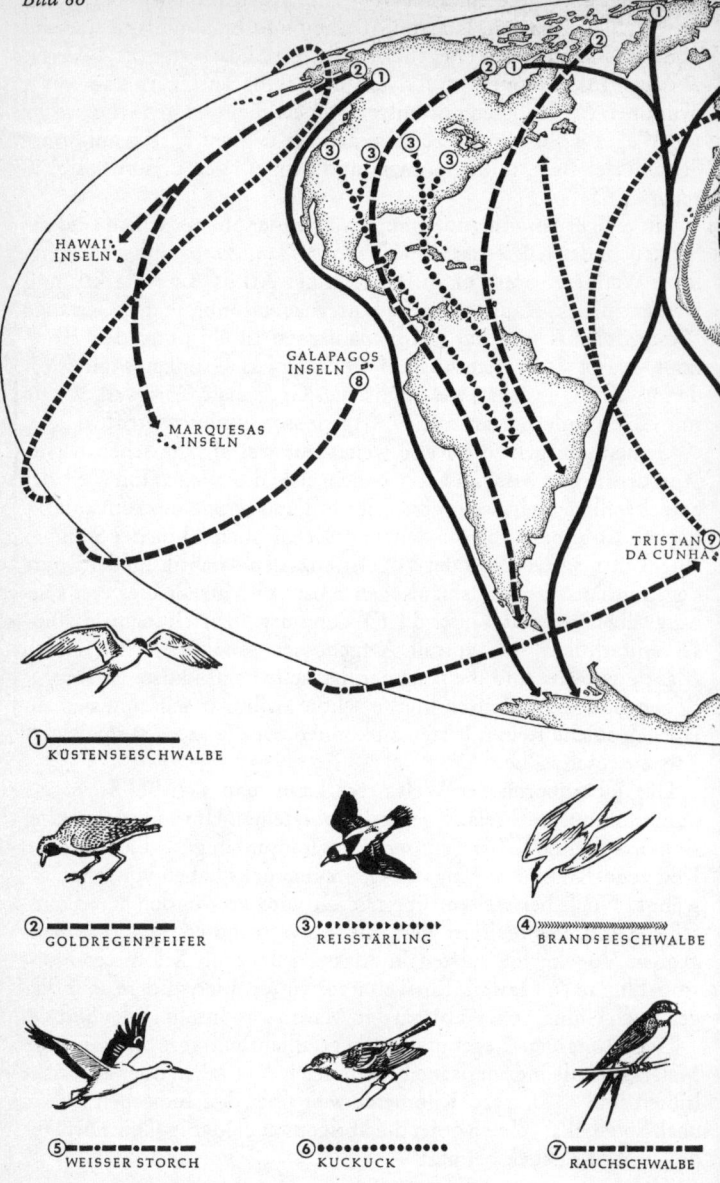

HAWAII
INSELN

GALAPAGOS
INSELN ⑧

MARQUESAS
INSELN

TRISTAN
DA CUNHA ⑨

① KÜSTENSEESCHWALBE

② GOLDREGENPFEIFER

③ ▶●▶●▶●▶●▶●▶●▶ REISSTÄRLING

④ BRANDSEESCHWALBE

⑤ WEISSER STORCH

⑥ ●●●●●●●●●●●●●● KUCKUCK

⑦ RAUCHSCHWALBE

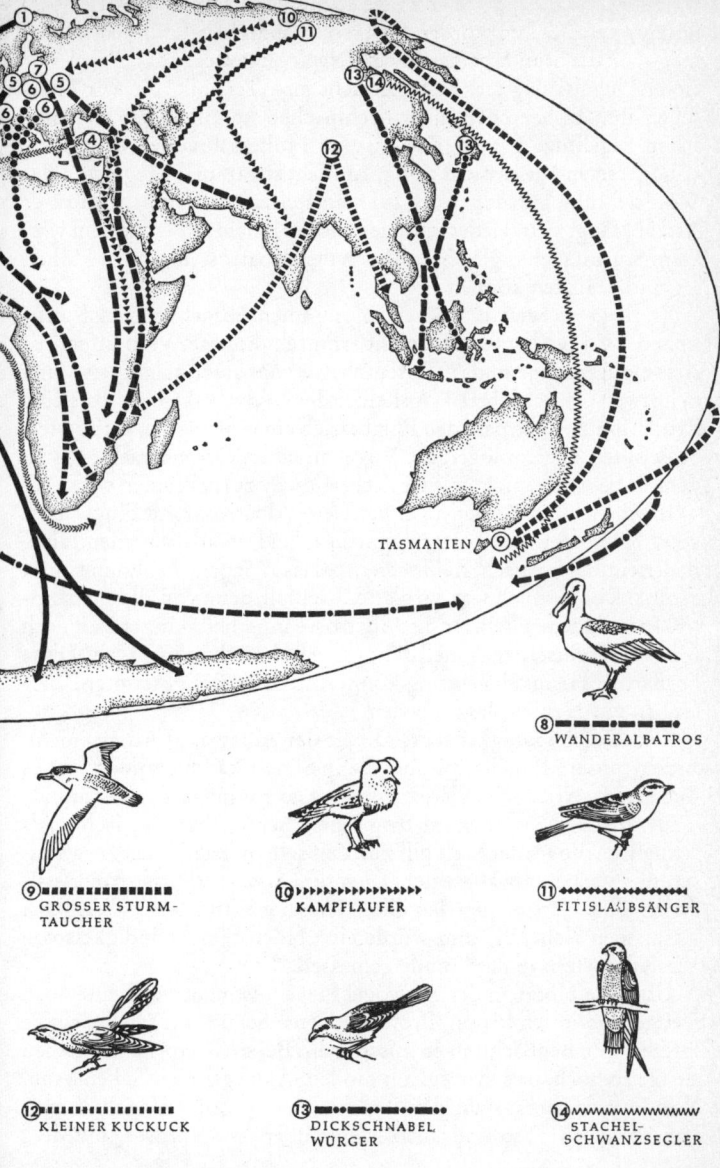

TASMANIEN ⑨

⑧ ━━━━━━━━━
WANDERALBATROS

⑨ ━■━■━■━■━■━
GROSSER STURM-
TAUCHER

⑩ ▸▸▸▸▸▸▸▸▸▸▸▸▸▸
KAMPFLÄUFER

⑪ ◆◆◆◆◆◆◆◆◆◆◆◆◆
FITISLAUBSÄNGER

⑫ ■■■■■■■■■■■■■
KLEINER KUCKUCK

⑬ ●■●■●■●■●■●■
DICKSCHNABEL
WÜRGER

⑭ ∿∿∿∿∿∿∿∿∿∿∿∿
STACHEL-
SCHWANZSEGLER

225

Der König unter den weltreisenden Vögeln ist der Albatros, jener weiße Sturmvogel, der eine Flügelspannweite von drei bis vier Metern besitzt. Bei ihm wurden Fluggeschwindigkeiten bis zu 80 Kilometern in der Stunde gemessen, und zwar ohne daß er dabei auch nur einen Flügelschlag tat. Er beherrscht eine Technik, die wir Menschen ihm bisher noch nicht nachmachen konnten: den dynamischen Segelflug. Langes Kreisen und Höherschrauben über Aufwindgebieten hat er nicht nötig. Er fliegt sogar unabhängig von der Windrichtung geraden Kurs auf sein Reiseziel. Plötzlich stürzt er steil ab, fängt sich wieder und zieht höher hinauf, als er vordem war. Dem Sturmtaucher gleich, soll auch der Albatros, in großen Höhen segelnd, schlafen können.

Er fliegt so weit und über so einsamen Seegebieten, daß man seinen Weg bis heute noch nicht ermitteln konnte. Verblüffend ist aber ein Experiment, das Wissenschaftler der amerikanischen Marineluftwaffe durchführten. Auf einer der Midway-Inseln störte eine Brutkolonie Albatrosse den Flugbetrieb eines neuen Fliegerhorstes. So wollten die Zoologen die Vögel an einen Ort verfrachten, von dem sie bestimmt nicht wieder nach Midway zurückfinden würden.

In einem Test wurden 18 erwachsene Albatrosse mit Flugzeugen 5000 Kilometer weit forttransportiert, und zwar nach allen Himmelsrichtungen: nach Kalifornien, Alaska, Japan, Neuguinea und Samoa. Der Versuch war ein glatter Reinfall, denn von allen genannten Pazifikküsten kehrten 14 Albatrosse innerhalb kurzer Zeit nach Midway zurück, der schnellste sogar schon nach zehn Tagen! Diese großartige Heimkehrleistung könnte Züchter preisgekrönter Brieftauben vor Neid erblassen lassen.

Den Geschwindigkeitsrekord hält der Albatros allerdings nicht. Bereits unsere Rauchschwalbe, die in Südafrika überwintert, tut es ihm gleich. Noch schneller ist mit etwa 90 Kilometern in der Stunde unser Mauersegler, der im tropischen Afrika Station macht. Als schnellster Vogel der Welt gilt zur Zeit sein ostasiatischer Verwandter, der Stachelschwanzsegler *(Chaetura caudacuta)*, der von Ostsibirien über Japan, den Pazifik, Neuguinea und Australien nach Tasmanien zieht. Bei ihm wurde eine Höchstgeschwindigkeit von 144 Kilometern in der Stunde gemessen.

Über die Höhe, in der Zugvögel fliegen, ist man sich heute noch weitgehend im umklaren. Professor Ernst Schüz (231) stellte einige interessante Beobachtungen zusammen: Bei schönem Wetter ziehen sie oft so hoch, daß man sie mit bloßem Auge gar nicht sehen kann. Von Flugzeugen aus wurden verschiedene »größere Vögel« in Höhen zwischen 2000 und 4000 Meter über der Nordsee und dem

Ärmelkanal entdeckt. Leider war es nicht möglich, zu erkennen, um welche Vögel es sich handelte.

Auf der Vogelinsel Mellum, östlich von Wangerooge, stellte Dr. H. Rittinghaus (232) mit einem kleinen Flak-Entfernungsmesser fest, daß keine Feldlerche und kein Goldregenpfeifer höher als 400 Meter flog. Kiebitze und Nebelkrähen überstiegen kaum die 500-Meter-Grenze, während es Dohlen höchstens auf 700 Meter und Saatkrähen auf 750 Meter brachten.

Im allgemeinen scheint dies auch die günstigste Höhe zu sein. Aus 700 Meter Höhe haben die Vögel einen Weitblick von 90 Kilometer in der Runde. Auch ist es hier noch nicht zu kalt, und die Luft enthält noch reichlich Sauerstoff.

Doch sind sibirische Störche, Kraniche und Kampfläufer gezwungen, die Eisriesen des Himalaja zu überwinden. Es wurde einwandfrei beobachtet, daß sie dabei bis auf 6000 Meter steigen mußten und durch einen Paß hindurch zum warmen Indien strebten.

Das Geheimnis des Moby Dick
Die Zugwege der Wale und Fische

Schon seit Jahren arbeitete das Tiefseekabel, das die chilenischen Küstenstädte mit Peru verband, perfekt. Nach menschlichem Ermessen mußte es noch Jahrzehnte funktionieren. Doch plötzlich war die Telegraphenverbindung unterbrochen, und kein Experte wußte, woran es lag.

Es half alles nichts, vom Hafen Callao beginnend, mußte der Kabelleger den kostbaren Strang wieder hochnehmen. Nach etwa 100 Kilometern hatte er den »Fehler« gefunden: Aus einer Tiefe von 1134 Metern hievte das Schiff einen 20 Meter langen Pottwal, der um und um vom Draht eingewickelt war, ans Tageslicht. Damit war der Beweis erbracht, daß Pottwale in Meerestiefen hinabtauchen können, in denen jedes normale U-Boot zerquetscht würde.

Was suchen diese Giganten dort unten? Dr. Hans Hass hat einmal versucht, es herauszufinden. Er hatte den kühnen Plan, einem aufgetauchten Pottwal eine druckfeste Kombination aus Filmkamera und Scheinwerfer auf den Leib zu schnallen, das Tier tauchen zu lassen und ihm beim Wiedererscheinen das Filmmaterial abzunehmen.

Ein höchst gefährliches Unternehmen, wenn man sich der durchaus wahren Berichte der alten Walfänger während der Segelschiffszeit erinnert: Im Jahre 1820 jagte ein Segler in der Südsee zwischen einem ganzen Rudel Pottwale. Dabei stieß ein großer Bulle zufällig und ganz unbeabsichtigt gegen das Schiff und brachte ihm ein Leck bei. Das Wasser drang sofort ein, und die Pumpen mußten angesetzt werden. Auch der Wal schien von dem Zusammenprall stark verletzt zu sein, denn er rollte wie betäubt im Wasser umher.

Nach einiger Zeit hatte sich das Tier aber erholt und wandte sich nun in höchster Wut und ganz zielgerecht gegen das große Segelschiff. Der Wal traf es mit solcher Wucht, daß die dicke, eichene Bordwand völlig eingedrückt wurde. Das Schiff sank sofort, und nur wenige Leute konnten sich in die Boote retten. Erst nach einem Vierteljahr wurden fünf Überlebende aufgefunden.

Solche verhängnisvollen Zusammenstöße mit den Riesentieren waren keinesfalls nur Einzelfälle. Dies zeigte ein Pottwal, der im Jahr 1867 von einem Fänger erlegt wurde. Das ungewöhnlich große Tier war leicht zu erlegen gewesen. In seinem Körper steckten noch zwei Harpunen, und der Kopf zeigte eine mächtige Wunde, aus der große Stücke zersplitterter Schiffsplanken hervorragten.

Von alten Bullen, die schon Wunden aufwiesen, wird berichtet, daß sie mit erstaunlichem Geschick Angriffen der Walfänger zu begegnen wußten. So gelang es einem Tier, nacheinander vier Harpunierboote mit seiner mächtigen Schwanzflosse zu zerschmettern oder zwischen seinen Kiefern zu zermalmen. Solche erfahrenen Einzelgänger waren den Seeleuten wohlbekannt und als sogenannte »beißende« oder »kämpfende Wale« gefürchtet. Einige haben es sogar zu individueller Berühmtheit gebracht wie Herman Melvilles Moby Dick.

Wie Erich Dautert (233) erzählt, trieb sich in den Gewässern um Neuseeland ein riesenhafter alter Pottwal umher, der als »Neuseeland-Tom« berüchtigt und gemieden war. Er soll viele Harpunierboote durch planmäßige Angriffe zertrümmert und die Mannschaften getötet haben. Schließlich wurde er von mehreren Seglern gemeinsam verfolgt, um endlich erlegt zu werden. Er zerbiß und zerschlug bei seiner Verteidigung innerhalb kurzer Zeit neun Boote und tötete vier Menschen. Die Fangflotte mußte den Kampf aufgeben, und der Wal entkam.

Und solch einem Monstrum wollte Hans Hass Scheinwerfer und Filmkamera auf den Leib schnallen! Eine unliebsame Überraschung erlebte der Unterwasserforscher auch, als er auf den Azoren einheimische Walfänger bat, den Magen eines Pottwals zu öffnen. Unter anderem kamen die noch fast unverdauten Kadaver von drei Haifischen zum Vorschein, von denen der größte 2,40 Meter lang war! Sie waren offenbar nur so nebenbei mit verschluckt worden. Da hiernach kein Expeditionsteilnehmer Lust verspürte, es dem biblischen Jonas gleichzutun, unterblieb der Versuch.

So müssen wir vorerst noch aus dem restlichen Mageninhalt der Pottwale rekonstruieren, was sich in den Tiefen der Weltmeere abspielt. In der Hauptsache findet man im Verdauungstrakt des Meeressäugers Reste von Tintenfischen. Darunter sind Exemplare mit zwei Meter großem Zentralkörper, aus denen Augen von 30 Zentimeter Durchmesser starren. Die acht Meter langen Fangarme sind dick wie der Oberschenkel eines Menschen und haben Saugnäpfe. Eine merkwürdige Lieblingsspeise, mit der jener zu Beginn erwähnte Pottwal offenbar das Tiefseekabel vor Peru verwechselt hat!

Einzelheiten über die wütenden Kämpfe dieser Giganten in den finsteren Meerestiefen können wir nur ahnen. Alle Pottwale tragen am Kopf tiefe Narben, wo Tintenfische Wunden geschlagen und Saugnäpfe Hautstücke abgerissen haben. Aus der Tatsache, daß etwa jeder sechzigste gefangene Pottwal ein stark verbogenes Rückgrat besitzt, schließt der Walfänger Dr. Hanno Ciliax (234) auf Kämpfe, die auch für den Wal lebensgefährlich sein können, besonders wenn er noch jung ist.

Diese tiefseebewohnenden Tintenfische leben zeitweise in großen Schwärmen zusammen und durchziehen, ihrerseits auch auf der Jagd nach Nahrung, die Weltmeere. Ihnen folgen die Pottwale, und so kommt es, daß auch diese Jahr für Jahr nach festem Fahrplan ihre globalen Reisen durch die Ozeane unternehmen.

Sicher wußten die Segelschiffskapitäne der alten Walfangzeit, die von 1800 bis 1860 in Blüte stand, wesentlich mehr über die Wanderwege der Pottwale als die Wissenschaft heute. Aber jeder behielt sein Wissen für sich. Und als der amerikanische Erdölboom den Waltran entbehrlich machte, nahmen die Kapitäne ihr Geheimnis mit ins Grab.

Erst in den Jahren von 1955 bis 1958 befaßten sich wieder Kapitäne mit den Zugwegen der Wale. Auf Bitten des Amsterdamer Professors E. J. Slijper (235, 236) beobachteten etwa hundert holländische Schiffsoffiziere während dieser Zeit 11 000 Wale. Da die Fracht-, Passagier- und Kriegsschiffe den Walen natürlich nicht weiter folgen konnten, mußte das Wesentliche aus den Einzelmeldungen in jahrelanger Puzzlearbeit zu einem Gesamtbild gerundet werden.

Danach ergibt sich folgendes Bild: Für einen Teil des Jahres verfolgen die Pottwal-Bullen in geschlossener Männergesellschaft einen anderen Kurs als die Trupps der Kühe und Kälber. Im Pazifik vereinigen sich die getrennt Ziehenden offenbar zweimal im Jahr an bestimmten Stellen, die den modernen Walkochereien nicht verraten werden sollen, solange diese die Wale noch mit der totalen Ausrottung bedrohen.

Etwas später zerstreuen sich die Tiere wieder für einige Wochen in kleineren Trupps, in denen nun männliche, weibliche und jugendliche Wale gemeinsam die Ozeane pflügen. Auf dem Marsch legen sie 16 Kilometer in der Stunde zurück. Bei Gefahr aber können sie ihre Muskelmasse, die der von tausend Menschen entspricht, mit 30 Kilometern pro Stunde durch das Wasser peitschen. Herman Melville, der selber auf einem Walfänger gefahren ist, beschreibt sehr eindrucksvoll, wie solch ein Trupp die Sundastraße zwischen Sumatra und Java durchquerte.

Einmal im Jahr aber scheinen sich alle Mitglieder eines »Stammes« zu einer riesigen, lockeren »Volksversammlung« in den sagenhaften »Gründen« der alten Walfänger zu treffen. Ob dies seine Ursache in einer gleichzeitigen Zusammenkunft großer Tintenfisch-Schwärme in der Tiefe oder in einem sozialen Bedürfnis hat, wissen wir noch nicht.

Auch der Finnwal scheint die günstigsten Verbindungswege zwischen Pazifik und Indischem Ozean durch Indonesien hindurch gut zu kennen. Dieser bis zu 25 Meter lange Riese ernährt sich von Kleinkrebsgewimmel der Polarmeere, veranstaltet aber auch reguläre Kesselschlachten gegen Heringsschwärme, in deren zusammengedrängter Masse er mit weit aufgerissenem Maul wie mit einem Fangnetz fischt.

Er wechselt alljährlich vom Bering-Meer zum Indischen Ozean. Amerikanische Wissenschaftler (237) beobachten in jedem Frühjahr Finnwal-Flotten vor der Küste von Kalifornien und Oregon. Die Tiere ziehen nordwärts an der Vancouver-Insel vorbei nach den planktonreichen Polargewässern. Im Herbst sind sie plötzlich wieder da, tändeln ein wenig vor den Küsten Oregons und Kaliforniens und verschwinden dann in den Weiten des Pazifiks.

Ob es tatsächlich dieselben Tiere sind, die einige Wochen später Indonesien passieren, soll jetzt exakt untersucht werden. Es zeigte sich, daß Finnwale das radioaktive Zinkisotop in ihrem Körper speichern. So soll es ihnen jetzt in größeren, noch ungefährlichen Mengen verabreicht werden, in der Hoffnung, daß dann ein Forschungsschiff mit hochempfindlichen Geigerzählern ständig Kontakt halten und den ganzen weltweiten Weg verfolgen kann.

Ebenso wie die großen Meeressäuger unternehmen aber auch die viel kleineren Fische teilweise recht ausgedehnte Seereisen.

Vom Nordsee-Kabeljau (238), der auch unter dem Namen Dorsch bekannt ist, glaubte man bislang, daß er dem Meer, dessen Namen er trägt, zeitlebens treu bliebe. Doch 1962 stellte sich das als Irrtum heraus, als Fischereiforscher die Tiere mit numerierten Metall- und Kunststoffschildern an den Flossen markierten. Gewiß, im Februar versammeln sich die meisten Nordsee-Dorsche nordwestlich der Doggerbank, um dort bis in den April hinein zu laichen und sich dann wieder über die ganze Nordsee auszubreiten. Aber zumindest einzelne Exemplare kreuzen auch den Atlantik, um vor Neufundland zu jagen.

Einen bösen Streich haben Thunfische (239) im Jahre 1956 mitteleuropäischen Fischern gespielt. Nach dem zweiten Weltkrieg tauchten plötzlich große Schwärme dieser Tiere in der Nordsee und am Kattegat auf, und viele Heringsfänger stellten sich auf die Jagd nach dieser kostbaren Beute um. Der Hamburger Professor Meyer-Waarden fand auch heraus, woher der unerwartete Segen kam:

Die bis zu zwei Meter langen Riesenmakrelen ziehen im April und Mai von Marokko und Spanien zunächst nach Sizilien, um dort zu laichen. Dann verlassen sie das Mittelmeer durch die Straße von Gibraltar, ziehen westlich an Irland vorbei, umrunden die Nordspitze Schottlands, gehen wieder auf Kurs Süd und treffen pünktlich zur Heringssaison im Sommer an der Doggerbank ein. Später kehren sie auf demselben Weg wieder ins Mittelmeer zurück.

In manchen Jahren findet aber auch ein transatlantischer »Bevölkerungsaustausch« statt (240). Aus uns noch unklaren Gründen wechseln Thune plötzlich massenweise in ganzen Geburtsjahrgängen von der europäischen zur amerikanischen Atlantikküste oder umgekehrt. Auch im Pazifik scheinen die Thune »Kosmopoliten« zu sein, denn es konnten schon Besuche von Kaliforniern an Japans Küsten nachgewiesen werden.

Aus ebenso unerfindlichen Gründen blieben die Thune seit 1956 in zunehmendem Maße der Nordsee wieder fern. Heute ist die Thunfischerei in diesen Gewässern praktisch zusammengebrochen, und die Fänger bemühen sich wieder um den Hering.

Allerdings geben uns selbst die Heringe noch so manches Rätsel auf. Auch hier gehen die Fangergebnisse seit 1959 im Nordatlantik und in der Nordsee stark zurück, so daß wir um den Bestand dieser Tiere bangen müssen. Eine Ursache ist die rücksichtslose Überfi-

schung mit Hilfe modernster Ortungs-, Fang- und Verarbeitungs-
techniken. Eine zweite Ursache liegt in einem merkwürdigen, etwa
hundertjährigen Verschiebungszyklus der Heringswanderwege.

Über die weiten Reisen des Norweger-Herings berichtet Dr. G.
Hempel (241) vom Hamburger Institut für Fischereibiologie folgendes:

»Durch den Einsatz von Forschungsschiffen, U-Booten und
Flugzeugen und durch Markieren von mehreren hunderttausend
Heringen ist die Wanderung des Norweger-Herings zwischen den
Weidegründen nahe der Polarfront nördlich und östlich von Island
und den über 1000 Kilometer entfernten Laichplätzen an der norwe-
gischen Küste jetzt recht gut erforscht worden.

Nach der Freßperiode im Sommer ziehen sich die Heringe für
mehrere Monate in das kalte Wasser östlich Islands zu einer Winter-
ruhe zurück. Im Januar brechen sie auf und durchqueren den Nord-
ostatlantik, in mehreren hundert Meter Tiefe ostwärts ziehend.
Während sich normalerweise die Heringsschwärme bei Einbruch
der Dunkelheit auflösen, halten sich hier die Heringe auch ohne
Licht zusammen und legen täglich bis zu 40 Seemeilen zurück.«

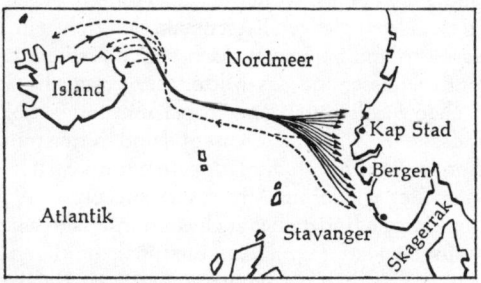

*Bild 87: Die Wanderwege der Norweger-Heringe führen von den Freßplät-
zen bei Island zu den Laichplätzen an der Küste Norwegens. Doch verlagern
sich die Laichplätze nach unbekannten Gesetzen. Zu Ende des vorigen Jahrhunderts lagen sie noch im Skagerrak. Gegenwärtig sind sie nördlich Kap Stad
zu finden. Dieser Zyklus wiederholt sich etwa alle hundert Jahre.*

Dabei ist das Reiseziel seltsamen Veränderungen unterworfen.
Darüber schreibt Dr. Hempel: »Die jetzt zu Ende gehende Fangperiode begann Ende des vorigen Jahrhunderts mit reichen Fängen im
Skagerrak. Im Laufe der Zeit verschoben sich die Laichplätze an der
Südküste Norwegens immer weiter nach Westen und Norden. Nach
dem ersten Weltkrieg verlagerte sich das Schwergewicht des Lai-
chens von der Süd- an die Westküste in das Seegebiet um Stavanger.

Im zweiten Weltkrieg fand es um Bergen herum statt, und jetzt liegt es seit mehreren Jahren an der Küste nördlich von Kap Stad bei Aalesund und Kristiansund. Zugleich mit der räumlichen Verschiebung trat eine Verzögerung des Laichbeginns von Dezember-Januar auf Anfang März ein.«

In früheren Jahrhunderten ist es ganz ähnlich gewesen, wie aus alten Aufzeichnungen hervorgeht. So wagte der norwegische Fischereibiologe F. Devold nach eingehendem historischen Studium eine hoffnungsvolle Vorhersage: Der gegenwärtige Rückgang kündet keineswegs das Ende des Heringsfangs an, sondern den baldigen Beginn einer neuen Blütezeit.

Auch früher sanken die Erträge stark ab, sobald sich die Laichplätze vom Kattegat bis Kap Stad verlagert hatten. »Für einige Jahre brachte dann eine Fischerei auf fette Großheringe im November bei den Lofoten einen gewissen Ausgleich. Die folgenden Notzeiten der norwegischen Heringsfischer wurden erst durch ein neues Aufblühen des Heringsfangs im inneren Skagerrak und an der Südküste beendet, die den Beginn einer neuen Fangperiode bedeuteten.«

Diese Vorhersage aus dem Jahre 1961 sollte katastrophale Folgen haben. Die Fischerei beruhigte sich bei dem Gedanken, daß alles von selber schon wieder gut werden würde und betrieb weiter einen immer schlimmeren Raubbau. Anfang 1975, als man sah, daß sich nichts besserte, begann man die einsetzende Ausrottung des Herings zu ahnen. Man fragte nach dem Fortpflanzungsverhalten und den Laichgewohnheiten dieser Fische und mußte betreten feststellen, daß man noch gar nichts darüber wußte. So wurde die deutsche Unterwasserstation »Helgoland« im Rahmen eines internationalen Forschungsprogramms an die Küste von Neufundland geschickt, um dort die Lebensgewohnheiten in der »Kinderstube« der Heringe zu studieren.

Neben den bereits erwähnten Finnwalen, Dorschen und Thunen sind dies insbesondere die Dornhaie, die weite Wanderungen unternehmen. Der nur etwa einen Meter lange Dornhai ist dem Kunden im Fischgeschäft unter den verkaufsfördernden Decknamen »Seeaal« und »Schillerlocke« bekannt. Doch in keinem Fall müssen Käufer befürchten, durch den Genuß dieses Fisches indirekt zum Menschenfresser zu werden, denn dieser Hai, von dem die Nordsee wimmelt, fällt niemals Badegäste oder Schiffbrüchige an, sondern nur Heringe.

Gleich menschlichen Fischern hat es auch der Dornhai darauf abgesehen, überall zu den betreffenden Heringsmassenauftreten zur Stelle zu sein. Zu diesem Zweck unternimmt er insbesondere an der nordamerikanischen Atlantikküste weite Wanderungen. Wie Professor Walter N. Hess (242) vom Converse College in South Carolina feststellte, schwimmt der Hai jedes Jahr zur Frühlingszeit in Rudeln von oft 1000 Fischen von den Küsten Carolinas und Virginias 2500 Kilometer weit nach Labrador und kehrt im Herbst zu seinem Winterquartier zurück.

Können wir uns heute noch keinen rechten Reim darauf machen, wie Wale die Sundastraße, Thune die Straße von Gibraltar und Heringe ihre Laichplätze finden, so erscheinen uns doch die Reisewege des Aals gegenwärtig noch mysteriöser.

Früher stellte man sich dies noch relativ einfach vor: Der Aal laicht im Sargassomeer, jenem Teil des Atlantiks zwischen den Azoren, den Bermudas und den westindischen Inseln, der voll schwimmender Tangfelder, insbesondere des Sargassum-Tangs ist, der ihm den Namen gegeben hat. Strömungen spielen hier mit dem Tang Kesseltreiben, so daß er nicht davongeschwemmt werden kann und sich teilweise in so dichten Mengen ansammelt, daß Schiffe diese Regionen meiden, um nicht darin steckenzubleiben.

Hier kommen die winzigen Aale zur Welt. Irgendwie brechen sie aus dem Sargassomeer aus und lassen sich dann von Strömungen davontreiben. So gelangt ein Teil nach Amerika und ein anderer Teil, mit dem Golfstrom schwimmend, nach Europa. Für diese 5000 Kilometer lange Reise brauchen die Tiere drei Jahre. Als sieben Zentimeter kleine Glasaale beginnen sie im Frühjahr den Aufstieg in die Flüsse. Über den Rhein erreichen sie in der Schweiz Gebirgshöhen bis zu 3000 Meter.

In diesen Binnengewässern verweilen die Männchen drei bis fünf und die Weibchen neun Jahre. Dann verlassen sie wieder die Flüsse des Kontinents als große, fette, glänzende Silberaale. Und was nun geschieht, darüber streiten sich seit 1959 die Gelehrten heftig, weil es niemand genau weiß. Denn noch kein Mensch hat je den Weg verfolgen können, den die ausgewachsenen Aale im offenen Meer einschlagen.

Zunächst nahm man als selbstverständlich an, daß sie wieder zur Stätte ihrer Geburt ins Sargassomeer zurückkehren, um dort zu laichen und dann zu sterben. Aber diese Ansicht hat einen Haken: Beim Eintritt in das Meer wächst den Aalen der After zu. Das würde bedeuten, daß sie nunmehr, ohne zu fressen, schätzungsweise ein Jahr lang 5000 Kilometer Wegstrecke gegen den Golfstrom ankämpfend zurückzulegen und dabei nur von ihren inneren Fettreserven zu zehren hätten.

Für diese Riesenanstrengung aber reicht der Energievorrat bei weitem nicht aus. Das berechnete 1959 Dr. D. W. Tucker (243). Deshalb meint er, der europäische Aal ginge irgendwo im Meer zugrunde und sei somit »nur ein unfruchtbares Abfallprodukt des amerikanischen Aals«, der das Sargassomeer viel leichter finden und schneller erreichen könne.

Inzwischen entdeckten jedoch Ozeanographen (244), daß unter dem Golfstrom in größerer Tiefe eine Gegenströmung in ost-westlicher Richtung von Europa zum Sargassomeer fließt. Vielleicht hilft diese den Aalen auf der beschwerlichen Reise als »Rückenwind« und als Wegweiser.

Aber selbst wenn das zutreffen sollte, bleibt es immer noch ein Wunder, wie diese Fische das ferne Ziel finden. Man braucht sich nur einmal in die Lage eines Tauchers zu versetzen, der in der Elbmündung auf Tiefe geht und dann monatelang nichts mehr sieht als Wasser ringsumher, etwas hell Flimmerndes über sich und die Finsternis des Abgrundes unter sich. Hinzu kommt die Weltverlorenheit bei Nacht und die Flucht vor Feinden am Tage. Wie soll er da das Sargassomeer finden?

Forschungen aus dem Jahre 1974 machen es wahrscheinlich, daß die Aale ihr fernes Ziel mit Hilfe eines magnetischen Sinnes, eines »inneren Magnetkompasses«, finden.

Schmetterlinge überqueren Weltmeere
Die Wanderflüge der Insekten

Mitten in der Massai-Steppe im afrikanischen Staat Tansania ging es an einem Januartag turbulenter zu als auf dem Münchener Stachus. Die Verkehrsmisere betraf jedoch nicht die Automobilströme des Menschen, sondern Millionenschwärme fliegender Insekten.

Der Augenzeuge Professor Carrington B. Williams (245) schildert das so: »Zunächst glaubte ich an Spiegelungen in der flimmernden Hitze. Rings am Horizont standen drei Staubwolken, obwohl es nahezu windstill war. Im ›Land-Rover‹ fuhr ich der nächsten Wolke entgegen und bemerkte bald, wie es in ihr tausendfach weißlich flatterte. Es handelte sich um einen hundert Meter breiten und mehrere Kilometer langen Schwarm von Catopsilia-Schmetterlingen, der Kurs nach Norden hielt. Wie ein dichtes Schneegestöber umflutete er mich.

Plötzlich sah ich, daß aus Nordosten ein zweiter Riesenschwarm von Schmetterlingen herankam. Es waren Terias-Falter. Fast frontal stießen sie mit dem Schwarm der Wanderweißlinge zusammen.

Wanderschmetterlinge, die auf ihrer Reise Hunderte oder gar Tausende von Kilometern zurücklegen, lassen sich durch nichts von ihrem Kurs ablenken. Häuser, Wälder und Seen werden geradlinig überquert. Lediglich von Gebirgstälern lassen sie sich zusammentrichtern und zur Paßhöhe ablenken. Aber in der freien Steppe macht kein Schwarm Anstalten, dem anderen auszuweichen.

Während ich noch inmitten der lautlos flatternden Massenkarambolage über die möglichen Folgen sinnierte, erfüllte sich die Luft mit einem Schwirren und Surren. Eine Millionen-Armada handgroßer, schmutzigbrauner Wüstenheuschrecken kreuzte mit Kurs Südost direkt durch das Schmetterlingsgewimmel.

Und dann geschah das Unfaßbare: Nämlich gar nichts! Obwohl in jedem der drei Geschwader nur wenige Zentimeter freier Luftraum zwischen den Flugnachbarn eingehalten wurden, flogen die drei Luftflotten an dieser ›Kreuzung ohne Ampelregelung‹ durcheinander hindurch, als wäre überhaupt kein Hindernis vorhanden. Es ereignete sich wohl kein einziger tatsächlicher Zusammenstoß. Nach dem Treffen zog jede Reisegruppe unbeirrt ihren alten Kurs.«

Eine beneidenswerte˛ Fähigkeit der Tiere, durch blitzschnelles Reagieren dem Verkehrspartner aus dem Wege gehen zu können! Auch Zugvögel, die in dichten Schwärmen exerzieren, besitzen sie. In Sekundenschnelle pflanzt sich eine Schwenkung von vorn nach hinten durch Zehntausende von Tieren fort. Es ist zur Zeit noch nicht geklärt, ob dieses Phänomen allein auf ein nahezu verzögerungsfreies Reagieren fortlaufend von »Mann zu Mann« zurückzuführen ist oder ob dabei auch bestimmte Kommandorufe eine Rolle spielen.

Neuerdings gibt es sogar Anhaltspunkte dafür, daß die Vögel luftelektrische Signale aussenden, um sich vom blitzschnellen Kurswechsel in Kenntnis zu setzen.

Auf jeden Fall sind in einem Vogelschwarm noch nie Zusammenstöße, Abstürze, ja nicht einmal taumelnde Unsicherheit beobachtet worden – trotz der hohen Geschwindigkeit, mit der er dahinjagt und seine Manöver ausführt. Eine Schwalbe oder ein Star könnte den Menschen auslachen angesichts einer Massenkarambolage auf der Autobahn.

Das Verkehrsproblem des Menschen liegt biologisch gesehen darin, daß sein Reaktionsvermögen auf Fußgängertempo abgestimmt ist. Fußgänger unter sich brauchen ebensowenig Verkehrsregeln wie Schmetterlinge, Heuschrecken und Vögel – und ebensowenig wie diese stoßen sie zusammen, es sei denn, es »torft« mal einer vor sich hin.

Die biologische Unzulänglichkeit des Autofahrers läßt sich durch Verkehrsregeln ausgleichen, aber, wie jeder weiß, nur unvollkommen. Eine entscheidende Verminderung der Verkehrsunfälle kann daher gar nicht durch Gesetze und Strafen erreicht werden, auch nicht, wenn diese immer drakonischer werden. Der einzige Ausweg aus dem Notstand auf unseren Straßen liegt in künstlichen Sinnesorganen, die mit Schwalbenschnelligkeit reagieren: also in radargesteuerten Bremsen und anderen Hilfsgeräten für den Autofahrer (siehe »Das elektronische Froschauge« auf Seite 28).

Das tierische Verkehrsgewühl in der Massai-Steppe wirft noch eine andere Frage auf: Woher kommen und wohin ziehen die Millionenschwärme der Schmetterlinge?

Erst seit etwa einem Jahrzehnt beginnen Zoologen in der Insektenwelt überraschende Parallelerscheinungen zum Vogelzug näher zu erforschen: Schmetterlinge fliegen 3000 Kilometer weit, Falter und Motten überqueren Weltmeere in riesigen Schwärmen, Schwebfliegen und Moskitos überwinden Gebirgszüge auf Paßstraßen, Marienkäfer und Libellen durchmessen Kontinente!

Über das Mittelmeer hinweg führt in manchen Jahren der Flug der Distelfalter. Professor Williams beobachtete auf einem Schiff 50 Kilometer vor der nordafrikanischen Küste Millionen dieser Tiere, wie sie auf 160 Kilometer breiter, weit aufgelockerter Front mit Kurs Nord flogen. Vermutlich waren es dieselben Tiere, die etwas später beim Überqueren der Alpen gesehen wurden. Die Täler trichterten die lockere Formation zu dichten Kolonnen zusammen. Als sie dann die Ebenen nördlich des Gebirges erreicht hatten, hielt sie eine soziale Anziehungskraft nach wie vor dicht beisammen. So zogen sie in der freien Landschaft am Neuchâteler See immer noch in einer drei bis fünf Meter schmalen, zwei Stunden langen Prozession nach Norden.

In Jahren ungehemmter Massenvermehrung wandern Kohlweißlinge vom Baltikum über die Nordsee in dichtem »Schneegestöber« nach England. Der im tropischen Afrika lebende Totenkopf, ein Nachtfalter mit der seltsamen Eigenschaft, in Bedrängnis quietschende Laute erzeugen zu können, gelangt in manchen Jahren ebenfalls über das Mittelmeer nach Frankreich und Deutschland, nach Schweden und Finnland, manchmal sogar bis nach Island. Wissenschaftler eines englischen Wetterschiffes (246) beobachteten im Seegebiet westlich der Linie Island-Irland einen Millionen-

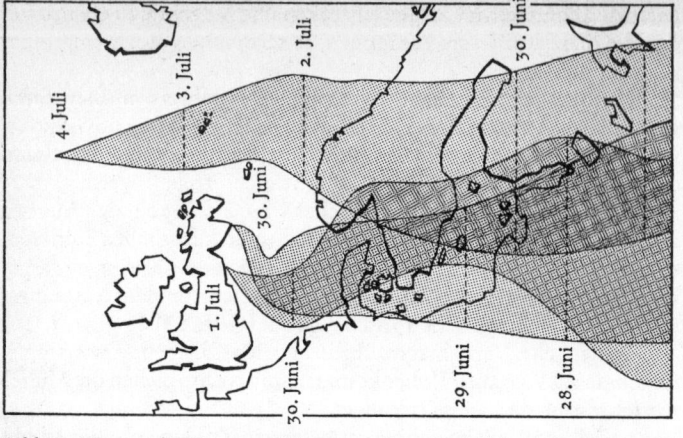

Bild 88: Massenschwärme von Diamantrücken-Nachtfaltern wurden zu den angegebenen Zeiten des Jahres 1958 an zwei Orten der englischen Nordsee-küste und von einem Wetterschiff auf hoher See gesichtet. Die punktierten Flächen bezeichnen die Luftmassen, die die Schmetterlinge mit sich forttru-gen. Wahrscheinlich kamen die Insekten aus dem Gebiet,.in dem sich die drei punktierten Flächen überlappen.

schwarm von winzigen Diamantrücken-Nachtfaltern, der zwei Ta-ge zuvor das 1400 Kilometer entfernte Norwegen im starken Ost-wind verlassen hatte. Ob er Amerika erreicht hat, ist nicht bekannt.

Die großartigste Leistung vollbringt der kastanienbraune nord-amerikanische Monarch-Falter. Er überwintert in Kalifornien, Me-xiko, Louisiana und Florida. Hier sitzen oft Tausende in einem winterschlafähnlichen Halbruhestadium an immer denselben »Schmetterlingsbäumen« und sind dort als Touristensehenswürdig-keit zu bewundern.

Mit Beginn des Frühlings, etwa Ende März, erwachen die Falter aus ihrem Dämmerzustand. Zunächst fliegen sie in kleinen Schwär-men ein wenig umher und gehen auf Nahrungssuche. Nach und nach lösen sich aber einzelne Tiere aus den Verbänden heraus und streichen in nördlicher Richtung ab.

In Jahren mäßiger Bevölkerungsdichte ziehen also nur Einzelgän-ger über den Kontinent, und zwar auf voller Breite vom Atlantik bis zum Pazifik. Zwei Monate später erreichen sie Kanada und die Hudson Bay. Dieser Zug der »Individualisten« wird vom Menschen gar nicht bemerkt. Man sieht ja nur hier und da einen Schmetterling und achtet nicht weiter darauf. Insektenforscher haben die Reisenden aber mit Stempelabdrücken auf der Flügelfläche markiert und konnten durch Wiedereinfangen der Gezeichneten deren Weg genau rekonstruieren.

Hin und wieder gibt es aber auch Zeiten uferlos erscheinender Massenvermehrung. Dann gehen die Monarch-Falter in riesigen Schwärmen auf die weite Reise. Aus dem Jahre 1885 wird berichtet: Ein Schwarm ließ sich bei der Rast im Staat New Jersey südlich von New York auf einem Gebiet von 200 Meter Breite und 3 Kilometer Länge nieder und bedeckte die Zweige aller Bäume dicht an dicht, Flügel neben Flügel.

Ab September kehren die Schmetterlinge wieder in den warmen Süden zurück. Es sind zwar nicht dieselben Tiere, die im Frühjahr nach Norden gezogen waren, aber trotzdem kennen sie in etwa die Heimat ihrer Eltern. Unter den Individuen jedoch, die im Herbst von der Hudson Bay nach Florida fliegen, gibt es – das ist bewiesen – nicht wenige, die nach der Überwinterung im nächsten Frühjahr auf gleichem Wege wieder in den hohen Norden zurückkehren. In ihrem Leben legen sie also eine Strecke von mindestens 4000 Kilometer zurück!

Eine ausgeprägte Tendenz, im Frühjahr nach Norden und im Herbst nach Süden zu fliegen, beobachteten Wissenschaftler ebenfalls beim Admiral, Heufalter, Großen Kohlweißling, Kleinen Postillon, Weißen Kapernfalter und einigen Nachtschwärmern. Unser Wissen über diesen »Vogelzug der Insekten« ist noch recht unvollständig. Immerhin wird aber schon deutlich, daß die geschilderten Wanderflüge keineswegs nur Ausnahme- oder Zufallserscheinungen sind.

Der Anlaß zur anstrengenden und gefahrvollen Reise ist keineswegs Futterknappheit oder ein Unwirtlichwerden des Lebensraumes. Monarch-Falter, Marienkäfer, Schwebfliegen und Nachtfalter starten zum Rückflug in die Winterquartiere schon lange, bevor kaltes Wetter einsetzt. So ähnlich wie bei den Vögeln ist es auch hier ein seltsamer Bewegungsdrang, ein der Art innewohnender Wandertrieb, der die Insekten zum Aufbruch und zum Einhalten einer bestimmten Flugrichtung zwingt. Ein Unterschied zum Zugverhalten der Vögel besteht jedoch: Während die Reiselust der gefiederten Völker von einem »inneren Jahreskalender« an immer den gleichen Tagen im Jahr mit Hilfe von Hormonen entfacht wird, werden viele Schmetterlingsarten nur in Jahren starker Übervölkerung zu Globetrottern. Ähnlich wie bei Heuschrecken oder Lemmingen scheint hier ein Duftstoff oder eine Art psychischer Streß den Wandertrieb auszulösen.

Erste Anhaltspunkte dazu bemerkte Dr. K. Burmann (247) bei Massenflügen des Lärchenwicklers in Tirol: »Bei einem Kontrollfang Ende Juli 1964 im Trentini-Gebiet flogen Hunderttausende von diesen kleinen Nachtfaltern zur 500kerzigen Fanglampe, so daß der Anflug wie ein dichtes Schneegestöber aussah. Am Boden wogte eine zentimeterdicke Schicht von Faltern. Sie waren überwiegend weiblichen Geschlechts und besaßen noch ihren gesamten Eivorrat. Die Weibchen vermeiden instinktmäßig, ihre Eier auf die durch Raupen verwüsteten Lärchenzweige abzulegen, und schließen sich zu Wanderzügen nach unversehrten Lärchengebieten zusammen.«

Aber diese Erklärung reicht nur für das Auslösen des Zugtriebes, allenfalls noch für ein Suchen nach geeigneten Lebensräumen in unmittelbarer Nähe der untauglichen Gegend aus, nicht jedoch für den Trieb, Meere und Kontinente zu überqueren. Das war schon am Beispiel des Monarch-Falters gezeigt worden. Wahrscheinlich müssen wir uns damit abfinden, daß den »sinnlos« weiten Reisen der Tiere etwas »Irrationales« zugrunde liegt. Hier rumort ein Trieb, ein instinktbedingter höherer Zwang, eine »angeborene Fahrkarte«. Sie ist im Leben weltreisender Vögel, Fische und Insekten einfach vorhanden wie Kopf und Beine und drängt die Kreatur mit übermächtig wirkender Gewalt in die Ferne.

Wir können uns nur fragen, wozu dieser Trieb an sich gut ist, denn taugte er zu nichts, so würde er gewiß nicht existieren. Den Schlüssel zum Verstehen dieser Dinge sucht Dr. Johnson bei den Libellen.

Unter den 4500 Arten dieser Ordnung gibt es einige, die ausgesprochen ortstreu sind. Sie wohnen an Flüssen und verteidigen hier sogar ein eigenes Jagdrevier gegen konkurrierende Artgenossen. Ganz anders verhalten sich hingegen die Vagabunden unter den Libellen, die zum Beispiel in den Herbstmonaten zu Tausenden über den 1500 Meter hohen Pyrenäenpaß von Gavarnie nach Spanien ziehen. Sie leben an Tümpeln, also an Gewässern, die hin und wieder einmal austrocknen können.

Ständig seßhafte Libellen könnten solche Tümpel gar nicht besiedeln, da sie die erstbeste Trockenheit ausrotten würde. Ein Suchen nach anderen Tümpeln in nächster Nachbarschaft würde die Not der Tiere kaum lindern, da in einer längeren Dürreperiode auch diese austrocknen. So hilft nur eins: Erst einmal möglichst weit weg von hier über hundert Kilometer oder noch mehr, ohne sich unterwegs mit Suchen aufzuhalten! Dann besteht wenigstens eine gewisse Chance, in eine Gegend zu gelangen, wo Regen die Tümpel gefüllt hält.

Das Entstehen von Libellenarten mit angeborenem Wandertrieb machte es im Laufe der Entwicklungsgeschichte also erst möglich, daß Libellen einen neuen Typ von Lebensraum, eine neue ökologische Nische, besetzen konnten. Ähnliche Vorteile für die Erhaltung der Art mag der Wandertrieb auch den Schmetterlingen bieten.

Für viele Schadinsekten ist übrigens die wechselnde Feldbestellung in der landwirtschaftlichen Monokultur gleichbedeutend mit dem Eintrocknen von Tümpeln. So ist es nicht verwunderlich, daß auch sie ausgesprochene Zuginsekten sind. Mitunter kommen sie buchstäblich über Nacht aus weit entfernten Gebieten, ohne daß wir gegenwärtig Genaueres über die Gesetzmäßigkeiten ihrer Wanderungen wissen.

Bei alledem blieb bisher eine interessante Frage offen: Woher »weiß« der Schmetterling, der im Frühjahr nach Norden ziehen will, wo Norden ist? Wie findet der Alaska-Goldregenpfeifer das ferne Hawaii, und wie navigieren die Wale und Fische auf hoher See? Davon soll im folgenden berichtet werden.

Der Wegweiser zu fernen Reisezielen
Der Sonnenkompaß

Man sollte meinen, ein freies Tier unter Gottes weitem Himmel würde auch von seiner Freiheit Gebrauch machen und nach Lust und Laune einmal hierhin und einmal dorthin laufen, fliegen oder schwimmen. Doch das ist nicht der Fall. Viele Wesen zu Lande, zu Wasser und in der Luft werden von einem allmächtigen Zwang beherrscht, eine bestimmte Richtung, und nur diese, einzuschlagen und einzuhalten.

So ist es mit den Nachtfaltern, die ins Licht schwirren und nicht von ihm lassen können, obwohl sie verbrennen. So ist es mit den Bienen, die im krassen Gegensatz zu ihrer der Dichterphantasie entsprungenen Genossin Maja gerade durch diesen Zwang sicher zum Nektarquell und auch wieder heimwärts geleitet werden. Und so ist es auch bei Wasserflöhen, Kleinkrebsen und Mistkäfern.

Untersucht man diese Dinge genauer, ergeben sich recht merkwürdige Zusammenhänge. Ein Wasserfloh (248) steht zum Beispiel unter dem Zwang, direkt auf eine helle Lichtquelle zuzuschwimmen, in Richtung auf die Sonne bei Tage und auf eine helle Lampe in der Nacht. Wird er nicht abgelenkt – etwa durch eine Aquarien-wand, ein Hindernis, lockendes Futter oder Feinde –, so bleibt ihm keine andere Wahl. Stets muß er dann das Licht mit seinen Facetten-augen so anvisieren, daß es genau von vorn einfällt.

Ein ungestörter Wasserfloh schlägt auf diese Weise inmitten eines Sees im Laufe eines Tages einen Halbkreis. Morgens, wenn die Sonne im Osten aufgeht, schwimmt er in diese Richtung, folgt dann ständig dem Lauf unseres Tagesgestirns und strebt auf diese Weise mittags nach Süden und abends nach Westen.

Dieses Verhalten scheint uns ziemlich sinnlos. Dennoch liegt in der Fähigkeit, die Sonne mit den Facettenaugen fest anzupeilen und einen bestimmten Kurs mit astronomischen Mitteln zu halten, das Fundament zu einem der erstaunlichsten Phänomene animalischen Orientierungsvermögens: dem Sonnenkompaß. Alles, was in dieser Hinsicht den Albatros, die Brieftaube und den Lachs vom kleinen Wasserfloh unterscheidet, sind lediglich Verbesserungen dieses Peil-prinzips. Von ihnen soll jetzt die Rede sein.

Den ersten Fortschritt haben bereits die 2,5 Zentimeter kleinen Glaskrebse der Ordnung *Mysidium* (249) vorzuweisen. Sie sind in der Lage, zwei verschiedene Peilwinkel zur Sonne einzuhalten: di-rekt auf die Sonne zu wie der Wasserfloh und so, daß die Sonne genau im rechten Winkel seitlich vom Tier steht.

Die nächste Entwicklungsstufe stellt nach Ansicht von Dr. Ma-rianne Geisler (250) der für den Zoologen in vieler Hinsicht interes-sante Mistkäfer dar. Er vermag schon drei verschiedene Vorzugs-winkel zur Sonne anzupeilen: o und 90 Grad wie der Glaskrebs und noch eine Zwischenstufe von 45 Grad.

Allerdings steht dem Käfer die Wahl unter diesen drei Kurswin-keln nicht frei. Je nach der Tageszeit wird er von seiner »inneren Uhr« zu diesem oder jenem Winkel gezwungen.

Morgens in der Frühe versetzt eine instinktive Veranlagung das Tier in eine »Stimmung«, in der es die Sonne »am liebsten« genau von vorn sehen will. Also steuert es nach Osten. Etwa gegen 9 Uhr ändert sich diese Stimmung sprunghaft. Jetzt ist der Mistkäfer bestrebt, die Sonne 45 Grad schräg von vorn, und zwar mit dem rechten Auge, zu fixieren. Um die Mittagszeit vergrößert sich der Peilwinkel wieder mit einem Sprung auf 90 Grad. Der Käfer läuft dann also so, daß die Sonne genau rechts querab von ihm steht.

Dann aber springt diese Vorliebe schlagartig vom rechten Auge auf das linke über. Das Tier schwenkt plötzlich auf Gegenkurs. Nachmittags gegen 15 Uhr findet abermals eine Umstimmung statt. Nunmehr hat die Sonne nicht links querab zu stehen, sondern in einem Winkel von 45 Grad schräg von vorn links zu scheinen. Am Abend schließlich gibt es die letzte sprunghafte Kursänderung. Genau wie am frühen Morgen krabbelt der Mistkäfer wieder direkt auf die Sonne zu, also nach Westen.

Steckt man alle diese Kurse auf einer Karte ab, wie es ein Schiffsoffizier auf hoher See tut, sieht man, daß der Käfer vormittags fast gerade nach Osten läuft und nachmittags fast gerade zurück nach Westen. Aber nur fast! Genauere Betrachtung zeigt auch Kurven und Ecken – Kurven, die in der Wanderung der Sonne ihre Ursache haben, und Ecken, die durch die abrupten und groben Kurswechsel entstehen.

Wiederum fragen wir uns vergeblich, wozu dieser Kurszwang, der das Tier in seiner Fortbewegung zum Sklaven der Sonne und der Tageszeit macht, gut sein soll. Auf jeden Fall wird hier schon das Prinzip einer wesentlichen Verbesserung tierischer Orientierungskunst in Umrissen erkennbar: das Berücksichtigen der tageszeitlichen Sonnenwanderung beim Steuern nach dem Sonnenstand. Das ist das entscheidende Übergangsstadium von der winkeltreuen zur kompaßtreuen Orientierung.

Man braucht sich nur vorzustellen, daß die geschilderte Methode noch weiter verfeinert wird: Im Laufe der Entwicklungsgeschichte machten andere Insekten immer öfter am Tag immer kleinere Kurssprünge. Schließlich gab es Insekten, die ihren Kurs etwa alle zehn Minuten nur um 2,5 Grad korrigierten, also um einen Winkel, welcher der Verkantung zweier benachbarter Einzelaugen im Facettenauge (siehe Bild 24, Seite 51) entspricht. Dann ist praktisch ein schnurgerader, nicht vom Sonnenlauf verbogener Kurs garantiert.

Bildlich sieht das etwa so aus: Das Insekt besitzt eine innere Uhr (251). Deren »Stundenzeiger« dreht sich in 24 Stunden einmal herum, also nur halb so schnell wie bei unserer künstlichen Uhr. Nun wählt das Tier, zum Beispiel eine heimfliegende Biene, einen geraden Kurs. Dabei fällt das direkte Sonnenlicht nur in ein einziges von ihren 5000 Einzelaugen. Zunächst braucht die Biene nur so weiterzufliegen, daß die Sonne in diesem Einzelauge bleibt. Nach zehn Minuten ist die Sonne um 2,5 Grad gewandert, der »Zeiger« der inneren Uhr der Biene aber auch. Also visiert das Tier die Sonne jetzt mit dem Nachbarauge an. Dieser Wechsel wiederholt sich alle zehn Minuten. So bleibt der gerade Kurs erhalten.

Dieser Sonnenkompaß ist lebenswichtig für Bienen, Wespen, Hornissen, Hummeln, Ameisen, Libellen und andere Insekten, die von ihren Ausflügen in unbekannte Gegenden wieder heimfinden müssen. Aber auch Wasserläufer, Wolfsspinnen, Strandflöhe und

Laufkäfer benutzen ihn, teilweise sogar, ohne daß wir wissen, warum.

Wenn man zum Beispiel Wasserläufer (252) auf trockenes Land setzt und erschreckt, fliehen sie stets in südlicher Richtung. Ganz gleich, ob diese zu den Wanzen zählenden Tiere aus Nord- oder Westdeutschland stammen, ob sie einen großen See bewohnen oder einen kleinen Tümpel, allesamt kennen sie nur eine Fluchtrichtung: Süden – obwohl es gar nicht gesagt ist, daß das rettende Wasser auch tatsächlich dort liegt!

Sinnvoller scheint uns schon die Kompaßnavigation der Strandflöhe, die Professor L. Pardi (253) an der Universität Florenz studierte. Dieses allen Badegästen wohlbekannte Krebschen ist auch an den Küsten Italiens häufig zu finden. Wird es vom Sturm auf trockenen Sand verweht oder von Wellen ins Meer gespült, befindet es sich in einer mißlichen Lage, denn es kann seinen Lebensraum, die Uferzone, meist nicht aus seiner Erdbodenperspektive sehen. So bleibt dem Strandfloh nur die Orientierung nach der Sonne.

Die Strandflöhe der italienischen Westküste bei Pisa fliehen zum Beispiel stets in westlicher Himmelsrichtung, wenn es ihnen zu trocken, und in östlicher Richtung, wenn es zu naß ist. In ihrer Heimat ist das sehr zweckmäßig, da sie auf diese Weise immer wieder zur mäßig feuchten Uferzone finden. Aber wenn man sie quer durch die Apenninenhalbinsel an die Adria verfrachtet, führt sie dort der sonst rettende Weg gerade ins Verderben. Da hier Küste und Meer in ihrer Ost-West-Lage »verkehrt« liegen, fliehen aufs Wasser Verschlagene immer weiter vom Ufer fort, und auf dem Trockenen Sitzende hüpfen unentwegt weiter ins Innere des Landes, bis sie umkommen.

Da Adria-Strandflöhe nach einer Reise im Zoologengepäck zur Küste des Ligurischen Meeres westlich von Pisa in entsprechender Weise tödlich falsch reagieren, kann man annehmen, daß ortsgebundenen Populationen dieser Tierart der Fluchtkurs angeboren ist.

Starre Instinktreaktionen, die zwar in vielen Situationen ein Überleben ermöglichen, unter veränderten Umweltbedingungen aber in ebenso lächerlicher wie tragischer Weise versagen, sind nur eine Art Intelligenzersatz der Natur überall dort, wo es an hinreichender Hirnmasse mangelt. Ein und dieselbe Handlung kann ein Tier rein instinktiv nur mit wenigen angeborenen Nervenschaltungen ausführen und ein anderes unter Aufbietung seines ganzen Lern- und Anpassungsvermögens, das tausendmal mehr Hirnsubstanz erfordert.

So ist es interessant, auch schon niedere Tiere zu finden, die ihren

Sonnenkompaß und Fluchtkurs veränderten Gegebenheiten anpassen können: die Wolfsspinnen.

Diese Gliederfüßler, die keine Netze bauen, sondern ihre Beute – wie Wölfe! – mit einem gewaltigen Sprung überfallen, wohnen häufig am Ufer von Binnenseen und können ähnlich wie die Wasserläufer auf der Wasseroberfläche hin und her spazieren, um dort Insekten zu jagen.

Bei Gefahr flitzen sie auf kürzestem Wege zum Ufer zurück, wo sie sich unter Steinen oder Gräsern verstecken. Die italienischen Zoologen Dr. F. Papi und Dr. P. Tongiorgi (254) haben diese Wolfsspinnen vom einen Seeufer zum gegenüberliegenden verfrachtet. Im Gegensatz zu den Strandflöhen dauerte es bei den Spinnen aber gar nicht lange, bis sie sich neu orientiert und sich die entgegengesetzte Himmelsrichtung als Fluchtkurs gemerkt hatten.

Dennoch gelang es, sie in anderer Weise zu täuschen. Die beiden Experimentatoren verdeckten die Sonne mit großen Pappschildern und spiegelten sie so »um die Ecke«, daß sie aus der Sicht der Spinnen nicht mehr im Süden, sondern im Norden stand. Prompt rannten die flüchtenden Tiere auf die Weite des Sees hinaus, bis hinter Pappe und Spiegel wieder der wahre Sonnenstand sichtbar wurde. Hier machten die Ausreißer sofort kehrt, eilten zum Ufer, gelangten wieder in den Täuschungsbereich, und so ging das ständig hin und her, bis sie erschöpft waren.

Noch etwas anderes war bei diesem Versuch merkwürdig: Die Wolfsspinnen gerieten in totale Verwirrung, obwohl sie die hohen Bäume am Ufer hätten sehen müssen. Wenn der Himmel bedeckt ist und diesen Tieren die Möglichkeit der Orientierung nach dem Sonnenstand fehlt, steuern sie nämlich ohne Zögern die Silhouette des heimatlichen Ufers an. Demnach scheint der Gebrauch des Sonnenkompasses die Benutzung anderer Peilmarken für das Tier unmöglich zu machen. Hier läßt die Macht der Instinkte noch keinen Spielraum, sinnwidriges Verhalten in sinnvolles zu wandeln.

Die höchste Vollendung findet der Sonnenkompaß im Insektenreich bei Bienen und Ameisen. Auf langer Erkundungsreise bei fortwährendem Zickzack und Umherkurven integrieren diese Tiere alle Kurswinkel und Strecken zur Resultierenden, so daß sie jederzeit genau wissen, wo ihr Zuhause liegt, und geradenwegs heimfinden können. Auf Seite 52 ist diese erstaunliche Fähigkeit schon ausführlich beschrieben worden.

Bei alledem ist eine Tatsache bisher grob mißachtet worden. Insekten peilen nämlich die Sonne mit ihren Facettenaugen in einer Weise an, daß ihnen der tägliche Lauf des Tagesgestirns zwangsläufig in erheblichen Schwankungen erscheinen muß. Dies sei einmal näher erläutert:

Professor Karl v. Frisch (255) fand es heraus, als er prüfen wollte, ob sich Bienen in ihrer Flug- und Tanzrichtung irritieren lassen, wenn man ihnen eine künstliche Sonne in derselben Himmelsrichtung zeigt, in der die natürliche Sonne gerade steht, aber die Höhe über dem Horizont stark verändert. Dabei stellte sich etwas Überraschendes heraus: Es ist für die Biene völlig gleichgültig, ob die Sonne in der Höhe über dem Horizont steht, die der augenblicklichen Tages- und Jahreszeit entspricht, oder um 25 Grad tiefer oder 40 Grad höher.

»Es ist also für die richtige Einstellung der Bienen nach dem Sonnenstand nicht notwendig, daß das Bild der Sonne in dieselben Einzelaugen fällt«, schreibt der Münchner Bienenforscher. »Aber es muß in Einzelaugen fallen, die demselben Höhenkreis angehören. Einzelaugen, die nach derselben Himmelsrichtung blicken, scheinen in ihrer nervösen Ableitung untereinander gekoppelt zu sein.«

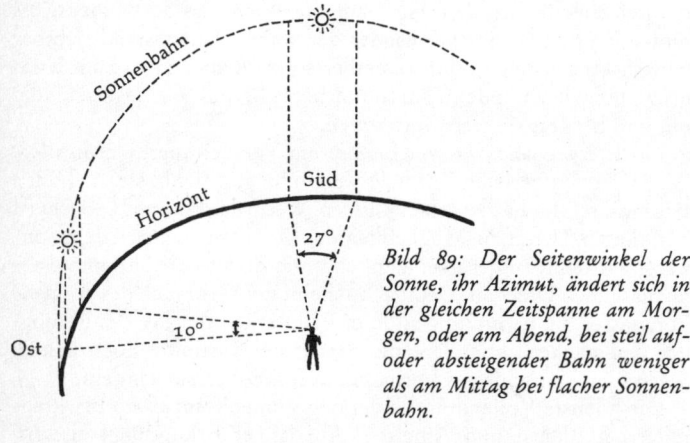

Bild 89: Der Seitenwinkel der Sonne, ihr Azimut, ändert sich in der gleichen Zeitspanne am Morgen, oder am Abend, bei steil auf- oder absteigender Bahn weniger als am Mittag bei flacher Sonnenbahn.

Damit unternimmt die Biene etwas, das vielen Schülern beim Erlernen der sphärischen Geometrie als unnatürlich erscheinen mag: Sie projiziert den Sonnenlauf auf die Horizontalebene. Die Sonnenhöhe ist für das Tier völlig belanglos. Es interessiert sich nur für den Sonnenwinkel in der Horizontalen, den sogenannten Azimutalwinkel, auch kurz als Azimut bezeichnet.

Wenn im europäischen Sommer die Sonne morgens steil in die Höhe steigt, ändert sie ihren Azimut nur wenig. Mittags läuft sie aber nahezu parallel zum Horizont und erreicht dabei ihre höchste Azimutwinkelgeschwindigkeit, die gegen Abend dann wieder langsamer und langsamer wird.

Der Azimut der Sonne wandert also nicht mit der Gleichmäßigkeit eines Uhrzeigers von Ost über Süd nach West. Obendrein verändern sich die täglichen Unterschiede in der Winkelgeschwindigkeit mit der Jahreszeit und der geographischen Breite, in der sich das Tier gerade befindet. Auf der Südhalbkugel der Erde dreht sich die Sonne sogar anders herum gegen den Uhrzeiger von Ost über Nord nach West.

Angesichts dieser komplizierten Umstände sollte man erwarten, daß die kleinen Insekten mit ihrem noch kleineren Hirn unfähig wären, diese sich ständig ändernden Unterschiede bei ihrer Orientierung einzukalkulieren, also beim Berücksichtigen der Tageszeit in bezug auf den Sonnenstand. Es wäre ja denkbar, daß sie diese »Feinheiten« vernachlässigen und so tun, als ändere sich der Azimut der Sonne ebenso gleichmäßig wie ein Uhrzeiger. Bei mehrstündigen Ausflügen summieren sich diese »Feinheiten« aber zu Mißweisungen, die dem Tier die Heimkehr unmöglich machen würden.

In solch lebenswichtigen Fällen vollbringt die Natur auch für die Insekten Wunder. Um es gleich zu sagen: Ameisen und Bienen können die Änderungen der horizontalen Winkelgeschwindigkeit der Sonne in ihre instinktiv ausgeführten Berechnungen erstaunlich genau einbeziehen. Das zeigten Experimente des Freiburger Zoologen Dr. J. Reimann (256):

Eine Gruppe von Ameisen marschierte am 26. Juni 1964 um 11 Uhr mit Brut in Richtung auf ihr Nest. Dabei steuerten die 58 Tiere mit dem Sonnenkompaß, indem sie sich genau 90 Grad rechts von der Sonne hielten. Punkt 11 Uhr wurden sie alle von dem Zoologen in Dunkelhaft genommen. Erst drei Stunden später durften sie in einem Labor weiterlaufen, in dem eine Lampe die Sonne ersetzte.

Jetzt hielten sich die Ameisen nicht mehr 90 Grad rechts von der »Sonne«. Ihre innere Uhr und ihr »Wissen« um die Azimutkurve hatten ihnen gesagt, die Sonne müsse inzwischen um 84 Grad weitergewandert sein. Also hielten sie sich nunmehr nur noch 6 Grad rechts von der »Sonne«. In Wirklichkeit war die Sonne während der drei Stunden um 86 Grad weitergewandert. Der »Rechenfehler« der Ameisen war also mit nur 2 Grad ungefährlich klein.

Die Probe aufs Exempel fand zwei Tage später statt. Eine andere Gruppe von Ameisen desselben Nests wurde ebenfalls genau drei Stunden lang eingesperrt, jedoch nicht um die Mittagszeit, sondern abends von 16 bis 19 Uhr. Wie aus der Azimutkurve in Bild 90

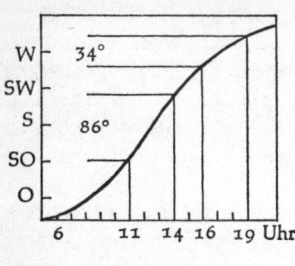

abgelesen werden kann, änderte sich in dieser Zeit der Sonnenstand nur um 34 Grad – ein Riesenunterschied zu den 86 Grad am Mittag!

Was würden nun die 47 inhaftierten Ameisen tun? Sie verminderten ihren Kurswinkel rechts von der Sonne um 39 Grad! Mit dieser noch durchaus genügenden Kompensation bewiesen sie, daß sie sehr gut »wissen«, um wieviel sich der Sonnenazimut mittags schneller ändert als abends.

Nun ging der Freiburger Forscher daran, für seine Ameisen ein reguläres »Sonnenplanetarium« zu konstruieren. Eine 500-Watt-Glühbirne konnte hier auf beliebigen kreisförmigen Umlaufbahnen bewegt werden, um einmal Herbst oder hohen Norden und bald darauf Hochsommer oder tropische Breiten vorzutäuschen.

Es zeigte sich, daß die Ameisen jede nur mögliche Sonnenbahn sehr schnell erlernten und mit großer Genauigkeit bei ihrer Kursbestimmung in Rechnung stellten. Sogar als Dr. Reimann die Kunstsonne entgegengesetzt umlaufen ließ, so daß sie in höchst unnatürlicher Weise im Westen auf- und im Osten unterging, lernten die Tiere sehr schnell, sie als Orientierungshilfe zu gebrauchen.

Um diese Leistung der Ameisen richtig zu würdigen, stelle man sich nur einmal vor, welche Konfusion unter den Nautikern in der Hochseeschiffahrt des Menschen ausbrechen würde, wenn die Sonne plötzlich im Westen auf- und im Osten unterginge und alle Tabellen und Handbücher nicht mehr stimmten! Das kleine Insekt aber verkraftet diese Umstellung in ein paar Stunden.

Es scheint sich bei diesem Orientierungsvermögen also um echte Lernvorgänge und nicht ausschließlich um automatische Instinktreaktionen zu handeln.

Voll Stolz zeigte eine Firma, die elektronische Rechenanlagen herstellt, im Jahre 1964 einen Ferritring-Magnetspeicher, der so klein war, daß man ihn einer Ameise über den Fühler hängen konnte. Eine Meisterleistung der Menschentechnik, gewiß – aber was vollbringt nicht alles das noch winzigere Ameisenhirn an Rechenkünsten!

Der Bienenhimmel ist gemustert
Die Wahrnehmung polarisierten Lichts

Klarer, wolkenloser Taghimmel sieht für die Biene nicht gleichmäßig blau aus. Vielmehr erscheint er ihrem Facettenauge über und über mit hell-dunklen Mustern überzogen. Das sind keineswegs optische Täuschungen, sondern Realitäten, die uns entgehen: von über 2000 Einzelaugen registrierte Schwingungsrichtungen polarisierten Himmelslichts.

Was ist polarisiertes Licht? Lichtstrahlen sind Schwingungen wie die Wellen des Meeres. Nur schwingen sie nicht wie das Wasser ausschließlich in einer Richtung (hinauf und herunter), sondern in allen möglichen Richtungen quer zum Strahl. Das ändert sich, sobald Licht an glänzenden Flächen reflektiert oder an den Luftmolekülen der Erdatmosphäre gestreut wird. Dann schwingt es nur noch in etwa einer Richtung – wie die Wellen des Meeres. Es ist polarisiert.

Das Sonnenlicht, das auf direktem Wege zu uns kommt, ist also nicht polarisiert, wohl aber das Streulicht, das Himmelsblau. Wie aus Bild 91 zu ersehen ist, hat jeder Himmelspunkt eine andere Schwingungsrichtung, die sich zudem im Laufe des Tages ständig dem Sonnenstand entsprechend ändert.

Beim Betrachten des Bildes 91 könnte einem der Verdacht kommen, die erwähnten Hell-Dunkel-Muster überzögen den Himmel als abwechselnd helle und dunkle Streifen, als eine Art Höhenlinienfeld wie auf der Landkarte eines Berges. Der Berggipfel sei dann die – unpolarisierte! – Sonne. Diese Hypothese ist sehr verlockend, anschaulich und einleuchtend. Jedoch, ob die Biene das Hell-Dunkel tatsächlich zu solchen »Sonnenhöhenlinien« kombiniert, ist reine Spekulation. Sprechen wir vorsichtigerweise also lieber von hell-dunklen Mustern. Wie diese für die Biene aussehen, wissen wir noch nicht.

Das Wahrnehmen dieser himmlischen Polarisationsmuster ist für

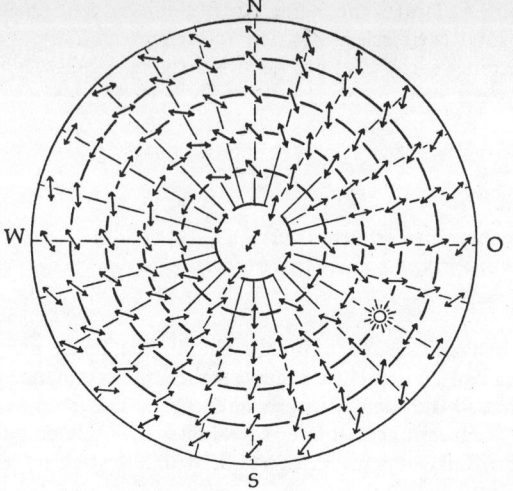

Bild 91: Die Polarisation des Himmelslichtes gegen 10 Uhr vormittags. Die Doppelpfeile zeigen die Schwingungsrichtung an. Mit dem Lauf der Sonne ändert sich das Muster in charakteristischer Weise. Insekten kennen diese Zusammenhänge und vermögen daraus den Sonnenstand zu berechnen, auch wenn die Sonne hinter Wolken verborgen ist.

die Biene von ebenso lebenswichtiger Bedeutung wie der Sonnenkompaß. Denn in Mitteleuropa ist die Sonne allzu oft hinter Wolken verborgen, und es wäre für die Sammlerin fatal, wenn jedes sonnenverdeckende Wölkchen sofort jegliche Orientierung zunichte machen würde. So benutzen die Insekten noch zwei andere Anhaltspunkte.

Der eine ist das Ultraviolettlicht der Sonne, das noch durch mäßig dicke Wolken dringt. Wenn der Mensch schon längst nicht mehr den Sonnenstand feststellen kann, sieht die Biene unser Tagesgestirn immer noch etwa so, wie wir es durch leichten Dunst oder einen dünnen Hochnebelschleier erkennen: als verschwommene Aufhellung. Auf Seite 71 ist das schon eingehend beschrieben worden.

Durch eine dicke Haufenwolke dringt aber auch das Ultraviolett der Sonne nicht mehr hindurch. So ist noch ein zweiter Hilfssinn vonnöten. Schon im Jahre 1948 stellte Professor Karl v. Frisch (257) fest, daß den Bienen ein beliebiger Fleck blauen Himmels mit einem Durchmesser von nur 20 bis 30 Vollmondscheiben zum Zurechtfinden vollauf genügt.

Das war zunächst eine recht mysteriös scheinende Entdeckung, weil wir nicht begreifen können, was an einem Stückchen blauen Himmel wegweisend sein soll. Andere Forscher meinten schon, Insekten hätten die Fähigkeit, Sterne bei Tage erkennen und sich danach orientieren zu können. Profunde physikalische Kenntnisse führten den Münchner Zoologen aber schon von Anfang an zu dem Verdacht, daß der Wegweiser und Sonnenersatz nur das polarisierte Himmelslicht sein könne, dessen Schwingungsrichtung die Bienen offenbar irgendwie wahrzunehmen vermögen.

Als die amerikanische Industrie nach dem Zweiten Weltkrieg Polarisationsfolien als Blendschutz für Autofahrer herstellte, war die Zeit für eine Reihe erregender Versuche gekommen. Karl v. Frisch kippte einen Experimentierstock auf die Seite, so daß die Bienen auf waagerechter Wabe tanzen mußten. Dabei bekamen sie durch ein fernrohrartig montiertes Ofenrohr ein Stück blauen Himmel zu sehen. In diesem Fall weisen erfolgreich heimgekehrte Sammlerinnen beim Schwänzeltanz mit der geradlinig durchlaufenen »Zeigestrecke« immer genau die Richtung auf das soeben besuchte Blütenfeld.

Dann legte der Forscher über die obere Öffnung des Ofenrohres eine Polarisationsfolie und richtete sie so aus, daß sie nur Licht in der Schwingungsrichtung hindurchließ, die für die Bienen im Stock auch schon ohne Folie durch das Rohr hindurch am Himmel zu sehen gewesen war. Praktisch änderte sich für die Bienen also gar nichts, und so wiesen sie mit ihrer Zeigestrecke weiterhin direkt auf das Nektarziel.

Als der Zoologe daraufhin aber die Folie vor dem Rohr verdrehte und damit auch die Polarisationsrichtung des in den Stock einfallenden Lichts, wendeten sich die tanzenden Bienen beim Durchlaufen der Zeigestrecke wie Marionetten in gleicher Drehrichtung um etwa denselben Winkel zur Seite. Sie zeigten also in eine falsche Richtung, die aber, nach dem polarisierten Licht zu urteilen, eigentlich die richtige hätte sein müssen.

Durch Folie und Ofenrohr kann man den Bienen im Stock jede beliebige Polarisationsrichtung zeigen. Stets richten sie die Zeigelinie ihres Schwänzeltanzes in sinnvoller Weise danach aus. Aus der Lichtpolarisation schließen die kleinen Insekten auf den derzeitigen Stand der unsichtbaren Sonne. Und nach diesem »theoretisch« bestimmten Bezugspunkt steuern sie dann. Man müßte es für eine Lüge halten, wenn nicht zahllose Experimente es zweifelsfrei bewiesen hätten!

Zeigt man den Bienen eine Polarisationsrichtung, die zur augenblicklichen Tageszeit am natürlichen Himmel gar nicht vorhanden ist, sind die Tänzerinnen völlig verwirrt und desorientiert. Einige Stunden später aber, wenn die betreffende Polarisationsrichtung am Himmel auftaucht, berechnen die Tiere sofort den zugehörigen Sonnenstand daraus und tanzen wieder gerichtet. Folglich müssen sie auch eine Art Vorstellung davon besitzen, welche Muster zur jeweiligen Tageszeit den Himmel zieren.

Angesichts einer Polarisationsrichtung, die derzeit an zwei verschiedenen Stellen des Himmels herrscht, werden die Bienen im Experiment »schizophren«: Da zwei verschiedene Sonnenstände zu der einen Polarisationsrichtung passen, weisen die Tänze der Tiere im ständigen Wechsel in zwei unterschiedliche Richtungen.

Im normalen Bienenleben kann dieser Fall der Zweideutigkeit eines einzigen gerade sichtbaren Himmelsflecks auch vorkommen. Eine erfahrene Sammlerin wird auf ihrem Flug dadurch jedoch keineswegs »schizophren«. Bekannte Landmarken wie Bäume, Häuser, Straßen ermöglichen ihr sofort die richtige Entscheidung zwischen den zwei möglichen Kursen.

Um es noch einmal zusammenzufassen: Dies alles bedeutet nichts Geringeres, als daß die Biene von morgens früh bis abends spät zu jedem Sonnenstand das zugehörige Polarisationsmuster am Himmel kennt. Durch diese Vorstellungskopplung zweier voneinander abhängiger Erscheinungen bleibt in jedem Fall die Sonne der Bezugspunkt ihrer gesamten Orientierungskünste, ganz gleich, ob sie direkt angepeilt werden kann oder ob ihre Position aus Indizien ermittelt werden muß.

Diese uns unbegreifliche Sinnesleistung des Wahrnehmens polarisierten Lichts wurde inzwischen auch bei zahlreichen anderen Tierarten nachgewiesen: bei Wespen, Hummeln, Ameisen, Fliegen,

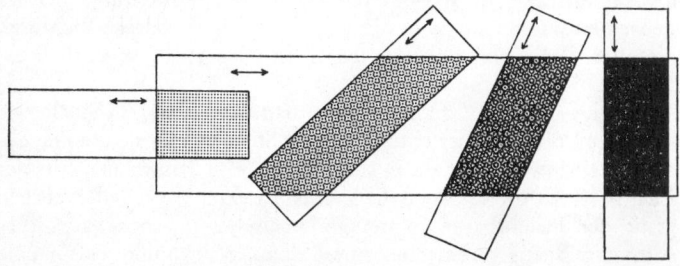

Bild 92: Ein »Wasserhahn« für Licht. Legt man zwei Polarisationsfolien übereinander, lassen sie das meiste Licht hindurch, wenn beide Polarisationsrichtungen (Doppelpfeile) übereinstimmen. Mit zunehmender Verdrehung wird der Lichtdurchlaß mehr und mehr gedrosselt.

Schmetterlingsraupen, Laufkäfern, Wasserläufern, Wasserflöhen, Trichterspinnen, Kraken und Tintenfischen. Bei letzteren ist es besonders bemerkenswert, weil diese Weichtiere keine Facetten- oder Punktaugen besitzen, sondern Kameraaugen, die den unseren ähneln.

Welche »Technik« verleiht den Tieren diese außergewöhnliche Fähigkeit? Der erste Verdacht richtete sich auf die Linsen. Jedes der 2500 Einzelaugen des Bienenfacettenauges besitzt eine Linse. Polarisiert diese vielleicht das Licht in gleicher Weise wie die Folie vor dem Ofenrohr? Dann könnte sie als eine Art »Wasserhahn« für Licht wirken: maximaler Lichtdurchlaß bei Übereinstimmen der Polarisationsrichtungen des einfallenden Himmelslichts und der Linse – steigende Drosselung bei zunehmender Abweichung.

Wenn man eine Polaroid-Sonnenbrille besitzt, kann man sich davon überzeugen. Man betrachtet ein Stück blauen Himmel durch das Brillenglas und verdreht es dabei. Immer dann, wenn der Himmel am dunkelsten erscheint, stehen die Polarisationsrichtungen des Himmelslichts und des Glases senkrecht zueinander. So kann man grob das Schema von Bild 91 gewinnen.

Und so könnte es auch die Biene machen. Doch die Experimente

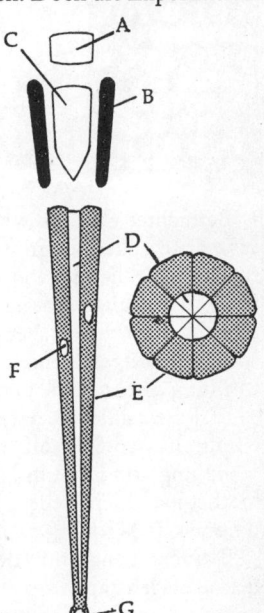

Bild 93: Ein Einzelauge aus dem Facetten-auge eines Insekts im Längsschnitt (links) und im Querschnitt (rechts). Das Licht fällt durch die Linse (A) und den durch einen Pigmentmantel (B) lichtdicht gegen die Nachbaraugen abgeschirmten Kristallkegel (C) in die Sehstäbe (D), die von den Sehzellen (E) mit dem Zellkern (F) umhüllt werden. Von der unteren Spitze laufen Nervenfasern (G) zu verschiedenen Umschaltstellen.

Karl v. Frischs ergaben einwandfrei, daß die Linsen des Facettenauges (wie auch die darunter liegenden lichtdurchlässigen Kristallkegel) nicht die geringste Spur einer Polarisation zeigen.

Wir müssen also den Strahlengang im Bienenauge noch weiter verfolgen. Nach Durchdringen der Linse fällt das Licht in einen tiefen, engen Schacht. Hier hat die Natur die Erfindung der Glasfaseroptik schon vorweggenommen: Das Licht wird in acht parallelen glasähnlichen Sehstäben bis auf den Grund des Schachtes geleitet. Rings um diese Lichtleiter schließt sich ein Rosettenkranz von acht ebenso langen, aber erheblich dickeren Sehzellen – und zwar so, daß zu jedem Sehstab eine Sehzelle gehört.

Liegt hier der so lange gesuchte Apparat zum Erkennen polarisierten Lichts? Die entscheidende Entdeckung gelang 1957 den Amerikanern Dr. T. H. Goldsmith und Dr. D. E. Philpott (258) mit Hilfe der Elektronenmikroskopie.

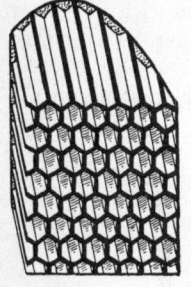

Bild 94: Kleiner Ausschnitt aus einem Sehstab. Die winzigen Röhrchen, die nur im Elektronenmikroskop sichtbar werden, liegen senkrecht zur Durchgangsrichtung des Lichts.

Betrachtet man die winzigen glasähnlichen Sehstäbe bei 25 000- bis 50000facher Vergrößerung, werden eigenartige Strukturen offenbar. Der lichtleitende Sehstab erscheint als »Weinflaschengestell«. Unzählige glasähnliche Röhrchen, von denen jedes einen Durchmesser von nur 60 millionstel Millimetern hat, sind im Sehstab quer aufgeschichtet, und zwar exakt so, daß sie alle mit einer Öffnung direkt in die zugehörige Sehzelle führen.

In diese zahllosen, parallel liegenden Mikroröhrchen ist ein lichtempfindlicher Sehstoff eingelagert, der wahrscheinlich die Umwandlung von Licht in Nervenerregung besorgt. Offenbar können hierbei jene Lichtwellen, die in Richtung der Röhrchen schwingen, die stärkste Wirkung entfalten.

Betrachtet man nun den Querschnitt durch ein Einzelauge mit den acht Sehstäben, so sieht man, daß die Röhrchenschichtung in diesen unterschiedlich ausgerichtet ist (259). In zwei Nachbarsehstä-

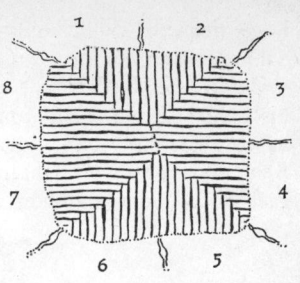

Bild 95: Querschnitt durch die acht Sehstäbe im Einzelauge einer Honigbiene. Die Röhrchen entspringen aus den umgebenden numerierten acht Sehzellen. In je zwei benachbarten Sehstäben sind die Röhrchen gleich ausgerichtet, und zwar im gleichen Sinne wie in den beiden gegenüberliegenden.

ben liegen sie parallel, in den nächsten beiden rechtwinklig dazu und so weiter. Hieraus können wir folgendes schließen: Schwingt einfallendes polarisiertes Himmelslicht in Richtung einer Röhrchenschichtung, so werden die zugehörigen vier Sehzellen maximal, die übrigen vier minimal erregt. Ein Teil der Zellen sieht also »hell«, der andere »dunkel«. Das dürfte zur Groberkennung der Polarisationsrichtung ausreichen. Eine Feinbestimmung wird dann offenbar durch das Zusammenwirken vieler benachbarter Einzelaugen erreicht. Vielleicht liegt hierin der tiefere Sinn jener mathematisch exakten Ordnung, die uns auf Großfotos von Facettenaugen immer wieder so begeistert.

Das also ist die ganz natürliche Erklärung jenes »übersinnlichen« Sinnes.

Das Rätsel der Brieftauben
Die astronomische Navigation der Vögel

Jedes Jahr im Herbst ziehen große Schwärme von Staren, aus Südfinnland, Südschweden, dem Baltikum und Dänemark kommend, durch Holland, um in Nordfrankreich, Südengland und Südirland zu überwintern. Mit einem Teil dieser Reisenden startete Dr. A. C. Perdeck (260) einen imponierenden Großversuch.

In der Umgebung von Den Haag fing er nicht weniger als 11 000 Durchzügler, beringte sie und verfrachtete sie 600 Kilometer weit nach Südsüdosten in die Schweiz. Zwischen Genf, Zürich und Basel wurden sie freigelassen. Wie mochten sie nun weiterfliegen? In der gewohnten Himmelsrichtung nach Südwesten, oder waren sie in der

Lage, den unfreiwilligen Transport zu bemerken und Gegenmaß-
nahmen zu ergreifen?

Zahlreiche Wiederfunde von markierten Staren gaben eine überraschende Antwort: Alle Jungvögel, die erst während der vergangenen Monate im Ostseeraum aus dem Ei geschlüpft waren, die große
Reise noch nie zuvor in ihrem kurzen Leben gemacht hatten und das
Ziel noch nicht kannten, flogen nach Südwesten, also parallel

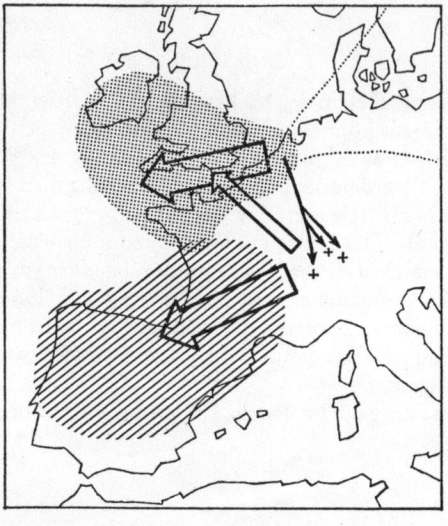

*Bild 96: Zwischenfall auf der Reise. Wissenschaftler fingen in Holland 11 000
Stare, die auf ihrem Herbstzug vom Ostseeraum nach ihrem Überwinte-
rungsgebiet (gepunktet Fläche) zwischenlandeten, und brachten sie in die
Schweiz. Nach ihrer Freilassung zogen unerfahrene Jungstare in der alten
Zugrichtung weiter und besiedelten das schraffierte Gebiet. Nur erfahrene
Stare, die die Reise schon einmal oder mehrere Male unternommen hatten,
bemerkten den Betrug und änderten in einem Akt verblüffender Navigation
ihren Reisekurs so, daß sie zu den angestammten Plätzen kamen.*

zum Kurs ihrer den holländischen Fangnetzen entgangenen Artgenossen. Offenbar ist ihnen die Information über die Zugrichtung
angeboren. Freilich gelangten sie nunmehr in Gebiete, die Ostsee-
staren bislang fremd waren: nach Spanien und Portugal.

Ganz anders verhielten sich jedoch die älteren Stare, die in den
Vorjahren schon Reiseerfahrungen gesammelt hatten. Die meisten
von ihnen flogen nach Nordwesten und erreichten auf diesem für sie

ganz und gar ungewöhnlichen Kurs ihre angestammten Winterquartiere in Nordfrankreich und Südengland.

»Wir haben es hier also mit zwei verschiedenen Orientierungsweisen zu tun«, schreibt der Göttinger Zoologe Dr. Klaus Schmidt-Koenig (261) zu diesen Experimenten. »Der Jungstar bringt für seinen ersten Herbstzug offenbar lediglich eine Information über die Richtung mit, in der er wegziehen muß, sowie die Fähigkeit, diese Richtung mittels eines Orientierungsmechanismus einzuhalten. Wir nennen diese Fähigkeit Richtungs- oder Kompaßorientierung. Der Altvogel besitzt dagegen die Fähigkeit zu navigieren.«

Navigation ist die Kunst, den gegenwärtigen Aufenthaltsort zu bestimmen und den Kurs einzuschlagen, der von hier nach einem erwünschten Ziel führt. Navigation muß immer dann betrieben werden, wenn das Ziel selbst nicht gesehen, gehört, gerochen oder auf andere direkte Weise wahrgenommen werden kann.

Tiere und Menschen können mit mehreren, grundsätzlich verschiedenen Methoden navigieren: nach bekannten Landmarken wie Leuchttürmen, Seezeichen, Kirchen, Bäumen, Straßen, Küsten, Flußläufen, Gebirgsketten, also terrestrisch, nach dem Stand von Sonne, Mond und Sternen, also astronomisch, sowie nach Magnetfeldern und mit Trägheitskräften.

Doch vor der Anwendung wissenschaftlicher Erkenntnisse schnitt der Mensch hierbei im Vergleich zum Tier recht kläglich ab. Bis ins 13. Jahrhundert hinein wagten sich die Seefahrer kaum außerhalb der Sichtweite der Küste. Die Erfindung des Magnetkompasses erlaubte unter anderem Kolumbus, einen geraden Kurs auf hoher See zu halten. Aber hätte man ihn mitten auf dem Atlantik gefragt, wo genau er sich befinde, wäre er die Antwort schuldig geblieben. Genauso wie die unerfahrenen Jungstare benutzte er lediglich die Richtungs- oder Kompaßorientierung. Deshalb landeten auch alle nachfolgenden Entdecker, von Winden und Meeresströmungen abgetrieben, einmal hier und einmal dort in der Neuen Welt.

Erst als um 1730 der Spiegelsextant zum Bestimmen des genauen Sonnenstandes in der Schiffahrt eingeführt und eine genau gehende Borduhr, das Chronometer, entwickelt wurde, war der Mensch zu derselben Leistung fähig, die jene erfahrenen Altstare vollbrachten, als sie, von »widrigen Wissenschaftlern abgetrieben«, dennoch ihr Reiseziel fanden. Von da an konnten auch menschliche Seefahrer bei klarem Himmel jederzeit ihre augenblickliche Position errechnen und den Hafen von New York, die Insel Kuba oder Rio de Janeiro anlaufen, ohne an den Küsten umherzusuchen.

Seither betreiben Menschen wie Zugvögel und Insekten gleichermaßen astronomische und terrestrische Navigation, je nach der Situation, in der sie sich befinden. Wie sich der Kapitän eines Passagierschiffes auf hoher See nach den Gestirnen, angesichts der Küste beim Einlaufen in einen Hafen aber nach Landmarken orientiert, so verfahren auch Vögel und Bienen.

Auf großen Strecken der Reise orientieren sich die Zugvögel astronomisch, in der Nähe des ihnen bekannten Zieles aber nach Landmarken. Das Wiedererkennen des heimatlichen Luftbildes sollte man aber nicht überschätzen. Viele gefiederte Weltreisende, etwa das Rotkehlchen, ziehen ja nur während der Nacht. Und plötzlich, an einem Frühlingsmorgen, sind sie dann in demselben Garten, in dem sie schon im Vorjahr gebrütet haben. Die astronomische Orientierung muß sie also erstaunlich nah ans Ziel geführt haben.

Andererseits korrigieren die Globetrotter auch oft schon unterwegs ihren astronomisch ausgerichteten, geradlinigen Zugkurs nach Anhaltspunkten auf dem Lande. Es scheint zum Beispiel sicher zu sein, schreibt Professor Hans Freiherr Geyr von Schweppenburg (262), daß Tagzieher, die im Frühjahr über Westafrika nordwärts fliegen, durch die nach Nordosten schwenkende Küstenlinie von ihrem Nordkurs so lange abgedrängt werden, bis der Felsen von Gibraltar in Sicht kommt. Dann erst setzen sie vom einen Kontinent zum anderen über.

Auch die vielen amerikanischen Bussarde, die alljährlich zweimal die Landenge von Mittelamerika passieren, weichen vom geraden Kurs ab und folgen dem pazifischen Rand der Sierra Madre. Offensichtlich tun sie dies, um die thermischen Aufwinde des Gebirges zum bequemen und kräftesparenden Segel- und Gleitflug ausnutzen zu können.

Diese gut sichtbaren Oberflächengestaltungen der Erde, die den Vogel in der Wahl seines Zugweges beeinflussen, die ihn gewissermaßen leiten, nennt man in der Fachsprache Leitlinien.

Auch Flüsse gehören dazu. So kann man Anfang Juli bei Hannoversch Münden Lachmöven beobachten, die die Werra abwärts fliegen und dann der Weser weiter nach Norden folgen. Auf diese Weise finden sie mit Sicherheit ihr Ziel: die südliche Nordsee. Graugänse scheinen sogar reguläre Traditionswege zu benutzen. Führende Vogelforscher zweifeln nicht, daß sie jeden Rastplatz auf der langen Strecke genau kennen. Das Wissen um diese Dinge vermitteln die Gänse offenbar nachfolgenden Generationen, und so bürgert sich bei ihnen diejenige Reiseroute ein, die aus Erfahrung am gefahrlosesten ist.

Dieselbe Erscheinung kann man auch bei Bienen beobachten. Vom Stock zu einem ertragreichen Nektarfeld führt bald eine richtige kleine Luftbrücke. Anfangs halten die Insekten nach dem Sonnenkompaß einen schnurgeraden Kurs auf kürzester Luftlinie. Bei wiederholten Flügen auf gleichem Weg weichen sie aber bald davon ab, weil sie links oder rechts markante Punkte im Gelände, einen einzeln stehenden Baum, einen Zaun, ein Gehöft, ansteuern und dann viel lieber nach diesen bekannten Landzeichen steuern als nach dem Stand der Sonne.

Doch zurück zur astronomischen Navigation, die so ungeheuer viel schwieriger ist als die einfache Kompaßorientierung. Hierzu muß das Tier, zum Beispiel ein erfahrener Star oder eine Brieftaube, dreierlei kennen: den gegenwärtigen Standort, die Position des Zieles und die geographische Lage beider Punkte zueinander. Das bedeutet, zum Kompaß muß noch die Fähigkeit der Ortsbestimmung und eine Art Landkartenvorstellung kommen. Das ist das berühmte »Karte-Kompaß«-Konzept des 1960 tödlich verunglückten deutschen Zoologen Dr. Gustav Kramer (263).

Wie führt der Vogel solch eine Ortsbestimmung durch? Es sei angemerkt, daß der Mensch dieses Kunststück nur mit Hilfe eines Präzisionssextanten, einer auf die Sekunde richtig gehenden Uhr und der sphärischen Trigonometrie vollbringen kann und daß trotzdem ein geübter Nautiker mit vorgedruckten Rechenformularen und Tabellen etwa zwanzig Minuten braucht, bis er die Position seines Schiffes ermittelt hat. Von Brieftauben weiß man hingegen, daß sie sich innerhalb weniger Sekunden nach dem Auflassen schon über den Ort, an dem sie sich befinden, im klaren sind.

Fragen wir also noch einmal: Wie führt der Vogel solch eine Ortsbestimmung durch? Und wieder müssen wir ganz bescheiden werden und sagen: Wir wissen es noch nicht. Zwar kennen wir gerade auf diesem Gebiet eine Fülle frappanter Tatsachen, aber wir können sie uns noch nicht recht zusammenreimen. So wird das Kommende ein Abschnitt der Irrungen sein.

Jedes Kind weiß, daß eine flugerfahrene Brieftaube aus fremden Gegenden mit großer Wahrscheinlichkeit wieder zum heimatlichen Schlag zurückfindet. Merkt sie sich vielleicht während der Verfrachtung den Weg? Um dies auszuschließen, transportierte man sie in abgedunkelten Käfigen, unternahm labyrinthische Stadtrundfahrten, ja, man setzte sie sogar unterwegs auf eine Scheibe und ließ sie unentwegt rotieren, um sie total zu verwirren. Es half alles nichts. Die meisten Tauben fanden trotzdem wieder nach Haus. Sie müssen die Ortsbestimmung also tatsächlich erst während des Auflassens vorgenommen haben.

Noch mysteriöser wurden die Dinge durch eine Versuchsserie Gustav Kramers. Dr. Hans Löhrl (264) von der Vogelwarte Radolfzell schildert sie so: Es wurden große Volièren errichtet, in denen völlig flugunerfahrene Jungtauben nur ein wenig hin- und herfliegen konnten. Rundflüge zum Kennenlernen der näheren Umgebung waren ihnen nicht möglich. So konnten sie nicht mehr von der Welt sehen, als der Blick vom Käfig aus gestattete. Ja, sie durften nicht einmal ihren Käfig von außen sehen.

Dann verfrachtete der Wilhelmshavener Zoologe alle Tauben zu ihrem ersten Flug gleich 150 Kilometer weit südlich nach Osnabrück. Überraschenderweise fand eine ganze Reihe dieser Anfänger nicht nur grob die Heimatrichtung, sondern landete direkt auf dem Dach der Volière! Diese Brieftauben hatten also eindeutig ihren Heimateindruck ausschließlich vom Käfig aus in sich aufgenommen.

Die Frage war nun: Was muß die Taube alles sehen, um den geographischen Standort der Heimat zu erfassen?

Im zweiten Experiment schränkte Gustav Kramer daher das Gesichtsfeld anderer, ebenfalls flugunerfahrener Jungtauben noch mehr ein. Er umstellte die Volière mit hohen Palisaden, die den Insassen auch die Sicht auf die erdgebundene Umgebung und den Horizont nahmen und nur den Himmel unverdeckt ließen. Nachdem auch diese Brieftauben 150 Kilometer weit südlich nach Osnabrück befördert worden waren, zeigte sich, daß keine einzige zum heimatlichen Wilhelmshaven zurückfand. Die Tiere waren nach dem Auflassen völlig desorientiert. Die Orte, an denen sie wiedergefunden wurden, lagen in alle Himmelsrichtungen um den Startplatz verstreut.

Zieht man demnach Brieftauben so auf,' daß sie weder ihre Umgebung noch den Horizont sehen können, dann vermögen sie nicht die Fähigkeit zu entwickeln, sich heimwärts zu orientieren. Das ist eine ganz klare Feststellung. Aber warum das so ist, weshalb die Taube zur astronomischen Navigation die Erdsicht braucht, erscheint uns noch recht unklar.

Bisher können wir nur folgendes vermuten: Auch der Seemann braucht, wenn er die Sonnenhöhe mit Hilfe des Sextanten feststellen will, den Horizont als Bezugslinie. Mißt also auch der Vogel den Höhenwinkel der Sonne? Das wäre ein großer Fortschritt gegenüber der astronomischen Meßtechnik der Bienen, die, wie wir schon sagten, nur den Seitenwinkel der Sonne, nicht aber die Höhe messen können.

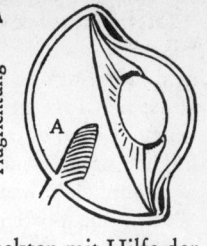

Flugrichtung →

Bild 97: Ist das Kammorgan (A) der geheimnisvolle Sextant im Vogelauge?

Doch hier stutzen wir schon wieder. Wie Insekten mit Hilfe der besonderen Konstruktion des Facettenauges Winkel messen können, ist noch einigermaßen einleuchtend. Vögel haben aber Kameraaugen ähnlich denen der Menschen. Und das Augenmaß des Menschen ist bei weitem nicht gut genug, um Seiten- und Höhenwinkel zur Sonne auf einen Grad genau bestimmen zu können, geschweige denn auf eine Bogenminute oder ein paar Bogensekunden genau, wie es zur astronomischen Navigation erforderlich wäre.

Ist es nicht überhaupt absurd, anzunehmen, daß ein Vogelauge zu solchen Leistungen fähig wäre? Schauen wir uns also einmal ein Brieftaubenauge im Querschnitt genau an:

Der fundamentale Unterschied zu unserem Auge ist nicht zu übersehen. Aus der Netzhaut ragt ein kammähnliches Gebilde in den optischen Innenraum hinein. Es befindet sich über der Eintrittsstelle des Sehnervenstranges in die Netzhaut, also dort, wo beim Menschen der sogenannte blinde Punkt liegt. Dieses sonderbare Gebilde bezeichnet man als Kammorgan.

Wozu es dient, war bislang völlig rätselhaft. Wissenschaftler dachten sogar an eine Fehlkonstruktion der Natur, da dieser »Palmenwedel« doch die Bildprojektion auf die Netzhaut behindern müsse. Genau kennen wir den Zweck des Kammorgans auch heute noch nicht.

Immerhin können wir vermuten, daß dieses stark durchblutete Gebilde ein Bestandteil des »Vogel-Sextanten« ist. Vielleicht wird der Schatten, den es auf die Netzhaut wirft, von den Sehzellen abgetastet und von nachfolgenden Nervenschaltungen als Winkelmaß des Sonnenstandes gewertet. Vielleicht funktioniert alles auch ganz anders. Auf keinen Fall aber sollte man in Abrede stellen, daß ein Vogel zur Winkelmessung fähig wäre.

In der Zuversicht, daß Brieftauben tatsächlich mit dem Kammorgan oder auf andere Weise so exakte Winkelmessungen vornehmen können, entwarfen Professor G. V. T. Matthews (265) von der Universität Cambridge und Dr. C. J. Pennycuick (266) von der Universität Bristol ähnlich lautende Navigationshypothesen.

Dr. Pennycuick stellt sich das so vor: Die verfrachtete Taube mißt beim Start in Sekundenschnelle den Höhenwinkel der Sonne über dem Horizont. Gleichzeitig »erinnert« sie sich, wie hoch die Sonne zur selben Tageszeit an ihrem Heimatort stand. Steht sie nun höher, bedeutet dies, daß der Vogel nach Süden gebracht worden ist und folglich nach Norden fliegen muß, um nach Hause zu gelangen.

In ähnlicher Weise könnte er bemerken, ob er nach Osten oder Westen transportiert wurde. Das ginge zumindest theoretisch durch einen Vergleich der Geschwindigkeiten, mit der die Sonne ihre Höhe ändert.

Hierzu ein einfaches Beispiel: Angenommen, vom Heimatschlag aus gesehen, steht die Sonne genau mittags 12 Uhr im Süden. Dann ändert sie etwa innerhalb einer Minute ihre Höhe nicht, da sie gerade kulminiert. Ist die Taube nun nach Westen transportiert worden, hat die Sonne um 12 Uhr Heimatschlagzeit noch nicht ihren Gipfelpunkt erreicht. Sie steigt noch, und zwar um so schneller, je weiter die Taube nach Westen gebracht wurde (siehe Bild 89 auf Seite 246). Hieraus könnte das Tier schließen, daß es sich östlich halten muß, um heimzukehren.

Aus beidem, der Nord-Süd-Komponente und der Ost-West-Komponente, müßte die Brieftaube außerdem die Resultierende bilden können, um den direkten Heimflug zu ermitteln.

Ist das nicht ein bißchen viel verlangt? Vielleicht – aber auf welche Weise sollte der Vogel sonst navigieren?

Auf jeden Fall müßte die Taube hierbei über folgende Fähigkeiten verfügen: einen Zeitsinn, besser: einen inneren Chronometer, der stets unerschütterlich präzise die heimatliche Ortszeit anzeigt, das Vermögen, Zeitabläufe auf Sekunden genau zu messen und Änderungen im Sonnenstand in der Größenordnung von Bogenminuten wahrzunehmen. Sie müßte also praktisch den Gang der Sonne als Bewegung sehen können, so wie wir, wenn wir durch ein feststehendes Fernrohr nach der Sonne schauen.

Leider ist es ungeheuer schwer, dies alles experimentell nachzuprüfen. Bisher konnte diese Theorie weder bewiesen noch widerlegt werden.

Es gibt vor allem einige merkwürdige Dinge, die sich gar nicht mit der eben beschriebenen Theorie erklären lassen. Man sollte zum Beispiel annehmen, daß eine verfrachtete Taube beim Start die Heimflugrichtung um so genauer einschlägt, je weiter man sie fortgebracht hat. Große Verfrachtungsstrecken müßte sie ja besser erkennen können als kleine. Das ist jedoch ganz und gar nicht der Fall.

Bis zu einer Entfernung von etwa 25 Kilometern vom Heimat-

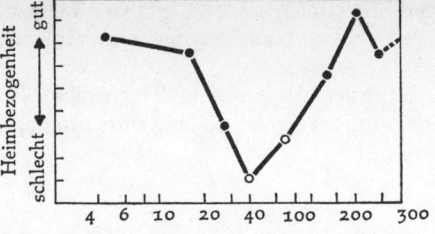

Bild 98: Aus nahen und weiten Entfernungen finden Brieftauben gleich gut heim. Zwischen 25 und 120 Kilometern Abstand von Heimatschlag aber liegt einen »tote Zone«, die sich bislang niemand erklären kann.

schlag fliegen die Tauben im allgemeinen sehr gut zielgerichtet ab, wie Dr. Klaus Schmidt-Koenig (267) schreibt. Zwischen 25 und 120 Kilometern aber liegt eine »tote Zone«, aus der die Tiere nicht oder nur sehr schlecht heimfinden. Jenseits dieser fliegen die Tauben aber wieder recht genau in der Heimatrichtung ab.

Deutet dieses Ergebnis darauf hin, daß wir mit zwei verschiedenen astronomischen Navigationsmethoden des Vogels rechnen müssen: einer für kleine und einer anderen für große Entfernungen? Weshalb empfängt der Navigationssinn der Taube in der »toten Zone« keine oder nur unzureichende Informationen? Fragen über Fragen!

Dieser verwirrenden Dinge gibt es noch mehr. Wir wollen sie uns hier schenken und nur noch eines anmerken: Brieftaubenzüchter auf Hawaii veranstalten ihre Wettflüge nur nachts. Und auch ihre Tiere finden prächtig heim – ohne Sonne! Ebenso sind ja auch die europäischen Tauben nicht völlig verloren, wenn sich während des Fluges die Sonne hinter einer dichten Wolkendecke verbirgt. Die Heimkehrleistungen sind dann zwar schlechter, viele Tiere erreichen aber dennoch ihren Schlag.

Wonach richten sich die Tauben, wenn ihnen die Sonne fehlt? Nach dem Erdmagnetfeld? Im letzten Abschnitt des Buches soll diese Frage noch genauer untersucht werden.

Denkt man gar an die Langstreckenrekordler unter den Zugvögeln, etwa an den Albatros oder den pazifischen Sturmtaucher, so erscheinen die Navigationsprobleme der Brieftaube – die übrigens der Abkömmling eines Standvogels, der Felsentaube, ist! – noch relativ simpel. Es war schon beschrieben worden, wie der Sturmtaucher innerhalb weniger Wochen von Alaska quer über den Pazifik nach Tasmanien fliegt. Hierbei müssen zwangsläufig alle unsere

»provinziellen« Brieftaubenvorstellungen vom Heimatzeitgedächtnis, vom Vergleich der Sonnenstände und Höhenänderungsgeschwindigkeiten versagen.

Die Erforschung der Navigation bei Tieren steht also keineswegs schon am Ende, sondern erst am Anfang eines offenbar noch weiten Weges.

Die Sterne als Wegweiser
Die astronomische Navigation bei Nacht

Ein gespenstisches Naturschauspiel erlebten Einwohner der Stadt Münster am 24. Oktober 1963. Am Abend dieses Tages hatte gerade der Herbstjahrmarkt, der »Send«, begonnen und strahlte aus abertausend Lampen einen hellen Lichtdom in den dunstigen Himmel über der westfälischen Hauptstadt.

Plötzlich, kurz nach 19 Uhr, wurde die Luft von erregtem, krächzendem Geschrei erfüllt. Es klang wie hundertstimmige Notrufe. Drei Münsteraner Zoologen (268) erkannten einen riesigen Keil von wenigstens 300 bis 400 ziehenden Kranichen. Immer stärker werdender Hochnebel hatte den Vögeln, die sowohl tags als auch nachts ziehen, die Orientierung genommen. Offenbar hielten sie sich nun in ihrer Not an das irdische Lichtermeer.

Und was bei einer Kurssteuerung nach dem Stand der unendlich fernen Gestirne nie passiert, geschah hier durch Schuld des künstlichen Sternersatzes: Die Kraniche wurden von den Großstadtlichtern regelrecht eingefangen. Fünfeinhalb Stunden lang kreisten sie ständig im Uhrzeigersinn über dem Stadtzentrum. Hierbei dauerte eine Stadtumrundung 15 bis 25 Minuten.

Erst gegen halb ein Uhr in der Nacht, als die Lichter auf dem Jahrmarktplatz und der Hauptteil der Reklamebeleuchtung in der übrigen Stadt erloschen und sich gleichzeitig der Hochnebel wieder etwas lichtete, zog das Kranichgeschwader in südwestlicher Richtung ab.

Wie stark mag es die Kraniche, die sich wahrscheinlich tagsüber nach der Sonne und nachts nach den Sternen richten, irritiert haben, als das Firmament von Nebeldunst verhüllt wurde und etwa gleichzeitig »noch nie zuvor gesehene Sternbilder« tief unter ihnen auftauchten! Ohne die Großstadtillumination wären die Kraniche vermutlich gelandet und hätten eine Pause eingelegt, bis ihnen eine astronomische Navigation wieder möglich gewesen wäre. Aber so hielt es sie offenbar in einem Zwiespalt der Instinkte völlig desorientiert in der Luft.

Wenn noch 1955 ein Mensch behauptet hätte, daß sich Vögel auf nächtlichem Flug nach dem Stand der Sterne richten, wäre er mit Sicherheit für verrückt erklärt worden. Heute aber zweifelt kein Fachmann mehr an dieser erstaunlichen Fähigkeit der Tiere. Die ersten Beweise dafür verdanken wir dem deutschen Zoologen Dr. Franz Sauer (269, 270) und seiner Frau.

Zuvor schien die Erforschung des nächtlichen Fluges kleiner Singvögel vor einem unüberwindlichen Hindernis zu stehen: Wie sollte man jemals verfolgen können, welche Richtung die meist einzeln ziehenden Weltreisenden in der Dunkelheit einschlagen und wie sie sich unterwegs verhalten?

Die entscheidende Beobachtung gelang schon Gustav Kramer, als er 1948 den Sonnenkompaß bei Staren entdeckte, übrigens im gleichen Jahr, in dem Karl v. Frisch den Sonnenkompaß bei Bienen nachweisen konnte. Kramer war aufgefallen, daß die Zugvögel schon beim Start genau in der geplanten Flugrichtung auffliegen. Sie starten also nicht etwa gegen den Wind wie ein Flugzeug, auch fliegen sie nicht nach Belieben in die Höhe und »drehen erst einmal ein paar Runden« zur Orientierung, wie es Brieftauben manchmal tun. Sie visieren bereits auf dem Erdboden ihre Zugrichtung an.

Dieses Verhalten der Vögel hat für den Forscher einen unschätzbaren Vorteil: Er braucht die Tiere nicht mit Radar oder unter den Bauch geschnürten Miniatursendern zu verfolgen. Es genügt vollauf, den Vogel in einem Spezialkäfig zu beobachten, wie er auf einer Ringstange so lange hin und her trippelt, bis er sich in der richtigen Startposition befindet und nun durch Flügelschwirren andeutet, daß er jetzt gern starten würde, wenn der Käfig nicht wäre.

Verdreht man nun den Käfig ein wenig, so trippelt der Vogel sofort wieder in die geplante Startrichtung, geht dabei zunächst ein wenig über den richtigen Punkt hinaus und pendelt sich in nervöser, angespannter Aufmerksamkeit wie eine Magnetnadel im Kompaßgehäuse regelrecht ein.

Es ist im Grunde dasselbe wie während des Zugfluges. Auch hierbei wendet sich der Vogel immer um etwa fünf Grad nach links und rechts, um seinen Kurs durch aktive Orientierungsleistung ständig neu einzupeilen.

Da der Vogel also bereits im Käfig zuverlässige Angaben über seine Zugrichtung macht, wurde es möglich, nicht nur unter freiem

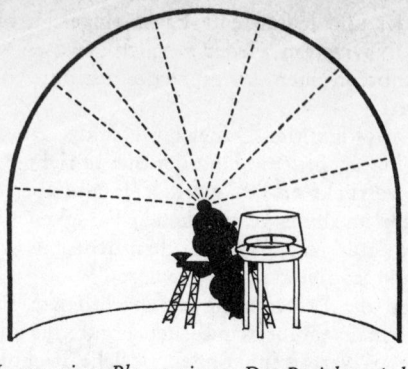

Bild 99: Das Innere eines Planetariums. Der Projektor (schwarz) wirft mit feinen Lichtstrahlen (gestrichelte Linien) künstliche Sterne an die Kuppel. Neben dem Projektor der Grasmückenkäfig mit der Ringstange.

Nachthimmel, sondern auch in einem Planetarium eine Reihe erstaunlicher Experimente durchzuführen.

Die Idee zu den weltberühmt gewordenen Planetariumsexperimenten war Franz Sauer im Jahre 1956 gekommen, als er entdeckte, daß Grasmücken bei verschleiertem Nachthimmel nur so lange in der richtigen Zugrichtung schwirrten, wie auch der Mensch noch einzelne helle Sterne erkennen konnte. Damit kam dem Zoologen der starke Verdacht: Sollten vielleicht doch die Sterne die langgesuchten Wegweiser nächtlich ziehender Zugvögel sein?

Natürlich hatten die Versuche, die im Olbers-Planetarium der Bremer Seefahrtschule durchgeführt wurden, ihre Tücken. In sehr unbequemer Lage mußten sich entweder Franz Sauer oder seine Frau abwechselnd rücklings unter den aufgebockten Vogelkäfig legen, im düsteren Schimmer des nur vom künstlichen Sternenlicht matt erhellten Kuppelraumes den Vogel beobachten, die Gradzahl der Schwirrichtung ablesen und notieren. Ein paar Tage lang mag man das schon durchhalten. Franz Sauer und seine Frau nahmen diese Tortur jedoch mehrere Jahre lang auf sich.

Aber auch die kleinen Grasmücken wurden sehr über Laune, wenn man sie zum nächtlichen Versuch aus ihren behaglichen Wohnkäfigen herausholte. Vögel, mit denen Franz Sauer persönlich Freundschaft geschlossen hatte, durften ihn nicht erkennen, wenn er mit ihnen experimentierte. Sonst waren sie nachhaltig böse auf ihn und mieden ihn wochenlang. Auch mit Hilfe der sehr begehrten Heimchen oder der frisch gehäuteten Mehlkäferlarven war die alte

Vertraulichkeit nicht wiederherzustellen. Der vergrämte Vogel weigerte sich, ihm diese Leckerbissen aus der Hand zu picken, während er sie von seiner Frau sofort annahm. So mußte sich der Zoologe bei den Experimenten immer wie ein Bankräuber maskieren.

Zunächst zeigte Franz Sauer seinen Grasmücken zur Herbstzugzeit einen künstlichen Sternenhimmel, der genauso aussah wie der wirkliche Himmel über der Kuppel des Bremer Planetariums. Die kleinen Klappergrasmücken bemerkten den Betrug nicht, sondern glaubten, die natürlichen Sterne über sich zu haben. Sie flogen ohne Zögern nach Südosten auf, also in ihre Reiserichtung nach der Türkei.

Skeptiker könnten nun aber mit Recht sagen: »Das beweist noch gar nichts.« Vielleicht haben sich die Vögel gar nicht nach den künstlichen Planetariumssternen orientiert, sondern nach ganz anderen Dingen, etwa nach dem Erdmagnetfeld oder nach einer unsichtbaren Weltraumstrahlung.

Um diese Einwände zu entkräften, verdrehte Dr. Sauer den Planetariumshimmel wie ein Karussell gegen die natürliche Himmelsrichtung. Aber wie er ihn auch immer verschob, stets schwirrten die Vögel in eine Richtung, die nach dem Stand der künstlichen Sterne Südosten sein mußte, in Wirklichkeit aber Norden oder Westen war.

Und noch ein weiterer Beweis: Wenn die künstlichen Sterne nicht im Gleichklang mit den natürlichen Sternen im Laufe der Nacht über den Himmel wanderten, sondern während mehrerer Stunden starr auf derselben Stelle stehen blieben, so änderten nunmehr die Vögel ihre Schwirrichtung.

Es ist genauso, wie wir es schon für die Ameisen beschrieben haben (S. 247): Als wüßten die Grasmücken genau, daß im September um 23 Uhr dieses oder jenes Sternbild im Südosten steht, also in der Zugrichtung; daß es aber weiterwandert und sich zum Beispiel um 2 Uhr nachts im Süden befindet. Folglich müssen die Vögel zu dieser Zeit nicht mehr genau auf das Sternbild zusteuern, sondern ihren Kurs 45 Grad links davon halten.

Dieses wunderbare Kursfinden nach dem Sternenkompaß gelingt den kleinen gefiederten Astronomen auch dann noch, wenn nur vereinzelt Sterne durch die Lücken in der Wolkendecke hindurchscheinen. Ist jedoch der ganze Himmel dicht bewölkt oder ist die Kuppel des Planetariums in sternlose Dunkelheit getaucht, dann schwirren die Grasmücken noch ein wenig wirr und ungerichtet im Käfig umher. Wenn sie merken, daß sie sich nicht mehr orientieren können, gehen sie zur Ruhe. In der freien Natur unterbrechen sie bei dieser Wetterlage ihren Flug.

Woher hat die Grasmücke diese erstaunlichen astronomischen Fähigkeiten? Hat sie dies alles in ihrer Jugend von den Eltern erlernt? Um diese Möglichkeit zu überprüfen, zog Dr. Sauer eine Grasmücke auf, das berühmt gewordene »Müllerchen«, das er seit dem Ausschlüpfen aus dem Ei ganz allein für sich in einem geschlossenen Raum hielt. Mehrere Monate lang bekam sie weder eine andere Grasmücke noch den Tag- oder Nachthimmel zu sehen.

Solche in völliger Einsamkeit und Isolation von der natürlichen Umwelt aufgewachsenen Wesen bezeichnet der Verhaltensforscher als »Kaspar-Hauser-Tiere«. Dieser Begriff stammt von dem rätselhaften Findelkind des Jahres 1828, das bis zu seinem 16. Lebensjahr in einem verschlossenen Raum aufgewachsen war und bis dahin keinen Menschen, kein Tier und keine Pflanze gesehen hatte, das weder Tag noch Nacht kannte, das nicht sprechen konnte und nicht wußte, ob es sich aufrecht oder auf allen vieren vorwärts bewegen sollte. Kaspar-Hauser-Tiere zieht man auf, wenn man erforschen will, welche Verhaltensweisen dieses oder jenes Tier ererbt und welche es im späteren Leben hinzugelernt hat.

Als nun diese Kaspar-Hauser-Grasmücke in den Septembernächten von innerer Zugunruhe erfaßt wurde, brachte sie Dr. Sauer in das Bremer Planetarium und schaltete plötzlich alle Sterne ein. Zuerst erschrak der Vogel sehr. Dann aber schwirrte er nach Südosten!

Hat also die Grasmücke ihr Wissen um den großen Himmelsatlas und den Lauf der Sterne ererbt? Eine andere Deutung gibt es wohl kaum, obwohl wir nicht die geringste Ahnung haben, wie die Natur so etwas Großartiges in die Wege leiten könnte. Immerhin scheint es in der Tiefsee etwas Ähnliches zu geben. Dort erkennen sich ja Angehörige einer Fisch- oder Tintenfischart an dem »Sternbild« ihrer Leuchtorgane.

Der Forscher ging nun einen Schritt weiter. Er täuschte der im Bremer Planetarium wohnenden Klappergrasmücke vor, sie flöge auf ihrem natürlichen Zugkurs immer weiter nach Südosten. Er ließ neue Sternbilder im Süden der Kuppel auftauchen und altvertraute im Norden versinken. Er zeigte der Grasmücke erst den Sternenhimmel von Bremen, dann den von Prag, Budapest, Sofia, der westlichen Türkei – stets hielt sie ihren Kurs nach Südosten. Dann aber plötzlich, als er ihr den Sternenhimmel des östlichen Mittelmeeres zeigte, wie er im Seegebiet um Zypern und in Israel zu sehen ist, geschah etwas Seltsames: Wie ein Schiff, das in die Leitlinie eines anderen Leuchtfeuers einschwenkt, so wechselte die Grasmücke die Flugrichtung auf Kurs Süd. Eine himmlische Wendemarke bewahrte sie davor, weiter nach Südosten in die Arabische Wüste zu fliegen,

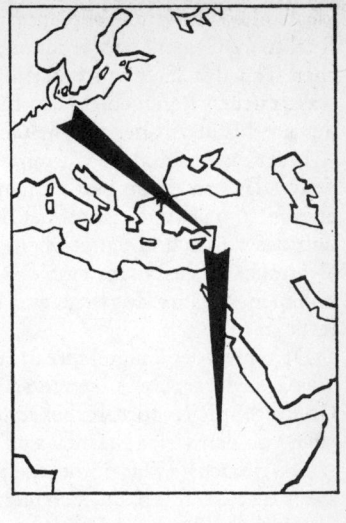

Bild 100: Die beiden Kurswinkel der Klappergrasmücke auf ihrem Flug von Deutschland nach Afrika. Die Wendemarke liegt im Gebiet Zypern–Israel.

wo sie elend hätte zugrunde gehen müssen. Statt dessen führte sie den kleinen Vogel sicher am Nil entlang in Richtung auf sein Winterquartier.

Recht bemerkenswert ist auch, daß die Grasmücke in jedem Fall beim Anblick des zyprischen Sternenhimmels sofort auf Südkurs ging, ganz gleich, ob man ihr im Planetarium vortäuschte, sie hätte die Strecke Bremen-Zypern in drei Wochen oder auch nur in einer »Rekordzeit« von drei Stunden durchflogen.

Dies beweist: Die Grasmücke vermag nach den Sternen nicht nur einen Kompaßkurs einzuhalten, sondern auch ihre Position auf dem Erdenrund zu erkennen, also zu navigieren.

Das Reiseziel der Klappergrasmücke steht ebenfalls in den Sternen geschrieben. Gaukelt man ihr im Planetarium vor, sie habe das Gebiet südlich der großen Nilschleife erreicht, so glaubt sie, am Ziel zu sein, verliert ihre nächtliche Zugunruhe und schläft ein.

Andere Zugvögel werden von den Sternen mit unwiderstehlicher Gewalt zu anderen Reisezielen geführt. Jener unheimliche Zugtrieb ist sogar erheblich stärker als die Freßlust und das Streben nach Wohlbehagen in futterreichen und klimatisch günstigen Gebieten, in denen die Vögel zwischenlanden.

Die westeuropäischen Dorn- und Gartengrasmücken, die über Gibraltar und Westafrika weit über den Äquator nach Südafrika ziehen, hätten zum Beispiel in Angola am Okawangofluß einer idealen Lebensraum. Aber schon nach kurzer Rast verlassen sie diese fruchtbare Gegend wieder, um 250 Kilometer weit über den nördlichen Teil der Halbwüste Kalahari zur Etoschapfanne und in die wasserarmen Randgebiete der Namibwüste zu fliegen, wo sie sich nur mit Mühe am Leben erhalten können.

Fragt man nach dem Warum, so bleibt nur die Antwort: weil der Trieb, das von einem bestimmten Sternenstand bezeichnete Ziel zu erreichen, mächtiger ist als der Trieb, zu fressen und zu trinken – und das will schon einiges heißen! In ihrem Ei haben die jungen Grasmücken gleichsam eine Fahrkarte auf den Lebensweg mitbekommen, die ihre Zugwege und Reiseziele in schicksalhafter Weise festlegt.

Dr. Sauer, der einige Jahre in Amerika war und an der Universität von Florida arbeitete, setzte seine Experimente mit dem Alaska-Goldregenpfeifer fort. Insbesondere wollte er erforschen, nach welchen von den vielen Sternen sich die Nachtzugvögel richten.

Die einfachsten Hypothesen lauten: Den Vögeln dient der Polarstern, also der Stern, der sich nicht bewegt, als alleiniger Richtungsweiser oder das helle Band der Milchstraße. Beide Vermutungen stellten sich bereits als falsch heraus. Im Planetarium ist es leicht, einen einzelnen Stern abzudunkeln oder die Milchstraße auszuschalten. Von diesen Veränderungen zeigten sich die Vögel jedoch völlig unbeeindruckt und zogen weiter in die Richtung, die sie nach dem Stand der übrigen Sterne als Südosten betrachteten.

Heller Mondschein, Sternschnuppen und Wetterleuchten bringen die Vögel in Verwirrung. Zeigt man ihnen in ihrem Spezialkäfig draußen unter freiem Nachthimmel diese Naturerscheinungen, unterbrechen sie ihr nach Südosten gerichtetes Schwirren für einen Augenblick erschrocken und fliegen dann kurze Zeit in die Richtung des Mondes oder des Wetterleuchtens.

Allerdings muß betont werden, daß sie dies nur in Dr. Sauers Käfig taten, der so konstruiert war, daß die Grasmücken nur den Himmel, aber keine Landmarken sehen konnten. Gewährt man ihnen auch die Erdsicht, wie sie sie auf ihrem nächtlichen Flug haben, schalten die Vögel bei »himmlischen Störungen« sofort auf Landmarken um und orientieren ihren Geradeausflug für kurze Zeit nach diesen. In langen Vollmondnächten unterbrechen sie ihre Reise. Angesichts des Lichtermeeres einer Großstadt aber könnte es auch anderen Zugvögeln so ergehen wie den Kranichen über Münster.

Seltsamerweise lassen sich die Nachtzieher durch das Erscheinen der hellen Planeten Venus, Mars, Jupiter und Saturn nicht im geringsten aus dem Konzept bringen. So bleibt dem Forscher nur noch die überaus schwierige und langwierige Aufgabe, durch Abdecken einzelner Planetariumssterne herauszufinden, welche Sternbilder es sind, die den Vögeln in der Nacht und über fremden Ländern den richtigen Weg weisen.

Franz Sauer glaubt bereits erste Anzeichen dafür entdeckt zu haben, daß während der Herbstzugzeit die drei hellen Sterne des Sommerdreiecks, Wega, Deneb und Atair, drei wichtige Schlüsselreize für die Orientierung bilden.

Wie sieht es mit der nächtlichen Orientierung im Reich der Insekten aus? Der Sonnenkompaß ist ja bei Vögeln und Insekten gleichermaßen in Gebrauch.

Von Ameisen wissen wir bereits interessante Dinge: Sie sind Non-stop-Arbeiter und leisten »drei Schichten« am Tage. Schlafen können sie im Winter genug. Hin und wieder duselt allerdings die eine oder andere Ameise einmal ein. Wenn sie dabei anderen Arbeiterinnen im Wege steht, wird sie angerempelt und läuft dann erschrocken weiter.

Auf den Ameisenstraßen im Walde herrscht also Tag wie Nacht reger Verkehr. Davon abschweifende Kundschafter orientieren sich bei Tage nach dem Stand der Sonne und bei Nacht nach dem Stand des Mondes. Dabei wissen sie sehr gut zwischen Sonne und Mond zu unterscheiden. Beide Gestirne wandern ja in sehr verschieden steiler Bahn über den Himmel, weichen also in ihrer Azimutkurve (siehe Bild 90, Seite 248) stark voneinander ab. Trotzdem vermögen die kleinen Ameisen diese Unterschiede in ihren Kursberechnungen voll zu berücksichtigen.

Offenbar verfügen sie über zwei getrennte Systeme zur Richtungsorientierung: einen Sonnenkompaß und einen Mondkompaß.

Und wie steht es mit den Sternen? Können Insekten, den nächtlich ziehenden Vögeln gleich, ebenfalls Sterne erkennen und sich vielleicht sogar nach ihnen orientieren? Diese Frage gilt in der Wissenschaft noch als strittiger Punkt. Immerhin lassen es Experimente des Berliner Insektenforschers Dr. Karl Cleve (271) als möglich erscheinen, daß auch Nachtschmetterlinge das Licht der Sterne wahrnehmen können.

Wie so oft in der Geschichte der Naturwissenschaften führte auch hier der Zufall zu einer Entdeckung. Dr. Cleve ist passionierter Schmetterlingssammler und hat schon Tausende von Nachtfaltern mit Glühlampen angelockt. Hierbei probierte er zahllose Lampentypen mit unterschiedlichen Lichtspektren aus – eigentlich nur, um den besten Wirkungsgrad zwischen Stromverbrauch und Insektenanflug zu ermitteln. Dabei zeigte sich, daß die größte Lichtempfindlichkeit des Nachtfalterauges in einem Farbbereich kürzerer Wellenlänge liegt als die des menschlichen Auges. Sie liegt im Violett (nicht im Ultraviolett!) bei einer Wellenlänge von 400 bis 425 Nanometer.

Diese »Violettverschiebung« muß einen Grund haben, sagte sich Karl Cleve. So kam er auf die Idee, die spektrale Lichtempfindlichkeitskurve der Nachtfalter-Facettenaugen mit der spektralen Lichtintensitätsverteilung der Gestirne zu vergleichen. Diese ist bei jedem Sterntyp etwas anders. Aber nimmt man den Mittelwert aller 3000 Sterne, die der Mensch in unseren Breiten mit bloßem Auge sehen kann, so ergibt sich eine verblüffende Übereinstimmung. Qualitativ ist das Nachtfalterauge also ideal an das Licht der Sterne angepaßt, während das Menschenauge mehr dem Tageslicht entspricht.

Aber ist das Sternenlicht auch hell genug, um von Nachtfaltern erkannt werden zu können? Zur Klärung dieser Frage führte Dr. Cleve Versuchsserien mit Lampen verschiedener Lichtstärke durch und rechnete die Ergebnisse beleuchtungsmathematisch auf Sternwerte um. Sein Ergebnis: »Nachtfalter werden kaum weniger Sterne wahrnehmen können als der Mensch.«

Nicht eindeutig geklärt ist vorerst noch die Frage, weshalb die nächtlich schwirrenden Insekten von dem Sternenlicht Notiz nehmen. Denkbar wäre, daß sie in der Dunkelheit Mond- oder Sternenlicht direkt ansteuern, weil sie dann sicher sein können, nicht gegen ein Hindernis zu stoßen. Hierfür spricht auch die Beobachtung, daß die Wirkung der Glühlampen in unübersichtlichem Gelände oft besser als in offener Landschaft ist.

Im Bereich des Möglichen stünde aber auch eine gewisse Kursstabilisierung bei geruchsorientierten Flügen zum Weibchen, zum Futter und zum Eiablageplatz oder gar ein Kurshalten bei weiten Wanderflügen. Aber mit diesen Gedanken stecken wir zur Zeit noch tief in reiner Spekulation.

Magnetische Sinne können nicht länger als fauler Zauber oder okkultistische Hirngespinste abgetan werden. Sie existieren als zoologische Realität. Den eindrucksvollsten Beweis dazu lieferte 1965 Professor Friedrich Wilhelm Merkel (272, 273) an der Universität Frankfurt am Main.

Die Geschichte dieser aufsehenerregenden Entdeckung begann 1957 mit einem Zufall. Im Labor des Zoologischen Instituts hielt Dr. Hans Georg Fromme (274), ein Mitarbeiter Professor Merkels, mehrere Rotkehlchen. Zur Herbstzugzeit begannen die Vögel, des Nachts unruhig in ihrem Käfig umherzuflattern. Tierliebhaber kennen diese Erscheinung instinktiv hervorbrechender Reiselust. Die Frankfurter Zoologen stellten aber noch mehr fest: Die Rotkehlchen versuchten alle, nur in einer ganz bestimmten Richtung aufzufliegen: nach Südwesten. Das ist genau der Kurs, den sie auf dem großen Flug einhalten müssen, der sie von Deutschland nach Spanien bringt. Woher kannten die nächtlichen Schwirrer die südwestliche Richtung? Im Gegensatz zu den Grasmücken Dr. Sauers konnten sie von ihrem Käfig aus weder den natürlichen Sternenhimmel noch den künstlichen eines Planetariums sehen. Sie befanden sich innerhalb der Mauern des Instituts, und die Fensterläden waren fest verschlossen. Zweifellos mußten die Vögel durch die Wände des Hauses hindurch irgend etwas spüren, das ihnen die Himmelsrichtung wies.

Daraufhin zogen die Experimentatoren mit den Rotkehlchen in eine Stahlkammer um. Hier verhielten sich die Tiere völlig anders. Voller Zugunruhe schwirrten sie zwar immer noch auf den Stangen des Registrierkäfigs, aber sie ließen dabei nicht mehr die geringste Richtungstendenz erkennen. Sie waren völlig desorientiert. Nur wenn die Panzertür zur Stahlkammer geöffnet wurde, zeigten die Vögel sofort wieder eine schwache Neigung, in Richtung Spanien zu schwirren. Folglich muß die Stahlkammer in der Lage sein, jenen mysteriösen Wegweiser von den Vögeln fernzuhalten.

Da sich durch eine Stahlkammer magnetische Feldlinien abschwächen lassen, zwang dieser Befund die Wissenschaftler dazu, in Erwägung zu ziehen, ob nicht vielleicht doch der bislang so verpönte magnetische Sinn existiere.

Das mußte aber noch bewiesen werden. Wir könnten es uns jetzt leicht machen und einfach nur die Experimente schildern, die schließlich zum Erfolg geführt haben. Tatsächlich dauerte es Jahre voller Rückschläge und Zweifel.

Vielfach wurden – auch von anderen Forschern an anderen Tieren wie Brieftauben – immer wieder Versuche angestellt, bei denen man den Vögeln kleine Stabmagnete um den Kopf hängte oder an den Flügeln befestigte. Man meinte, die Tiere müßten sich dadurch irritieren lassen, falls sie einen magnetischen Sinn besäßen. Da ihre Orientierungsfähigkeit dadurch aber nicht im geringsten gestört wurde, wertete man diese Ergebnisse als Beweis dafür, daß es einen magnetischen Sinn nicht gebe.

Ähnliches ereignete sich bei Versuchen mit großen homogenen Magnetfeldern, deren Richtung man gegen die des Erdmagnetfeldes verdrehte. So errichtete man im Inneren von Stahlkammern zwei Magnetspulen von je knapp zwei Meter Durchmesser und setzte die Tiere kurzerhand dazwischen. Aber diese dachten gar nicht daran, sich nach dem künstlichen Feld zu orientieren. Wieder einmal mehr schien die Existenz eines magnetischen Sinnes widerlegt zu sein.

Die tiefere Ursache der Mißerfolge lag in einer falschen Auffassung der Art des postulierten magnetischen Sinnes. In keiner Weise darf man sich nämlich eine Art Magnetnadel vorstellen, die sich in Sekundenschnelle nach jedwedem magnetischen Feld ausrichtet.

Die Dinge sind viel subtiler. Vor allem müssen sich die Tiere erst längere Zeit an veränderte magnetische Verhältnisse gewöhnen, ehe sie darauf reagieren. Die Stärke eines künstlichen magnetischen Feldes, mit dem man die Tiere beeinflussen will, muß der des natürlichen Erdfeldes genau entsprechen. Macht man es nur geringfügig stärker oder schwächer, ist es für die Tiere offenbar nicht wahrnehmbar oder verliert seine Bedeutung, es sei denn, man gibt ihnen die Möglichkeit, sich mehrere Tage lang an die neue Feldstärke zu gewöhnen.

In Frankfurt am Main beträgt die Gesamtstärke des erdmagnetischen Feldes 0,41 Gauß. Im Inneren der bereits geschilderten Stahlkammer wurde es auf 0,14 Gauß abgeschwächt. Folglich zeigten sich die Rotkehlchen zunächst desorientiert. Als Professor Merkel die Vögel aber mehrere Tage lang unverändert in diesem Raum ließ, begannen sie ganz langsam, wieder ihre Schwirrtendenz nach Südwesten aufzunehmen.

Nun auf einmal, unter Berücksichtigung des Gewöhnungsfaktors, brachten auch die Experimente mit Feldern der großen Magnetspulen die erhofften Erfolge. Als die Frankfurter Forscher jetzt das künstlich erzeugte Magnetfeld gegen das in der Stahlkammer stark unterdrückte natürliche Feld verdrehten, schwenkten auch die

Vögel in ihrer Startrichtung mit wie Dr. Sauers Grasmücken unter dem verstellten künstlichen Sternenzelt des Planetariums.

»Nach unserer Auffassung«, schreibt Professor Merkel, »sprechen die vorliegenden Versuchsergebnisse deutlich dafür, daß Vögel bei ihrem Richtungsfinden während der Zugunruhe das Erdmagnetfeld benützen. Die bisherigen Ergebnisse noch laufender Versuche bestärken uns in dieser Ansicht.«

Es ergibt sich demnach folgendes Bild: In einer Herbstnacht wird das Rotkehlchen von innerer Zugunruhe erfaßt. Es schaut nach den Sternen, erkennt daraus die südwestliche Richtung, in der das ferne Reiseziel Spanien liegt, und fliegt los – ganz allein, ohne sein Weibchen, ohne die Kinder und ohne jeden Begleiter (die, ganz auf sich gestellt, das gleiche tun!). Sobald sich der nächtliche Himmel aber in Wolken hüllt und der kleine Sänger keine wegweisenden Sterne mehr erkennen kann, braucht er nicht, wie die Grasmücke, zu landen, um wieder klares Wetter abzuwarten. Wie ein Seemann auf hoher See schaltet er auf Magnetkompaßsteuerung um und fliegt unbeirrt weiter über Flüsse, Seen und Gebirge, bis er sein Ziel im fernen Land erreicht hat.

Sollte die Entdeckung des magnetischen Sinnes auch schon einen kleinen Lichtblick in das rätselhafte Heimkehrvermögen zahlreicher Tierarten werfen?

Von Brieftauben ist bereits berichtet worden, daß sie auch nachts und bei geschlossener Wolkendecke zu ihrem Schlag zurückfinden. Weddell-Robben (275) tauchen unter den dichten Treibeisfeldern der Antarktis bis zu 350 Meter tief und 32 Kilometer weit, ohne aufzutauchen. Trotz der Dunkelheit unter der Eisdecke halten sie geraden Kurs auf ihre eisfreien Stammplätze an der Küste Antarktikas.

Wilde Mäuse (276) ließen sich unter Ausschluß optischer, akustischer und chemischer Merkmale darauf dressieren, bestimmte Himmelsrichtungen einzuschlagen. In zahlreichen anderen Versuchen wurde bewiesen, daß Katzen, Frösche, Erdkröten, Molche, Napfschnecken, Lachmöwen und andere Vögel nach Hause zurückfinden, obgleich sie die Heimatrichtung weder sehen noch hören oder riechen können.

Unheimlich anmutende und uns unbegreifliche Sinne müssen demnach im Tierreich weiter verbreitet sein, als wir früher glaubten. Dabei ist noch nicht einmal gesagt, daß sich alle eben aufgezählten Tiere auch unbedingt magnetisch orientieren müssen. In den genannten Fällen ist noch nichts dergleichen bewiesen.

Aber immerhin wurde ein magnetischer Sinn außer bei Rotkehlchen schon bei Termiten, Maikäfern, Schlammschnecken, Hausbockkäfern, Grillen, Heuschrecken, Wespen und Fliegen (277) nachgewiesen.

Auch hier spielte der Zufall mitunter eine entscheidende Rolle. Ende 1963 hatte Professor Günther Becker (278, 279) in der Bundesanstalt für Materialprüfung in Berlin-Dahlem eine Sendung mit jungen Termitenköniginnen (Macrotermes- und Odontotermesarten) aus Südrhodesien bekommen. Am Abend hatte er die Tiere noch schnell auf den Boden eines Zuchtbehälters geschüttet, wo sie regellos durcheinanderlagen. Am nächsten Morgen sah er das Erstaunliche: Alle Termiten hatten sich genau in Ost-West-Lage zur Ruhe gelegt.

Vorsichtig verdrehte der Wissenschaftler den Behälter um 90 Grad. Aber nach einigen Stunden hatten sich die Insekten wiederum so zurechtgelegt, daß sie mit ihren Köpfen entweder genau nach Osten oder Westen oder quer dazu schauten. Wie träge Magnetnadeln hatten sie sich regelrecht eingependelt.

Gleich den Rotkehlchen konnten sich aber auch die Termiten nicht mehr orientieren, wenn man sie in einen dickwandigen Stahlbehälter tat. Brachte Professor Becker aber innerhalb des Stahlkastens einen Stabmagneten über den Tieren an, ging wieder eine langsame Bewegung durch die Termitenversammlung – und 15 Minuten bis mehrere Stunden später lagen sie alle genau quer zur Achse des Stabmagneten.

Weshalb die Insekten einmal schneller, ein andermal aber wesentlich langsamer reagierten, wissen wir noch nicht. Ungeklärt ist ebenfalls die Frage nach dem Sinn der Magnetfeldorientierung. Zwar können wir uns jetzt erklären, wie es kommt, daß die Königinnen vieler Termitenarten beim Aufbrechen ihrer Hügel stets in ost-westlicher oder nord-südlicher Lage angetroffen werden, aber warum sie nun unbedingt so ausgerichtet liegen müssen, davon haben wir keine Vorstellung.

Ausgenommen hiervon ist lediglich die Kompaß-Termite Australiens. Sie baut Festungen bis zu vier Meter Höhe und drei Meter Länge, die aber nur einen knappen Meter schmal sind. Diese in die Gegend gestellten »Mauern« weisen ausnahmslos mit ihrer Längsachse in die Nord-Süd-Richtung. Für die Tiere hat diese Bauweise den großen Vorteil, daß die Wärmeeinstrahlung der Sonne während des ganzen Tages annähernd gleich bleibt: Morgens und abends trifft die Sonne die volle Breitseite, mittags aber nur die schmale Kante.

Einen Sinn für magnetische und elektrische Felder entdeckte Dr. F. Schneider (280) beim Maikäfer. Der an der Eidgenössischen Versuchsanstalt Wädenswil bei Zürich tätige Wissenschaftler grub noch in der Erde ruhende Maikäfer aus, hielt sie einige Zeit bei null Grad in der Kältestarre und taute sie dann bei zwanzig Grad langsam auf. Sogleich begannen die Tiere umherzuwandern, setzten sich aber nach einiger Zeit wieder zur Ruhe. Diese Ruhelage ist jedoch keinesfalls willkürlich. Sie wird von unsichtbaren Kräften bestimmt, die auch durch dicke Steinwände dringen können.

In schwierigen Experimenten fand Dr. Schneider heraus: Nicht nur magnetische Kraftfelder steuern den Maikäfer, sondern auch elektrische! Jeder Winkel, um den die künstlich erzeugten magnetischen und elektrischen Kraftlinien gegeneinander verschoben sind, verursacht bei den Käfern eine ganz charakteristische Unruhedauer und eine ebenso charakteristische Richtung der Ruhelage. Diese Richtung kann oft die Mitte zwischen den beiden Kraftlinienarten sein.

Mitunter zeigen sich aber auch erhebliche Abweichungen. Das ist sehr merkwürdig. An manchen Tagen wollte sogar gar nichts klappen. Unbekümmert um die Richtung der künstlichen magnetischen und elektrischen Kraftlinien legten sich die Maikäfer in die geographische Nordwest-Südost-Richtung oder quer dazu zur Ruhe.

Manche Menschen behaupten, sie könnten nur dann wirklich gut schlafen, wenn ihr Bett in einer ganz bestimmten Himmelsrichtung stünde. Ob dieses Gefühl etwas mit dem Erdmagnetismus zu tun hat oder nur mit Einbildung, ist noch nicht untersucht worden. Ob ein ähnliches Gefühl den Maikäfer zu seinem bemerkenswerten Verhalten veranlaßt, können wir auch noch nicht sagen. Fest steht aber, daß ihm der Magnetkompaß bei der Orientierung sehr zustatten kommen könnte.

Über die Orientierung der Maikäfer referiert der Freiburger Zoologe Professor Otto Koehler (281) verblüffende Einzelheiten: Dem Schlüpfen des Maikäfers folgt der Flug zum Futter. Die Weibchen fliegen nach einigen Kreisen und Zickzacks scharf geradlinig zu einer nahegelegenen Waldsilhouette, oft zur höchsten am Horizont. Die Männchen schlagen nach wenigen Umwegen denselben Kurs ein. Wenn man eine Nebelwand schräg zur Flugrichtung vor den Wald legte, flogen viele Käfer an ihr entlang und um ihr Ende herum direkt zum Wald. Andere überflogen die Wand.

Die beim Fraß ablegebereit gewordenen Weibchen fliegen ohne Suchspiralen sogleich in der dem Anflug genau entgegengesetzten Richtung geradlinig dorthin aufs Feld zurück, wo sie seinerzeit geschlüpft sind, und legen dort ihre Eier ab.

Als man auf dem Hinflug zum Futter gefangene Weibchen, deren

Eier im Käfig gereift waren, in eine entfernte Gegend verfrachtete, schlugen auch sie, ohne zu suchen, im unbekannten Gelände dieselbe Rückflugrichtung zum vermeintlichen Geburtsort ein wie ihre nicht gefangenen Artgenossen. Nach der Eiablage fliegen die Maikäfer in derselben Richtung waldwärts wie 20 bis 30 Tage vorher bei ihrem ersten Flug.

Um diese offenbar beim ersten Ausflug geprägte Richtung einhalten zu können, müssen diese Insekten den Himmel sehen. Er darf bewölkt sein, und auch in der Dämmerung finden sie den Weg. Beweise für die Art ihrer Flugorientierung stehen noch aus. Nach den Befunden Dr. Schneiders dürfte aber eine Magnetfeldorientierung zumindest im Bereich des Möglichen liegen.

Ein weiteres Kuriosum entdeckten die amerikanischen Zoologen Brown, Bennett und Webb (282) bei der Schlammschnecke *Nassarius obsoleta,* die auf dem Grund von Binnenseen und Tümpeln lebt. Merkwürdigerweise steuern diese Weichtiere stets einen ganz bestimmten Kurs zum magnetischen Nordpol. Aber dieser Zwangswinkel ändert sich im Laufe des Tages ähnlich wie der Sonnenkurs des Mistkäfers.

Nur ist bei der Schlammschnecke dies alles noch viel komplizierter. Am nächsten kommen wir der Sache durch ein Gedankenexperiment. Nehmen wir an, die Schnecke habe eine Kompaßnadel im Körper, die an einem Uhrzeiger befestigt ist und sich mit ihm im Laufe des Tages einmal herumdreht. Dabei hat das Tier das zwingende Bedürfnis, immer so zu steuern, daß die Magnetnadel am »Zeiger der inneren Uhr« stets nach Norden zeigt. Wäre dies der einzige Orientierungsmechanismus, würde die Schnecke langsam im Bogen marschieren.

Aber es kommt noch ein zweiter Mechanismus hinzu. Neben der Kompaßnadel, die sich entsprechend dem Lauf der Sonne dreht, hat die Schnecke noch eine weitere Kompaßnadel in sich, die sich entsprechend dem Lauf des Mondes dreht. Zwischen den beiden Marschrichtungen, in die beide Kompaßnadeln das Tier dirigieren wollen, wählt es einen Kompromiß.

Nachgerade kompliziert werden die Dinge bei der Brieftaube. Vorerst steckt hier noch alles im Bereich der Hypothesen und Spekulationen. Aber da Sir Julian Huxley einmal sagte, zu wenig Phantasie mache wissenschaftliches Arbeiten genauso unfruchtbar wie zu viel Thesenfreudigkeit, kann an dieser Stelle ein kleiner Ausblick sicher nicht schaden.

Ein Außenseiter stellte 1965 die Behauptung auf, die Brieftaube habe im Auge einen kleinen Magnetkompaß, und dieser sei es, der dem Vogel die Heimatrichtung zeige, wenn er sich bei bewölktem Himmel nicht mehr nach dem Sonnenstand orientieren kann.

Interessanterweise knüpft der Mathematiker Lester Talkington (283) vom Institut für praktische Mathematik der IBM in New York damit dort an, wo die deutsche Wissenschaft bei der Erforschung des magnetischen Sinnes der Brieftaube 1933 stehengeblieben ist.

Damals hatte der Berliner Geomagnetiker Professor Hermann Reich (284) aufschlußreiche Experimente mit Brieftauben der Reichswehr unternommen. Er verfrachtete die Vögel von Berlin in die Nähe des Kyffhäusers. Dort verlaufen die erdmagnetischen Feldlinien infolge unterirdischer Eisenlagerstätten nicht normal.

Normal ist folgendes: Beachtet man auch die vertikale Neigung der Feldlinien, so bemerkt man, daß diese am magnetischen Nord- und Südpol genau senkrecht zur Erdoberfläche stehen, während sie am Äquator parallel dazu verlaufen. Zwischen magnetischem Äquator und Nordpol kann man also sagen: Je nördlicher ein Punkt auf der Erdkugel liegt, desto steiler fallen dort im allgemeinen die Feldlinien ein. Am Kyffhäuser aber ist es umgekehrt. Und prompt starteten dort Professor Reichs Tauben nicht in nördlicher, sondern in südlicher, also falscher Richtung.

Dr. Talkington sagte nun auf Grund theoretischer Überlegungen in etwa dasselbe: Die geographische Breite jedes Punktes auf der Erdkugel läßt sich – von gewissen Abweichungen abgesehen – mit Hilfe der Steilheit des Einfalls der magnetischen Feldlinien feststellen. Eine verfrachtete Taube, die fähig ist, diese Steilheit zu erkennen, müßte jederzeit wissen, ob sie sich nördlich oder südlich ihres Heimatschlages befindet.

Damit ist bereits der erste Anhaltspunkt gewonnen, wie sich das Erdmagnetfeld nicht nur zur Kompaßorientierung, sondern auch zur Navigation ausnutzen läßt.

Wesentlich schwieriger ist allerdings die Frage zu beantworten, ob aus dem Erdmagnetfeld auch eine Ost-West-Verfrachtung erkennbar werden kann. So ohne weiteres ist das zweifellos nicht möglich. Aber auch hierfür hat Dr. Talkington eine Hypothese parat.

Er vergleicht die Magnetfeldorientierung mit der Orientierung im »Feld der Sonnenstrahlen«: Es ist, als würden Tiere mit einem magnetischen Sinn im Norden eine Art »magnetische Sonne« wahrnehmen, nur daß diese immer am selben Platz bleibt und daher keine Verrechnung der Kurswinkel mit der Tageszeit nötig ist. In dieser Hinsicht wäre der Magnetkompaß also noch einfacher als der Sonnenkompaß.

Von Suchbienen und Ameisen wissen wir schon (siehe Seite 52), daß sie selbst auf labyrinthischen Zickzackwegen alle Kurse und Strecken vektoriell summieren und auf diese Weise von jedem beliebigen Ort auf geradem Wege wieder heimfinden können. Vielleicht vollbringen Brieftauben dasselbe Kunststück mit Kurswinkeln, die sie relativ zur magnetischen Nordrichtung steuern?

Zum experimentellen Überprüfen seiner Hypothese führte der amerikanische Mathematiker folgende Versuche aus: Seine Brieftauben waren in Fort Monmouth im Staat New Jersey zu Hause. Von hier verfrachtete er sie 140 Kilometer westwärts nach New Hanover, und zwar aus einem besonders hinterlistigen Grund: Wie langwierige erdmagnetische Messungen ergeben hatten, führen nämlich von New Hanover zwei geographisch ganz verschiedene Wege mit nahezu übereinstimmender magnetischer Charakteristik nach Fort Monmouth. Folglich müßte ein magnetischer Sinn die Tauben auf beiden Routen heimwärts führen. Wie also würden sie fliegen? Die aufgelassenen Vögel verfolgte der Forscher mit einem Privatflugzeug und beobachtete sie unablässig durch ein Fernglas. Tatsächlich benutzten die Tiere beide Wege, obgleich der eine einen Riesenumweg fast bis nach Philadelphia machte.

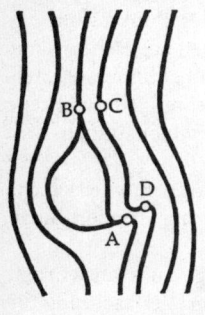

Bild 101: Orientieren sich Brieftauben am Erdmagnetfeld? Die Linien verbinden Orte mit gleicher magnetischer Charakteristik. Dr. Talkington sagt: Versetzt man Brieftauben von A nach B, kehren sie auf zwei verschiedenen Wegen heim, da es zwei Wege gleicher magnetischer Charakteristik gibt. Verfrachtet man die Vögel aber von A nach C, finden sie die Heimat nicht und irren tagelang in D umher.

Im zweiten Versuch verfrachtete Dr. Talkington dieselben Tauben 155 Kilometer weit nach Norden. Hier hatte er mit seinen hochempfindlichen Instrumenten einen Ort entdeckt, von dem eine erdmagnetische Sackgasse zu einer Stelle führt, die zwar dieselbe magnetische Charakteristik wie das heimatliche Fort Monmouth besitzt, aber ganz woanders liegt. Auch hier bestätigte sich die Theorie: Die Vögel flogen in die Sackgasse und kreisten am magnetisch richtigen, geographisch aber falschen Ort tagelang ziellos umher.

Der amerikanische Wissenschaftler hat auch schon eine Idee, wo der Magnetkompaß der Brieftaube liegen könnte: im Kammorgan (siehe Bild 97, Seite 261). Genauere Einzelheiten über die Funktionsweise eines magnetischen Sinnes müßten allerdings erst noch erforscht werden.

So tauchen auf dem unermeßlich großen Forschungsgebiet der Sinne hinter jeder neuen Erkenntnis immer weitere Fragen und Hypothesen auf, die nicht allein die Fachwelt in Atem halten. Heute haben wir bereits tiefgreifende Vorstellungen von der fast magisch anmutenden Technik gewonnen, mit der die Natur den Kontakt zwischen ihren Geschöpfen und der Umwelt herstellt. Trotzdem steht der Entdeckergeist des Menschen noch immer wie ein Astronom vor einer Unendlichkeit noch verborgener Wunder. Offenbar gibt es nichts Schwierigeres, als jene Vorgänge zu erkennen, mit denen wir die Welt erkennen.

Manch einen mag es traurig stimmen, daß sich unser Bild von der Natur gegenwärtig immer mehr in eine Art Riesenindustriegebiet voll technisch beschreibbarer Mechanismen auflöst. Auf der anderen Seite bringt diese Entwicklung aber einen unschätzbaren Vorteil mit sich: Die Biologie kann den Schritt von einer nur auf die Natur beschränkten Wissenschaft zur technischen Nutzanwendung vollziehen. Der Biologe kann Ingenieuren von technischen Erfindungen der Schöpfung berichten, die jener bislang für utopisch gehalten hat.

Damit wird der Biologe – wie es in Amerika bereits der Fall ist – Einzug in die Laboratorien der Industrie halten und dem Fortschritt unserer Zivilisation entscheidende Impulse verleihen.

Quellenverzeichnis

(1) Anton Hajos: Die optischen Fehler des Auges, Umschau, 64 (1964), S. 491–496

(2) Ivo Kohler: Experiments with Goggles, Scientific American, Vol. 206, No. 6 (May 1962), S. 63–72

(3) Derek H. Fender: Control Mechanisms of the Eye, Sc. Am., Vol. 211, No. 1 (July 1964), S. 24–33

(4) Norman Carr: Rückkehr in die Wildnis, Orell Füssli Verlag, Zürich 1963, S. 110

(5) Lorus und Margery Milne: Die Sinneswelt der Tiere und Menschen, Verlag Paul Parey, Hamburg und Berlin 1963, S. 227

(6) Roy M. Pritchard: Stabilized Images on the Retina, Sc. Am., Vol. 204, No. 6 (June 1961), S. 72–78

(7) Jerome Y. Lettvin: Two Remarks on the Visual System of the Frog, Sensory Communications, M. I. T. Press, Cambridge/Mass. 1961

(8) Über erste Anhaltspunkte berichtet: R. W. Sperry: The Growth of Nerve Circuits, Sc. Am., Vol. 201, No. 5 (Nov. 1959), S. 68–75

(9) Näheres bei: Sir John Eccles: The Synapse, Sc. Am., Vol. 212, No. 1 (Jan. 1965), S. 56–66

(10) Stephen W. Kuffler: Discharge Patterns and Functional Organisation of Mammalian Retina, Journal of Neurophysiology, Vol. 16, No. 1 (Jan. 1953), S. 37–68

(11) David H. Hubel: The Visual Cortex of the Brain, Sc. Am., Vol. 209, No. 5 (Nov. 1963), S. 54–62

(12) Lettvin, Maturana, McCulloch and Pitts: What the Frog's Eye Tells the Frog's Brain, Proc. I. R. E., No. 47 (1959), S. 1940–1951

(13) Lettvin, Maturana, McCulloch and Pitts: Anatomy and Physiology of Vision in the Frog, J. of Gen. Physiol., 43 Suppl. (1960), S. 129–175

(14) Heinz von Foerster: Biological Ideas for the Engineer, New Scientist, Vol. 15, No. 299 (9. Aug. 1962), S. 306–309

(15) M. B. Herscher, T. P. Kelley: Functional Electronic Model of the Frog Retina, Bionics Symposium 1963, Contributed Paper Pre-Prints, Wright Patterson Air Force Base, Ohio

(16) William Beebe: 923 Meter unter dem Meeresspiegel, Brockhaus-Verlag, Wiesbaden 1952

(17) Earl S. Herald und Dieter Vogt: Knaurs Tierreich in Farben – Fische, Droemersche Verlagsanstalt, München 1961, S. 112

(18) N. B. Marshall: Tiefseebiologie, Verlag Gustav Fischer, Jena 1957, S. 239

(19) Ebenda S. 263

(20) Lorus J. Milne und Fritz Bolle: Knaurs Tierreich in Farben – Niedere Tiere, Droemersche Verlagsanstalt, München 1960, S. 281

(21) Hans-Eckhard Gruner: Leuchtende Tiere, Neue Brehm-Bücherei, A. Ziemsen-Verlag, Wittenberg 1954, S. 71

(22) Ebenda S. 77

(23) Siegfried H. Jaeckel: Kopffüßer – Tintenfische, Neue Brehm-Bücherei, A. Ziemsen-Verlag, Wittenberg 1957, S. 13

(24) Siehe Quelle (20), S. 281

(25) W. Rutherford: Phosphorescent Wheel, The Marine Observer 30 (1960), No. 189, S. 128

(26) Martin Rodewald: Leuchträder des Meeres, Umschau 61 (1961), S. 177–179

(27) Kurt Kalle: Die rätselhafte und unheimliche Naturerscheinung des explodierenden und des rotierenden Meeresleuchtens, Dtsch. Hydrogr. Ztschr. 13 (1960), S. 49

(28) Siehe Quelle (21), S. 41

(29) Ebenda S. 26

(30) Friedrich Schaller: Das Licht der Tiere, Umschau 63 (1963), S. 663–665

(31) Taschenberg: Brehms Tierleben

(32) Vitus B. Dröscher: Klug wie die Schlangen, Gerhard Stalling Verlag, Oldenburg 1962, S. 55–56

(33) Friedrich Schaller: Weshalb leuchten die Glühwürmchen?, Umschau 61 (1961), S. 4–6

(34) Friedrich Schaller und H. Schwalb: Attrappenversuche mit Larven und Imagines einheimischer Leuchtkäfer, Verh. Dtsch. Zool. Ges., Bonn 1960, S. 154–166

(35) William D. McElroy and Howard H. Seliger: Biological Luminescence, Sc. Am., Vol. 207, No. 6 (Dec. 1962), S. 76–89

(36) William D. McElroy and Bentley Glass: A Symposium on Light and Life, Johns Hopkins Press, 1961

(37) White, McCapra, Field and McElroy: The Structure and Synthesis of Firefly Luciferin, J. Amer. Chem. Soc., Vol. 83 (1961), S. 2402

(38) Zitiert nach Karl v. Frisch: Aus dem Leben der Bienen, Springer Verlag, Berlin 1959, S. 78

(39) Genauere Darstellung bei Dietrich Burkhardt: Untersuchungen an einzelnen Sehzellen, Umschau 64 (1964), S. 312–313

(40) Die Sehschärfe eines Insektenauges ist besser, als man nach der physiologischen Struktur meinen sollte. Das zeigen Rudolf Jander und Christiane Voss: Die Bedeutung von Streifenmustern für das Formensehen der Roten Waldameise, Zeitschr. f. Tierpsychologie 20 (1963), S. 1–9

(41) Herbert Heran: Wie überwacht die Biene ihren Flug?, Umschau 64 (1964), S. 299–303

(42) Bernhard Hassenstein und Werner Reichardt: Wie sehen Insekten Bewegungen?, Umschau 59 (1959), S. 302–305

(43) Siehe Quelle (38), S. 80

(44) Rudolf Jander: Die Detektortheorie optischer Auslösemechanismen von Insekten, Zeitschr. f. Tierpsychologie 21 (1964), S. 302–307

(45) Martin Lindauer: Ocellen registrieren den Dämmerungsgrad, Biol. Zbl. 82 (1963), S. 721

(46) Eberhard Dodt: Mitteilungen der Max-Planck-Gesellschaft, 1964

(47) J. de la Motte: Über die augenunabhängige Lichtwahrnehmung bei Fischen, Referat in Naturwiss. Rundschau 16 (1963), S. 487. Original: Die Naturwissenschaften 50 (1963), S. 363

(48) W. Petri: Sehende Finger, Naturwiss. Rundschau 16 (1963), S. 407–408

(49) Bericht: Eyeless. Vision Unmasked, Sc. Am., Vol. 212, No. 3 (March 1965), S. 57

(50) L. Goettert: Orientierungsmöglichkeiten beim augenlosen Höhlenfisch, Naturwiss. Rundschau 15 (1962), S. 56–58

(51) Rudolf Braun: Zum Lichtsinn augenloser Muscheln, Zool. Jahrbuch, Abt. Physiologie 65 (1954), S. 194

(52) Rudolf Braun: Der Lichtsinn augenloser Tiere, Umschau 58 (1958), S. 306–309 siehe auch
Wolfgang v. Buddenbrock: Vergleichende Physiologie, Band 1: Sinnesphysiologie, Basel 1952

(53) Vincent G. Dethier und Eliot Stellar: Das Verhalten der Tiere, Kosmos-Studienbücher, Stuttgart 1964, S. 15

(54) Gerti Dücker: Farbensehen bei Säugetieren, Umschau 61 (1961), S. 231–232

(55) Bericht: Discriminating Cats, Sc. Am., Vol. 210, No. 6 (June 1964), S. 59

(56) E. Nickel: Vom Farbensinn der Alligatoren, Zeitschr. f. vergl. Physiologie 43 (1960), S. 37

(57) W. R. A. Muntz: What the Frog's Eye Tells the Frog's Brain, Journal of Neurophysiology, November 1962

(58) Martin Lindauer: Fortschritte der Zoologie, 1963, Band 16, Lieferung 1, Allgem. Sinnesphysiologie, S. 59–140

(59) Hansjochem Autrum: Wie nimmt das Auge Farben wahr?, Umschau 63 (1963), S. 332–336

(60) Edward F. MacNichol, jr.: Three-Pigment Color Vision, Sc. Am., Vol. 211, No. 6 (Dec. 1964), S. 48–56

(61) Gunnar Svaetichin and Edward F. MacNichol: Retinal Mechanisms for Chromatic and Achromatic Vision, Ann. New York Ac. Sci., 74 (1958), S. 385–404

(62) Siehe Quelle (38), S. 65

(63) Siehe Quelle (5), S. 241

(64) Wulf Enno Ankel: Begegnung mit Limulus, Natur und Volk 88 (1958), S. 101–110

(65) Vitus B. Dröscher: Klug wie die Schlangen – Die Erforschung der Tierseele, Gerhard Stalling Verlag, Oldenburg 1962, S. 173

(66) Ebenda, S. 29–32 und T. H. Bullock and R. B. Cowles: Physiology of an Infrared Receptor. The Facial Pit of Vipers, Science, Vol. 115 (1952), S. 541–543

(67) Siehe Quelle (5), S. 99

(68) Phillip S. Callahan: Insects Tuned in to Infrared Rays, New Scientist, Vol. 23, No. 400 (16 July 1964), S. 137–138

(69) Konrad Herter: Der Temperatursinn der Tiere, Neue Brehm-Bücherei, A. Ziemsen-Verlag, Wittenberg 1962, S. 37

(70) Manfred Zahn: Thermotaktische Orientierung der Schollen, Umschau 63 (1963), S. 711

(71) Herbert Heran: Untersuchungen über den Temperatursinn der Honigbiene, Zeitschr. f. vergl. Physiologie 34 (1952), S. 179–206

(72) S. Dijkgraaf: Untersuchungen über den Temperatursinn der Fische, Zeitschr. f. vergl. Physiologie 27 (1940), S. 587–605; Zeitschr. f. vergl. Physiologie 30 (1943), S. 252

(73) H. J. Frith: Incubator Birds, Sc. Am., Vol. 201, No. 2 (Aug. 1959), S. 52–58

(74) Precht, Christophersen und Hensel: Temperatur und Leben, Springer Verlag, Berlin 1955

(75) Y. Zottermann: Special Senses: Thermal Receptors, Ann.-Rev. Physiol. 15 (1953), S. 357–372

(76) Ralph Buchsbaum und Lorus Milne: Knaurs Tierreich in Farben – Niedere Tiere, Droemersche Verlagsanstalt, München 1960, S. 183

(77) Siehe Quelle (69), S. 43–70

(78) T. H. Benzinger: The Human Thermostat, Sc. Am., Vol. 204, No. 1 (Jan. 1961), S. 134–147

(79) Bericht: Cells in the Brain Sensitive to Temperature, New Scientist, Vol. 25, No. 428 (28 Jan. 1965), S. 227

(80) Rudolf Thauer: Kältesensible Sinneszellen auch im Körpergewebe, Die Naturwissenschaften (1964), Nr. 4

(81) Lorus und Margery Milne: Die Sinneswelt der Tiere und Menschen, Verlag Paul Parey, Berlin 1963, S. 110

(82) Rémy Chauvin: Tiere unter Tieren, Scherz-Verlag, Bern 1964, S. 120–121

(83) Karl v. Frisch: Aus dem Leben der Bienen, Springer Verlag, Berlin 1953, S. 28

(84) Martin Lüscher: Air-conditioned Termite Nests, Sc. Am., Vol. 205, No. 1 (July 1961), S. 138–145

(85) Vitus B. Dröscher: Klug wie die Schlangen – Die Erforschung der Tierseele, Gerhard Stalling Verlag, Oldenburg 1962, S. 87–90

(86) Ein weiteres Beispiel einer Zwischenstufe zwischen gleich- und wechselwarmen Tieren sind Fledermäuse. Näheres hierüber bei Erwin Kulzer: Der Thermostat der Fledermäuse, Natur und Museum, Bd. 95, Nr. 8 (Aug. 1965), S. 331–345; Erwin Kulzer: Sind die Großfledermäuse wechselwarme Tiere oder Warmblüter?, Umschau 63 (1963), S. 689–692

(87) Herbert Precht: Anpassungen wechselwarmer Tiere, Naturwiss. Rundschau 17 (1964), S. 438–442

(88) Henry K. Beecher: Measurement of Subjective Responses, Oxford University Press, 1959

(89) William R. Thompson and Ronald Melzack: Early Environment, Sc. Am., Vol. 194, No. 1 (Jan. 1956)

(90) Patrick D. Wall: Cord Cells Responding to Touch, Damage and Temperature of Skin, Journal of Neurophysiology, Vol. 23, No. 2 (March 1960), S. 197–210

(91) Ronald Melzack: The Perception of Pain, Sc. Am., Vol. 204, No. 2 (Febr. 1961), S. 41–49

(92) Bericht: Ultrasound Exorcises a Phantom Limb, New Scientist, Vol. 23, No. 409 (17 Sept. 1964), S. 682

(93) William F. Hall: Sensing Partial Failures – a Step toward Self-Healing, Bionics Symposium 1963, Contributed Paper Pre-Prints, Wright Patterson Air Force Base, Ohio, S. 259

(94) Walter Neuhaus: Wieviel Riechsinneszellen besitzen Hunde?, Umschau 55 (1955), S. 421

(95) Walter Neuhaus: Die Fährtenreinheit des Hundes, Umschau 58 (1958), S. 161–163

(96) Walter Neuhaus: Ist die Riechfähigkeit des Hundes veränderlich?, Umschau 61 (1961), S. 36–37

(97) Karl P. Schmidt und Robert F. Inger: Knaurs Tierreich in Farben – Reptilien, Droemersche Verlagsanstalt, München 1957, S. 11

(98) Bericht: Do Fish Taste through their Skin?, New Scientist, Vol. 28, No. 470 (18 Nov. 1965), S. 511

(99) Irenäus Eibl-Eibesfeldt: Im Reich der tausend Atolle, R. Piper Verlag, München 1964, S. 44–45

(100) S. L. Smith: Clam-digging Behaviour in the Starfish, Behaviour, Vol. 18 (1961), S. 148–151

(101) Nikolaas Tinbergen: Von den Vorratskammern des Rotfuchses, Zeitschr. f. Tierpsychologie 22 (1965), S. 119–149

(102) J. Klingler: Anziehungsversuche mit CO_2, Nematologia (Leiden) 6 (1961), S. 69–84

(103) Howard I. Maibach: Insect Attractants, University of California Information Release, 1965

(104) Harold Heatwole, Donald M. Davis und Adrian M. Wenner: The Behaviour of Megarhyssa, Zeitschr. f. Tierpsychologie 19 (1962), S. 652–664

(105) Bericht: Crunching Sounds Rouse these Males, New Scientist, Vol. 23, No. 402 (30 July 1964), S. 282

(106) R. C. Fischer: A Study in Insect Multiparasitism, J. exp. Biol. 38 (1961), S. 267–275

(107) R. L. Doutt: The Biology of Parasitic Hymenoptera, Ann. Rev. Entomol. 4 (1959), S. 161–182

(108) A. H. Kaschef: Sur le comportement de Lariophagus distinguendus, Behaviour 14 (1959), S. 108–122

(109) Friedrich Dörbeck: Die Lachswanderung im nördlichen Fernosten, Natur und Volk 85 (1955), S. 391–399

(110) J. R. Brett: The Swimming Energetics of Salmon, Sc. Am., Vol. 213, No. 2 (Aug. 1965), S. 80–85

(111) W. A. Clemens, R. E. Foerster, A. L. Pitchard: Migration and Conservation of Salmon, Publ. Am. Assoc. Advance Sci. 8 (1939), S. 51–59

(112) L. R. Donaldson and G. H. Allen, Trans. Am. Fisheries Soc. 87 (1957), S. 13

(113) Arthur D. Hasler: Wegweiser für Zugfische, Naturwiss. Rundschau 15 (1962), S. 302–310

(114) Harald Teichmann: Das Riechvermögen des Aales, Naturwissenschaften 44 (1957), S. 242

(115) Adolf Butenandt: Über Wirkstoffe des Insektenreiches, Naturwiss. Rundschau 8 (1955), S. 457–464

(116) Erich Hecker: Sexuallockstoffe – hochwirksame Parfüms der Schmetterlinge, Umschau 59 (1959), S. 465–467 und S. 499–502

(117) Vitus B. Dröscher: Klug wie die Schlangen – Die Erforschung der Tierseele, Gerhard Stalling Verlag, Oldenburg 1965, S. 164–168

(118) Günther Stein: Der Sexuallockstoff von Hummelmännchen, Umschau 64 (1964), S. 54

(119) Martin Lindauer: Fortschritte der Zoologie, Band 16 (1963), Lieferung 1, Orientierung im Raum, S. 100

(120) B. Kullenberg: Field Experiments with Chemical Sexual Attractants, J. Zool. Bidr. fran. (Uppsala) 31 (1956), S. 253–254

(121) A. Butenandt, R. Beckmann, D. Stamm, E. Hecker: Der Sexuallockstoff des Seidenspinners, Z. Naturforsch. 14 b (1959), S. 283

(122) Martin Jacobson and Morton Beroza: Insect Attractants, Sc. Am., Vol. 211, No. 2 (Aug. 1964), S. 20–27

(123) Bericht: Versagen eines Sexuallockstoffes durch geringe Verunreinigungen, Umschau 65 (1965), S. 720

(124) Karl v. Frisch: Über einen Schreckstoff der Fischhaut und seine biologische Bedeutung, Zeitschr. f. vergl. Physiologie 29 (1941), S. 46–145

(125) Wolfgang Pfeiffer: Die Schreckreaktion der Fische, Umschau 65 (1965), S. 401–405

(126) Erwin Kulzer: Neuere Untersuchungen über Schreck- und Warnstoffe im Tierreich, Naturwiss. Rundschau 12 (1959), S. 296–302

(127) F. Schutz: Vergleichende Untersuchungen über die Schreckreaktion bei Fischen, Zeitschr. f. vergl. Physiologie 38 (1956), S. 84–135

(128) Rolf Hennig: Über einige Verhaltensweisen des Rehwildes in freier Wildbahn, Zeitschr. f. Tierpsychologie 19 (1962), S. 223–229

(129) Rolf Hennig: Über das Revierverhalten der Rehböcke, Zeitschr. f. Jagdwissenschaft 8 (1962), S. 61–81

(130) Irenäus Eibl-Eibesfeldt: Angeborenes und Erworbenes im Verhalten einiger Säuger, Zeitschr. f. Tierpsychologie 20 (1963), S. 733

(131) Bericht: Why Rabbits Rub their Chins, New Scientist, Vol. 26, No. 438 (8 April 1965), S. 78

(132) Bernhard Grzimek: Wir lebten mit den Baule, Verlag Ullstein, Berlin 1963, S. 38

(133) Günter Tembrock: Grundlagen der Tierpsychologie, Akademie-Verlag, Berlin 1963, S. 164

(134) Siehe Quelle (119), S. 110

(135) Konrad Lorenz: Das sogenannte Böse, Dr. G. Borotha-Schoeler Verlag, Wien 1963, S. 55–56

(136) Peter Karlson and Adolf Butenandt: Pheromones (Ectohormones) in Insects, Annual Review of Entomology, Vol. 4 (1959), S. 39–58

(137) P. Karlson und M. Lüscher: Pheromone, Die Naturwissenschaften 1959, S. 63–64

(138) Edward O. Wilson: Pheromones, Sc. Am., Vol. 208, No. 5 (May 1963), S. 100–114

(139) G. H. Schmidt: Pheromone als Spurstoffe bei Ameisen, Naturwiss. Rundschau 18 (1965), S. 197–198

(140) D. Botsch: Mathematische Analyse der Pheromonwirkung bei Insekten, Naturwiss. Rundschau 17 (1964), S. 149

(141) Bericht: Termiten geben Klopfzeichen, Umschau 64 (1964), S. 155

(142) Peter Kaiser: Hormonalorgane steuern die Kastenentwicklung der Termiten, Umschau 56 (1956), S. 651–653

(143) H. Scherf: Sozialwirkstoffe bei Termiten, Naturwiss. Rundschau 15 (1962), S. 322

(144) J. Pain: Sur la phéromone des reines d'abeilles et ses effets physiologiques, Ann. Abeille 4 (1961), S. 73–152

(145) Bericht: Mosquitoes Succumb to Queen Substance, New Scientist, Vol. 27, No. 453 (July 1965), S. 219

(146) C. B. Williams: Die Wanderflüge der Insekten, Verlag Paul Parey, Hamburg 1961, S. 81–104

(147) Adolf Remane: Das soziale Leben der Tiere, Rowohlts deutsche Enzyklopädie, Nr. 97, S. 9–11

(148) Rémy Chauvin: Tiere unter Tieren, Scherz-Verlag, Bern 1964, S. 150–157

(149) T. T. Macan: Self-controls on Population Size, New Scientist, Vol. 28, No. 474 (Dec. 1965), S. 801–803

(150) V. C. Wynne-Edwards: Animal Dispersion in Relation to Social Behaviour, Oliver and Boyd, Edinburgh 1962

(151) Helen M. Bruce and A. S. Parkes: Olfactory Stimuli in Mammalian Reproduction, Science, Vol. 134, No. 3485 (Oct. 1961), S. 1049–1054

(152) Bericht: Identifying People by their Smell, New Scientist, Vol. 28, No. 472 (Dec. 1965), S. 650

(153) Dietrich Schneider: Neue Experimente zum Geruchsproblem, Sandorama, Juni 1965, S. 22–23

(154) Amoore, Johnston and Rubin: The Stereochemical Theory of Odor, Sc. Am., Vol. 210, No. 2 (Febr. 1964), S. 42–49; deutsche Übersetzung in der Umschau 64 (1964), S. 600–603

(155) Dietrich Schneider: Vergleichende Rezeptorphysiologie am Beispiel der Riechorgane von Insekten, Jahrbuch 1963 der Max-Planck-Gesellschaft, S. 149–177

(156) Dietrich Schneider, Veit Lacher und Karl-Ernst Kaissling: Die Reaktionsweise und das Reaktionsspektrum von Riechzellen bei Antheraea pernyi, Zeitschr. f. vergl. Physiologie 48 (1964), S. 632–662

(157) Veit Lacher: Elektrophysiologische Untersuchungen an einzelnen Rezeptoren für Geruch, Kohlendioxyd, Luftfeuchtigkeit und Temperatur auf den Antennen der Arbeitsbiene und der Drohne, Zeitschr. f. vergl. Physiologie 48 (1964), S. 587–623

(158) C. v. Euler und U. Söderberg: Medullary Chemosensitive Receptors, Journal of Physiology (London) 118 (1952), S. 545–554

(159) Ivan T. Sanderson: Knaurs Tierreich in Farben – Säugetiere, Droemersche Verlagsanstalt, München 1956, S. 54

(160) Franz Peter Möhres und E. Kulzer: Zeitschr. f. vergl. Physiologie 38 (1956), S. 1

(161) Donald R. Griffin: Echo-Ortung der Fledermäuse, Naturwiss. Rundschau 15 (1962), S. 169–173

(162) Donald R. Griffin: Listening in the Dark, Yale University Press, 1958, S. 413

(163) Anton Kolb: Wie orientieren sich Fledermäuse während des Fressens?, Umschau 65 (1965), S. 334–335

(164) Franz Peter Möhres: Bildhören – eine neuentdeckte Sinnesleistung der Tiere, Umschau 60 (1960), S. 673–678

(165) Anton Kolb: Jagen Fledermäuse nur im Fluge?, Umschau 59 (1959), S. 334–335

(166) Heinrich Hertel: Struktur – Form – Bewegung, in der Reihe Biologie und Technik, Kraußkopf Verlag, Mainz 1963, S. 23–24

(167) Kenneth D. Roeder: Moths and Ultrasound, Sc. Am., Vol. 212, No. 4 (April 1965), S. 94–102

(168) Kenneth D. Roeder and Asher E. Treat: The Detection and Evasion of Bats by Moths, American Scientist, Vol. 49, No. 2 (June 1961), S. 135–148

(169) Hans Kietz: persönliche Mitteilung

(170) Dorothy C. Dunning and Kenneth D. Roeder: Moth Sounds and the Insect-catching Behavior of Bats, Science, Vol. 147, No. 3654 (Jan. 1965), S. 173–174

(171) Hubert Frings and Mable Frings: Sound against Insects, New Scientist, Vol. 26, No. 446 (June 1965), S. 634–637

(172) Hans Hass: persönliche Mitteilung

(173) Näheres bei S. Rauch: Die Ionenverteilung im Innenohr, Umschau 65 (1965), S. 171–172

(174) Hans Schneider: Auch Fische haben eine Sprache, Umschau 64 (1964), S. 166–170

(175) Irenäus Eibl-Eibesfeldt: Im Reich der tausend Atolle, R. Piper Verlag, München 1964, S. 48

(176) V. C. Wynne-Edwards: Animal Dispersion in Relation to Social Behaviour, Oliver and Boyd, Edinburgh 1962, S. 71, 196, 201–202, 337–338

(177) Hans Schneider: Siehe Quelle (173)

(178) Sven Dijkgraaf: The Functioning and Significance of the Lateral-line Organs, Biol. Review 38 (1963), S. 51–105

(179) J. Schwartzkopff: Die Stufenleiter des Hörens, Umschau 60 (1960), S. 4–7

(180) Claus Timm: Ultraschallhören, Experientia, Jahrg. 1950, S. 3571

(181) E. Zwicker: Funktionsmodelle bei der Erforschung des Gehörs, Umschau 63 (1963), S. 698–701

(182) Mark R. Rosenzweig: Auditory Localization, Sc. Am., Vol. 205, No. 4 (Oct. 1961), S. 132–142

(183) Werner Endres: Automatische Spracherkennung, Umschau 66 (1966), S. 152–157

(184) W. C. Dersch: A Decision Logic for Speech Recognition, IBM-Techn. Report, December 1961

(185) H. G. Tillmann: Konstruktion eines Automaten zur Identifikation von Wortsignalen, Intern. Bericht des Inst. f. Phonetik u. Kommunikationsforschung der Universität Bonn, 1964

(186) H. Kusch: Automatische Erkennung gesprochener Zahlen, Nachrichtentechnische Zeitschrift 18 (1965), Heft 2, S. 57–62

(187) Ernst Kilian: Wie verhalten sich Tiere bei Erdbeben?, Naturwiss. Rundschau 17 (1964), S. 135–139

(188) Wolfdietrich Kühme: Verhaltensstudien am maulbrütenden und am nestbauenden Kampffisch, Zeitschr. f. Tierpsychologie 18 (1961), S. 33–55

(189) Lorus und Margery Milne: Die Sinneswelt der Tiere und Menschen, Verlag Paul Parey, Hamburg 1963, S. 43

(190) Erwin Tretzel: Die Sprache bei Spinnen, Umschau 63 (1963), S. 372–376 und 403–407

(191) Bericht: Buzzing the Queen, Sc. Am., Vol. 207, No. 6 (Dec. 1962), S. 70–71

(192) Harald Esch: Über die Schallerzeugung beim Werbetanz der Honigbiene, Zeitschr. f. vergl. Physiologie 45 (1961), S. 1–11

(193) Harald Esch: Auch Lautäußerungen gehören zur Sprache der Bienen, Umschau 62 (1962), S. 293–296

(194) Bericht: Device Helps the Blind to See Print, New Scientist, Vol. 24, No. 411 (Oct. 1964), S. 10

(195) R. Darchen: La construction sociale chez Apis mellifica, Insectes sociaux 3 (1956)

(196) Rémy Chauvin: Tiere unter Tieren, Scherz-Verlag, Bern 1964, S. 84

(197) D. Merrill: Why Caddis-worms Stop Building, New Scientist, Vol 26, No. 445 (May 1965), S. 589

(198) W. Rathmayer: Das Paralysierungsproblem beim Bienenwolf, Zeitschr. f. vergl. Physiologie 45 (1962), S. 413–462

(199) Siehe Quelle (189), S. 28

(200) Otto Koenig: Kif-Kif. Menschliches und Tierisches zwischen Sahara und Wilhelminenberg, Wollzeilenverlag, Wien 1962, S. 201

(201) D. Burkhardt und G. Schneider: Zeitschr. f. Naturforschung 12 b (1957), S. 139

(202) Vitus B. Dröscher: Klug wie die Schlangen – Die Erforschung der Tierseele, Gerhard Stalling Verlag, Oldenburg 1965, S. 48–52

(203) Georg Birukow: Die Windorientierung des Mistkäfers, Zeitschr. f. Tierpsychologie 15 (1958), S. 265

(204) Herbert Heran: Wie überwacht die Biene ihren Flug?, Umschau 64 (1964), S. 299–303

(205) Volker Neese: Zur Funktion der Augenborsten bei der Honigbiene, Zeitschr. f. vergl. Physiologie 49 (1965), S. 543–585

(206) Detlef Bückmann: Nehmen Insekten die Schwerkraft wahr?, Umschau 56 (1956), S. 309–311

(207) U. Bässler: Versuche zur Orientierung der Stechmücken, Zeitschr. f. vergl. Physiologie 41 (1958), S. 300

(208) Martin Lindauer und J. O. Nedel: Zeitschr. f. vergl. Physiologie 42 (1959), S. 334

(209) Hubert Markl: Wie orientieren sich Ameisen nach der Schwerkraft?, Umschau 65 (1965), S. 185–188

(210) Hellmuth Decher: Neue Erkenntnisse über den menschlichen Gleichgewichtsapparat, Umschau 65 (1965), S. 738–740

(211) Herman A. Witkin: The Perception of the Upright, Sc. Am., Vol. 200, No. 2 (Febr. 1959), S. 50–56

(212) Herman A. Witkin: Personality Through Perception. An Experimental and Clinical Study, Harper and Brothers, 1954

(213) W. B. Cannon and A. L. Washburn: American Journal of Physiology, Vol. 29 (1912), S. 441–454

(214) Ch. Kayser: Wie entsteht Hunger?, Umschau 65 (1965), S. 129–132

(215) J. Mayer: Annual of the New York Ac. Sci. 63 (1955), S. 15–43

(216) Arthur Jores: Ist Fettsucht eine Krankheit?, Wiesbadener Symposium der Deutschen Gesellschaft für Innere Medizin, 1965

(217) M. Hertz: Eine Bienendressur auf Wasser, Zeitschr. f. vergl. Physiologie 21 (1935), S. 463–467

(218) Bericht: A Pressure Gauge in the Kidney?, New Scientist, Vol. 28, No. 471 (Nov. 1965), S. 561–562

(219) Benjamin W. Zweifach: The Microcirculation of the Blood, Sc. Am., Vol. 200, No. 1 (Jan. 1959), S. 54–60

(220) Clement A. Smith: The First Breath, Sc. Am., Vol. 209, No. 4 (Oct. 1963), S. 27–35

(221) Hans Winterstein: 50 Jahre Reaktionstheorie der Atmung, Naturwiss. Rundschau 14 (1961), S. 413–415

(222) Keith R. Porter and Clara Franzini-Armstrong: The Sarcoplasmic Reticulum, Sc. Am., Vol. 212, No. 3 (March 1965), S. 73–80

(223) G. J. V. Nossal: How Cells Make Antibodies, Sc. Am., Vol. 211, No. 6 (Dec. 1964), S. 106–114

(224) H. W. Lissmann: On the Function and Evolution of Electric Organs in Fish, The Journal of Experimental Biology 35 (1958), S. 156–191

(225) H. W. Lissmann: Electric Location by Fishes, Sc. Am., Vol. 208, No. 3 (March 1963), S. 50–59

(226) Den gegenwärtigen Stand auf diesem Gebiet zeichnet Harry Grundfest: Electric Fishes, Sc. Am., Vol. 203, No. 4 (Oct. 1960), S. 115–124

(227) Franz Peter Möhres: Die elektrischen Fische, Natur und Volk 91 (1961), S. 1–13

(228) Wilhelm Harder: Elektrische Fische, Umschau 65 (1965), S. 467–473 und 492–496

(229) E. Thomas Gilliard und Georg Steinbacher: Knaurs Tierreich in Farben – Vögel, Droemersche Verlagsanstalt, München 1959, S. 209

(230) Bericht: The Remarkable Time-table of the Mutton-birds, New Scientist, Vol. 23, No. 401 (July 1964), S. 203

(231) Ernst Schüz: Vom Vogelzug, Verlag Dr. Paul Schöps, Frankfurt/M. 1952, S. 39

(232) H. Rittinghaus: Flughöhen von Zugvögeln, Die Vogelwarte 19 (1957), Heft 2, S. 90

(233) Erich Dautert: Auf Walfang und Robbenjagd im Südatlantik, Seemann Verlag, Leipzig 1935

(234) Hanno Ciliax: persönliche Mitteilung

(235) E. J. Slijper, W. L. van Utrecht und C. Naaktgeboren: Ergebnisse der Walforschung an Hand von Schiffsbeobachtungen, Umschau 65 (1965), S. 774–779

(236) E. J. Slijper: Riesen des Meeres, eine Biologie der Wale und Delphine, Verständliche Wissenschaft, Springer Verlag, Berlin 1962

(237) Bericht: Isotopes for Tracing Whale Movements?, New Scientist, Vol. 24, No. 422 (Dec. 1964), S. 770

(238) Bericht: Transatlantische Reise eines markierten Kabeljaus, Umschau 63 (1963), S. 320

(239) Wolfgang Pfeiffer: Die geruchliche und optische Orientierung der Fische, Dragoco Report, 1965, S. 231–241

(240) Bericht: Thune überqueren die Ozeane, Umschau 60 (1960), S. 306

(241) G. Hempel: Schwankungen in den skandinavischen Heringsbeständen, Umschau 61 (1961), S. 758–759

(242) Erna Pinner: Die lange Reise des Dornhais, Naturwiss. Rundschau 18 (1965), S. 205–206

(243) D. W. Tucker: Nature, Vol. 183 (1959), S. 495

(244) Bericht: Wandern unsere Aale ins Sargasso-Meer?, Umschau 60 (1960), S. 594

(245) Carrington B. Williams: Die Wanderflüge der Insekten, Verlag Paul Parey, Hamburg 1961, S. 116–117

(246) C. G. Johnson: The Aerial Migration of Insects, Sc. Am., Vol. 209, No. 6 (Dec. 1963), S. 132–138

(247) K. Burmann: Massenflüge des grauen Lärchenwicklers, Anzeiger für Schädlingskunde 38 (1965), S. 4–7

(248) E. R. Baylor and F. E. Smith: The Orientation of Cladocera to Polarized Light, American Naturalist 87 (1953), S. 97

(249) R. Bainbridge and T. H. Waterman: Polarized Light and the Orientation of two Marine Crustacea, Journal of Exp. Biol. 34 (1957), S. 342

(250) Marianne Geisler: Untersuchungen zur Tagesperiodik des Mistkäfers, Zeitschr. f. Tierpsychologie 18 (1961), S. 389–420

(251) Näheres bei
Erwin Bünning: Die physiologische Uhr, Springer Verlag, Berlin, 2. Auflage 1963

(252) Georg Birukow: Lichtkompaßorientierung beim Wasserläufer, Zeitschr. f. Tierpsychologie 13 (1956), S. 463–484

(253) L. Pardi: Modificazione sperimentale della direzione di fuga negli anfipodi ad orientamento solare, Zeitschr. f. Tierpsychologie 14 (1957), S. 261–275

(254) F. Papi and P. Tongiorgi: Innate and Learned Components in the Astronomical Orientation of Wolf spiders, Ergebnisse der Biologie 26 (1963), S. 259–280

(255) Karl v. Frisch: Tanzsprache und Orientierung der Bienen, Springer Verlag, Berlin 1965, S. 134–136 und S. 367

(256) J. Reimann: Die Sonnenorientierung der Waldameise, Diplomarbeit, Freiburg i. Br. 1964, zitiert nach
Rudolf Jander: Die Hauptentwicklungsstufen der Lichtorientierung bei den tierischen Organismen, Naturwiss. Rundschau 18 (1965), S. 318–324

(257) Siehe Quelle (255), S. 384–476

(258) T. H. Goldsmith and D. E. Philpott: The Microstructure of the Compound eyes of Insects, Journal of biophysical and biochemical Cytology 3 (1957), S. 429–438

(259) T. H. Goldsmith: Fine Structure of the Retinulae in the Compound eye of the Honeybee, Journal of Cell Biology 14 (1962), S. 489–494

(260) A. C. Perdeck: Two Types of Orientation in Migrating Starlings, Ardea (Leiden) 46 (1958), S. 1–37

(261) Klaus Schmidt-Koenig: Über die Orientierung der Vögel, Die Naturwissenschaften 51 (1964), S. 423–431

(262) Hans Freiherr Geyr v. Schweppenburg: Zur Terminologie und Theorie der Leitlinie, Journal für Ornithologie 104 (1963), S. 191–204

(263) Gustav Kramer: Die Sonnenorientierung der Vögel, Verhandlungen der Deutschen Zoologischen Gesellschaft in Freiburg 1952, Leipzig 1953, S. 72–84

(264) Hans Löhrl: Vom Orientierungssinn der Tiere, Sandosz-Panorama, November 1964

(265) G. V. T. Matthews: Bird Navigation, Cambridge University Press 1955

(266) C. J. Pennycuick: Journal of Exp. Biology 37 (1960), S. 573

(267) Klaus Schmidt-Koenig: Neue Versuche zum Orientierungsvermögen von Brieftauben, Umschau 65 (1965), S. 502–507

(268) Wolf Engels, Mathilde Esser und Hinrich Rahmann: Anlockung nächtlich ziehender Kraniche durch Großstadtlichter, Die Vogelwarte 22 (1964), S. 177–178

(269) Franz und Eleonore Sauer: Zugvögel als Navigatoren, Naturwiss. Rundschau 13 (1960), S. 88–95

(270) Vitus B. Dröscher: Klug wie die Schlangen – Die Erforschung der Tierseele, Gerhard Stalling Verlag, Oldenburg 1965, S. 207–217

(271) Karl Cleve: Der Anflug der Schmetterlinge an künstliche Lichtquellen, Mitteilungen der Deutschen Entomologischen Gesellschaft 23 (1964), S. 66–76

(272) Friedrich Wilhelm Merkel und Wolfgang Wiltschko: Magnetismus und Richtungsfinden zugunruhiger Rotkehlchen, Die Vogelwarte 23 (1965), S. 71–77

(273) Friedrich Wilhelm Merkel, Hans Georg Fromme und Wolfgang Wiltschko: Nicht-visuelles Orientierungsvermögen bei nächtlich zugunruhigen Rotkehlchen, Die Vogelwarte 22 (1964), S. 168–173

(274) Hans Georg Fromme: Untersuchungen über das Orientierungsvermögen nächtlich ziehender Kleinvögel, Zeitschr. f. Tierpsychologie 18 (1961), S. 205–220

(275) A. L. DeVries and D. E. Wohlschlag: Science 145 (1964), S. 292

(276) Jacques Bovet: Ein Versuch, wilde Mäuse unter Ausschluß optischer, akustischer und chemischer Merkmale auf Himmelsrichtungen zu dressieren, Zeitschr. f. Tierpsychologie 22 (1965), S. 839–859

(277) J. O. Hüsing, F. Struss und W. Weide: Die Naturwissenschaften 47 (1960), S. 22–23

(278) Günther Becker: Wirkung magnetischer Felder auf Insekten, Zeitschr. f. angewandte Entomologie 54 (1964), S. 75–88

(279) Günther Becker: Eine Magnetfeldorientierung bei Termiten, Die Naturwissenschaften 50 (1963), S. 455

(280) F. Schneider: Beeinflussung der Aktivität des Maikäfers durch Veränderung der gegenseitigen Lage magnetischer und elektrischer Felder, Mitteilungen d. Schweizerischen Entomologischen Gesellschaft 33 (1961), S. 223–237

(281) Otto Koehler: Besprechung des Buches von H. Autrum: Ergebnisse der Biologie, Orientierung der Tiere, 26 (1963), Springer Verlag, Berlin, S. 135–146 in der Zeitschr. f. Tierpsychologie 20 (1963), S. 762

(282) F. A. Brown, M. F. Bennett and H. M. Webb: A Magnetic Compass Response of an Organism, Biol. Bull. 119 (1960), S. 65–74

(283) Lester Talkington: Magnetic-Force Theory on Migration Supported, Medical Tribune, Febr. 1965

(284) Hermann Reich: persönliche Mitteilung

Personen- und Sachregister

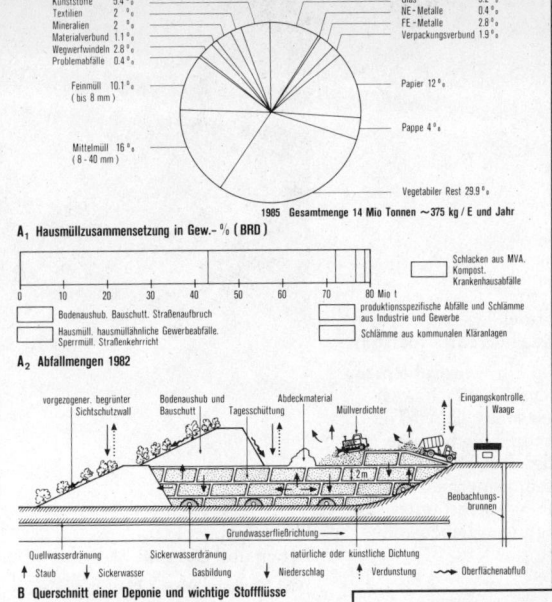

A₁ Hausmüllzusammensetzung in Gew.-% (BRD)

Kunststoffe 5.4 %
Textilien 2 %
Mineralien 2 %
Materialverbund 1.1 %
Wegwerfwindeln 2.8 %
Problemabfälle 0.4 %

Feinmüll 10.1 % (bis 8 mm)

Mittelmüll 16 % (8 - 40 mm)

Glas 9.2 %
NE-Metalle 0.4 %
FE-Metalle 2.8 %
Verpackungsverbund 1.9 %

Papier 12 %

Pappe 4 %

Vegetabiler Rest 29.9 %

1985 Gesamtmenge 14 Mio Tonnen ~375 kg / E und Jahr

A₂ Abfallmengen 1982

Schlacken aus MVA. Kompost. Krankenhausabfälle

Bodenaushub. Bauschutt. Straßenaufbruch

Hausmüll. hausmüllähnliche Gewerbeabfälle. Sperrmüll. Straßenkehricht

produktionsspezifische Abfälle und Schlämme aus Industrie und Gewerbe

Schlämme aus kommunalen Kläranlagen

B Querschnitt einer Deponie und wichtige Stoffflüsse

vorgezogener. begrünter Sichtschutzwall
Bodenaushub und Bauschutt
Tagesschüttung
Abdeckmaterial
Müllverdichter
Eingangskontrolle. Waage

Beobachtungsbrunnen

Grundwasserfließrichtung

Quellwasserdränung
Sickerwasserdränung
natürliche oder künstliche Dichtung

Staub | Sickerwasser | Gasbildung | Niederschlag | Verdunstung | Oberflächenabfluß

C Anbauprozesse organischer Stoffe und Deponiegaszusammenset...

BIOMASSE → Zucker, Glycerin, Fettsäuren
Aminosäuren, Propionsäure, Buttersäure, Alkohole, Essigsäure
Methan, Kohlendioxid (Biogas)

Hydrolyse | Säurebildung | Methanbildung

N₂
CO₂
CH₄
O₂
H₂

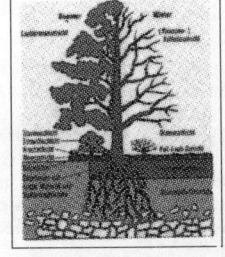

dtv-Atlas
zur
Ökologie
Tafeln und Texte

dtv-Atlas zur Ökologie
von Dieter Heinrich und
Manfred Hergt
Tafeln und Texte
Mit 122 Farbtafeln
Originalausgabe
dtv 3228

Vitus B. Dröscher
im dtv

Foto: Erwin Falk

Überlebensformel
Wie Tiere Umweltgefahren meistern

Eine Reihe von Umweltproblemen, für die der Mensch vielfach noch nach Lösungen sucht, haben Tiere längst auf erstaunlich wirksame Weise bewältigt. Mit Hilfe raffinierter Anpassungsmechanismen erschließen sie sich selbst unter extremen Bedingungen Lebensmöglichkeiten.
dtv 1733

Nestwärme
Wie Tiere Familienprobleme lösen

An zahlreichen Beispielen zeigt Dröscher, wie die Schöpfung Tiere zu guten Eltern macht und ihnen das richtige Verhalten ihren Jungen gegenüber eingibt.
dtv 10349

Wie menschlich sind Tiere?

Nicht um die häufige Vermenschlichung von Tieren geht es Vitus B. Dröscher in seinen spannenden, amüsanten und aufschlußreichen Vergleichen zwischen Verhaltensweisen der Menschen und Tiere. Vielmehr interessiert ihn, ob und wie sich Phänomene menschlichen Verhaltens in der Tierwelt wiederfinden.
dtv 10442

Wiedergeburt
Leben und Zukunft bedrohter Tiere

Am Beispiel von 22 gefährdeten Tierarten beschreibt Vitus B. Dröscher Erfolge und Rückschläge im Kampf um die Erhaltung der Natur und ihrer Fauna. Er entwickelt dabei das Konzept einer an der Ökologie orientierten Verhaltensforschung als Perspektive, wie das Aussterben vieler Tiere noch verhindert werden kann.
dtv 10659

Geniestreiche der Schöpfung
Die Überlebenskunst der Tiere

Vitus B. Dröscher berichtet über die außergewöhnlichen Überlebensstrategien von achtzig Tierarten, die wie grandiose Phänomene anmuten. Daraus entwickelt sich ein Bild vom großen Einfallsreichtum der Natur, der das Überleben vieler Tierarten garantiert.
dtv 10936

Konrad Lorenz
im dtv

**Er redet mit dem Vieh,
den Vögeln und den Fischen**

Unaufdringlich und humorvoll
schildert Lorenz die differen-
zierten Verhaltensweisen der
Tiere, die sein Haus in Altenberg
bei Wien bevölkert haben.
dtv 173

So kam der Mensch auf den Hund

Der Hundebesitzer Lorenz zeigt
Entwicklungsgeschichte und
Verhaltensformen dieser Tierart
auf und erzählt mit viel Humor
von seinen Beobachtungen und
persönlichen Erfahrungen.
dtv 329 / großdruck 2579

**Das sogenannte Böse
Zur Naturgeschichte der
Aggression**

Ein Schlüsseltext unserer gegenwärtigen menschlichen Selbst-
erkenntnis mit epochalem Rang,
der eine fruchtbare und nützliche
Diskussion über die natürlichen
Grundlagen des menschlichen
Daseins in Gang gesetzt hat.
dtv 1000

**Die Rückseite des Spiegels
Versuch einer Naturgeschichte
menschlichen Erkennens**

»Der fortschreitende Verfall unserer
Kultur ist so offensichtlich patho-
logischer Natur, trägt so offensichtlich die Merkmale einer
Erkrankung des menschlichen
Geistes, daß sich daraus die
kategorische Forderung ergibt,
Kultur und Geist mit der Frage-
stellung der medizinischen Wissenschaft zu untersuchen.« dtv 1249

Das Jahr der Graugans

Ein außergewöhnlicher Text- und
Bildband über die Lebens- und
Verhaltensweisen der Graugänse in
ihrer natürlichen Umwelt. Mit
147 Farbfotos aus dem Jahresablauf
des Familien- und Gesellschafts-
lebens der Wildgänse. dtv 1795

**Konrad Lorenz/Kurt L. Mündl:
Noah würde Segel setzen
Vor uns die Sintflut**

Eine eindringliche Warnung vor der
Zerstörung der für Mensch und
Tier unentbehrlichen natürlichen
Lebensräume. Mit Portraits in Text
und Bild von fünfzig bedrohten
heimischen Tierarten. dtv 10750

**Antal Festetics:
Konrad Lorenz**

Eine lebendige und anschauliche
Biographie des Nobelpreisträgers
von seinem Schüler und Weg-
gefährten Antal Festetics.
Mit 250 Fotos. dtv 11044

dtv

Das Programm im Überblick

Das literarische Programm
Romane, Erzählungen, Anthologien

dtv großdruck
Literatur, Unterhaltung und Sachbücher in großer Schrift zum bequemeren Lesen

Unterhaltung
Heiteres, Satiren, Witze, Stilblüten, Cartoons, Denkspiele

dtv zweisprachig
Klassische und moderne fremdsprachige Literatur mit deutscher Übersetzung im Paralleldruck

dtv klassik
Klassische Literatur, Philosophie, Wissenschaft

dtv sachbuch
Geschichte, Zeitgeschichte, Gesellschaft, Politik, Wirtschaft, Religion, Theologie, Kunst, Musik, Natur und Umwelt

dtv wissenschaft
Geschichte, Zeitgeschichte, Philosophie, Literatur, Musik, Naturwissenschaften, Augenzeugenberichte, Dokumente

dialog und praxis
Psychologie, Therapie, Lebenshilfe

Nachschlagewerke
Lexika, Wörterbücher, Atlanten, Handbücher, Ratgeber

dtv MERIAN reiseführer

dtv Reise Textbuch

Beck-Rechtsliteratur im dtv
Gesetzestexte, Rechtsberater, Studienbücher, Wirtschaftsberater

dtv junior
Kinder- und Jugendbücher

Wir machen Ihnen ein Angebot:

Jedes Jahr im Herbst versenden wir an viele Leserinnen und Leser regelmäßig und kostenlos **das aktuelle dtv-Gesamtverzeichnis.** Wenn auch Sie an diesem Service interessiert sind, schicken Sie einfach eine Postkarte mit Ihrer genauen Anschrift und mit dem Stichwort »dtv-Gesamtverzeichnis regelmäßig« an den dtv, Postfach 40 04 22, 8000 München 40.